MÉMOIRES

DU DUC

DE SAINT-SIMON

PUBLIÉS PAR

MM. CHÉRUEL et Ad. REGNIER fils

TOME VINGT ET UNIÈME

(SUPPLÉMENT)

PUBLIÉ PAR A. DE BOISLISLE

PARIS
LIBRAIRIE HACHETTE ET Cie
79, BOULEVARD SAINT-GERMAIN, 79

1886
Tous droits réservés

PARIS. — IMP. C. MARPON ET E. FLAMMARION, RUE RACINE, 26.

MÉMOIRES

DU DUC

DE SAINT-SIMON

XXI

Le volume supplémentaire qui vient tardivement compléter l'édition des *Mémoires* commencée en 1873 est composé de documents divers, comme l'Appendice du tome XIX, et se divise en deux parties distinctes.

Dans l'une, on a rassemblé toutes les lettres qu'il a été possible de recueillir depuis 1875, en dehors de celles qui se trouvent aux Affaires étrangères et qui ont été publiées, soit par M. Faugère, dans les six volumes de *Papiers inédits de Saint-Simon,* soit par M. Drumont, dans son livre sur *l'Ambassade d'Espagne,* en dehors aussi de celles que nous savons exister dans des collections et des archives particulières, mais qui ne nous ont pas été communiquées. Les soixante-quinze ou quatre-vingts lettres de Saint-Simon ainsi réunies sont inédites pour la plupart, et quelques-unes, très importantes, feront infiniment regretter la dispersion, ou même la destruction, des correspondances suivies et régulières que le duc entretenait avec divers amis.

C'est un cas tout à fait exceptionnel, semble-t-il, que l'ensemble des lettres écrites aux héritiers du cardinal

Gualterio, soit parvenu intact jusqu'au Musée britannique : aussi avons-nous cru devoir laisser ce fonds dans son intégrité et le publier à part des autres lettres.

La même partie du volume comprend en outre : 1° quelques lettres inédites de la mère et de la femme de Saint-Simon ; 2° un choix de lettres adressées au duc ou relatives à ses affaires ; 3° un assez grand nombre de documents ayant trait à sa biographie ou à des particularités importantes de son existence, comme les pièces de même nature que feu Adolphe Regnier fils a données dans le tome XIX avec les lettres que l'on connaissait à cette époque.

La première partie du volume est remplie par un morceau historique emprunté aux papiers inédits qui n'ont pas eu place dans la publication de M. Faugère. C'est la notice que Saint-Simon avait faite sur sa famille, sur son père et sur lui-même, pour prendre rang, à la date d'ancienneté d'érection, dans les *Notes sur tous les duchés-pairies existant depuis l'an 1500*. Cette notice est la dernière de ce genre qu'il ait terminée : son manuscrit autographe nous le montre s'arrêtant court au milieu de la suivante, celle du duché de la Rochefoucauld, renonçant à persévérer dans le rôle de commentateur de l'*Histoire généalogique des grands officiers de la couronne* et du *Journal de Dangeau*, et entreprenant de refondre tout ce qu'il avait écrit jusque-là sous la forme définitive qui en a fait un chef-d'œuvre. Elle marque donc l'instant, l'endroit précis où a commencé la conception des *Mémoires*, et nous en présente le premier état, le type primitif, au développement duquel les dernières années de la vie de Saint-Simon furent presque exclusivement consacrées.

C'est le seul fragment des œuvres encore inédites que nous ayons cru devoir prendre dans les papiers des Affaires étrangères, regardant comme certain que le reste fournira quelque jour la matière d'une publication des plus importantes.

Notre volume se termine par deux tables des documents et des noms de personnes et de lieux.

NOTICE

SUR LA

MAISON DE SAINT-SIMON

PAR

LOUIS, DUC DE SAINT-SIMON

DUCHÉ-PAIRIE DE SAINT-SIMON, EN PICARDIE, DANS LE VERMANDOIS, ÉRIGÉ LE 1ᵉʳ JANVIER 1635, POUR CLAUDE DE SAINT-SIMON [1].

SAINT-SIMON n'est point le nom de la maison des ducs de Saint-Simon. Pour l'expliquer, il faut reprendre les choses de bien loin.

Bernard, roi d'Italie après Pépin son père, second fils de l'empereur Charlemagne, prit les armes contre l'empereur Louis le Débonnaire, fut contraint de se rendre à sa discrétion, privé de la vue et de ses États, mourut 17 avril 818, trois jours après avoir été aveuglé, laissa Pépin Iᵉʳ [2], seigneur de Péronne et de Saint-Quentin, qui laissa Herbert Iᵉʳ, frère de Béatrix, femme de Robert, roi de France. Herbert Iᵉʳ laissa Herbert II, comte de Vermandois, dont il transmit le nom à sa postérité, et laissa Albert Iᵉʳ, comte de Vermandois, et plusieurs autres enfants, entre lesquels Alix, épousa, 934, Arnoul, comte de Flandres, et Leutgarde, première femme de Guillaume Iᵉʳ, duc de Normandie.

---

1. Original autographe au Dépôt des affaires étrangères.
2. *Herbert II*, corrigé en *Pépin I*, qui est une erreur, pour *Pépin II*.

Albert Iᵉʳ laissa Herbert IV, comte de Vermandois; celui-ci, Othon, comte de Vermandois, père d'Herbert V, comte de Vermandois, qui assista au sacre du roi Philippe Iᵉʳ, en 1059, et vivoit encore en 1076. Longtemps avant, 1068, il avoit épousé Adèle, comtesse de Crespy et de Valois, sœur du bienheureux Simon, comte de Crespy, fille de Raoul II, comte de Crespy et de Valois, et d'Alix, comtesse de Bar-sur-Aube, sa première femme.

Cet Herbert V, comte de Vermandois, laissa un fils et une fille. Le fils, Eudes, dit *l'Insensé*, seigneur de Saint-Simon, fut déshérité vers 1077 par le conseil des barons de France, parce qu'il étoit de petit entendement et sans gouvernement. On reviendra à lui après avoir parlé de sa sœur Adèle, qui, par cette exhérédation, fut comtesse de Vermandois, de Crespy et de Valois. Elle épousa : 1° Hugues le Grand, troisième fils d'Henri Iᵉʳ, roi de France, et d'Anne de Russie, dont postérité; 2° Renaud II, comte de Clermont-en-Beauvoisis. Ainsi Hugues le Grand, troisième fils du petit-fils d'Hugues Capet, devint tige des derniers comtes de Vermandois.

Eudes Iᵉʳ de Vermandois, seigneur de Saint-Simon, *l'Insensé* et *le Déshérité*, vivoit encore en 1083. Il épousa Avide, fille du seigneur de Saint-Simon, entre Ham et la Fère, dont il eut cette seigneurie, aujourd'hui le duché-pairie de Saint-Simon, et laissa Eudes II, dit *Farin*, de Vermandois, seigneur de Saint-Simon, père de Jean Iᵉʳ.

Ce Jean Iᵉʳ est le premier qui prit le nom de Saint-Simon en quittant celui de Vermandois, en quoi il fut imité par sa postérité, et céda les droits et les prétentions qu'il avoit sur le Vermandois et le Valois au roi Philippe-Auguste, qui fit faire une enquête pour prouver qu'il descendoit des comtes de Vermandois. Ce Jean Iᵉʳ l'accompagna à la terre sainte 1188, servit au siège d'Acre 1191, et vivoit encore 1195. Il fut père de Jean II, seigneur de Saint-Simon, qui se trouva à la bataille de Bouvines 1214, et qui, de sa femme, Marguerite de Beauvoir, eut Simon, seigneur de Saint-Simon, qui vivoit encore en 1260 et qui, de sa femme,

Béatrix de Coudun, laissa Jacques, seigneur de Saint-Simon, dernier mâle de cette branche aînée de Vermandois seigneurs de Saint-Simon.

Ce Jacques, seigneur de Saint-Simon, eut un fils, Jacques II, mort sans alliance avant 1333, et deux filles, Marguerite et Béatrix, de sa femme Agnès, dame d'Estouilly, fille de Baudoin de Campremy, seigneur d'Estouilly, laquelle vivoit encore en 1334. Marguerite, l'aînée, épousa Matthieu de Rouvroy, dit *le Borgne*, et de ce mariage descend toute la maison dont sont issus de mâle en mâle les ducs de Saint-Simon. Ce mariage précéda l'an 1332. Béatrix, la cadette, étoit aussi mariée, 1332, à Raoul, seigneur de Frémicourt, chevalier, et, en 1334, à Guillaume, seigneur de Précy-sur-Oise, duquel vint Philippe de Précy, père de Louis, seigneur de Précy, qui, se voyant sans enfants de Catherine de Nantouillet, sa femme, fit donation de sa terre de Précy et de plusieurs autres, le 7 juillet 1454, à Gilles de Saint-Simon, second fils de Matthieu II de Rouvroy, seigneur de Saint-Simon, son cousin issu de germain ; et ce Gilles est le chef de la branche des ducs de Saint-Simon.

Après avoir montré comment cette maison des comtes de Vermandois, issue masculinement de Charlemagne, est tombée, comment elle a quitté le nom de Vermandois pour celui de Saint-Simon, et comment, par l'héritière de ces Vermandois devenus Saint-Simon, qui épousa Matthieu de Rouvroy, toute leur postérité, qui est la maison dite de Saint-Simon, a pris ce nom jusqu'aux ducs de Saint-Simon, qui descendent de ce mariage de mâle en mâle, voyons l'autre branche unique de cette maison de Vermandois.

Eudes Ier, frère puîné d'Herbert IV, comte de Vermandois, père d'Eudes *l'Insensé* et *le Déshérité*, et d'Adèle, femme d'Hugues le Grand, troisième fils du roi de France Henri Ier, laquelle, par cette exhérédation, porta tous les biens de sa maison à son mari, cet Eudes, dis-je, puîné de son père et surnommé *Pied-de-Loup*, fut seigneur de Ham et père de Lancelin de Ham, dont le fils, Eudes II, seigneur de Ham et mari d'Isabelle de Béthencourt, ne porta plus du tout le nom ni les armes de Vermandois, ni pas un de sa postérité, mais uniquement le nom de Ham, et *d'or à trois croissants de gueules.* Cela remarqué, il suffit d'ajouter qu'il y eut cinq générations depuis lui, et que cette branche finit sous le roi Jean, tout au plus tard sous Charles V, sans rien d'illustre en aucun genre, ni avoir jamais figuré.

Venons maintenant à la maison de Rouvroy, dont les armes sont *de sable à la croix d'argent chargée de cinq coquilles de gueules.* Cette maison, qui a toutes les marques d'ancienneté et d'illustration qu'on peut desirer, et qui n'a déchu qu'à mesure qu'elle a vieilli, manque, au-dessus de Matthieu, mari de Marguerite de Saint-Simon, ou plutôt de Vermandois, de beaucoup d'anciens titres; mais, par les quittances pour service de guerre, patentes et sceaux de leurs armes, les antécesseurs de Matthieu ne sont contestés d'aucun généalogiste. Le premier qu'on connoisse porte un éclat qui montre bien, par ce peu qu'on en voit, qu'il étoit grand seigneur et qu'il avoit une longue suite d'ancêtres dans ces temps reculés où la fortune ne donnoit pas des gens nouveaux pour commander en chef à un royaume. C'est :

Renaut de Rouvroy, fait gouverneur du royaume de Navarre après Eustache de Beaumarchez, qui cessa de l'être en 1277, sous Philippe III le Hardi, fils et successeur de saint Louis.

Alphonse de Rouvroy, sénéchal de Beaucaire 1296, fait gouverneur du royaume de Navarre, en 1297, sous Philippe IV le Bel. Il est qualifié gouverneur et réformateur du royaume de Navarre dans un titre de 1323, sous Charles IV le Bel, au bas duquel est un sceau en cire rouge sur lequel paroît *une croix chargée de cinq coquilles avec un lambel.* Il pouvoit avoir un frère aîné ou un frère de son frère aîné, et cette brisure, en ces temps reculés, ne se portoient (sic) que par les puînés de la première noblesse. Il y a des sceaux à cheval, armé, l'épée à la main, bardés des mêmes armes, avec les noms de baptême, le *miles*, et de *Roboreto*.

Guillaume de Rouvroy est qualifié chevalier banneret de la baillée de Vermandois dans une quittance qu'il donna, en 1302, sous Philippe le Bel, pour ses gages de deux chevaliers et douze écuyers de sa compagnie, du service qu'il avoit rendu en l'ost de Flandres. Il en donna une pareille, à Paris, 20 avril 1303.

Nicolas et Gilles de Rouvroy donnèrent quittance la même année, 1302, 5 septembre, à Arras, pour gages d'eux et de leurs gens en l'ost de Flandres.

Jean, seigneur de Rouvroy, d'Harly, du Mesnil et de Saint-Laurent, céda au chapitre de Saint-Quentin la justice de ses terres, et se retira, en 1315, au royaume de Naples, auprès du roi Robert.

Guy de Rouvroy, seigneur du Plessis et de Coivrel, épousa Péronne de Moy. Il mourut en 1316, sous Philippe V le Long, et fut enterré en l'église de Tous-les-Saints, où sa tombe a été trouvée dans la casemate du boulevard de la Reine, auprès duquel étoit l'église de Tous-les-Saints, et l'hôtel de Saint-Simon, ruiné au retranchement de cette ville sous Charles IX, en laquelle église les anciens seigneurs de cette maison avoient leur sépulture suivant le testament de Gaucher de Saint-Simon, dit *le Borgne de Rouvroy*. Sur cette tombe est gravé un chevalier armé, hors la tête, avec ces mots : « Ci-gît M. Guy, dit *de Rouvroy*, fils jadis de Monseigneur Jarremont, seigneur de Rouvroy, qui trépassa 1316. Priez Dieu pour son âme. » On prétend qu'Éléonor, fille d'Adam, seigneur de Magny et de Boillancourt, en Vermandois, fut femme de ce Jarremont ou Jean, seigneur de Rouvroy.

Avant d'aller plus loin, il faut dire un mot de la dispute qui est entre les historiens et les généalogistes, dont les uns prétendent que ces Rouvroy et Matthieu de Rouvroy, qui épousa Marguerite de Saint-Simon, c'est-à-dire de Vermandois, et leur postérité, aujourd'hui la maison des ducs de Saint-Simon, sont Vermandois, et les autres qu'ils n'en sont point, mais Rouvroy, et que cette maison prend son origine et son nom de la terre de Rouvroy, en Picardie.

Ceux qui sont de cette opinion allèguent qu'on ne voit par aucun titre que Matthieu de Rouvroy ni ses auteurs soient issus par mâles des comtes de Vermandois ; que leur nom de Rouvroy est tout différent, et leurs armes de même, et on les a ici expliquées exprès ; qu'avant Matthieu, nul vestige des armes de Vermandois avec celles de Rouvroy ; que, lors du mariage de Matthieu avec la fille héritière de Saint-Simon Vermandois, nulle marque qu'ils fussent tous deux de la même maison ; enfin, pour les modernes, que le premier duc de Saint-Simon, dans sa faveur, ne l'a ni recherché ni prétendu, et que ce qui est inséré dans les lettres d'érection du duché-pairie de Saint-Simon, que les sieurs de Saint-Simon sont issus en ligne directe des comtes de Vermandois, ne prouve point que ce soit de mâle en mâle, et n'exprime qu'une vérité avérée par les titres, et qui n'a jamais été ni pu être mise en dispute, savoir : que les sieurs de Saint-Simon descendent masculinement du mariage de Matthieu de Rouvroy avec Marguerite de Saint-Simon Vermandois, laquelle étoit bien véritablement issue de mâle en mâle des comtes de Vermandois, et masculinement du sang de Charlemagne.

Ceux qui soutiennent l'opinion contraire, comme Mézeray dans l'abrégé qu'il a fait lui-même de son histoire de France, et qui la donne pour certaine, sans entrer dans une dispute, et plusieurs autres, s'appuient sur l'inégalité du partage entre les deux sœurs, dont l'aînée, qui épousa Matthieu de Rouvroy, eut tout, la cadette n'eut qu'une légitime, comme si son frère, qui mourut incontinent sans avoir été marié, eût vécu et fait lignée, et prétendent qu'une telle différence entre deux sœurs étoit non seulement insupportable, mais illicite, si Matthieu n'eût pas été de leur même maison ; que cependant ni le premier mari de la cadette, ni son second mari, ne s'en plaignirent pas, et que le petit-fils de cette cadette s'en trouva si peu lésé, à l'exemple de son père et de son grand-père, qui étoit le second mari, que, se voyant lui-même sans enfants de sa femme, il fit donation de sa terre de Précy et de plusieurs autres à Gilles de Saint-Simon, seigneur de Rasse, son cousin et second fils du petit-fils de cette sœur aînée de sa grand'mère ; que, dans ces anciens temps, on n'étoit point soigneux à marquer et à causer les choses connues, et que la seule inégalité entre deux sœurs, dont l'aînée emporte tout et la cadette est réduite à une simple légitime, sans s'en plaindre, ni ses deux maris, ni leur postérité, est une preuve de leur opinion, qui n'a pas eu besoin d'être autrement rappelée dans ce mariage de Matthieu. Ils prétendent en tirer une fort expresse de cette tombe trouvée à Saint-Quentin : c'est un Guy de Rouvroy, seigneur du Plessier et de Coivrel, fils de Jarremont ou Jean, auquel on ne peut se méprendre par l'épitaphe, antérieur de plusieurs années au mariage de Matthieu, enterré dans la sépulture de la maison de Saint-Simon-Vermandois. Nulle autre chose dans l'épitaphe que son nom et celui de son père, sa représentation en chevalier armé, et l'année de sa mort, qui fait foi qu'elle a de longtemps précédé le mariage de Matthieu de Rouvroy avec Marguerite de Saint-Simon de Vermandois ; par conséquent, que ce chevalier mis dans cette sépulture n'y étoit qu'au droit de sa maison, puisqu'on n'enterroit personne dans la sépulture d'autrui, et d'une maison telle que celle-là, quoique si déchue, sans cause très particulière, que ceux de cette maison, dont il y avoit encore alors des mâles, et de la branche de Vermandois-Saint-Simon, et de celle de Vermandois-Ham, n'auroient pas omise dans l'épitaphe en permettant cette sépulture. Ils tirent une autre preuve de ce qu'il est dit que les anciens seigneurs de Saint-Simon, c'est-à-dire Vermandois (car les Vermandois-Saint-Simon n'étoient plus connus que sous ce nom d'anciens seigneurs de Saint-Simon depuis que, sous Philippe-Auguste, à qui ils cédèrent leurs droits, ils quittèrent entièrement le nom de Vermandois pour celui de Saint-Simon), de ce qu'il est dit que les anciens seigneurs de Saint-Simon, c'est-à-dire de Vermandois, avoient là leur sépulture suivant le testament de Gaucher de Saint-Simon, dit *le Borgne de Rouvroy*. Or, qui étoit ce Gaucher? On n'en trouve aucun dans la généalogie de Saint-Simon-Vermandois prédécesseurs de Marguerite, femme de Matthieu de Rouvroy. Il faut donc venir à l'arrière-petit-fils de l'héritière et de Matthieu, qui, en 1416, étoit chambellan du roi Charles VI, et qui vivoit dans un temps trop proche pour avoir pu citer faux. Ainsi la sépulture de la maison de Saint-Simon-Vermandois est constante, la sépulture de Guy dans ce tombeau est certaine, l'époque en est écrite sur la pierre antérieure au mariage de Matthieu avec l'héritière de Saint-Simon-Vermandois, et, si toutes ces choses réunies prouvent que Guy, et par conséquent Matthieu de Rouvroy, sont Vermandois, rien dans l'épitaphe, ni ailleurs, qui marque pourquoi Guy, n'en étant pas, auroit été mis dans leur sépulture. A ce raisonnement ils en ajoutent un autre, tiré des paroles gravées sur la tombe, qui sont telles : « Ci-gît M. Guy, dit de *Rouvroy*, fils jadis de Monseigneur Jarremont, qui trépassa 1316. Priez Dieu pour son âme. » Ils prétendent que, de ce mot : « dit *de Rouvroy* », il conste que Rouvroy étoit un nom étranger à Guy, sans quoi l'épitaphe eût mis simplement : « Guy de Rouvroy » : d'où il résulte que, Rouvroy n'étant pas son nom, et se trouvant dans la sépulture des Vermandois, ce dernier nom étoit le sien, et qu'il étoit Vermandois lui-même. Que si ce mot « dit *de Rouvroy* » ne se trouve nulle part ailleurs d'aucun Rouvroy, c'est que l'épitaphe a voulu lever l'embarras d'un Rouvroy enterré avec les Vermandois, et montrer qu'il étoit Vermandois lui-même, et, si elle ne lui a pas donné ce dernier nom, c'est parce qu'il ne le portoit pas. Ils en infèrent que ces Rouvroy étoient une branche de Vermandois qui, par mariage avec l'héritière de Rouvroy, ou pour avoir eu Rouvroy en partage, en ont pris le nom et les armes, comme, sans sortir de la maison de Vermandois et dans ces temps-là mêmes, la branche aînée avoit tout à fait quitté le nom de Vermandois pour prendre celui de Saint-Simon seul, et la branche cadette avoit encore plus fait, puisque avec son nom elle avoit quitté entièrement ses armes, et ne portoit plus que le nom et les armes de Ham jusqu'à son extinction. Ni les uns, ni les autres, nulle part, ne sont appelés « dit de Saint-Simon », « dit de Ham », et toutefois ils n'en étoient effectivement que « dits », puisqu'ils étoient Vermandois; mais ce mot « dit de Rouvroy » a été mis sur la tombe de Guy pour lever toute obscurité sur cette sépulture. Ils remarquent que cette tombe a été trouvée sous Charles IX, c'est-à-dire au temps du plus grand abaissement de la maison de Saint-Simon, et plus de soixante ans avant que la fortune ait commencé à la relever. Ils répondent à la différence entière du nom et des armes de Vermandois et de Saint-Simon ce qui vient d'être dit des Saint-Simon-Vermandois et des Ham-Vermandois, ce qui est arrivé aux branches royales de Dreux et de Courtenay, qui avoient quitté les armes de leur origine masculine pour prendre celles, la première de son apanage, l'autre de l'héritière que son chef épousa, et ce que nul généalogiste n'ignore être arrivé à tant de particuliers, dont nous avons aujourd'hui sous les yeux MM. de Monaco, d'Humières, de Richelieu, et tant d'autres, en exemple, qui ont quitté en entier les noms, armes et livrées de leur maison pour en prendre d'étrangères; enfin que personne ne s'est avisé de révoquer en doute que Guy, enterré avec les Vermandois en 1316, et Matthieu, époux de Catherine de Saint-Simon-Vermandois avant 1332, tous deux du nom de Rouvroy, ne fussent du même nom et maison, et que, si Guy étoit Vermandois, Matthieu l'étoit aussi, et toute la maison de Saint-Simon, qui en est masculinement descendue, et qu'il est plus qu'apparent que ce Guy étoit père de Matthieu. Leurs raisons sont que Guy, suivant la tombe, est fils de Jarremont ou Jean, et on n'en connoît qu'un avant lui : on ne sauroit donc s'y méprendre. Or la femme de ce Jean n'est point nommée, et toutefois des mémoires lui donnent pour femme Éléonor, fille d'Adam, seigneur de Magny et de Boillancourt, en Vermandois. De même, la femme de Guy est nommée avec lui, Péronne de Moy, et la mère de Matthieu ne l'est point; mais Guy et Matthieu, dont les époques d'années, fixes et certaines, se rencontrent à être père et fils, sont tous deux, l'un après l'autre, seigneurs des mêmes seigneuries, le Plessier et Coivrel : ce qui forme une preuve [1], et la terre de Saint-Simon apportée en dot à Matthieu de Rouvroy par sa femme Catherine de Saint-Simon-Vermandois n'est jamais sortie de sa postérité masculine, et fait aujourd'hui le duché-pairie de Saint-Simon. Pour finir un détail curieux, mais trop long, ceux qui prétendent que la maison de Saint-Simon est masculinement issue des comtes de Vermandois répondent encore à l'objection tirée de ce que le premier duc de Saint-Simon, dans sa faveur, ne l'a jamais prétendu, et de ce qui est inséré dans les lettres d'érection du duché de Saint-Simon; ils disent donc que, quelque destituées de droit, de raison et de sens commun que pussent être des visions fondées sur le sang de Charlemagne contre huit siècles, il n'en falloit pas tant à un ministre tel que le cardinal de Richelieu pour perdre un favori qu'il n'avoit pas donné, avec qui il comptoit quelquefois, contre son gré assurément, et qu'il vint à bout enfin de chasser à Blaye sur une querelle d'Allemand, et de l'y tenir jusqu'à sa mort, comme on le verra à son article; qu'il étoit donc de la prudence du favori d'éviter toute occasion de prise sur lui, et de se contenter de sa naissance reconnue depuis les vice-rois de Navarre, au siècle de saint Louis, sans en rechercher une dont l'apparence pouvoit bien être fondée, mais non pas sur des titres clairs et exprès, d'éviter même tout ce qui en pouvoit devenir occasion la plus éloignée. Il ne voulut donc jamais écouter la moindre chose sur la maison de Vermandois, et se contenta de ce qui en est dans ses lettres d'érection, comme il y est exprimé, et qui contient une

---

1. Ensuite sont biffés les mots : « et cette terre du Plessier a toujours demeuré de père en fils dans la postérité de Matthieu jusqu'au père et au frère aîné du premier duc de Saint-Simon, qui l'ont tous deux possédée et y sont morts l'un et l'autre. »

vérité que personne ne peut reprendre, et de manière qui, sans marquer formellement une descente masculine, ne l'exclut pas. Le second duc de Saint-Simon, son fils, ami intime du duc de Chevreuse, malgré la grande différence d'âge, étant chez lui, à Dampierre, en eut une véritable dispute avec lui. M. de Chevreuse, en se promenant et parlant de maisons, vint à celle de Saint-Simon et à la dispute entre les généalogistes et les historiens, et, entraîné par l'autorité de Mézeray, il voulut persuader M. de Saint-Simon de prétendre être Vermandois. Mais celui-ci, content d'une alliance directe et bien nette de Vermandois depuis quatre siècles, dont il sortoit de mâles en mâles bien prouvés, et de vice-rois de Navarre encore plus éloignés, lui demanda ce que lui produiroit cette prétention, ce qui lui reviendroit même d'une preuve bien claire d'être d'une maison réduite à l'état particulier, dès 818, par la mort violente de Bernard, roi d'Italie, dégradée en 1077 par l'exhérédation d'Eudes pour enrichir de tous ses biens Hugues de France, troisième fils du roi Henri Ier, qui épousa sa sœur, anéantie dans Jean Ier, fils du fils de ce déshérité, forcé par le roi Philippe-Auguste à lui céder jusqu'à ses droits et ses prétentions sur le Vermandois et le Valois, et à quitter son nom de Vermandois pour ne porter plus que celui de Saint-Simon. Il ajouta que les chimères lui avoient toujours tant déplu dans les autres, que, quoique cette prétention pût très bien n'en être pas une, il en vouloit éviter jusqu'à l'ombre et à la ressemblance, et demeurer comme il étoit, d'une naissance avérée et prouvée grande, sans l'embarrasser de rien d'équivoque ou qui pût passer pour tel. Et après avoir longtemps disputé, ils ne se persuadèrent ni l'un ni l'autre. Mais, quoi qu'il en soit de cette question, il est temps d'en venir à la maison de Saint-Simon-Vermandois ou Rouvroy. On se souviendra de ce qui a été dit ci-dessus des antécesseurs de Matthieu de Rouvroy. On commencera donc par lui et par trois illustres borgnes, et qui en portoient et signoient le sobriquet. On le remarque ici comme une curiosité de ces anciens temps, et comme une marque apparente qu'ils avoient perdu chacun un œil à la guerre, qu'ils firent tous trois avec grande réputation, comme on le voit dans les histoires.

Matthieu Ier de Rouvroy, dit *le Borgne*, chevalier, seigneur du Plessier-Saint-Just et de Coivrel, en Beauvoisis, servoit au siège de Lille sous le comte d'Alençon, 1339, suivant Froissart, tome I, ch. 48 et 189, et demeura prisonnier des Anglois en Hainaut, 1340, où il étoit allé au voyage du duc de Normandie; servit en d'autres occasions, fût gouverneur de Lille en Flandre, et enfin, sous le duc de Bourgogne, aux guerres de Picardie et de Flandres, 1352 et 1353, avec trois chevaliers et vingt écuyers. Il fut commis en 1356, avec Simon de Clermont, pour faire la revue des gens d'armes qui étoient au service du roi Jean, suivant un acte scellé de deux sceaux, l'un *une clef en pal*, l'autre *une croix chargée de cinq coquilles*. Il servoit encore en 1358, et mourut vers 1370, sous Charles V. Il signa l'acte susdit simplement : « Le Borgne de Rouvroy ». Il épousa Marguerite, fille aînée de Jacques, seigneur de Saint-Simon, issu, comme on vient de voir, de mâle en mâle des comtes de Vermandois du sang de Charlemagne, et d'Agnès de Campremy, dame d'Estouilly. Marguerite étoit sœur de Jacques II, mort sans alliance, et de Béatrix, femme, 1332, de Raoul de Frémicourt, chevalier, dont il ne paroît point de postérité, puis remariée, après 1334, à Guillaume, seigneur de Précy-sur-Oise, dont postérité. Matthieu de Rouvroy partagea, après la mort de son beau-père, de sa belle-mère et de son beau-frère, avec Guillaume de Précy et sa belle-sœur, et il eut la terre de Saint-Simon, la moitié de celle de Gavre, en Cambrésis, et la moitié de celle de Coudun. Ce partage est du 29 mai 1334 et 5 septembre 1337, scellé de deux sceaux en cire rouge, dont l'un est *une croix chargée de cinq coquilles*, et signé ainsi : « Matthieu, dit *le Borgne de Rouvroy*. » La différence de cette signature d'avec celle de la revue des gens d'armes ci-dessus fournit encore aux raisonnements de ceux qui prétendent que Matthieu étoit

Vermandois comme sa femme : l'une est simplement le nom sous lequel il étoit connu ; l'autre, où il s'agit d'un acte et d'un partage avec la sœur de sa femme, il met son nom de baptême, et n'ajoute pas seulement le nom de Rouvroy, mais *dit le Borgne de Rouvroy*. Le rapport de cette signature avec l'épitaphe susdite leur donne encore plus lieu de fortifier leur opinion. A cela ceux qui pensent autrement répondent que sa femme, bien constamment Vermandois, signe au même acte, et ne met que : « Marguerite de Saint-Simon. » Les autres répliquent que, depuis la cession de Jean Ier de Vermandois, seigneur de Saint-Simon, à Philippe-Auguste, de ses droits sur le Vermandois et le Valois, et qu'en même temps il cessa de porter le nom de Vermandois pour se tenir au seul nom de Saint-Simon, sa postérité n'a jamais signé autrement que le nom seul de Saint-Simon, que seul elle portoit. A cela d'autres répliques ; mais en voilà assez pour la curiosité.

Du mariage de Matthieu de Rouvroy avec Marguerite de Saint-Simon Vermandois : Marguerite, femme de Jean d'Humières ; M., religieuse de Croissy, puis abbesse de Notre-Dame de Fervacques, etc.

Jean de Rouvroy, dit *le Borgne*, seigneur de Saint-Simon, de Pont-Avesne, d'Estouilly, de Coudun (biens de sa mère, et cependant la sœur de sa mère avoit postérité vivante), du Plessier-Saint-Just et de Coivrel, se trouva aux batailles de Crécy, sous Philippe de Valois, 1346, et de Poitiers, sous le roi Jean, 1356, et à la reprise d'Abbeville et de Saint-Valery, en Ponthieu, 1369 ; rendit aveu de sa terre de Saint-Simon à l'abbé de Saint-Bertin 1370 ; étoit lieutenant de Roi en la province de Reims 1381, suivant un arrêt du Parlement qui fait mention de lui de cette année. Il fut aussi écuyer de la Reine, la trop fameuse Isabeau de Bavière, femme de Charles VI et mère dénaturée de Charles VII ; fit hommage au roi Charles VI, 24 décembre 1382, de sa terre du Quesnoy, et ne vivoit plus en 1392. Il avoit épousé Jeanne de Bruyères, dite *de Montigny*, en Artois, et en laissa cinq fils : Matthieu, l'aîné, dont on parlera après ; Guillaume, dit *le Gallois*, servoit avec un chevalier et 't. écuyers de sa compagnie 1378 et 1379, et fut fait prisonnier à la bataille d'Azincourt, 1415, sous Charles VI, où Monstrelet dit qu'il fut tué ; Jacques, dont rien sinon que, dans une rente qu'il fit à Charles VI, 1392, il est qualifié fils de Matthieu de Rouvroy, chevalier ; Pierre, aussi qualifié chevalier dans un titre du Trésor de 1400 ; Jean, employé en qualité de chevalier banneret, à trois chevaliers bacheliers et onze écuyers, dans les registres du Trésor, fut tué à la bataille d'Azincourt. Aucun ne fut marié que :

Matthieu II de Rouvroy, dit *le Borgne* comme son père et son aïeul, seigneur de Saint-Simon, Pont-Avesne, Flavy-le-Martel, Estouilly, Coudun, Plessier-Saint-Just et Coivrel, vendit ces deux dernières terres, 1389, au chancelier de Corbie [1].

Ce Matthieu II servit en qualité de chevalier banneret, avec dix écuyers, devant Arras, 1414, et fut tué l'année suivante, 1415, à la bataille d'Azincourt, avec son frère, selon Monstrelet. Il épousa J. de Havesquerque, dite *de Wicque*, fille et héritière de Pierre de Havesquerque, seigneur de Rasse, de Bray, de Raimbaucourt, châtelain d'Orchies et de Bailleul, et de J. de Lallain. On a dit : « héritière » par ce qu'on voit toutes les terres de son père passées à ses enfants. De ce mariage trois filles : J., chanoinesse de Sainte-Aldegonde de Maubeuge ; Isabeau, mariée, 1417, à J. de Braque, chevalier, puis à Aubert [de] Sorel, bailli et capitaine de Chauny et de Noyon ; et Péronne, mariée à Pierre d'Oinville, chevalier ; et deux fils : Gaucher, seigneur de

---

1. Ici sont biffées ces lignes : « Il peut y avoir erreur sur ces dernières terres ou leur vente, car on va voir le second fils de Matthieu, qui a fait la branche des ducs de Saint-Simon, seigneur du Plessier-Choisel, sans qu'on voie qu'elle lui soit venue ni de sa femme, ni d'acquisition, et cette terre est demeurée de père en fils dans cette branche jusqu'à la fin de la vie du premier duc de Saint-Simon. Son père et son frère aîné y sont morts, et, après ce dernier, elle fut vendue avec ses autres biens, pour le payement de ses dettes. Elle est à un quart de lieue de Senlis : ce qui se remarque ici sur ce même nom de Plessier-Saint-Just et Plessier-Choisel, où on peut s'être mépris. »

Saint-Simon, et Gilles, seigneur de Rasse, qui a fait la branche des ducs de Saint-Simon.

Voyons d'abord la branche aînée.

Gaucher de Rouvroy, seigneur de Saint-Simon, du Pont-Avesne, de Flavy-le-Martel, d'Estouilly, de Coudun, vicomte de Clastres et de Ham, fut élevé auprès de J., duc de Bourgogne, dont il fut chambellan 1416, puis chambellan du roi Charles VI, qui, en 1418, lui donna le gouvernement et capitainerie de Riblemont, en Thiérache. Il le servit en ses guerres contre les Anglois et se signala à la journée de Mons en Vimeu, 1421, où il suivit Philippe le Bon, duc de Bourgogne, dont il suivoit le parti, qu'il quitta 1424. Dans une quittance de l'an 1426, qu'il donna pour affaires de famille à Mathieu, seigneur de Roye, de Muret et de Germigny, est un sceau en cire rouge avec un écusson chargé d'une *croix chargée de cinq coquilles*, supporté par deux sauvages. Il donna, en 1448, à l'abbé de Saint-Bertin, son aveu, comme ses pères avoient tous fait, de sa terre de Saint-Simon, mourut 1458, et fut enterré dans la chapelle qu'il avoit bâtie et fondée en l'église des Cordeliers de Saint-Quentin. Il n'est point dit que celui-ci fût borgne. Il épousa, en 1416, en premières noces, J., fille de Robert, seigneur de Wavrin, chambellan du duc de Bourgogne, et de [J. de] Gaucourt, dont il eut un fils unique, Antoine de Rouvroy, dit *de Saint-Simon*, qui fut un des tenants au tournoi de Dijon avec l'héritier de Clèves, au rapport d'Olivier de la Marche, pages 302 et 303; vendit à Gilles de Saint-Simon, son oncle paternel, la terre de Rasse et plusieurs autres que son père lui avoit données, après avoir fondé un hôpital en la ville de Rasse et une chapelle dans le château, ce que son père confirma 16 avril 1450; se fit cordelier à Besançon, sans avoir été marié.

Son père, ayant perdu sa première femme 1421, se remaria, 8 juin 1422, à M., veuve de J. de Hangest, seigneur de Genlis, capitaine de Chauny, fille d'Amé de Sarrebruche, seigneur de Commercy, dont J. II, auquel on reviendra;

Aubert, abbé de Saint-Satur, prieur de Villesclve, chanoine et trésorier de l'église cathédrale de Noyon, conseiller clerc au parlement de Paris (et en ces temps reculés les ecclésiastiques de la première noblesse y étoient souvent conseillers clercs); celui-ci le fut depuis 1454 jusqu'en 1458, qu'il mourut;

Isabeau, mariée à J. d'Aunoy, seigneur de Louvres, Orvillé, etc., dit *le Gallois;*

J., dite *la belle Blanche,* fut une des douze dames et demoiselles à haquenées ornées de drap d'or qui accompagnèrent Isabelle, fille de Jean Ier, roi de Portugal, femme de Philippe le Bon, duc de Bourgogne, vivant lors, et mère de Charles dernier duc de Bourgogne, à son entrée, 1442, en la ville de Besançon, pour y recevoir l'empereur Frédéric; elle épousa ensuite J., seigneur de Berghes-sur-l'Escaut;

Marguerite, chanoinesse de Mons 1431, puis mariée à J. du Moulin, seigneur de Fontenay-en-Brie et de Messy, duquel la mère étoit M. de Courtenay;

Et Jacq., mariée : 1° à J. d'Inchy, seigneur de Bogy et de Marquais; 2° à Ph., seigneur de Sombrin.

Revenons au fils aîné :

Jean II de Rouvroy, seigneur de Saint-Simon, etc., chambellan du roi Louis XI, dont il tenoit le parti à la bataille de Montlhéry, où il se trouva, 15 juillet 1465. Il se jeta avec sa compagnie d'ordonnance, 1471, dans Amiens assiégée par le duc de Bourgogne, où, pendant le siège, il fit un combat singulier contre Baudoin de Lannoy, un des principaux seigneurs de la cour du duc de Bourgogne, suivant Olivier de la Marche, pages 334 et 335; mourut à Amiens, 6 novembre 1492, et fut enterré dans le chœur des Chartreux de Noyon, comme un des principaux bienfaiteurs de cette maison. Il avoit épousé J., fille de J. de la Trémoïlle, seigneur de Dours, baron d'Engoutsen, et de J. de Créquy. Elle mourut à Amiens, 23 juillet 1500, et fut enterrée en la Chartreuse de Noyon, près de son mari. Ils laissèrent deux fils : Louis et un ecclésiastique, un troisième mort enfant, une fille religieuse, et Fr., qui épousa Louis d'Hédouville, seigneur de Sandricourt, et qui fut une des dames de la reine Anne de Bretagne. Elle et son mari firent toute la dépense et les honneurs du célèbre tournoi du Pas d'armes de Sandricourt, commencé 16 septembre 1493. Elle bâtit et fonda, 1498, un couvent de Minimes à Amiens, et donna, 1507, par testament, à J. de Saint-Simon, son neveu, la terre de Sandricourt et autres dont elle s'étoit rendue adjudicatrice après la mort de son mari sans enfants.

Louis, fils aîné de J. II, fut seigneur de Saint-Simon, etc., et quitta le nom de Rouvroy et prit celui de Saint-Simon seul, et sa postérité après lui. On n'en sait autre chose sinon qu'il avoit une pension des rois Louis XI, Charles VIII et Louis XII, qu'il suivit Charles VIII en Italie, et se trouva à la bataille de Fornoue, et qu'en 1498 il obtint l'établissement d'une foire à Saint-Simon. Il épousa Yolande, fille de Gérard de Rochebaron et de Mich. de Monchy. La reine Anne de Bretagne la choisit pour être dame d'honneur de Renée, duchesse de Ferrare, sa seconde fille, et la conduire en Italie. Elle étoit auprès d'elle quand elle fit son testament, et mourut 1544. Elle n'eut qu'une fille, morte sans alliance, et quatre fils : Fr., seigneur de Saint-Simon ; J., seigneur de Sandricourt, tige de la branche de Saint-Simon Sandricourt, dont on parlera après celle-ci, et deux ecclésiastiques : Ph., protonotaire du saint-siège, aumônier du Roi et employé en plusieurs négociations importantes, abbé de Genlis, doyen de Saint-Quentin, tuteur de ses neveux, et bienfacteur des Cordeliers de Saint-Quentin ; et Ch., abbé de Saint-Sauve de Montreuil et prieur de Quercy, leur frère aîné.

Fr., seigneur de Saint-Simon, etc., étoit mineur à la mort de son père, et eut pour curateurs Ch. de Hangest, évêque-comte de Noyon, et Louis d'Halluyn, gouverneur de Picardie. Il fit le voyage de la terre sainte, où il fut fait chevalier du Saint-Sépulcre, et servit depuis le Roi dans ses guerres. Il commandoit en 1521 dans Saint-Quentin et aux environs, étoit gentilhomme de la chambre du roi François Ier 1531, commandoit une partie des troupes qui secoururent Landrecies, 1543, assiégée par Charles V, et mourut 1545, après avoir beaucoup dépensé à la guerre et vendu plusieurs de ses terres, entr'autres celle de Ham, à la duchesse de Vendôme, 28 juillet 1528. De sa première femme, Magd., fille de Guy de Refuge, seigneur de Dammartin, écuyer tranchant du Roi, et de J. de May, il n'eut qu'un fils, mort jeune, 1560, et sans alliance, après avoir été guidon de la compagnie d'ordonnance du duc de Nevers et s'être trouvé, 1557, à la bataille de Saint-Quentin ; une fille religieuse, et une autre mariée à N. de Gerbez, maître d'hôtel du Roi. Il se remaria à Fr., fille d'Ant. de Blécourt, seigneur de Béthencourt, de Vaux et des Marests, et d'Ant. du Bois. Elle se remaria au seigneur de Monbléru, le survécut sans avoir eu d'enfants, se fit adjuger la terre de Monbléru, et la laissa à son fils unique, qui suit :

Titus, seigneur de Saint-Simon, etc. Il fut gentilhomme de la chambre de Charles IX, qui le fit chevalier de Saint-Michel. Il se trouva à la bataille de Senlis, 17 mai 1589, commandant une compagnie de chevau-légers, servit Henri IV en toutes ses guerres lorsqu'il fut parvenu à la couronne, et mourut 1609. Il n'eut qu'une fille, morte enfant, de sa première femme, Ant., veuve de Florent, seigneur de Sorel, et fille de Gabriel de Montmorency, seigneur de Bours, et de Mich. de Bayencourt. Il épousa : 2° Fr., fille de J. d'Averhoust, seigneur de la Lobbe, et de Fr. de Verrières. De ce mariage, trois fils : Isaac, seigneur de Saint-Simon ; Louis, qui servit au siège de la Rochelle, 1622, et mourut 1638, sans enfants de Mich., fille de J. Bouchard, seigneur d'Hellecourt et de Ravenel, et de J. du Plessis-Biache ; et Ch. de Saint-Simon, seigneur de Monbléru, tige de cette branche, dont on parlera après celle-ci.

Isaac, seigneur de Saint-Simon, etc., servit si dignement au siège d'Amiens, 1597, par Henri IV, qu'il en eut une pension de ce prince. Il leva en 1616 une compagnie de deux cents hommes d'infanterie, avec laquelle il se jeta dans Saint-Quentin, qu'il maintint contre les efforts du maréchal d'Ancre. Il servit au siège de la Rochelle, 1622, et fut envoyé, 1625, en la Valteline, auprès de M. de Cœuvres, depuis le premier maréchal d'Estrées, général de l'armée du Roi, et y commanda un corps, avec lequel il se distingua. Puis, en 1629, il passa les Alpes avec quatre cents hommes qu'il commandoit, et joignit l'armée du Roi. Il fut, en 1631, gouverneur de Saverne, de Phalsbourg et d'autres places en Alsace. Il céda par échange à Claude de Saint-Simon, son cousin au sixième degré, la terre de Saint-Simon, pour la faire ériger en duché-pairie, qui jusqu'alors n'étoit pas sortie de la maison, d'aîné en aîné, depuis plus de trois cents ans qu'elle y étoit entrée par le mariage de Matthieu de Rouvroy avec Marg. de Saint-Simon-Vermandois. Isaac, seigneur de Saint-Simon, devenu seigneur de Vaux par une partie de cet échange, mourut en août 1643. Il avoit épousé, 1611, M., fille de Nic. d'Amerval, seigneur de Liancourt, chevalier de Saint-Michel, bailli et gouverneur de Chauny, et d'A. Gouffier : ce Nic. d'Amerval qui avoit épousé la trop fameuse Gabrielle d'Estrées, maîtresse d'Henri IV, dont il eut César, duc de Vendôme, qu'il voulut faire dauphin et sa mère reine, et, pour cela, répudier la Reine sa femme, fille d'Henri II, et épouser la belle Gabrielle; ce fut pour exécuter cet étrange dessein que Gabrielle se fit juridiquement démarier, et qu'Henri IV força par les plus cruelles menaces Nic. d'Amerval à y donner les mains; il épousa ensuite A. Gouffier, et survécut longtemps Gabrielle, morte la veille de Pâques 1599, comme tout cela se voit plus au long titre D'ESTRÉES, p.   .

Du mariage d'Isaac, seigneur de Saint-Simon et de M. d'Amerval : Claude de Saint-Simon, seigneur de Vaux; cinq filles religieuses, dont la dernière, Charlotte, mourut à cinquante-cinq ans, 26 janvier 1672, religieuse de Port-Royal, dont sa vie avoit paru digne; et Anne, qui, 12 juillet 1643, épousa son cousin Ch.-Fr. Gouffier, marquis de Crèvecœur, etc., dont elle n'eut point d'enfants, mais cent cinquante mille livres des héritiers de son mari, et se retira dans un couvent, où elle mourut 17 septembre 1681.

Claude de Saint-Simon, seigneur de Vaux, etc., mena

une vie très obscure. Il épousa H., fille d'Ant. le Clerc, sieur de Lesseville, maître des comptes, et de Cl. Poncher. Il eut deux fils : l'aîné, Nic., épousa M. le Bossu, fut, s'il se peut, plus obscur que son père, et acheva de se ruiner entièrement : ce que le père avoit bien avancé. Il ne laissa qu'une fille. Michel Billard, sieur de Laurières, solliciteur de procès et fils d'un procureur du Mans qui, à force de friponneries, avoit acquis quelque bien, fit connoissance avec la mère et la fille, mineure sous la tutelle de son oncle, trouva moyen de se faire conseiller au grand conseil, donna de l'argent à la mère, et, en sa présence et soufflant les bans, l'épousa clandestinement, à Chaillot, où elles n'avoient aucune demeure. L'oncle n'en fut averti que bien tard après, et voulut faire casser le mariage : c'étoit un procès, et par conséquent de l'argent, dont le cadet mal marié d'un père ruiné n'avoit guère ; il se laissa aller aux menaces et aux promesses de Laurières, qui le plaida depuis, et perdit son procès contre ses enfants. Cet oncle, second fils de Claude de Saint-Simon, seigneur de Vaux, fut :

Titus-Eustache de Saint-Simon, fort estimé et considéré dans le régiment des gardes, où son ancienneté le fit capitaine et brigadier. Il mourut 1er septembre 1712, à cinquante-huit ans. Il avoit épousé, 17 mars 1687 [1], Claire-Eugénie, fille de Guillaume d'Hauterive, maréchal des camps et armées du Roi, et de M. de la Croix, dont il a laissé beaucoup d'enfants. Ceux qui ont vécu sont :

Titus-Bernard, mort colonel d'un régiment d'infanterie de son nom, à vingt-quatre ans, sans avoir été marié ;

Cl., d'abord chanoine régulier de l'abbaye de Saint-Victor, à Paris, passé ensuite dans l'ordre de Malte, où il est bailli, grand-croix, général des galères de la Religion, commandeur ;

Autre Cl., abbé de Jumièges, 20 janvier 1716, à vingt ans, fait prêtre à Rome [2], évêque-comte de Noyon,

---

1. Pour 1689.
2. Ce blanc, le précédent (p. 19) et les suivants, sont au manuscrit.

pair de France en   , et reçu au Parlement   , puis
évêque de Metz, le premier sans qu'il eût été demandé, et
le second après l'avoir opiniâtrement refusé ;

H., connu sous le nom de *marquis de Saint-Simon*, eut,
à quatorze ans, le régiment vacant par la mort de son
frère, et sert avec distinction en l'armée d'Italie, où il a
été fait maréchal de camp 1734 ;

M.-Éliz., mariée à vingt-quatre ans, 10 mars 1728, à
Guy-Cl.-Rolland de Montmorency-Laval, seigneur de Chatton
et Vallon, au Maine, gouverneur de Landrecies, servant à
l'armée d'Allemagne, où il a été fait lieutenant général
1734 ;

M.-Magd., abbesse du Pré, au Mans ;

Éliz., mariée   à   de la Richardie.

La branche de Monbléru, sortie, par Ch. de Saint-Simon,
de Titus, seigneur de Saint-Simon, et de Fr. d'Averhoust,
dont il fut le troisième fils, n'a eu que trois générations.
Celui-ci épousa l'héritière de Prunelé, dont il eut deux
fils, qui, comme leur père, ont servi avec réputation toute
leur vie. Le cadet, dit *le comte de Saint-Simon*, après
force combats singuliers, fut tué brigadier, à la tête de
son régiment de cavalerie, à la bataille de Neerwinden,
29 juillet 1693. L'aîné avoit eu plusieurs enfants, dont
deux, l'un tué à la guerre, l'autre noyé lieutenant de vais-
seau. Il n'en reste qu'un, dont le fils unique est capitaine
de cavalerie dans le régiment de cavalerie d'un des fils du
duc de Saint-Simon.

La branche de Sandricourt, sortie de Louis, seigneur de
Saint-Simon, et d'Yolande de Rochebaron, par J. de Saint-
Simon, leur second fils, subsiste aussi. Outre les terres
qu'il eut en partage, le don de sa tante paternelle y en
ajouta plusieurs autres avec celle de Sandricourt. Il fut
premier panetier de la reine Éléonor d'Autriche, seconde
femme de François Ier, et mourut après 1550. Il avoit
épousé, 21 décembre 1521, Louise, fille de Roland de Mont-

morency, baron de Fosseux, et de Louise d'Orgemont. Ils laissèrent quinze enfants, dont dix filles : J., mariée, 1549[1], à J., seigneur d'Amilly, etc.; Louise, mariée, 1551, à Cl. de Clermont, baron de Montoison, chevalier de Saint-Michel; Marthe, mariée, 1577, à Pierre Dauvet, seigneur du Marais, etc.; Ch., mariée, 1556, à Adrien de Gallot, seigneur de Fontaine-la-Guyon, etc., capitaine de cinquante hommes d'armes des ordonnances, dont elle n'eut point d'enfants. Toutes les autres furent religieuses, et la quatrième sauta les murs, se fit huguenote et se maria à Léon Pellisari.

Des cinq fils, l'un fut tué sans alliance aux guerres d'Écosse, et un autre fut ecclésiastique.

Louis continua la postérité.

J., seigneur d'Hédouville, etc., servit; est qualifié chevalier, porteur de guidon de la compagnie de quatre-vingts lances du duc de Nevers. Il fut chef de la vénerie du duc d'Alençon, fils de France, et capitaine de l'Isle-Adam. Il épousa, 1576, par dispense, Geneviève, fille de Cl. de Montmorency, seigneur de Fosseux, et d'A., dame d'Aumont, dont une fille unique, mariée à Ch. de Pertuis, chevalier, seigneur des Vosseaux. Cette Montmorency étoit veuve en premières noces de Gilles de Pellevé, seigneur de Rebais.

Ch., seigneur de Sandricourt, etc., écuyer d'écurie du roi Henri II, mort vers 1560, qui, d'Ant. de Cléry, dite *de Biche*, fille de J. de Cléry, seigneur d'Esne, etc., et de Marguerite de Grainville, dont une fille unique, mariée, 10 septembre 1572, [à] Cl. de Créquy II, dit *le Sage*, seigneur de Bernieulles, chambellan de Fr., duc d'Alençon, fils de France.

Louis Ier, seigneur de Sandricourt, etc., écuyer de François, duc d'Alençon, 1584, chevalier de Saint-Michel et chambellan du roi Charles IX. Il épousa, 8 septembre 1572, Marguerite, fille de Cl. de Créquy, seigneur de Bernieulles, dont on vient de parler tout à l'heure, et de Marguerite de Guisancourt, dont un fils, tué au siège de Dourlens, sans alliance.

---

1. Le texte autographe porte, par erreur, 1599.

Louis II, seigneur de Sandricourt, etc., gentilhomme de la chambre du Roi. Il épousa, 1607, Marguerite, fille de Guy de Monceaux, dit Auxy, seigneur de Saint-Samson, etc., et de Suzanne de Séraucourt, dont cinq filles, une morte jeune, et quatre religieuses, desquelles une fondatrice des Ursulines de Clermont-en-Beauvoisis; un fils mort jeune, et autres.

Louis III, seigneur de Sandricourt, etc., mort à soixante-six ans, 1608[1], qui, de M. le Bossu, fille d'Eustache, seigneur de Courbevoie, et de Marguerite Belle, dont il laissa autre Louis, qui continua la postérité; Fr., dit le *comte de Sandricourt*, mort sans alliance, brigadier et gouverneur de Nîmes 1717; L.-Fr., tué à Senef, 11 août 1674, dans le régiment des gardes; le chevalier de Sandricourt, mort à Namur 1693, et quantité de filles religieuses, dont une première religieuse et première prieure de Bon-Secours à Paris.

Louis IV, seigneur de Sandricourt, épousa, 1678, M.-A., fille unique et héritière de Ch.-Mich. de Monthomer et de Magd. Grongnet de Vassé, morte 1727, veuve, à soixante-quinze ans, dont un fils unique :

Louis V, seigneur de Sandricourt, etc., lieutenant général des armées du Roi servant en Italie, qui a plusieurs enfants de   de Gourgues.

La branche dont les ducs de Saint-Simon sont issus sort de Gilles de Rouvroy-Saint-Simon, second fils de Matthieu II de Rouvroy, dit *Saint-Simon*, et de J., héritière d'Haversquerque.

Gilles, seigneur de Rasse, près Douay, qui a donné le nom à cette branche, du Plessier-Choisel, près Senlis, de Bray, Bersée, Raimbaucourt, châtelain d'Orchies et de Bailleul par acquisition, 1450, d'Ant. de Rouvroy, dit *Saint-Simon*, son neveu, de Précy et de plusieurs autres terres par donation de Louis, seigneur de Précy, son cousin, dont a été fait mention plus haut, fut élevé près de Charles VII. Il a rendu sa vie mémorable à la postérité par les signalés

---

1. Confusion entre la date de naissance et celle de mort, qui est 1674.

services qu'il rendit à ce prince suivant les chroniques de Monstrelet, d'Alain Chartier, et l'histoire d'Artus, comte de Richemont, connétable de France et mort duc de Bretagne. Il fut l'un des seigneurs qui, en 1419, allèrent secourir la forteresse célèbre alors de Saint-Martin-le-Gaillard, sur la Seine, assiégée par les Anglois, et il y fut fait chevalier ; se signala à la défaite des mêmes ennemis près de Baugé, en Anjou, 1421 ; servit en Picardie l'année suivante, et se trouva, 1423, à la bataille de Verneuil. En 1424, Charles VII le fit son chambellan et le mit auprès du connétable de Richemont, fils, frère et oncle des ducs de Bretagne, et qui le fut lui-même. Gilles fut aussi son chambellan et maître d'hôtel, et fort employé par lui en toutes affaires de confiance. Il le suivit aussi en toutes ses expéditions militaires. Il alla au secours de Montargis en 1426, fut pourvu de la charge de capitaine et bailli de Senlis 1430, et, en cette qualité, il acquit, 6 décembre 1448, des héritiers de Jacques de Précy, chevalier, la terre et seigneurie du Plessier-Choisel, près Senlis, qui est toujours demeurée à sa postérité, où le père et le frère aîné du premier duc de Saint-Simon sont morts, et qui a été vendue après la mort de cet aîné, pour payer ses dettes, en 1691. Gilles assista à l'assemblée d'Auxerre, 1432, pour aviser aux moyens d'une paix générale, et, en 1435, au traité de paix fait à Arras. Il servit au siège de Montereau en 1437, et étoit à la suite de Charles VII à son entrée à Paris. Il se trouva au siège de Meaux 1439, à ceux de Creil et de Pontoise 1441 ; fut présent, à Chinon, à l'hommage que François Ier, duc de Bretagne, rendit à Charles VII, 1445, et, les années suivantes, servit au recouvrement de la Normandie. Charles VII, par ses lettres du 24 avril 1448, lui donna la seigneurie d'Ossemer en dédommagement de deux mille écus d'or et d'autres pertes qu'il avoit souffertes. Il commanda les archers et les gens d'armes à la bataille de Fourmigny, 1450. Il fut, avec les pairs de France et les hauts barons du Royaume, l'un des juges du procès criminel du duc d'Alençon, 1458, et assista en 1461 au sacre de Louis XI, qui l'établit en 1465 l'un des seigneurs pour la garde et sûreté de la ville de Paris. Il se rendit auprès de lui à Péronne, et le suivit au siège de Lille. Il fonda une chapelle, qu'il bâtit dans la cathédrale de Senlis, 1471, où lui et toute sa postérité a eu sa sépulture, et qui s'appelle encore à présent la chapelle du *Grand-Bailli*. Il mourut chevalier de Saint-Michel, à près de cent ans, plein de réputation et d'honneurs mérités par les plus longs et les plus grands services. Il avoit épousé J., fille de Robert de Flocques, seigneur de Grumesnil, maréchal héréditaire de Normandie et bailli d'Évreux, homme illustre en son temps et fort renommé à la guerre, et de Jacq. Crespin, dame de Grumesnil, etc., qui se remaria ensuite à Louis de Villiers. Il en eut Jacq., mariée à Valeran de Sains, seigneur de Marigny, échanson du Roi, bailli et gouverneur de Senlis; Ant., dit *Floquet*, gentilhomme de la chambre du roi Charles VIII, mort sans alliance 1490, enterré à l'abbaye de Saint-Corneille de Compiègne; et leur aîné :

Guillaume de Saint-Simon, seigneur de Rasse, etc., chambellan du roi François Ier, le suivit en Italie 1514, se trouva à la bataille de Marignan, et mourut sur la fin de 1525, après avoir transigé avec le chapitre de Senlis et confirmé la donation de son père. Il épousa M., fille et unique héritière de J. de la Vacquerie, seigneur de Verguigneul, et de M. de Frémault, dont il laissa trois fils : Méry, seigneur de Précy, mari de Géraude, fille d'Ant. du Prat, seigneur de Nantouillet, chancelier de France, depuis cardinal et archevêque de Sens, qui fit le fameux concordat entre Léon X Médicis et François Ier, et de Fr. Vény d'Arbouze, dont il n'eut qu'une fille, dame de Précy, de Balagny, etc., mariée, 1536, à J. de Canonville, seigneur de Raffetot, et en secondes noces à Louis de Montafié, seigneur en partie de Montafié et comte de Varizelles, en Piémont, chevalier de Saint-Michel; leur petite-fille épousa le comte de Soissons, prince du sang et grand maître de France, père de celui qui fut tué à la bataille de Sedan.

> Ant. de Saint-Simon, seigneur de Grumesnil, fut le troisième, qui fit la branche de Grumesnil, qui finit en 1665, à la quatrième génération, sans rien qui mérite d'être remarqué. J. de Boufflers, seigneur de Rouverel, près Montdidier, grand voyageur, qui avoit parcouru toute l'Europe, épousa Aimée de Saint-Simon, morte 1596, petite-fille d'Ant.

Louis Ier de Saint-Simon, seigneur de Rasse, etc., fut le second de ces trois frères et servit fort aux guerres de François Ier. Henri II le fit, 1547, bailli et gouverneur de Hesdin, puis de Senlis, et Charles IX lui permit de céder à son fils aîné ce dernier gouvernement, 1570. Il mourut huit ans après, à quatre-vingt-quatre ans. Il avoit épousé, 29 novembre 1531, Ant., veuve de Louis de Maricourt, baronne de Moucy-le-Châtel, etc., et fille de Robert de Mailly, seigneur de Rumesnil, etc., et de Fr. d'Yaucourt, dont : Fr. de Saint-Simon, seigneur de Rasse ; Louis de Saint-Simon, seigneur de Camberonne et de Vaux, qui, de Julienne, veuve de J. de Mailly, seigneur d'Auvilliers, et fille de J. de Conti, seigneur de Roquencourt, près Montdidier, et d'A. d'Herbelot, eut une seule fille, mariée, 1616, à Robert, seigneur de Chery, en Bourgogne, etc. ; et Anne de Saint-Simon, sœur de Fr. et de Louis, mariée : 1° 1558, à J. Perdriel, seigneur de Bobigny ; 2° 1570, à N. Popillon, seigneur d'Ansac, dont elle fut la seconde femme, et n'en eut point d'enfants ; 3° 1572, à Louis de la Fontaine, seigneur de Lesche, etc. ; 4° 1585, à Ch. de Nolent, seigneur de Saint-Contest, dont elle étoit veuve 1597, et mourut vers 1602.

Fr. de Saint-Simon, seigneur de Rasse, fils aîné de Louis Ier, ci-dessus, et d'Ant. de Mailly, et seigneur du Plessis-Choisel, d'Invillé, de Bray, de Bersée, de Raimbaucourt, d'Ouillé et de Saint-Léger, châtelain d'Orchies et grand bailli de Senlis dès 1568, servit Charles IX, Henri III et Henri IV dans toutes les guerres de son temps. Il fut blessé au siège de Rouen 1562, à la bataille de Saint-Denis 1567, se trouva à celles de Jarnac et de Moncontour 1569, et maréchal de camp à la prise de Saint-Denis 1591. Alors il n'y avoit point de lieutenants généraux. Il mourut 1620. Il perdit deux fils et trois filles, jeunes et sans alliance, en eut une religieuse, et eut deux fils qui vécurent. Il avoit épousé : 1° A., dame d'Ansac, fille de Nic. Popillon et de Cl. Fraguier, sa première femme. Il eut de celle-là Louis II de Saint-Simon, seigneur de Rasse, et Étienne de Saint-Simon, seigneur de Saint-Léger, près Dourlens, qui, de Gilberte, fille de Jacques, seigneur de Boffles, et de M. de Bigan, n'eut que deux fils, morts sans alliance. Fr. de Saint-Simon se remaria à J., fille de J. Picquet, chevalier, seigneur d'Esguenon, et de Fr. d'Héricourt, dont M. de Saint-Simon, mariée à Marc de Bussy, sieur de Seloine, d'Hénonville, et Fr. de Saint-Simon, mariée, 1586, à Robert Collan, seigneur de Rollecourt, dont la mère étoit Mailly ; 2° à Ch. de Grambus, seigneur d'Yvrancheul ; 3° à J. de Sucres, seigneur de Belain en Artois.

Louis II de Saint-Simon, seigneur de Rasse, du Plessis-Choisel, d'Invillé et de Vaux, près Meulan, grand bailli de Senlis, servit Henri IV en toutes ses guerres, à la bataille d'Ivry, au siège de Paris 1590, à celui de Rouen 1591, à celui d'Amiens 1597. Il épousa, 28 avril 1594, Denise, fille et héritière de Louis de la Fontaine, chevalier, seigneur de Lesche, de Vaux-sur-Meulan, de Boubiers, etc., et de J. de Canjon, dame des Orgereux. Il en eut trois fils : Ch., marquis de Saint-Simon, Cl., duc de Saint-Simon, et le commandeur de Saint-Simon ; et deux filles : J., mariée, 11 février 1619, à Louis de Fay, seigneur de Châteaurouge et de Cressonsac, dont la mère étoit Ailly, et Louise, mariée, 1624, à Laurent du Chastelet, seigneur de Fresnières.

Ce Louis II de Saint-Simon, seigneur de Rasse, se trouva ruiné par une suite de malheurs domestiques, et en dernier lieu parce que son père avoit répondu pour son cousin germain de Mailly, comme c'étoit fort la coutume, en ce temps-là, dans les familles, et qu'il fallut payer en son nom. Il se retira donc, après avoir longtemps servi, dans son château du Plessier, près Senlis, et mit, comme c'étoit fort la mode alors, ses deux fils aînés pages de Louis XIII à la petite écurie. Il eut le bonheur de jouir pleinement de leur fortune. Son second fils, qui la fit très promptement, et qui, dans la suite, l'acheva, ne manquoit point, toutes les semaines, de l'aller voir au moins quelques heures, tant que Louis XIII étoit à Paris ou aux environs, et ce prince l'en louoit quoiqu'il eût des emplois fort assidus auprès de lui, et ce fils faisoit à son père un hommage continuel de sa faveur et de son crédit, avec une joie qui fut toujours la même, et prenoit ses conseils sur tout. Le sage père n'en voulut jamais sortir de sa retraite, ni voir la cour, et, ce même fils lui étant venu apprendre que le Roi les avoit tous deux nommés chevaliers de l'ordre du Saint-Esprit pour la Pentecôte prochaine de 1633, il lui répondit qu'il étoit trop vieux et trop retiré pour aller faire connoissance avec une cour qu'il n'avoit jamais vue, ni pour se soucier de montrer chez lui un cordon bleu; que, puisque c'étoit pour faire plaisir à son fils que le Roi le lui donnoit, il vouloit qu'il priât le Roi de le donner à son autre fils, qui étoit l'aîné, et qui, étant jeune, et à la cour, et à la guerre, le porteroit longtemps, et avec bien plus de plaisir que lui; et cela fut fait de la sorte. Il vécut tout le règne de Louis XIII, et ne le survécut que d'un mois, étant mort chez lui, à soixante-quinze ans, en juin 1643.

Parlons maintenant de ces trois frères, premièrement de l'aîné, puis du troisième, et du second, pour plus de suite, le dernier.

Ch., marquis de Saint-Simon, seigneur du Plessis-Choisel, d'Invillé, d'Ouillé, la Versine et Pont-Sainte-Maxence, et bailli et gouverneur de Senlis après son père, eut, en 1630, le régiment de Navarre, et fut, deux ans après, lieutenant général. Il eut aussi le gouvernement de Peccais, en Languedoc, et la capitainerie de Chantilly tant que le Roi eut ce château, puis conserva celle des plaines et des forêts de Senlis et de Halatte; chevalier de l'Ordre 1633, par la volonté de son père, en sa place, comme il vient d'être dit; et vécut, jusqu'à la mort de Louis XIII et longtemps depuis, dans la plus intime union avec son frère, qui avoit huit ans moins que lui, et qui déféroit beaucoup à son esprit et à sa sagesse. Il emporta le prix de la bonne mine à sa promotion dans l'Ordre, et le porta cinquante-sept ans. Il épousa, au château de la Versine, près Chantilly, 14 septembre 1634, Louise de Crussol, fille d'Emmanuel, duc d'Uzès, et de Cl. Ébrard de Saint-Sulpice.

Avant d'aller plus loin, il faut expliquer cette Louise de Crussol et son premier mariage, pour l'intelligence de ce qui suivra.

Mlle de Crussol étoit fille et sœur des deux ducs d'Uzès et chevaliers d'honneur de la reine Anne d'Autriche; elle étoit sœur aussi des marquis de Saint-Sulpice et de Montsalez, qui, tous deux, ont fini la branche, et tante paternelle du duc d'Uzès gendre du duc de Montausier, et du marquis de Florensac. Mlle de Crussol : 1° marquise de Portes; 2° marquise de Saint-Simon, épousa : 1° en 1626, Ant.-Hercule de Budos, marquis de Portes, vice-amiral de France, chevalier de l'Ordre 1619, tué, 1629, au siège de Privas, près d'être maréchal de France et surintendant des finances. De ce mariage, deux filles : M.-Félice de Budos, morte à Paris, fille, février 1693; et Diane-Henriette de Budos, première femme du duc de Saint-Simon. Ainsi les deux frères épousèrent la mère et la fille, et de ce premier mariage du duc de Saint-Simon vint la duchesse de Brissac. Ce M. de Portes, premier mari de la marquise de Saint-Simon et père de la première duchesse de Saint-Simon, eut un frère, dont le fils unique mourut 1643, et un autre frère, évêque d'Agde, mort 1629, la même année que lui, et quatre sœurs : Louise de Budos, mariée : 1° à Jacq. de Grammont, seigneur de Vachères; 2° à Agde, 29 mars 1593, à H., duc de Montmorency, pair et connétable de France, chevalier de l'Ordre et gouverneur de Languedoc, veuf depuis deux ans; et de ce mariage, le duc de Montmorency, amiral, puis maréchal de France, qui eut la tête coupée à Toulouse, 1632, sans postérité, et Ch.-Marg., mariée, 3 mars 1609, à H. de Bourbon, prince de Condé, laquelle mourut à Châtillon-sur-Loing pendant la prison de Monsieur le Prince le héros et de M. le prince de Conti, ses enfants, et du duc de Longueville, son gendre, 2 décembre 1650, à cinquante-six ans. La connétable, sa mère, étoit morte à Chantilly, 26 septembre 1598. Voir, si on veut, le titre de MONTMORENCY. Il y avoit encore trois autres sœurs du marquis de Portes et de la connétable, l'une mariée à Alex. Guérin de Châteauneuf, baron de Tournel, l'autre à César-C. de Disimieux, la dernière abbesse de la Trinité de Caen. Par cette explication, on voit que le marquis de Portes était beau-frère du dernier connétable de Montmorency, que le marquis de Portes survécut longtemps à sa sœur et à lui, et que Mlle de Portes et la première duchesse de Saint-Simon, mère de la duchesse de Brissac, étoient cousines germaines de Madame la Princesse mère de Monsieur le Prince le héros, de M. le prince de Conti et de Mme de Longueville. Cela expliqué, revenons au marquis de Saint-Simon, qui n'eut point d'enfants et qui se retira de bonne heure au Plessier, où il recevoit beaucoup de visites, de soins, et d'amitiés de Monsieur le Prince et de Monsieur le Duc, depuis dernier prince de Condé, qui n'appeloient jamais sa femme que leur tante. Ces empressements aboutirent à une tromperie trop plaisante pour ne la pas rapporter. Ils vouloient tirer du bonhomme la capitainerie des chasses, des plaines et des forêts de ces pays-là, qu'il avoit, et son gouvernement de Senlis. Ce dernier, ils n'en purent venir à bout. Pour l'autre, Monsieur le Prince, le dernier, arrive de bonne heure, l'après-dînée, au Plessier, et leur conte que le Roi, fatigué des plaintes continuelles touchant les capitaines des chasses des lieux où il ne va jamais, est résolu de les supprimer, et que l'édit en va paroître; que celle de Senlis, d'Halatte et de Chantilly y est comprise comme les autres, encore qu'il n'y ait aucunes plaintes, mais pour ne point faire d'exception; que le remboursement sera nul, ou court et lent; que, s'ils avoient envie de se délivrer de l'embarras de cette suppression et l'accommoder de cette capitainerie, il espéroit qu'entre ses mains le Roi ne la supprimeroit pas, et que cela lui feroit un plaisir infini à cause de la chasse et du gibier, dont eux, leurs gens et leurs amis demeureroient les maîtres toute leur vie. Tant de caresses furent ajoutées, qu'ils se laissèrent aller à la crainte de la suppression et à faire ce plaisir à Monsieur le Prince, qui leur en donna galamment trois cents pistoles, et à la vérité leur tint parole pour la chasse et le gibier le reste de leur vie. Mais, quand ils virent après qu'il ne se parloit point de suppression, et qu'il n'en avoit jamais été question, ils se plaignirent amèrement de la supercherie, et le pays bien plus qu'eux, qui étoit en paix et en honnête liberté avec eux, et qui tomba dans un dur esclavage sous Monsieur le Prince, qui étendit fort cette capitainerie au delà de ses anciennes bornes, et que Monsieur le Duc, son petit-fils, a reculées depuis au triple. Monsieur le Prince demanda le bailliage et le gouvernement de Senlis, croyant le marquis de Saint-Simon mourant ou mort un peu avant qu'il mourut en effet, et en fut refusé, et le Roi le dit au duc de Saint-Simon, à qui il le destinoit.

Le marquis de Saint-Simon mourut au Plessier, sans enfants, 25 janvier 1690, à quatre-vingt-neuf ans, et sa femme, à Paris, à quatre-vingt-onze, 19 avril 1695.

Elle avoit perdu Mlle de Portes, sa fille aînée, quelques années auparavant, à qui M. le prince de Conti faisoit fort sa cour, et à qui aussi elle légua ses terres de Languedoc sous une condition qui sûrement n'aura pas été tenue : c'étoit que le scel qui serviroit à la justice de ces terres et à toute autre chose les concernant seroit mi-parti de Bourbon et de Budos. Telle fut la vanité d'une vieille dévote, qui mouroit d'un cancer, et qui ne pardonna jamais au duc de Saint-Simon d'avoir préféré sa sœur à elle.

1[1]. Diane-H., seconde fille d'Antoine-Hercule de Budos,

---

(1) Les deux notices qui suivent ici, sur les femmes de Claude de Saint-Simon, sont placées à mi-page, à côté du commencement de son article, dans le manuscrit autographe.

marquis de Portes, etc., chevalier de l'Ordre, vice-amiral de France, et L. de Crussol-Uzès, remariée lors à Ch., marquis de Saint-Simon, chevalier de l'Ordre, frère aîné du duc de Saint-Simon, qu'elle épousa au château de la Versine, près de Chantilly, 26 septembre 1644; morte de la petite vérole, à Paris, 2 décembre 1670, à quarante ans, universellement regrettée pour sa vertu, sa douceur, et parfaitement belle. Elle étoit amie intime de la princesse de Conti Martinozzi, et lui donnoit à dîner toutes les semaines, avec Mme de Gamaches en tiers, et souvent Mme de Longueville. Le duc de Saint-Simon alloit dîner ailleurs, pour les laisser en liberté passer leurs journées ensemble.

Elle fut exilée immédiatement après l'entrée du Roi et de la Reine à Paris, à huit ou dix lieues de Paris et de la cour, son mari étant lors à Blaye, où il avoit reçu la cour superbement. Mais cet exil ne dura que deux mois, et elle fut rappelée avec les autres qui le furent, pour la même cause, sans qu'elle, ni aucun d'eux, en eût fait la moindre démarche. L'occasion en fut que le cardinal Mazarin, qui aimoit extrêmement sa fameuse nièce, qu'il avoit mariée au comte de Soissons-Savoie, et pour laquelle il inventa la charge de surintendante de la maison de la Reine, voulut qu'à l'entrée le comte de Soissons précédât les ducs et la maison de Lorraine : ceux-ci se contentèrent de marcher autour de la Reine; mais les ducs ne voulurent point céder, et, après bien des allées et venues, s'abstinrent tous de se trouver à l'entrée, et la virent par les fenêtres de l'hôtel Sully, pour la plupart. Peu de jours après, plusieurs d'eux et quelques duchesses furent exilés, et le tinrent à honneur : dont le cardinal Mazarin se trouva également piqué et embarrassé. Le duc de Saint-Simon, qui étoit à Blaye, approuva fort sa femme et félicita les exilés.

Elle étoit destinée à être dame d'honneur de la Reine lorsqu'elle mourut. Mme de Montausier, qui l'étoit, avoit quitté la cour, il y avoit déjà du temps, attaquée de cette maladie de corps et d'esprit si singulière dont on a parlé au titre de MONTAUSIER, p.   ; elle ne voyoit déjà presque plus personne, et on jugeoit qu'elle n'en reviendroit pas. En effet, elle mourut le 15 de novembre suivant, 1671, près d'un an après la duchesse de Saint-Simon.

Celle-ci fut mère de la duchesse de Brissac, et toutes deux parfaitement belles. On a parlé de cette dernière au titre de BRISSAC, p.

II. Ch., fille de Fr. de l'Aubespine, marquis d'Hauterive, etc., et d'Éléonor, héritière de la branche aînée de la maison de Volvyre, marquise de Ruffec, etc. Sa mère étoit sœur du père du premier duc de Mortemart.

M. d'Hauterive étoit petit-fils du secrétaire d'État qui mit cette charge le premier hors de page, et qui commença à signer pour Henri IV ; et on verra au titre de VILLEROY qu'il fit leur fortune, qu'ils ont bien su pousser depuis, en lui donnant sa fille et une de ses deux charges de secrétaire d'État en mariage. M. d'Hauterive servit toute sa vie avec grande réputation, fut lieutenant général et colonel général des troupes françoises en Hollande dont le Roi secouroit les États ; et c'étoit l'école où tout ce qu'il y avoit de plus distingué en France alloit apprendre à faire la guerre sous M. d'Hauterive. Il étoit si bien avec le prince d'Orange, qu'il lui donna le gouvernement de Breda, de l'agrément du Roi, et sans quitter ses emplois. Il avoit parole d'être maréchal de France et chevalier de l'Ordre incontinent, lorsque le garde des sceaux de Châteauneuf, son frère, fut arrêté et mis au château d'Angoulême, où il demeura quatorze ans. Cette anecdote est curieuse. Il avoit toujours aimé les dames, quoique grave et grand homme d'État ; il étoit amoureux de la fameuse duchesse de Chevreuse. Les histoires et les mémoires de leur temps, surtout pendant la minorité de Louis XIV, sont pleins de ces deux grands personnages mâle et femelle, et de l'union intime qui fut toujours entre eux. Elle haïssoit le cardinal de Richelieu plus encore qu'elle n'a haï le cardinal Mazarin depuis, et ce premier ministre, qui étoit galant, en étoit aussi amoureux. Il tomba fort malade à Bordeaux et y demeura, la cour revenant à Paris, et si mal qu'on crut qu'il n'en reviendroit pas, mais pas assez pour qu'il ne fût pas très curieux de voir les lettres des principaux personnages, pour découvrir leurs sentiments pour lui dans une occasion si critique; et il fut bien servi. Il en intercepta, en effet, du garde des sceaux et de Mme de Chevreuse, qui plaisantoient sur son mal, sur sa mort apparemment prochaine, et qui l'appeloient *cul pourri*. C'est que la maladie dont il mourut longtemps depuis, et dont alors on ignoroit la cure par l'opération de la fistule, et de laquelle il se cacha tant qu'il put, et qui[1] commençoit lors à se déclarer (*sic*). Le dépit d'être découvert, insulté, moqué, méprisé comme un homme déjà mort, lui fit résoudre leur perte. A son retour, il supposa ce qui lui fut nécessaire pour cela, et il en vint à bout. Mme de Chevreuse, avertie à temps, s'enfuit, puis se sauva en Espagne. En ces précieux moments, le marquis d'Hauterive, qui comptoit sur son bâton et dont le manteau de l'Ordre étoit fait, jouoit avec les filles de la Reine. M. de Charost, capitaine des gardes en quartier, venoit d'apprendre par le cardinal même, à qui il étoit fort attaché, ce qui se passoit. Il avoit porté le mousquet en Hollande sous M. d'Hauterive, étoit demeuré intimement de ses amis, et ne l'appeloit jamais que « mon colonel ». Dans le même instant, il quitte le cardinal, cherche M. d'Hauterive, le trouve au jeu, et lui dit à l'oreille : « Sauvez-vous, mon colonel ! actuellement on arrête votre frère. » M. d'Hauterive ne fait semblant de rien, mais, un moment après, feint un besoin pressant, court chez lui, y prend de l'argent et son meilleur cheval, et se sauve. On envoya, moins d'un quart d'heure après, l'arrêter. Le cardinal, outré de sa fuite, s'en prit au comte de Charost, qui le lui avoua, et ajouta : « M'aviez-vous défendu de le lui dire? Vous saviez bien à quel point nous sommes amis. » Le cardinal s'apaisa, ne l'en estima que davantage, et ne l'en aima pas moins. On envoya tout sceller chez M. d'Hauterive et courir après

---

1. *Et qui*, ajouté en interligne, rend la phrase incomplète.

lui, et surtout ordre à Mme de Bouillon de l'arrêter s'il passoit à Sedan, comme on s'en doutoit. Il y passa en effet : Mme de Bouillon, qui avoit reçu l'ordre, n'osa le recevoir, mais lui fit tenir des chevaux et de l'argent à la porte de Sedan, et lui manda de se hâter de passer outre, et l'ordre qu'elle avoit reçu. Il étoit ami intime de M. et de Mme de Bouillon, et par lui, et par la liaison du prince d'Orange, qu'il alla trouver, et qui le reçut à bras ouverts. Il y demeura pendant toute la disgrâce de son frère. Au scellé, il se trouva un étrange contretemps. Un lieutenant des gardes du corps fut envoyé pour veiller à ce qu'on ne détournât rien. Il se trouva que c'étoit encore un homme qui avoit servi en Hollande, et fort attaché aux deux frères. En arrivant, il expliqua sa commission à la marquise d'Hauterive fort civilement, et ajouta qu'il la prioit et s'attendoit bien qu'on ne romproit rien, mais que, du reste, il avoit le sommeil si dur que rien ne l'éveilloit. C'étoit parler françois; mais cela fut inutile. Un secrétaire confident du garde des sceaux, car les deux frères logeoient ensemble à Paris, avoit toutes les clefs de ses papiers, et il avoit pris une telle épouvante, qu'il s'en étoit fui, et si bien caché que jamais on ne put le trouver : tellement que, Mme d'Hauterive n'osant et ne pouvant même faire lever ni rompre les serrures, il n'y eut pas un papier de détourné. Ils faisoient bien foi d'une entière innocence à l'égard du Roi et de l'État; mais les lettres originales de Mme de Chevreuse s'y trouvèrent, et c'étoit le véritable crime.

Cette duchesse de Saint-Simon étoit fort vertueuse, et fort belle aussi. Mme de Montespan, de qui elle étoit issue de germaine, la fit dame du palais de la Reine aux premières qu'on lui nomma, et le lui manda par un billet. Il arriva qu'elle étoit sortie, et son mari chez lui, lorsque le gentilhomme de Mme de Montespan la demanda, et qu'on le fit parler au duc de Saint-Simon. Il ouvrit la lettre, prit une plume, et manda bien poliment à Mme de Montespan qu'à son âge il avoit pris une femme pour lui, et non pas pour a cour, et la remercia. Quand la duchesse fut revenue, son

mari lui conta le billet et sa réponse. Elle en fut bien
fâchée; mais il n'y parut point.

Elle n'a eu qu'un fils unique, le duc de Saint-Simon d'aujourd'hui, et est morte à Paris d'apoplexie, 7 octobre 1725,
à quatre-vingt-sept[1] ans. Elle avoit infiniment d'esprit; mais
fort retirée toute sa vie.

CLAUDE DE SAINT-SIMON, fait duc et pair, fournira des
curiosités dignes d'être rapportées. Il fut, avec son frère,
page de Louis XIII de la petite écurie. Le Roi aimoit passionnément la chasse. On [ne connoissoit pas alors[2]] les
routes percées dans les forêts, ni la manière de prendre les
cerfs en une heure ou deux, à force d'hommes et de chiens.
Le Roi y étoit fort ardent. Le page s'aperçut de son impatience à relayer dans la crainte de manquer la chasse, et
chercha en lui-même quelque moyen de l'y servir à son
gré, quand ce seroit à son tour à lui présenter le relais. Il
le trouva aisément, parce que le Roi étoit dispos, léger, et
très bel et bon homme de cheval. Lorsque ce fut à lui à le
relayer, il lui tourna son cheval frais la tête à la croupe de
l'autre, tellement que, sans mettre pied à terre, le Roi n'eut
qu'à sauter de l'un sur l'autre. Cette invention, qui satisfaisoit son impatience, lui plut tant, qu'il demanda le même
page à l'autre relais, et l'y vouloit toujours avoir. Bientôt
il lui parla lorsqu'il étoit à sa suite, et peu à peu il prit
goût à lui; mais, ayant envie de faire sa fortune, comme
lui-même le lui a dit depuis, il se fit secrètement informer
de sa naissance, pour n'y être pas trompé comme il l'avoit
été là-dessus à un homme qu'il avoit prodigieusement
élevé, qu'il lui nomma, et qu'on croit ici devoir taire. Content sur la naissance, qu'il trouva susceptible de ses plus
grandes grâces, il s'informa de même du personnel, autant
que, en ce premier âge, on pouvoit l'être. M. de Baradat

---

1. Ainsi dans le manuscrit. Lisez : *quatre-vingt-cinq ans*.
2. Mots coupés par le relieur.

étoit lors premier écuyer et avoit été favori; mais il ne cessoit de se détruire lui-même par la continuelle affectation de ses contradictions jusque sur les moindres choses. Cela dura assez longtemps, et alla toujours augmentant, bien loin de s'en corriger sur les avis de ses amis et sur ceux que le Roi, par bonté, lui faisoit donner lui-même. Enfin il fut chassé, et M. de Saint-Simon, étant encore page, fut, à son grand étonnement et de toute la cour, nommé premier écuyer, 5 mars 1627, n'ayant pas vingt ans. Tôt après, il eut la capitainerie des chasses et le gouvernement de Saint-Germain-en-Laye, de Meulan et de Versailles, où le Roi, lassé, et sa suite plus que lui, d'avoir couché souvent, partie dans un moulin à vent, partie dans une sale hôtellerie à rouliers, qui étoit alors tout Versailles, après de longues chasses dans les forêts de Saint-Léger et des environs, qui ne leur permettoient pas de regagner Saint-Germain, y fit bâtir un petit château, qui ne contenoit que le lieu où est maintenant la petite cour de marbre, et où le Roi, d'abord fort à l'étroit, puis un peu plus au large, couchoit à des retours de chasse, avec huit ou dix courtisans qui l'y avoient suivi.

Fr. de Silly, duc non vérifié de la Roche-Guyon, chevalier de l'Ordre et grand louvetier de France, étant mort sans postérité au siège de la Rochelle, 19 janvier 1628, le Roi donna cette charge, le dernier février 1628, à M. de Saint-Simon, et, le 4 mars suivant, c'est-à-dire trois jours après, il lui donna encore celle de premier gentilhomme de sa chambre, de M. de Blainville, qui l'avoit depuis longtemps, et qui venoit de mourir sans enfants et n'ayant qu'un frère cadet, sans proportion plus jeune que lui, qui n'étoit jamais sorti de sa province de Normandie, et qui fut père de la comtesse de Saint-Géran, dame du palais de la Reine, si connue dans le monde et à la cour, où elle a demeuré jusqu'à la mort de Louis XIV, et se retira après aux filles de Sainte-Marie du faubourg Saint-Jacques, où elle est morte, veuve depuis longtemps et sans postérité, en 1731. M. de Blainville, son oncle, s'appeloit J. de Varignies, avoit été ambassadeur en Angleterre, chevalier de l'Ordre en 1619, et avoit épousé, 1611, Catherine Voysin, dame de Tourville et d'Infreville. M. de Saint-Simon vendit cette charge, lorsqu'il fut fait duc et pair, au duc de Lesdiguières, pour M. de Canaples, son petit-fils cadet, qui a depuis été le duc de Créquy, célèbre par son ambassade de Rome et l'affaire des Corses; et comme il étoit alors enfant, et son père mort, ce fut à condition que M. de Lesdiguières l'exerceroit lorsqu'il seroit à la cour, mais il passa presque toute sa vie en Dauphiné. Pour M. de la Roche-Guyon, il étoit fils de cette célèbre Antoinette de Pons, marquise de Guiercheville, et de son premier mari, qui, se remariant à M. de Liancourt, premier écuyer, père de celui qui fut fait duc et pair, ne le fit qu'à condition de conserver ce nom, pour ne pas s'appeler comme la belle Gabrielle, alors Mme de Liancourt. Les curiosités de cette femme forte[1] se voient au titre de LIANCOURT-LA-ROCHE-GUYON, p.   .

M. de la Roche-Guyon étoit un homme fort à la mode par la considération de sa mère, qui le survécut de quatre ans, et par lui-même; chevalier de l'Ordre 1619, avec dispense d'âge, et duc 1621, sans avoir été enregistré. Il n'eut point d'enfants de Gillonne de Matignon, fille du comte de Torigny et de la Longueville. En lui s'est éteinte la maison de Silly. Assez peu après, P. Anthonis, seigneur de Roquemont, cornette des chevau-légers de la garde, homme de fort peu, mais grand chasseur, acheta cette charge de M. de Saint-Simon, qui n'avoit aucun bien de patrimoine et qui étoit premier écuyer et premier gentilhomme de la chambre, et toutefois la lui revendit en 1636. Il mourut en 1652, et sa famille s'est évanouie depuis dans son obscurité.

M. de Saint-Simon fut conseiller d'État, le 8 avril 1630, distinction qui se donnoit déjà à presque tous les seigneurs, et qui n'avoit plus guère dès lors que le nom. Le duc de Luxembourg, frère du feu connétable de Luynes et du maréchal de Chaulnes, mourut à Paris, 25 novembre de

---

1. Mot douteux.

cette même année 1630. Il étoit capitaine des chevau-légers de la garde du Roi et gouverneur de Blaye, et ne laissoit qu'une fille au maillot et un fils qui n'avoit pas quatre mois. Le Roi apprit cette mort à M. de Saint-Simon, et, en même temps, lui dit qu'il lui donnoit une des deux charges, à son choix, qu'il laissoit vacantes. M. de Saint-Simon n'avoit jamais rien demandé pour lui, et se trouvoit très suffisamment établi: il le représenta, et supplia le Roi de disposer des deux emplois en faveur de gens qui les méritassent mieux que lui, et qui étoient dans le besoin de ses grâces. Le Roi insista; lui aussi. A la fin, le Roi se fâcha, lui dit que c'étoit sa volonté, et lui donna jusqu'au lendemain pour lui venir dire son choix. Le lendemain, le Roi lui demanda s'il l'avoit fait. M. de Saint-Simon lui répondit que, n'osant plus rien lui représenter de ce qu'il avoit fait la veille, quoique la même chose fût toujours dans son cœur, il n'avoit pu rien choisir et croyoit mieux faire qu'à s'en rapporter à celui que sa bonté feroit elle-même. Le Roi, content de la réponse, l'en loua, et lui dit que la charge des chevau-légers, plus brillante et plus sensible, lui feroit sûrement plus de plaisir, mais que, de solidité, elle n'en avoit aucune, au lieu que le gouvernement de Blaye, qui paroissoit pour lors peu de chose, étoit, par sa position, de quoi faire compter avec son gouverneur et la cour tous les partis qui pourroient, après lui, s'élever contre elle; que c'étoit le chemin d'une figure et d'une grande fortune, et que, par ces raisons, il le préféreroit à la charge des chevau-légers, et lui conseilloit de le préférer aussi. Ce fut de la sorte qu'il eut Blaye, le 27 décembre 1630; et il se trouva par l'événement, qui sembloit alors si éloigné, pour ne pas dire impossible, que le Roi fut prophète.

En 1631 et 1632, il commanda cinq mille gentilshommes de tous les arrière-bans du Royaume dans l'armée du maréchal de la Meilleraye, et en 1633, à vingt-sept ans juste, fut chevalier de l'Ordre avec son frère aîné, comme il a été dit ci-dessus, son frère ayant trente-cinq ans juste. Sur quoi on remarquera qu'entre chevaliers faits en même promotion, non ducs, ni princes de maison actuellement souveraine, les offices de la couronne, non pas même les lettres de duc non vérifiées, ne donnoient aucune préséance, beaucoup moins les grandes charges de la maison du Roi, comme les exemples en sont continuels jusqu'à Louis XIV, et encore en sa seconde grande promotion de 1688, que, pour la première fois, parmi les chevaliers qu'il fit, il mêla les maréchaux et les ducs à brevet à la suite des ducs, et, après les maréchaux de France et les ducs à brevet mêlés ensemble, il donna le premier lieu aux charges de sa maison suivant leur rang, et après eux au chevalier d'honneur de Madame la Dauphine de Bavière, qui étoit Dangeau, car son premier écuyer étoit le maréchal de Bellefonds; et Monsieur le Duc, premier ministre en 1724, l'observa de même en la nombreuse promotion qu'il fit la première après celle de 1688.

A la fin de 1634, le Roi confia à M. de Saint-Simon qu'il se raccommodoit avec Monsieur, que le traité étoit fait, et qu'il l'attendoit à tout moment de Bruxelles, d'où il se déroba, et arriva sans que personne sût rien de cet accommodement. Le Roi ajouta qu'il avoit résolu de le faire duc-pair, non si tôt, à cause de son âge, mais que ne pouvant se résoudre à en faire d'autres sans lui, qu'il l'alloit faire présentement; qu'à la vérité il y avoit une condition qui lui paroissoit dure, mais que Monsieur, qui avoit, par le traité, demandé que Puylaurens le fût, avoit aussi stipulé que si, à cette occasion, il en faisoit d'autres, Puylaurens passeroit le premier; puis ajouta qu'il cherchât très promptement une terre à acheter, car il n'en avoit aucune susceptible d'être érigée, et de se hâter. La condition de la préséance de Puylaurens parut, en effet, si dure à M. de Saint-Simon, qu'il eut la folie de balancer vingt-quatre heures, comme si Puylaurens, qui le devoit précéder comme son ancien, ne l'eût pas précédé de bien plus haut et de bien plus loin, s'il n'eût pas été duc et pair aussi. Il songea, tout aussitôt qu'il eut accepté, à avoir la terre de Saint-Simon, par les raisons qu'on en a vues ci-devant dans la généalogie, qui avoit été apportée en mariage par Marguerite de Saint-Simon Vermandois, plus de trois siècles auparavant, à Matthieu de Rouvroy, et qui avoit depuis été transmise de père en fils et d'aîné en aîné, sans être jamais sortie de la maison, dont l'aîné la possédoit actuellement ; il l'échangea donc pour la terre de Vaux, près Meulan, avec un gros retour en argent que lui donna M. de Saint-Simon, très pressé de finir cette affaire. Aiguillon fut enregistré au mois de décembre 1634, et M. de Puylaurens fut reçu au Parlement incontinent après ; et M. de Saint-Simon fut enregistré et reçu duc et pair tout à la fois le 1er février 1635. Il n'eut pas longtemps la peine d'être précédé par le duc de Puylaurens : celui-ci fut arrêté quinze jours après et conduit à Vincennes, où, six mois après, il mourut, sans postérité de la nièce du cardinal de Richelieu, qu'il venoit d'épouser. On a vu cette prompte et terrible catastrophe titre d'AIGUILLON-PUYLAURENS.

M. de Saint-Simon suivit Louis XIII dans tous ses voyages et ses expéditions militaires, le servant dans ses deux charges, et, en 1638 et 1639, il commanda la cavalerie de l'armée de Monsieur le Prince, père du héros, sur les frontières d'Espagne.

Arrivant dans la faveur sans autre appui que la faveur même, et sans autre appui que le Roi tout seul, il trouva le cardinal de Richelieu déjà établi au plus haut point de la fortune. Il n'en étoit point connu, et ce premier ministre n'aimoit pas à voir élever personne sans sa participation et son appui. Cela même lui déplut d'autant plus dans M. de Saint-Simon, qu'il ne lui fut en rien redevable d'aucun de tous les degrés de la sienne, qu'il dut tous à la bonté du Roi, sans lui en avoir demandé pas un, et à qui aussi il demeura immédiatement attaché, sans dépendance aucune du premier ministre.

M. de Saint-Simon, quoique si jeune et si rapidement élevé, fut, au témoignage de tous ceux qui en ont écrit et laissé des histoires et des mémoires de ces temps-là, un favori sans envie, qui ne se mêla que de bien servir Louis XIII, et à lui plaire directement, qui fit du bien tant qu'il put, et il le put beaucoup, et jamais mal à personne. Les mémoires du maréchal de Bassompierre sont les seuls qui s'en expliquent peu favorablement, sans alléguer aucun fait ni aucune chose, et dont le coup de patte, en deux mots, est, par cela même, et par l'indécence et l'absurdité de l'injurieux mépris, indigne de croyance. Ce maréchal étoit tout rempli du fiel de sa longue prison et de tout ce qu'elle lui avoit fait perdre, et du dépit de se voir, au sortir de la Bastille, tombé, du personnage qu'il avoit si longtemps fait à la cour et dans le monde, dans l'ordre commun de tous les autres grands seigneurs, tandis qu'il voyoit si au-dessus de lui, en faveur, en dignité et en figure, un homme qu'il avoit laissé tout jeune, quoique déjà premier écuyer et premier gentilhomme de la chambre, si fort d'ailleurs derrière lui par l'âge, la représentation, le personnage et les établissements. Mais il y avoit quelque chose de plus personnel : il ne pouvoit pardonner à M. de Saint-Simon la fameuse journée des Dupes, qui changea toutes ses espérances en quatorze années de prison, et qui se passa précisément comme le Vassor le raconte dans son histoire de Louis XIII. Mais il lui en a échappé des particularités qui donnèrent lieu à ce renversement des choses ; on donnera donc cette curiosité entière, parce qu'on la sait d'original.

Tout ce qui reste d'histoire et de mémoires des règnes d'Henri IV et de Louis XIII, ceux même qui sont les plus favorables à Marie de Médicis, laissent une étrange idée de cette reine. On y voit une femme haute et ambitieuse de dominer et de gouverner, qui ne sait par où s'y prendre, et qui, faute d'esprit et de sens, s'abandonne à des femmes de chambre et des valets qu'elle élève, puis qu'elle craint et dont elle devient l'esclave. Une humeur insupportable la rendoit toujours jalouse, chagrine, soupçonneuse et mécontente, qui, jointe à son entière incapacité et à son défaut de discernement, lui donnoit une légèreté qui l'attachoit sans mesure aux personnes pour qui elle se prenoit, et la détachoit de même de celles à qui elle avoit les plus grandes obligations, de qui elle pouvoit attendre le plus de service et qui lui étoient le plus sincèrement attachées. Ces mêmes défauts la fermoient aux conseils qui n'étoient pas conformes à ses passions, et, si l'affection d'elle et la considération de l'importance de ce dont il s'agissoit opiniâtroit ceux qui lui parloient à la vouloir persuader, elle se figuroit aussitôt que c'étoit pour quelque intérêt caché qui les regardoit, et les prenoit en défiance et en aversion. On voit tout ce qu'Henri IV, si doux et si patient dans l'intérieur domestique, eut sans cesse à souffrir d'elle, et M. de Sully, si haï et si ennemi des maîtresses, et aussi intimement avec Henri IV dans tous ces démêlés domestiques que dans les affaires d'État, n'en être pas mieux avec la Reine, qu'il accusa enfin assez ouvertement du meurtre du Roi son mari, en quoi il n'est pas le seul ; et ce qui parut incontinent après du dégagement de la Reine, de son application à se procurer toute l'autorité dès les premiers moments, la description qui nous reste de son cabinet et de sa manière d'y traiter d'affaires, le même jour et les suivants, laissent d'étranges soupçons d'une veuve si peu étourdie et si peu touchée d'un coup subit qui affligea la plupart de l'Europe, et qui l'étourdit toute entière. Que si l'on joint à ces considérations le soin qu'on prit d'étouffer tout ce qui pouvoit conduire à toute connoissance de ce qui regardoit cet épouvantable crime, ou l'adresse avec laquelle on évita de laisser parler le meurtrier et avec laquelle on hâta son supplice, tout cela ensemble laisse d'étranges impressions dans l'esprit. De là, si on passe à l'éducation du Roi son fils, à qui elle laissa ignorer jusqu'à lire et à écrire, qu'elle tint dans une vraie prison sans souffrir que nul en approchât excepté quelque peu de valets de confiance, et son abandon à l'Espagne contre toutes les vues d'Henri IV, contre le sentiment de tout ce qu'il avoit laissé d'excellents ministres, contre le vœu de tout l'État, et sa dépendance du maréchal d'Ancre, et encore plus de sa femme, malgré les scènes qu'elles avoient si souvent ensemble, on plaindra un roi et un État qui se trouvent soumis à une mère et à une régente pareille.

Ce n'est pas tout : après la catastrophe du maréchal d'Ancre, reléguée à Blois, et, tirée de là, remise à la tête d'un parti par le plus surprenant exploit qu'un particulier pût exécuter dans le milieu du Royaume, devant tout au duc d'Épernon et se trouvant encore dans sa dépendance, elle ne peut se tenir de lui témoigner son ingratitude et de le traiter avec tous les soupçons, toutes les jalousies et toutes les hauteurs possibles. Raccommodée avec le Roi son fils et revenue au timon de l'État, elle ne put encore se contenter d'une situation si brillante, ni se garantir de l'entraînement à de nouveaux partis qui allumèrent une nouvelle guerre entre elle et le Roi son fils, qu'il termina par sa victoire, au Pont-de-Cé, d'un parti qui étoit devenu redoutable. Traitée ensuite en reine et en mère, et bientôt après rentrée encore une fois dans la confiance de son fils et dans toute l'autorité et le secret des rênes du gouvernement, elle ne put résister à la jalousie qu'elle conçut de sa propre et unique créature, qu'elle seule avoit élevée au plus haut point, et dont l'attachement et les services l'avoient remise au point où elle se voyoit à la cour et dans l'État : le cardinal de Richelieu lui devint odieux. Ses respects, ses soins, toutes les mesures qu'il put prendre ne la ramenoient que pour des moments. Elle voyoit, elle sentoit ses torts, et le peu de fondement de ce qui la mettoit en défiance, et puis en colère. Aussitôt après, c'étoit à recommencer. Une cour remplie de gens de tous états, formés par les grandes affaires où chacun suivant le sien avoit été nourri par les suites de la Ligue, du parti huguenot, de ces guerres civiles de la Reine mère, ne fut pas longtemps sans s'apercevoir de la situation d'esprit de Marie de Médicis pour le cardinal de Richelieu, ni sans chercher à en profiter contre une puissance toujours odieuse dans un sujet à tous les autres. La haine éclata. La Reine ne voulut plus se trouver avec lui aux conseils. Elle espéra qu'une telle option à faire par le Roi son fils ne pouvoit que lui être favorable et perdre le cardinal. C'est aussi ce qui fut si près d'arriver, que, la Reine et son parti s'en tenant sûrs, à deux jours de là, un conseil fut tenu entre les principaux personnages pour délibérer de ce qu'on feroit du cardinal après sa chute, qui, par la connoissance exacte qu'en eut le cardinal, éprouvèrent chacun la même peine que chacun avoit proposée contre lui. Et c'est ce qui fit donner à ce conseil et à cette journée célèbre le nom de la Journée des Dupes. Mais voici l'anecdote. La Reine mère, qui s'étoit en apparence raccommodée avec le cardinal de Richelieu pour l'endormir mieux sur le point de le perdre, ne pouvoit plus souffrir ni lui ni pas un de ses parents. Elle avoit souvent traité extrêmement mal Mme de Combalet, sa nièce, qui fut depuis faite duchesse d'Aiguillon, et qui étoit lors sa dame d'atour. Il fut question de les raccommoder aussi. Le Roi avoit presque consenti à l'éloignement du cardinal des affaires pour quelque temps, pour contenter la Reine. Quelque dangereuse que fût cette suspension et cet exil, le cardinal se voyoit forcé de le subir. La Reine et ceux qui la menoient comptoient bien d'achever assez sûrement de perdre radicalement le cardinal dès qu'il seroit éloigné, pour empêcher à jamais son retour, et lui, dans une telle détresse, ne songeoit qu'à se séparer bien d'avec la Reine, de raccommoder les siens avec elle pour y tenir par ce lien, et à faire valoir un sacrifice dont il craignoit tout, dans l'espérance de se sauver et de l'abréger. La cour étoit à Paris, la Reine dans son palais de Luxembourg, qu'elle avoit bâti pour elle, et le Roi, pour en être plus près dans ces moments de crise, s'étoit logé dans la rue Tournon, à l'hôtel des Ambassadeurs extraordinaires. Il avoit instamment demandé à la Reine sa mère, qui avoit chanté pouille et chassé de sa présence Mme de Combalet, de lui pardonner et de la recevoir en grâce en considération de ce qu'elle s'étoit elle-même raccommodée avec le cardinal, et surtout en faveur de la complaisance qu'elle exigeoit de sa retraite pour un temps. La Reine y consentit et promit au Roi qu'elle la recevroit bien, elle et le cardinal, qui devoit la lui amener; qu'elle vouloit qu'il y fût présent et témoin qu'elle s'acquitteroit à son gré, à lui, de la parole qu'elle lui en donnoit. Ce devoit être le lendemain matin. Le soir de ce lendemain, le Roi devoit aller à Versailles; la Reine mère devoit l'y aller trouver le jour suivant et y faire avec lui les changements à peu près convenus, et cependant le cardinal sortir de Paris le même jour que le Roi, aussitôt après son départ, et s'en aller à Richelieu. Tout cela arrangé de la sorte, le Roi s'en va à pied à Luxembourg, et trouve la Reine sa mère à sa toilette. Comme elle fut achevée, on fit sortir tout le monde; le Roi seul demeura, et M. de Saint-Simon. Alors arriva le cardinal, menant sa nièce à la Reine, qui lui firent leurs compliments les plus respectueux. La Reine rougit de colère et se contint un moment, puis éclata en reproches contre l'oncle et la nièce, de là en injures et en fureurs, les chassa de sa chambre, et leur défendit d'être si insolents que d'oser jamais se présenter devant elle. Le Roi, qui ne s'attendoit à rien moins, demeura dans un étonnement inconcevable, et le favori stupéfait, qui n'osoit presque respirer. Le cardinal et la nièce sortirent outrés de rage, et la nièce en pleurs. Le Roi, à diverses reprises, avait essayé vainement de mettre, si on ose dire, le holà! d'arrêter la furie de la Reine, qui lui faisoit proférer les plus basses et les plus grossières injures, et de la rappeler à elle-même et à ce qu'elle lui avoit promis; mais le robinet étoit tourné: rien ne put ralentir cette fougue, soit que la présence eût rallumé une colère de l'emportement de laquelle elle ne fut plus maîtresse, soit qu'elle eût voulu montrer par là qu'il n'y avoit plus de retour, et que, sûre, comme elle se le croyoit, de l'éloignement imminent, puisque c'étoit le jour même, elle se crût au-dessus de tout et en état de pouvoir ôter toute espérance pour l'avenir, et au Roi toute envie d'y travailler. Il sortit un moment après le cardinal, après une révérence assez sèche à la Reine sa mère, s'en retourna à pied chez lui, passa droit dans son cabinet, y fit entrer M. de Saint-Simon seul avec lui, et défendit, en y entrant, que, pour quelque chose que ce pût être, personne en ouvrît la porte. En entrant, il se jeta sur un lit de repos, et il étoit tellement suffoqué de cette étrange scène, qu'à l'instant tous les boutons de son pourpoint pétèrent et sautèrent en place tout à la fois. Après s'être un peu remis en silence, puis repris les principales choses de cet événement, il se mit à raisonner avec son favori sur la grande affaire de la journée, qui étoit le 11 novembre 1630. M. de Saint-Simon, comme on l'a dit, n'avoit aucune dépendance du cardinal; mais, pendant ce qui se venoit de passer à Luxembourg en sa présence, et depuis dans le cabinet du Roi, tout jeune qu'il étoit alors, il avoit fait de grandes réflexions. L'humeur et l'incapacité de la Reine, toujours livrée à aussi incapables qu'elle, un nombre de gens qui voudroient partager l'autorité du maniement des affaires, et qui, s'entrechoquant par leurs cabales, y mettroient la confusion dans la situation où l'État et la cour se trouvoient, lui faisoient appréhender de tristes suites. Il pensoit de l'autre côté à l'abattement du parti huguenot et à l'humiliation de l'Espagne et du duc de Savoie, à la capacité, à la sagacité, à la vigilance du cardinal de Richelieu, qui avoit si puissamment aidé le Roi à l'exécution de ces grandes choses, mais qui toutes fumoient encore et avoient besoin du même secours. Il se représenta la difficulté de trouver une tête pareille à celle du cardinal, et de la mettre et la maintenir après à la tête des affaires, où elle éprouveroit les mêmes traverses intestines, et par les mêmes motifs d'envie et de jalousie que le cardinal. Tout cela le détermina, dans ces moments critiques, à soutenir un homme, pour le bien de l'État et l'avantage et le soulagement du Roi, à qui uniquement il étoit attaché et de qui ses paroles seroient mieux reçues, comme non suspectes, parce que le Roi savoit bien qu'il ne tenoit ni ne vouloit tenir à autre qu'à lui seul, et à lui immédiatement. Le Roi le pressa de lui parler librement: il le fit, et la conversation fut de trois grosses heures. Tout fut bien pesé, balancé, discuté. Le Roi s'étoit engagé: il avoit peine à y manquer; il avoit peine aussi à se priver de son premier ministre. Il sentit tout le poids des raisonnements de M. de Saint-Simon, il y entra, il combattit pour les deux côtés; enfin il se rendit à ne pas sacrifier un ministre qui le servoit si utilement au caprice intarissable de la Reine sa mère, qui en prendroit tout aussi aisément contre un autre, puisque celui-ci étoit sa créature et l'ouvrage de ses mains, et à ne se pas jeter au milieu d'une troupe d'ambitieux qui ne seroient d'accord ensemble que jusqu'au moment du départ du cardinal, et s'entreheurteroient tous après par la même ambition qui les avoit unis. Saint-Simon, qui connut l'importance de serrer la mesure, voyant le Roi résolu à garder le cardinal, se tourna tout aussitôt à y mettre le sceau dès le jour même, et il en vint aisément à bout, parce qu'il représenta que ce seroit se délivrer de beaucoup de choses importunes qui dureroient toujours tant que la chose ne seroit pas consommée, et il se fit commander d'envoyer dire au cardinal de venir ce soir-là même trouver le cardinal (sic) à Versailles. L'attente cependant étoit grande dans le logis du Roi, après ce qui avoit été su de la retraite résolue du cardinal et ce qui avoit transpiré à quelques-uns de la scène de Luxembourg, lorsqu'on vit sortir M. de Saint-Simon du cabinet et demander s'il n'y avoit point là quelqu'un de ses gentilshommes, car alors, ni longtemps depuis, on ne vivoit pas comme aujourd'hui, et les seigneurs en avoient toujours plusieurs qui les accompagnoient partout. Tourville, qui étoit à M. de Saint-Simon, et père du maréchal de France si célèbre depuis à la mer, se présenta. M. de Saint-Simon le mena dans l'embrasure d'une fenêtre et lui ordonna d'aller de sa part dire au cardinal de Richelieu qu'il y avoit plus de trois heures qu'il étoit seul avec le Roi, enfermé dans son cabinet, qu'il en sortoit exprès pour lui mander que le Roi lui commandoit de se rendre ce soir même auprès de Sa Majesté à Versailles, et d'ajouter que c'étoit lui qui le lui mandoit, et qu'il y vînt sur sa parole. On peut juger si le cercle étoit grand et les yeux attentifs sur le maître et sur le gentilhomme, après une si longue clôture avec le Roi dans des moments si curieux et si décisifs. Tourville partit, et M. de Saint-Simon rentra dans le cabinet du Roi. Bientôt après, le Roi mangea un morceau, puis s'en alla tout de suite à Versailles. A l'arrivée de Tourville chez le cardinal, il trouva son carrosse à six chevaux et les bagages chargés dans sa cour, et grande confusion parmi le domestique. A la mention de la part de qui il venoit, toutes les portes tombèrent devant lui, et les principaux domestiques l'environnèrent et l'accompagnèrent jusqu'au cabinet du cardinal, cherchant dans ses yeux et dans son maintien des nouvelles de leur sort. Il trouva le cardinal seul avec son ami le cardinal de la Valette, barricadé contre qui que ce pût être, dans un extrême abattement, et que le cardinal de la Valette avoit empêché deux ou trois fois de partir : ce qui le fit attendre malgré lui que le Roi fût parti lui-même. Tous deux furent bien agréablement surpris, mais le premier ministre à tel point qu'il se le fit répéter. Il embrassa étroitement Tourville, et le chargea de dire à M. de Saint-Simon ce qui se peut imaginer d'un tel homme, qui, de précipité, se revoit remis dans sa place. Peu de moments après, il partit avec son ami pour Versailles, et les histoires sont pleines de ce qui s'y passa. Telle fut la journée des Dupes, et avec une exactitude sur laquelle on peut compter.

Le cardinal, raffermi dans sa place, n'y étoit pas sans inquiétude, quelque puissant qu'il parût ; et il est mainte fois arrivé à M. de Saint-Simon de le voir entrer dans sa chambre, la nuit, à toutes les heures, de l'éveiller, et de lui dire, tout effarouché, qu'il étoit perdu, et recourir à ses conseils et à ses offices. Il éprouva bien un jour, et tout le Conseil avec lui, qu'il n'étoit pas le maître : ce fut lors des rapides prospérités des ennemis de la France. Les Impériaux avoient repris Philipsbourg, Spire et Mayence en 1635, et, l'année suivante, les Espagnols prirent la Capelle, le Câtelet et Corbie : ce qui porta l'alarme jusque dans Paris. Le Roi, aussitôt après l'arrivée du courrier qui apporta la nouvelle de la perte de cette dernière place, assembla le Conseil, et il vouloit que M. de Saint-Simon y fût toujours présent, non pour y opiner, mais pour le former aux affaires, et, en particulier, lui en proposoit quelquefois, pour voir où alloit son sentiment, et le rectifier ou l'approuver. En ce conseil, le cardinal de Richelieu parla le premier, conclut à des partis timides, et tout le Conseil après lui. Le Roi les laissa parler, puis leur dit qu'après les avoir bien attentivement écoutés, il ne pouvoit être de leur sentiment; que ses troupes étoient étonnées, Paris, et par conséquent les provinces effrayées, et, par une suite nécessaire, les bourses fermées; qu'il n'y avoit que l'audace qui pût remédier à ces maux en encourageant ses troupes, en rassurant Paris, et, en ouvrant les espérances et les cœurs de ses sujets, ouvrir les bourses; qu'il estimoit que cela ne se pourroit faire que par sa présence. Et tout de suite, se tournant à M. de Saint-Simon, lui ordonna que le plus nécessaire fût prêt à partir avec sa personne le surlendemain, et que le reste suivroit quand il pourroit. Le cardinal demeura consterné d'une résolution si hardie et si périlleuse, et tout le Conseil avec lui, car ils voyoient bien qu'il ne s'alloit pas mettre à la tête de ses troupes pour ne rien tenter. Les remontrances furent inutiles. Le Roi, qui avoit pris son parti, leva le Conseil, et l'exécuta avec un succès qui passa les espérances, et que le cardinal attendit avant d'oser joindre l'armée, qui repoussa les Espagnols, reprit Corbie et fit tout ce que les histoires de ces temps-là racontent.

Le Roi, perniciensement élevé, n'avoit pu, dans les suites, suppléer à la perfidie de cette éducation. Il n'avoit donc point d'acquis, et une difficulté d'organe, qui le faisoit bégayer, le rendoit timide à parler. Une mère telle que la sienne, un frère toujours prêt à toutes sortes de partis et qui fut sans cesse à la tête de ceux qui se formèrent sous lui, qui prirent les armes, qui se lièrent aux ennemis de l'État avec d'autant plus de hardiesse que Monsieur étoit présomptif héritier de la couronne d'un roi, et qui (sic) en désespéroit de voir naître des enfants; des guerres domestiques et étrangères de toutes parts, et de puissants restes des factions de la Ligue et de celle des huguenots : tout cela ensemble engageoit le Roi à laisser à son premier ministre le nom de faire beaucoup de choses que le Roi faisoit, et que le premier ministre exécutoit, et se tiroit par l'adresse de cette conduite de beaucoup d'importunités, de traverses et d'embarras; et le premier ministre aussi en savoit bien profiter pour s'attirer la louange des plus grandes choses, méprisée par la modestie du Roi, et pour accroître aussi son pouvoir effectif, que la complaisance du Roi pour son grand et utile travail, et souvent aussi sa politique, ne resserroit pas. Mais il étoit des choses, et de toutes les natures, qui passoient son pouvoir, comme ce qui vient d'être dit de Corbie, comme le passage des Alpes malgré la peste, comme l'opiniâtreté à forcer le Pas-de-Suse, ce qu'on a vu ailleurs, et une infinité de choses semblables. Il y en avoit d'autres qu'il desiroit passionnément, et qu'il n'osoit même entamer, dont voici un exemple. Il aimoit fort le chancelier Séguier, et cet ambitieux et rusé magistrat prit si bien son temps, qu'il en obtint parole de faire donner le tabouret à sa femme. Le cardinal sentoit son impuissance; il connoissoit l'affection et la distinction du Roi pour les seigneurs, combien il seroit éloigné d'accorder le tabouret à la femme du chef de la justice et des magistrats, et cette grande prérogative au-dessus de celle des officiers de la couronne; il n'osa donc en faire la proposition, et alla trouver M. de Saint-Simon chez lui, pour l'y engager. Le favori eut peine à s'y résoudre; mais le cardinal l'en pria si instamment, que, après lui avoir représenté la difficulté qu'il y auroit à vaincre la répugnance du Roi, il promit d'y travailler. Il le fit en effet, et, avec beaucoup de peine, il obtint le principal. La toilette étoit alors une heure de privance, non de cour publique comme elle l'est devenue depuis, et ce fut pour cette heure-là seulement, mais bien exclusivement à toute autre, que ce tabouret fut obtenu; il en est demeuré là jusqu'au temps de la dernière Dauphine de Savoie. La duchesse du Lude étoit sa dame d'honneur, obligeante au possible, cherchant à se faire des amis, et, l'étant fort du chancelier de Pontchartrain et de sa femme, ils complotèrent qu'un jour de toilette qu'il devoit y avoir tout de suite une audience, la chancelière y demeureroit ; et cela fut exécuté. La surprise fut grande ; on murmura. La duchesse du Lude fit l'ignorante, et dit qu'elle avoit toujours cru que ce tabouret s'étendoit à toute la matinée jusqu'au dîner exclusivement, et qu'elle le devoit bien savoir, puisqu'il avoit été accordé pour sa grand'mère, et que, à tout prendre, puisque la toilette étoit devenue heure publique de cour et que la chancelière avoit continué d'y être assise, quoique ce ne fût plus une heure de particulier et de privance, elle ne voyoit pas ce qu'une audience immédiate à la toilette et sans interruption avoit de plus. Le Roi ne laissa pas de le trouver mauvais ; mais ce fut tout. Il ne voulut pas donner le dégoût au chancelier, ni à sa femme, de réformer l'usurpation ; mais il déclara qu'il ne prétendoit pas au moins que ce tabouret s'étendît davantage. Et en effet il en est demeuré là, c'est-à-dire à la toilette et aux audiences immédiates, et de suite à la toilette, et nulle part ailleurs. Jusqu'à la dernière régence, il ne s'étoit point trouvé de femmes de garde des sceaux. Argenson en avoit une lorsqu'il eut les sceaux ; il n'y avoit point de Reine, encore moins de Dauphine ; mais il obtint le tabouret pour sa femme à la toilette de Madame, devant laquelle il n'y a que les dames assises devant la Reine qui pussent s'asseoir. Cet exemple a servi à M. Chauvelin, garde des sceaux, dont la femme a eu le tabouret comme la chancelière.

M. de [Saint-]Simon fit une autre chose bien plus considérable à la prière de Monsieur. Il étoit héritier présomptif de la couronne, et il n'avoit qu'une fille unique alors, si connue depuis sous le nom de Mademoiselle et de Mlle de Montpensier. Il étoit fort peiné, quoiqu'elle fût enfant, de ne lui voir aucune préférence sur les princes du sang, quoique si différents d'elle par la proximité. Il en parla à M. de Saint-Simon, et la petite princesse, qui venoit voir le Roi, son oncle, qui s'y amusoit, en parla elle-même au favori. Il crut qu'il y avoit justice à distinguer la proximité du sang, et plus encore qu'il étoit fort important d'unir de plus en plus Monsieur au Roi par un bienfait touchant dont l'éclat n'augmentoit point sa puissance ni ses richesses. Il imagina donc ce rang mitoyen entre le fils de France et le prince du sang, tel qu'on l'a vu si longtemps aux trois filles de Gaston, ensuite aux enfants de Monsieur frère de Louis XIV, que ce Roi accrut d'un chancelier, d'une compagnie des gardes et de quelques autres distinctions, à la mort de Monsieur, en faveur de Monsieur son fils, qui a depuis été régent, ou plutôt en faveur de Mme la duchesse d'Orléans, sa bâtarde. Monsieur en sut un gré extrême à M. de Saint-Simon, et Mademoiselle ne l'a oublié de sa vie, et le lui a constamment témoigné en toutes occasions. Monsieur le Prince n'en parut point blessé, et le héros son fils étoit encore petit garçon; mais, quand Monsieur le Prince en auroit eu quelque peine, la suite l'auroit bientôt effacée.

On a parlé d'une grande maladie que le cardinal de Richelieu eut à Bordeaux l'hiver de 1632 à 1633, à propos des lettres de galanterie de la duchesse de Chevreuse et du garde des sceaux de Châteauneuf qui traitoient le cardinal de *cul pourri*, qui se réjouissoient de sa mort prochaine, et qui coûtèrent les sceaux et quatre ans de prison à l'un, et la fuite en Espagne à l'autre. Pendant cette maladie, le Roi, qui étoit agité de remplir la place de premier ministre, si le cardinal venoit à mourir, en parla à M. de Saint-Simon et voulut qu'il lui en dît son avis. M. de Saint-Simon, après y avoir bien pensé, lui proposa Monsieur le Prince et en persuada le Roi. Cependant le cardinal se trouva mieux et guérit. Ce secret, comme tant d'autres, étoit demeuré entre le Roi et M. de Saint-Simon. Trois ou quatre ans après, ce dernier fut bien surpris d'entendre Monsieur le Prince lui faire des remerciements et des protestations d'amitié éternelle, comme à l'homme du monde à qui il devoit le plus, et le plus gratuitement, et ne pouvoit comprendre ce qu'il lui vouloit dire. Monsieur le Prince, voyant sa surprise et tâchant inutilement de lui mettre le doigt sur la lettre, lui dit enfin de quoi il lui devoit tant de reconnoissance et d'amitié. L'étonnement du favori fut encore plus grand ; mais il nia le fait, en lui disant bien qu'il ne se défendoit ni des desirs ni de l'opinion qu'il avoit de lui pour cette grande place, mais bien d'avoir été à portée de s'en être expliqué au Roi. Alors Monsieur le Prince, admirant et le secret et la modestie, l'embrassa étroitement, l'assura qu'il l'en aimoit et l'en estimoit, s'il se pouvoit, encore davantage, et lui apprit que c'étoit du Roi lui-même qu'il le savoit. Alors M. de Saint-Simon n'eut plus à se défendre. Le Roi lui avoua qu'il l'avoit dit exprès à Monsieur le Prince par amitié pour lui, et Monsieur le Prince fit de ce moment profession ouverte d'obligation et d'amitié la plus étroite avec M. de Saint-Simon, qui a duré jusqu'à sa mort, et qu'il n'oublia rien pour inspirer à sa famille, laquelle en usa comme on verra bientôt. Il faut dire, avant de sortir de cette matière, que cette liaison fut utile à Tourville. Lorsque le mariage du fameux duc d'Enghien se traitoit avec la fille du maréchal de Brezé, Monsieur le Prince demanda au duc de Saint-Simon un gentilhomme en qui il pût prendre confiance pour le mettre auprès de Monsieur son fils, et qui, en même temps, pût être agréable au cardinal de Richelieu. M. de Saint-Simon lui donna Tourville un moment avant sa disgrâce. Il fut goûté et fort estimé à l'hôtel de Condé, où il établit sa femme, ses filles, et avança toute sa famille. Il faut dire à leur honneur qu'ils ont tous cultivé avec grand soin le duc de Saint-Simon toute leur vie, et que le bâton de maréchal de France, si bien mérité par le fils, n'a rien altéré en lui de ce souvenir et de cette reconnoissance.

On a vu (titre d'HALLUYN-SCHONBERG, p.   , et de BELLEGARDE, p.   ) les deux réprimandes que le Roi fit à son favori. On n'en répètera donc rien ici, et on vient à la disgrâce dont on vient de parler. Le cardinal n'avoit aucun lieu de se plaindre du duc de Saint-Simon, et lui avoit même plusieurs obligations essentielles. Il étoit ami particulier du fameux duc de Weimar, du cardinal de la Valette, du maréchal de la Meilleraye, jusqu'à leur mort, et ces deux derniers tenoient intimement au cardinal de Richelieu. Aussi fut-ce moins lui que Chavigny, secrétaire d'État, qui la brassa. Il étoit vrai que le cardinal étoit toujours peiné de voir vis-à-vis de lui un favori sans dépendance de lui, sans lacune avec le Roi, sans haine et sans jalousie dans la cour, et dont la conduite ne donnoit aucune prise. Il l'étoit encore d'en avoir besoin assez souvent, et, quoiqu'il le trouvât disposé à lui complaire, au moins presque toujours, il lui sembloit rude de ne pas trouver tout en soi-même, et il n'étoit pas éloigné de se compter comme dérobé ce qu'il trouvoit même de secours d'ailleurs, pour ne pas dire d'appui, en certaines occasions. Chavigny étoit lors au plus haut point de faveur et de confiance auprès du cardinal; il étoit aussi fort bien avec le Roi; il ménageoit sourdement la Reine, parce qu'il voyoit la santé du maître et du premier ministre dans un mauvais état. Son ambition sans mesure prenoit toutes sortes de formes et de partis, et ne se contenoit par rien que par l'utile; et d'ailleurs ses principes étoient nuls. Les histoires et les mémoires de ces temps sont pleins des personnages qu'il fit tant qu'il put auprès de Monsieur, dont il ne fut le confident et chancelier que pour en être l'espion et le pousser à demi, pour avoir le mérite de le ramener à diverses reprises, et, après la mort de Louis XIII, tantôt à la Reine, tantôt au Parlement, tantôt à Monsieur le Prince, jamais au Roi ni à l'État, et toujours, par toute voie, à soi-même; à la fin, emprisonné, puis raccommodé en double perfidie, et finalement être tout auprès de Monsieur le Prince pendant sa courte toute-puissance, pousser l'insolence à toutes sortes d'excès, lui devenir suspect, en tomber malade, et mourir de rage d'une visite qu'il reçut de Monsieur le Prince, où il lui reprocha toutes ses trahisons, sans ménager les termes ni les injures, en présence de la fleur de ses amis, et en nombre, qu'il y mena exprès. Chavigny, qui élevoit à tout ses pensées et ses espérances, voulut éloigner le seul homme qui tenoit autant au Roi par le cœur et la confiance que le cardinal y tenoit par la capacité et les affaires, et qui d'ailleurs ne se pouvoit gagner par rien. Il étoit trop bon courtisan pour ne pas paroître des amis du favori ; mais, comptant avoir un intérêt pressant de l'éloigner dans l'espérance de gagner après assez de terrain auprès du Roi pour succéder au cardinal, s'il venoit à manquer le premier, il se mit à donner au cardinal des jalousies et des ombrages, qui réussirent à le mettre de moitié avec lui pour se délivrer du duc de Saint-Simon. De le brouiller avec le Roi, nul moyen : les affaires ne leur pouvoient être d'aucun secours, il ne s'en mêloit pas, sinon du Roi à lui, quand il lui en parloit ; mais, à force de chercher, ils trouvèrent un piège : Saint-Simon y donna et y fut pris. Chavigny avoit la guerre dans son département : il envoya ordre à Saint-Léger, qui avoit de la réputation à la guerre, de se jeter dans Bapaume, menacé par les ennemis, et laissèrent (sic) cette place sans vivres. Saint-Léger étoit frère du père du duc de Saint-Simon, qui, lassé d'écrire inutilement à Chavigny pour avoir des vivres, il (sic) se plaignit amèrement qu'on le mettoit dans cette place pour le déshonorer. Saint-Simon fut trouver Chavigny, qui promit merveilles ; mais les ennemis investirent Bapaume presque aussitôt, en formèrent le siège, et le prirent fort promptement, parce que Saint-Léger n'y put tenir faute de vivres d'aucune espèce. Le cardinal et Chavigny excitèrent les cris publics et la sensibilité du Roi d'une telle sorte, le fermèrent aux représentations, contre lesquelles ces deux hommes l'avoient prévenu en le persuadant que personne n'oseroit attaquer l'oncle d'un favori qui prenoit fait et cause. M. de Saint-Simon rapporta le témoignage de toute la garnison, les lettres de son oncle avant le siège, et demanda avec hauteur un conseil de guerre pour juger Saint-Léger. Il traita Chavigny comme il le méritoit, et parla au cardinal de Richelieu d'une façon très nouvelle à ce premier ministre. Piqué au dernier point d'une injustice et d'une malignité qui attaquoit l'honneur de son oncle, et de ne trouver pas dans cette occasion l'équité du Roi dans son entier, il menaça de se retirer. C'est où on l'attendoit, et il fut pris au mot : tellement que, sans ordre, mais par un consentement qu'il s'étoit attiré, il partit pour Blaye, où il demeura dix-huit mois, au bout desquels le cardinal de Richelieu mourut. Ni lui, ni Chavigny n'osèrent pourtant le tracasser à Blaye. Il y vécut, tout éloigné qu'il étoit, comme un homme encore dans la faveur, et y reçut, de temps en temps, des lettres du Roi. Dès que le cardinal fut expiré, le Roi lui dépêcha un courrier avec une lettre de sa main, pleine de bontés et de son ancienne confiance, par laquelle il lui ordonnoit de partir sur-le-champ pour le venir trouver, et il revint mieux avec le Roi que jamais pendant les cinq mois que ce prince survécut au cardinal [1].

Louis XIII, en mourant, lui en donna une puissante marque. Ce n'est pas ici le lieu de parler de la magnificence, de la majesté, de l'héroïque fermeté, de l'étonnante grandeur d'âme, de la sublime sainteté de sa mort. Les historiens, si libéraux en encens pour le cardinal de Richelieu, qui en étoit si avide et qui le recherchoit si ouvertement et l'achetoit de toute sa puissance, si avares au contraire de loüanges pour un roi modeste et qui savoit également les mériter au poids et des hommes justes et éclairés, et au poids encore du sanctuaire, mais qui les savoit éviter et mépriser du fond d'un cœur pur et d'une âme véritablement royale; les historiens, dis-je, accablés par l'éclat d'une mort si prodigieusement grande en tout, n'ont pu s'en taire, et tous l'ont décrite avec admiration. Il suffit ici de remarquer que, de longue main confirmé dans le mépris de tout ce qui passe et dans le desir et l'espérance d'une meilleure vie, il disposa de tout comme un homme qui part pour un voyage qu'il entreprend de son plein gré, sans regret à rien de ce qu'il quitte, mais avec toute la prudence d'un bon père de famille qui voit tout, qui pense à tout, et qui pourvoit à tout avec ordre et

---

1. Ici sont biffés les mots: « On se souvient des deux réponses qu'il reçut du Roi, dignes de saint Louis, sur Mme d'Hautefort, au titre D'HALLUYN, p.   , et sur le duc de Bellegarde, p.   , longtemps avant ceci ». Ils avaient d'abord été ajoutés en interligne. Voyez ci-dessus, p. 54.

sagesse. Il connoissoit trop la Reine et Monsieur pour ne resserrer pas autant qu'il seroit possible l'autorité de l'une et de l'autre, et les suites firent voir la justesse d'une disposition dont la rupture pensa bien des fois perdre l'État. Dans le même esprit, il pourvut à tout ce qui vaquoit, pour être sûr des mains à qui il le remettoit et éloigner d'autant les choix qu'il avoit lieu de craindre qui ne fussent pas si bons qu'avec lui. L'office de grand écuyer n'avoit pas été rempli depuis la mort de M. de Cinq-Mars, il y avoit près d'un an : il le donna au duc de Saint-Simon, avec un éloge magnifique pour lui, comme exprimant le motif de son choix. Chavigny tenoit la plume, et eut l'infidélité de laisser le nom en blanc. Il étoit bien sûr que le Roi, en l'état où il étoit, ne reliroit pas lui-même, comme il arriva, et de telles gens pardonnent moins les offenses qu'ils ont faites que celles qu'ils ont reçues. Toutes les dispositions des vacances étoient dans le même papier, que le Roi signa lui-même, et Chavigny après lui, comme secrétaire d'État, qui, depuis la mort du cardinal, faisoit ce qu'il y avoit de plus important ou de plus de confiance. Le Roi lui-même apprit au duc de Saint-Simon le beau présent qu'il lui faisoit, et les courtisans lui en firent leurs compliments. Dès que la Reine n'eut plus rien au-dessus d'elle, Chavigny alla lui porter toutes les dispositions du Roi, car, pour son testament, et tout ce qui regardoit le gouvernement, le Roi lui-même l'avoit fait lire tout haut en présence des princes, des pairs, des officiers de la couronne, des principaux seigneurs et du Parlement, qu'il avoit mandés exprès dans sa chambre. En remettant ces dispositions à la Reine, et en même temps celles de tout ce qui étoit vacant, Chavigny eut soin de lui faire sa cour d'avoir laissé en blanc le nom du grand écuyer pour que M. de Saint-Simon, à qui le Roi avoit donné cette charge, en eût à elle autant d'obligation qu'au Roi, ou, si elle le jugeoit suffisamment partagé de ce qu'il avoit d'ailleurs, elle eût moyen de se faire, par un présent de cette qualité, une créature des plus considérables et des plus utiles. Chavigny parloit à une femme bien soulagée de se trouver veuve, maîtresse de ses volontés, et, à son avis, de la cour et de l'État. Son intimité avec la Reine sa belle-mère et avec Monsieur dans tous les temps, son cœur bien espagnol et les tristes aventures qui lui en étoient arrivées, dont une entre autres, bien éclatante, au Val-de-Grâce, quand le chancelier Séguier la fit fouiller et se l'acquit à jamais par l'important service qu'il lui rendit alors, ses liaisons avec Madame la Princesse, avec Mme de Chevreuse et avec toutes les personnes suspectes au Roi : tout cela ensemble, et d'autres peut-être plus domestiques et plus intimes, avoient rendu ce mariage peu heureux et avoi[en]t donné à la Reine plus que de l'éloignement pour tous ceux que le Roi avoit aimés, quand ils n'avoient pas pris la précaution des contrepoids. M. de Saint-Simon, tout uni, accoutumé à ne tenir qu'au Roi, content de sa faveur et de n'en avoir jamais fait usage que pour obliger et servir, et d'avoir toujours respecté la Reine sans être jamais entré en rien qui eût pu lui déplaire, mais s'en tenant là à son égard, n'en pouvoit, de la sorte, être regardé avec affection, sans laquelle l'estime et l'irréprochable est une foible ressource chez la plupart des femmes, et même des hommes, beaucoup moins contre les mauvais offices de l'adroit Chavigny, qui, dans ces premiers moments, et longtemps après encore, fut le bras droit de la Reine. Quoiqu'elle eût parfaitement haï le cardinal de Richelieu, elle en aimoit les nièces du Cambout, et ces contrariétés d'inclinations ne sont pas rares dans les femmes, et même dans les cours, et, toute sa vie, elle aima avec distinction la duchesse d'Épernon et la comtesse d'Harcourt, sa sœur. Le comte d'Harcourt s'étoit acquis une grande réputation à la tête des armées de mer et de terre, et c'étoit un cadet d'Elbeuf, qui n'étoit pas riche ; tout cela ensemble le fit grand écuyer, mais sans oser le déclarer si tôt. M. de Saint-Simon, plongé dans la plus tendre et la plus profonde douleur, et tout occupé de la perte de ce qui lui étoit le plus vivement cher, ne pensa ni à la perte du monarque ni à sa fortune. Il fit toutes les fonctions de grand écuyer en portant le jeune roi jusque dans sa place au premier lit de justice, où lui-même n'eut pas la force de demeurer. Il les fit encore à Saint-Denis, où on lui a ouï dire plus d'une fois, et avec larmes encore, quoiqu'il eût près de cinquante ans, qu'il lui avoit fallu le dernier effort pour ne se pas jeter dans le caveau lorsqu'il y jeta l'épée royale. Cependant ses amis, car il s'en étoit fait beaucoup, et qui le demeurèrent, le pressèrent d'envoyer chercher ses provisions de grand écuyer. Sa douleur lui faisoit tout oublier. A la fin, il y envoya. La réponse fut d'abord embarrassée, puis suivie de la déclaration du comte d'Harcourt. On peut juger si ces choses sont de nature à être rétractées. Celle-ci subsista donc. Le duc, outré du tort qu'il recevoit, envoya appeler le comte. Celui-ci étoit aussi brave que grand capitaine : sa réputation si établie le persuada qu'il pouvoit refuser le combat, et que ravir un office de la couronne, et se battre encore pour cela, c'étoit trop. La Reine leur envoya des gentilshommes pour demeurer auprès d'eux, et qui y demeurèrent en effet jusqu'à ce que M. de Saint-Simon, de dépit, s'en alla à Blaye, et se défit de ses charges de premier écuyer et de grand louvetier. La Reine les fit tomber à deux créatures à elle. Outre que tout étoit devenu indifférent à M. de Saint-Simon pourvu qu'il se défît, il étoit ami du président Bailleul, et l'a même été de son fils jusqu'à la fin de sa vie. Le père avoit été maître des requêtes, ambassadeur en Savoie, président au Grand Conseil, puis lieutenant civil, enfin président à mortier. De là, il devint chancelier de la Reine, qui, six semaines après qu'elle fut régente, le fit ministre d'État et surintendant des finances. Ce fut donc à son frère qu'il vendit la charge de grand louvetier. Il avoit été maître d'hôtel du Roi et servi à la guerre ; il céda sa charge de grand louvetier, en 1651, à son fils, qui, quatre ans après, la vendit à M. de Saint-Hérem.

Pour celle de premier écuyer, en voici l'histoire, que les mémoires et les histoires de ces temps-là ont conservée pour l'extraction et l'heureux hasard. Henri IV ayant presque réduit la Ligue et passant pays en Normandie, s'arrêta chez un gentilhomme, sur son chemin, par hasard, pour faire repaître une heure. Le gentilhomme le pressa de lui faire l'honneur de lui permettre de lui présenter un morceau de ce qui seroit le plus tôt prêt. Le Roi l'accepta, et cependant se promena par tout le logis. Il entra dans une espèce de salle d'armes où il y avoit plusieurs mousquets et fusils, qu'il trouva d'une singulière propreté. Le Roi, qui étoit curieux en armes, les examina, pour s'amuser en attendant le dîner, et se récrioit, à chaque pièce, sur le poli, le luisant, la propreté dont elle étoit tenue. A force d'admirer, le Roi lui demanda qui en avoit soin. Le gentilhomme lui dit que c'étoit un hollandois nommé Beringhen, qu'il avoit depuis quelque temps à son service. « Vous êtes bien heureux, repartit vivement le Roi, d'avoir un homme si propre, si soigneux et si entendu. Que je le voie, je vous en prie, ce hollandois! Je n'ai de ma vie pu trouver personne qui tînt mes armes approchant de celles-là ; et si toute ma vie j'en ai cherché. » Beringhen arrive ; le Roi le questionne sur sa manière de nettoyer ces armes et de les entretenir comme il les voyoit. Le hollandois, qui étoit jeune, ne s'embarrassa point, et par là plut tellement à Henri IV, qu'il se récria encore au gentilhomme qu'il étoit bien heureux d'avoir cet homme-là, et que, pour lui, il en voudroit bien avoir un pareil, mais sans espérer le trouver. Sur cela, le gentilhomme le lui offre. Le Roi, avec bonté, refuse, et dit qu'il ne veut pas l'en priver, et si mal payer son écot. Redoublement de combat ; ce qu'il y avoit autour du Roi, qui voyoit qu'il en mouroit d'envie, se joint au gentilhomme pour l'en presser. Enfin le Roi l'accepte. Le hollandois avoit de l'esprit, et fit si bien que, du soin des armes d'Henri IV, il devint un de ses premiers valets de chambre. Il acquit du bien, épousa Magd. Bonneau, qui apparemment étoit riche, acheta Armainvilliers, en Brie, et laissa son fils premier valet de chambre de Louis XIII ; et c'est de lui qu'on va parler. Né par son esprit pour mieux, il se mêla dans beaucoup d'intrigues, et s'attacha à celles qui lui rirent le mieux. L'état de la santé du Roi et l'âge du Dauphin lui persuadèrent que le meilleur parti pour lui étoit de se livrer à la Reine. Il le fit en entier, et y courut plus d'une fois risque de toute sa petite fortune : tant qu'à la fin il fut non seulement chassé, mais il s'enfuit aux Pays-Bas, où, pour l'amour de la Reine, les Espagnols lui donnèrent asile. Il ne se trompa pas : ce fut semer pour recueillir. Sitôt que la Reine se vit la maîtresse, elle le manda, et il accourut de Bruxelles, où il étoit. De premier valet de chambre à premier écuyer, le saut étoit un peu fort : aussi la Reine temporisa-t-elle. M. de Saint-Simon, outré de la charge de grand écuyer, ne vouloit plus ouïr parler de la sienne de premier écuyer, quoique sans dépendance ni rien de commun avec l'autre, et sur ce pied-là dès le temps d'Henri III, que M. de Liancourt, père du duc, l'avoit. Il la vouloit vendre à quiconque ; mais la Reine trouvoit toujours moyen d'éluder. Il revint de Blaye pour tâcher à conclure avec quelqu'un, et s'en retourna sans l'avoir pu. Enfin, en août 1645, la Reine crut la distance suffisante, et fit traiter avec M. de Saint-Simon de manière à lui faire entendre qu'il falloit ou vendre à Beringhen, ou se résoudre à garder sa charge. Il crut au moins en tirer gros d'un tel acheteur ; mais la Reine fit la faveur entière, ne voulut pas au delà de quatre cent mille livres, et donna un brevet de pension au duc de vingt mille livres, dont, à la vérité, il ne fut jamais payé que la première année. Beringhen, favori important, riche et premier écuyer, épousa en 1646 la sœur du marquis d'Huxelles, dont le père étoit mort en 1629 au siège de Privas, et la mère en 1641, qui étoit fille de M. Phélypeaux d'Herbault, trésorier de l'Épargne. Le marquis d'Huxelles, qui n'avoit pas vingt-sept ans, mais beaucoup d'ambition, et qui se sentoit des talents, fut bien aise de faire un mariage qui aidât à sa fortune ; et en effet il avoit un brevet de chevalier de l'Ordre et un autre de maréchal de France lorsqu'il fut tué en août 1658, au siège de Gravelines. C'est le père du maréchal d'Huxelles, qui fut plus heureux que lui, et encore par Beringhen fils, qui lui valut la protection toute-puissante de M. de Louvois et de Barbezieux : après quoi, aidé de Beringhen, il sut arriver par lui-même, et, étant mort sans avoir été marié, il a donné tout ce qu'il avoit, et il avoit beaucoup, au fils du même Beringhen, premier écuyer et chevalier de l'Ordre après son père et son grand-père. Mais, pour revenir au premier des trois, il a su passer sa vie dans la faveur et une longue vieillesse dans une retraite, dans sa maison à Paris, qui lui a fait un grand honneur. Il avoit eu le surprenant bonheur de marier son fils, avec sa charge, à une fille du duc d'Aumont et de la sœur de M. de Louvois. La meilleure compagnie et la plus distinguée de la cour et de la ville se piquoit de l'aller voir, et, toutes les fois que, très rarement, il alloit faire sa cour, c'étoit toujours avec une distinction très marquée. Une fois, entre autres, le Roi, engoué de Versailles, qu'il rendoit chaque jour plus somptueux, voulut mener ce vieillard dans ses jardins et dans les plus beaux appartements. Le bonhomme suivoit, et ne disoit mot. A la fin, le Roi lui demanda ce qu'il lui en sembloit. Il hésita. Le Roi l'assura qu'il pouvoit parler librement. « Je dirai donc, Sire, puisque vous me le commandez, que Versailles est un favori sans mérite. » Le Roi fut plus qu'étonné, mais ne l'en aima pas moins, et l'estima peut-être davantage. Sur les fins, n'allant plus à la cour depuis plusieurs années, Messeigneurs les ducs de Bourgogne et d'Anjou allant voir quelques curiosités à Paris, le Roi ordonna au duc de Beauvillier, leur gouverneur, de les mener chez Beringhen, qu'il voulut qu'il les vît par amitié, et qu'il voulut, par estime, que ces princes l'eussent vu.

Puisqu'on en a tant dit, encore une bagatelle qui montre bien la différence des temps. Sa belle-fille rencontra, sur le midi, dans une rue longue et fort étroite, vers l'échelle du Temple, au Marais, la duchesse de Brissac Saint-Simon, tête pour tête, chacune dans leur carrosse ; et alors, ni longues années depuis, on ne connoissoit point, surtout les femmes, les carrosses sans armes et sans marques, qui en pouvoit avoir, ni les gens sans livrées. Les voilà donc timon à timon et à qui reculeroit, car, de place à côté, ni même à tourner, aucune. Mme de Beringhen à crier que le carrosse du Roi et ses livrées ne reculoit (*sic*) pour personne ; Mme de Brissac, qu'il s'agissoit des gens, et non des carrosses et des livrées, et que c'étoit à Mme de Beringhen à lui céder. Mme de Beringhen en convint de personne à personne ; mais elle maintint toujours que l'équipage l'emportoit. Ce beau et sage dialogue de ces deux jeunes femmes finit par défendre aux cochers de reculer, et leurs gens de se battre, et se résoudre à rester là à qui useroit la patience de l'autre. Midi sonne ; un (*sic*) heure, deux heures. Les dames envoient chercher de petits pains au premier boulanger, résolues de coucher là. A la fin, un valet de pied, plus sage qu'elles, sans dire mot, s'en va au bonhomme Beringhen, qui étoit en peine de ne point voir revenir sa belle-fille, et lui conte la belle aventure où ces deux femmes s'étoient engagées. Aussitôt le bonhomme demande son carrosse et s'y en va lui-même, met pied à terre au bout de la rue, et va droit au cocher du Roi le bâton haut, le frappe et le fait reculer. Sa belle-fille, surprise au dernier point [de] reconnoître son beau-père, qui ne sortoit presque plus de chez lui, crie que le cocher n'a aucun tort, que c'est elle qui lui a défendu de reculer. Le bonhomme ne fait pas semblant d'entendre, et frappe de plus belle, injurie le cocher, dit qu'il lui apprendra bien à faire manquer sa belle-fille au respect qu'elle doit à Mme la duchesse de Brissac, et le fait reculer fort loin ; puis, quand il l'a laissé en train, et avec ordre de gagner le bout de la rue ainsi, à reculons, et le tout sans avoir dit ni répondu un seul mot à sa belle-fille, qui crevoit de rage dans son carrosse, il va à la portière de Mme de Brissac, lui fait toutes les excuses du monde, et ne la voulut jamais quitter qu'elle n'eût avancé et ne fût en état de sortir par le même bout de la rue par où sa belle-fille avoit reculé. Cette sottise, qui fit grand bruit dans le monde et qui le fit rire, fit grand honneur au vieux Beringhen. Il mourut avec toute sa tête, et presque toute sa santé, et sa considération entière, à quatre-vingt-neuf ans, chez lui, à Paris, au milieu de sa famille, 30 avril 1692, sans avoir jamais quitté l'habit de son temps, c'est-à-dire le pourpoint et le manteau, le rabat, les roses aux souliers et aux jarretières, et son cordon bleu au col, comme le portent les prélats, qu'il avoit eu en 1661.

Les troubles qui agitèrent l'État donnèrent lieu à beaucoup de gens de se faire valoir, et à beaucoup d'autres d'y chercher leurs avantages. La durée des premiers ne fut pas longue, par l'union de Monsieur et de Monsieur le Prince avec la cour, qui la ramena à Paris en août 1649, après avoir duré deux ans; mais il arriva que ce service, mis à un trop haut prix, au gré du cardinal Mazarin, par Monsieur le Prince, en attira de nouveaux en les brouillant ensemble. Monsieur le Prince fut arrêté avec M. le prince de Conti, son frère, et le duc de Longueville, leur beau-frère, le 18 janvier 1650, comme ils étoient au Palais-Royal pour le Conseil; et en même temps les deux princesses de Condé eurent ordre de se retirer à Chantilly, puis en Berry. Mme de Longueville s'enfuit en Normandie, puis par mer aux Pays-Bas. Madame la Princesse douairière, en l'absence de la cour, vint à Paris, et alla au Parlement implorer le secours de cette compagnie pour Messieurs ses enfants; puis, obligée de sortir de Paris par les ordres réitérés de la cour, elle se retira à Châtillon-sur-Loing, chez la duchesse de Châtillon, depuis duchesse de Meckelbourg, sœur de Boutteville, depuis maréchal de Luxembourg, où elle mourut, le 2 décembre la même année, à cinquante-sept ans. Madame sa belle-fille, après avoir été quelque temps en Berry, gagna Bordeaux avec les ducs de la Rochefoucauld et de Bouillon, où ils firent révolter la ville et partie de la province, tandis qu'ils envoyèrent implorer le secours d'Espagne jusque dans Madrid, et que M. de Turenne soutenoit leur parti, avec Mme de Longueville, à Stenay. Les mémoires de Lenet décrivent très bien tous ces mouvements; mais sa passion pour son parti, et la même raison dans M. de la Rochefoucauld, ont trompé Lenet et ce duc, pour en parler modérément, sur M. de Saint-Simon : ce qui fit, dans la suite, une grande affaire entre eux, dont on parlera en son temps. Monsieur le Prince et ses deux compagnons de prison en furent délivrés par le cardinal Mazarin en personne, mais peu réconciliés avec lui, qui, unis à Monsieur et à un grand parti (sic), le cardinal fut contraint de sortir du Royaume. Monsieur le Prince, à qui on avoit fait échanger la Bourgogne pour la Guyenne avec M. d'Épernon, fut brouillé avec le parlement de Bordeaux et une partie de la province, s'y retira, y fit un grand parti, puis traversa déguisé tout le Royaume, lui quatre ou cinquième, avec MM. de la Rochefoucauld père et fils, et arriva à Saint-Cloud : d'où suivit, en juillet 1652, le combat de la porte de Saint-Antoine à Paris et la retraite de Monsieur le Prince en Flandres jusqu'à la paix des Pyrénées, en 1660.

Le duc de Saint-Simon étoit, dans tous ces temps-là, en son gouvernement de Blaye, extrêmement mécontent de la cour, et sur le vol de la charge de grand écuyer, et sur le marché qu'on lui avoit fait faire de la charge de premier écuyer. A ces sujets capitaux il s'en joignoit bien d'autres moindres d'un favori peu accoutumé à la défaveur. On a vu sa liaison intime avec Monsieur le Prince, et sa source, qui dura jusqu'à sa mort, et qui s'étendit à Monsieur le Prince son fils, qui fit une si éclatante figure. Elle s'accrut encore par le mariage de M. de Saint-Simon avec la cousine germaine de la mère de Monsieur le Prince, enfants du frère et de la sœur. On voit dans les mémoires de Lenet qu'au (sic) commencement de la prison de Monsieur le Prince, tout ce qui se pratiqua pour engager le marquis de Saint-Simon, qui étoit lors à Paris, à donner la main à Madame la Princesse douairière à l'entrée du Parlement, qu'il y consentit et l'exécuta, et les espérances et les soins que Lenet et d'autres se donnèrent pour tourner cette marque d'attachement à engagement, et par là y entraîner le duc son frère, avec lequel il avoit une grande créance : de toutes ces choses, il n'en arriva aucune. Le marquis de Saint-Simon, voyant Madame la Princesse, dans ces premiers moments, abandonnée de tout le monde, ne crut pas manquer à son devoir de sujet de remplir celui d'ami et d'allié si proche, et, cela fait, s'en tenir là et ne pas être ébranlé. Le duc, son frère, sur lequel ils avoient compté, et comme outré contre la cour, et comme lié à Monsieur le Prince par tant de puissantes chaînes, n'en connut aucune autre que celle de sa reconnoissance pour la mémoire du feu roi et de son devoir envers l'État et la couronne. Il n'y eut rien que Monsieur le Prince, après Madame la Princesse, et Mme de Longueville dans la suite, ne tentassent pour l'engager à eux. Ils avoient grande raison, parce que, en la posture où Monsieur le Prince s'étoit mis en Guyenne, s'il eût eu Blaye pour lui, il partageoit la France à la rivière de Loire. L'Espagne agit de son côté; les promesses ne furent pas épargnées, non plus que les actuelles réalités offertes. Tout fut méprisé. Jamais Monsieur le Prince ni Mme de Longueville ne le purent engager même à une entrevue, dont ils lui laissoient la disposition des sûretés et du lieu. Le roi d'Espagne y envoya une seconde fois. Alors le duc de Saint-Simon assembla ce qu'il y avoit de principal à Blaye, et, dans cette assemblée, il vit le gentilhomme que le roi d'Espagne lui envoyoit, qui se trouva bien étonné de toute cette compagnie. M. de Saint-Simon lui dit que, pour la première fois, il n'avoit voulu ni voir ni entendre celui qui étoit venu de la part du roi d'Espagne vers lui; que, pour celle-ci, il se croiroit coupable de ne le pas voir en présence de la meilleure compagnie qu'il avoit pu rassembler, non pour l'écouter, mais pour lui dire que le seul respect qui étoit toujours dû aux têtes couronnées, et plus encore au roi d'Espagne, si proche du nôtre, l'empêchoit de le faire jeter publiquement dans la Gironde pour apprendre aux autres à venir tenter la fidélité d'un homme de bien; qu'il eût à partir sur l'heure, et qu'il protestoit que, s'il en revenoit un troisième, il lui feroit essuyer le traitement qu'il méri-

toit et qu'il lui vouloit bien épargner. On peut croire que
la négociation fut finie avant d'avoir commencé, et que
l'envoyé n'eut rien de plus pressé que de gagner pays, et
qu'il n'en revint plus. Monsieur le Prince, et tout son
parti, en fut d'autant plus outré que, comme on l'a dit, la
conséquence étoit infinie pour lui, et qu'au lieu de partager
le Royaume à la Loire, comme il auroit fait avec Blaye, il
ne put pas même, sans Blaye, soutenir utilement la
Guyenne; et c'est ce qui lui fit prendre le parti de ce pé-
rilleux voyage dont on vient de parler. M. de Saint-Simon,
bloqué dix-huit mois dans Blaye, y entretint la garnison à
ses dépens, l'habilla, leva des troupes du sien, et entretint
de même cinq cents gentilshommes qui l'étoient venus
joindre, sans avoir jamais pris quoi que ce fût à personne,
ni sur le pays. Il y étoit extrêmement aimé et considéré,
et il étoit averti si à point nommé, de Bordeaux, de ce qui
se passoit de plus secret et dans la ville et dans le conseil
du parti de Monsieur le Prince, et dans le parlement, si
bien encore de ce qui se passoit et se projetoit dans la
ville et dans la province, que, par ses troupes ou par les
avis qu'il donnoit à ceux qui servoient le Roi, il déconcerta
toujours le parti opposé et rompit toutes ses mesures. Il
avoit encore approvisionné sa place à ses frais, et de
bouche et de guerre, et fait fondre du canon; et il lui en
coûta plus de deux cent mille écus, qu'il emprunta de tous
les côtés et dont il fit répondre sa femme. La cour vint en
Poitou, où le cardinal Mazarin la rejoignit de son exil, puis
en Guyenne. Là elle sentit la grandeur du service du duc
de Saint-Simon, et jusqu'à quel point la continuation de sa
fidélité étoit importante. Elle ne sentit pas moins combien,
personnellement, elle la méritoit peu, et elle s'inquiéta de
ce qu'au moins il ne faisoit pas valoir ce service dans les
conjonctures si délicates d'attachement, de liaison d'amitié,
de parenté la plus proche d'une part, et d'excès de trop
juste mécontentement de l'autre. Ce silence et cette conduite droite, ferme, unie, la détermina. La Reine, le cardinal Mazarin, et, par eux, le Roi, écrivirent au duc de

Saint-Simon les lettres de louanges et de remerciements les plus flatteuses, pour ne rien dire de plus, et les lui envoyèrent par le marquis de Saint-Maigrin, qu'ils choisirent pour sa probité et parce qu'il étoit ami du duc de Saint-Simon, et lui donnèrent de plus une lettre de créance. On expliquera après qui étoit ce marquis de Saint-Maigrin. Après avoir rendu les lettres dont il étoit chargé, il tira sa lettre de créance et l'expliqua. Ce fut l'offre à M. de Saint-Simon du rang de prince comme on venoit de le donner à M. de Bouillon, un bâton de maréchal de France, ou toute autre chose grande qu'il aimeroit le mieux, avec tout ce qu'on pourroit d'argent dans un temps où la cour n'en avoit guère. M. de Saint-Simon, sans s'émouvoir, répondit par un refus net et précis de tout, et ajouta qu'il ne se déshonoreroit pas en donnant lieu de croire que ces grâces n'étoient pas des récompenses gratuites de sa fidélité et de ses services; mais le prix qu'il les avoit fait acheter. M. de Saint-Maigrin admira ce prodige de générosité et de délicatesse, puis l'exhorta à recevoir ce qu'on lui vouloit donner sans qu'il y eût la moindre part, et à se contenter de ce témoignage de sa conscience, soutenu du su du Roi, de la Reine, du cardinal et de tout le ministère, et ajouta que, l'occasion manquée, il n'y reviendroit jamais. M. de Saint-Simon sourit, et lui demanda si, à l'expérience qu'il avoit des cours, il croyoit le lui apprendre, et ajouta qu'il y comptoit parfaitement, mais qu'il demeureroit pur à ses yeux et aux yeux les plus malins : ce qu'il estimoit plus que toutes les fortunes. Saint-Maigrin y demeura trois jours, dans l'espérance de lui faire accepter quelque chose, et se tourna enfin au manquement de respect de refuser les grâces de son roi. A cela aussi peu accessible qu'aux autres raisons, le duc répondit que, dans un temps où on n'avoit pas un besoin essentiel de lui, il ne lui entreroit jamais dans l'esprit de ne pas accepter avec joie les grâces qui lui seroient offertes par le Roi, et qu'il le prioit de l'en bien assurer, et la Reine, sans toutefois rien faire entendre qu'il désirât s'en assurer pour lors, parce que, ni au temps présent de besoin de ses services et de sa fidélité, ni pour un temps à venir, il ne souilleroit point son honneur de cette tache qu'il se fût fait acheter par le fils et la veuve d'un maître à qui il devoit tout. Ce fut tout ce que Saint-Maigrin en put tirer. M. de Saint-Simon lui remit ses réponses au Roi et à la Reine et au cardinal. La première étoit en deux mots, pleine d'attachement, de soumission et de respect ; la seconde marquoit courtement et hautement qu'il n'y avoit ni injustices, ni sujets de mécontentement, pour grands et justes qu'ils fussent, qui pussent balancer sa fidélité au fils et à la veuve de son maître, sans ajouter rien qui adoucît la clarté de cette nette expression ; la troisième fut une réponse toute pure de compliment, et comme à un homme dont il se soucioit peu d'en avoir reçu, parce qu'il ne lui avoit pas donné lieu de l'aimer depuis son premier ministère. L'intérieur de la cour admira, et la Reine et le cardinal furent doublement satisfaits de se voir de plus en plus parfaitement assurés de M. de Saint-Simon, et de n'avoir à lui rien donner ; peut-être même s'en moquèrent-ils ensemble. L'avis de Saint-Maigrin se trouva véritable : le péril passé, il ne fut plus question de rien pour le duc de Saint-Simon, et lui aussi se garda bien de faire souvenir de ce qu'il avoit fait, ni de songer à demander la moindre chose. Il demeura chargé de dettes toute sa vie, et de billets de l'Épargne, dont M. Foucquet alloit entrer en payement quand il fut arrêté, mais dont, ni avant, ni depuis, M. de Saint-Simon n'a jamais tiré quoi que ce soit. Mais voici la contre-partie. Le comte d'Harcourt commandoit, sous les yeux de la cour, l'armée du Roi en Guyenne. Un beau matin, il s'éclipsa, gagna l'Alsace et Brisach, qu'il ne tint pas à lui qu'il ne fît révolter et qu'il ne s'en fît souverain, pour la joindre après lui à la Lorraine. L'issue de cette double trahison fut qu'ayant manqué le principal de son coup, la crainte qu'il ne se cantonnât et ne donnât encore beaucoup de peine fit son accommodement. On lui donna plusieurs domaines du Roi en patrimoine et le gouvernement d'Anjou, qu'on mit pour lui sur le pied des grands gouvernements. Telles furent les conduites de celui à qui la charge de grand écuyer fut dérobée, et de celui à qui on la donna ; telles furent leurs récompenses. Le Roi pourtant, tout enfermé qu'il étoit, n'a jamais oublié ce service, quoiqu'il ne l'ait jamais récompensé. Il traita toute sa vie le duc de Saint-Simon sans familiarité et sans grâces, mais avec une considération distinguée en tout, et, lui qui fut si jaloux, et plus encore ses ministres, de toute autre autorité immédiate, il la conserva si entière à M. de Saint-Simon à Blaye, que, tant qu'il vécut, il y fut tellement le maître, et même sans y être, que non seulement ses ordres y étoient seuls reconnus par tous, mais que, si quelqu'un de l'état-major mouroit, la disposition lui en étoit laissée, et, si quelqu'un d'eux lui déplaisoit, sans autre raison il l'ôtoit et mettoit qui il vouloit en sa place, et le Roi ne refusoit jamais de le pourvoir ; et, dans une maladie où on le crut mort, à la fin de sa vie, étant à Blaye, et dont il revint, ce gouvernement ayant été demandé au Roi, il le trouva mauvais, et demanda à d'Aubigny, frère de Mme de Maintenon, qui l'en pressoit, si M. de Saint-Simon n'avoit pas un fils, qui alors n'avoit que quinze ou seize ans.

Monsieur le Prince n'oublia non plus, de sa vie, de s'être mécompté en espérant mettre ce duc dans son parti. Ces princes oublient aisément les services, et celui-là en fut fort accusé dans tous les temps ; mais, pour les mécontentements qu'ils prennent, quelque injustement que ce soit, ils ne s'effacent jamais. Celui-ci passa jusqu'à sa postérité la plus reculée, avec une singulière attention, quoiqu'elle paroisse peu à portée d'aucune façon d'en éprouver de même genre.

On a promis plus haut de dire un mot du marquis de Saint-Maigrin, pour ne négliger pas les curiosités de toutes les sortes qui se présentent. Il s'appeloit Jacques d'Esthuert ou Stuert, dit *de Caussade*, parce que, la maison de Caussade étant fondue dans la sienne, elle fut obligée de joindre le nom et les armes de Caussade à ceux de Stuert, et

Stuert est une seigneurie dans le duché de Rohan, en Bretagne. Jacques fut marquis de Saint-Maigrin et comte de la Vauguyon, grand sénéchal de Guyenne, capitaine des chevau-légers de la garde, chevalier de l'Ordre 1661, et le cinquante-cinquième de la promotion, qui fut de soixante-trois. Son père étoit Louis, lieutenant général des armées du Roi et capitaine de cinquante hommes d'armes des ordonnances ; et sa mère, Diane d'Escars, princesse de Carency, mariée en premières noces au comte de Maure, dont elle n'eut qu'une fille, qui porta le comté de Maure dans la maison de Rochechouart-Mortemart. Or Diane d'Escars étoit fille de J. d'Escars, qui eut des emplois considérables, pour qui la Vauguyon fut érigé en comté en 1586, par Henri III, qui le fit chevalier de l'Ordre, le onzième de la première promotion. Et comme Jacques d'Escars étoit fils de François d'Escars, qui eut aussi de grands emplois sous François Ier, et d'Isabeau, fille et héritière de Charles de Bourbon, prince de Carency en Artois, laquelle vit éteindre cette branche, ainsi M. de Saint-Maigrin dont on parle ici étoit, par sa mère, petit-fils de Jacques d'Escars, fils de l'héritière de Bourbon-Carency, à qui on reviendra ensuite. M. de Saint-Maigrin eut un fils et une fille de la fille du maréchal de Roquelaure, et prit assez tard le nom de comte de la Vauguyon, pour laisser le nom de Saint-Maigrin à son fils, qui, dans une grande jeunesse, montra du mérite et devint le favori de la Reine et du cardinal Mazarin. Il étoit colonel d'un régiment d'infanterie et d'un de cavalerie, capitaine des chevau-légers de la garde, par démission de son père, et de ceux de la Reine ; avoit commandé une armée en chef en Catalogne, et fut tué, à trente-six ans, au combat de la porte Saint-Antoine, 2 juillet 1652, amèrement regretté de la Reine et du cardinal Mazarin, qui le firent enterrer dans l'église de l'abbaye de Saint-Denis ; et le petit Mancini, neveu du cardinal, qui mourut d'accident encore au collège, qui promettoit beaucoup, et que son oncle aimoit extrêmement, eut les chevau-légers de la garde, et M. de

Navailles après lui, l'année suivante. Ce jeune favori laissa un seul fils, qui mourut à sept ou huit ans, et sa veuve, A. le Féron, se remaria au duc de Chaulnes, qui eut les chevau-légers à la disgrâce de M. et de Mme de Navailles, en 1666, et qui fut depuis ambassadeur à Aix-la-Chapelle et plusieurs fois à Rome, et gouverneur de Bretagne, qu'il échangea, malgré lui, avec M. le comte de Toulouse, pour la Guyenne, et en mourut de douleur, comme on l'a vu titre de CHAULNES, p.   . La sœur unique de M. de Saint-Maigrin tué à la bataille de Saint-Antoine épousa, en 1653, Barthélemy de Quelen, comte du Broutay, maréchal de camp, colonel du régiment de Navarre, et qui avoit eu les chevau-légers de la Reine, lequel fut tué au siège de Tournay, en 1667; et, au mois de janvier suivant, sa veuve se remaria à André de Béthoulat, seigneur de Fromenteau, dont Mme de Beauvais, première femme de chambre de la Reine mère si accréditée, devint amoureuse et fit la fortune, qu'il acheva après. C'étoit un très petit gentilhomme sans un sol, qui fut employé en Allemagne, dans le Nord, et enfin ambassadeur en Savoie, en Espagne, conseiller d'État d'épée, chevalier de l'Ordre 1688, qui se tua de deux coups de pistolet, dans son lit, à Paris, le matin du 29 novembre 1693, à soixante-quatre ans, après avoir donné plusieurs marques éclatantes de folie depuis deux ou trois ans. Il n'eut point d'enfants de sa femme, qui étoit morte un mois juste avant lui, au château de Saint-Maigrin, à plus de quatre-vingts ans. De son premier mari, elle avoit eu un fils, Nicolas de Quelen, comte de la Vauguyon et du Broutay, marquis de Saint-Maigrin, mort à Versailles, 8 janvier 1725, où pourtant il n'étoit presque jamais venu, et, de Madeleine de Busset, des bâtards de Bourbon, il a laissé un fils qui s'appelle le comte de la Vauguyon, qui a un régiment, et qui a épousé une fille du duc de Béthune en 1734. Lui, ou son père, a imaginé une couronne toute singulière, qu'il porte à ses armes : ce sont une et deux demies fleurs de lis, et des perles entre deux. On ne sait d'où ces fleurs de lis à sa cou-

ronne, puisque, outre qu'il n'est point de la maison de sa
mère, cette maison est bâtarde de Bourbon et n'a pas
droit de fleurdeliser sa couronne. S'il tire cette chimère
de l'héritière de Bourbon-Carency, c'est de bien loin et
par de longs détours, puisqu'elle a été mariée dans la
maison de Pérusse-Escars, une Escars, sa petite-fille, dans
Esthuert, et une Esthuert, petite-fille de cette Escars, au
grand-père de ce comte de la Vauguyon gendre du duc
de Béthune. Mais, quand il seroit propre fils de l'héritière
de Bourbon-Carency, on n'a jamais vu qu'une princesse
du sang mariée à un seigneur communiquât autre chose
à ses enfants que le grand lustre de son alliance, mais
jamais de marques d'honneurs, de rang, ni la moindre
prétention à pas une de ces choses, dans le grand nombre
de maisons où il est entré des princesses du sang. Ce qu'il
y a ici de plus rare, c'est que cette branche de Bourbon-
Carency n'a jamais été réputée ni traitée comme princes
du sang, depuis J. de Bourbon, chambellan de Charles VI,
troisième fils de J. de Bourbon, comte de la Marche, et de
Catherine, comtesse de Vendôme, et frère cadet de Jacques
de Bourbon, comte de la Marche, qui n'eut qu'une fille
unique, mariée à Bernard d'Armagnac, comte de Pardiac
et par elle duc de Nemours, et de Louis de Bourbon,
comte de Vendôme, tige de la maison royale aujourd'hui
régnante. Ce J. de Bourbon, prince de Carency, leur troisième frère, n'eut point d'enfants de Catherine d'Artois,
sa première femme, et en avoit fait plusieurs à J., fille
d'Hamelin de Vendômois et d'Alix de Besse, du vivant de
Gervais Roussart, son mari, après la mort duquel il l'é-
pousa, sans bans et en secret, par permission de l'official
du Mans, du 3 septembre 1420, au curé de Savigné-sur-
Bray, de les marier même hors de l'église. Eugène IV
valida en 1428 ce mariage, déjà consommé, et légitima
les enfants nés avant le mariage même et pendant la vie
du premier mari. La sœur du prince de Carency, veuve de
J. des Croix, et Jacques d'Armagnac, fils de la fille du
comte de la Marche, frère aîné du prince de Carency,

contestèrent l'état de ces enfants. Ils s'accommodèrent ; mais aucun de ces enfants ne fut reconnu pour prince du sang, comme on parloit alors. Un seul des quatre eut un fils, marié trois fois, qui n'eut point d'enfants de ses deux premières femmes, et qui, de M. d'Alègre, qui fut la troisième, eut deux fils, morts sans alliance, une fille de même, et Isabelle, qui fut son unique héritière, qui épousa Fr. d'Escars, comme on le voit ci-dessus. Mais voilà une digression trop longue ; retournons au duc de Saint-Simon.

Il étoit à Blaye lors du sacre de Louis XIV, et n'y put même venir servir de pair à cause des troubles de ces temps-là, et qu'on avoit besoin de lui en Guyenne. On a vu aux titres d'Épernon, p.   , et d'Elbeuf et de Roannois-Gouffier, par le détail des pairs vivants alors, la réduction où on fut, faute de pairs présents, d'y faire servir de pairs ce qui, à leur défaut, y ressembloit le plus. Le marquis de Saint-Simon étoit à Paris, et, comme un des plus anciens chevaliers de l'Ordre, il fut nommé pour porter au sacre une des offrandes, qu'y portent toujours de simples chevaliers depuis l'institution de l'Ordre. Peu de temps avant le sacre de Louis XV, on débita, sans nom d'auteur, une relation du sacre de Louis XIV, où on mit tout ce qu'on voulut, et, entre autres, où on se méprit exprès aux deux frères, et le duc de Saint-Simon y fut mis au lieu du marquis, comme ayant porté une des offrandes. Le duc de Saint-Simon dit la méprise à M. le duc d'Orléans, qui ne parut pas faire aucun cas du livre qui paroissoit, et à beaucoup d'autres, lorsque l'occasion s'offroit de parler de ce livre nouveau, que la curiosité de la même cérémonie assez prochaine avoit mis entre les mains de tout le monde. M. de Saint-Simon en demeura là, et ne crut pas qu'il y eût autre chose qu'une simple méprise dans ce petit livre, par quelque auteur peu instruit et qui avoit peut-être ignoré que son oncle eût existé, ni su l'ancienneté de la pairie de son père, ni qu'on eût manqué de pairs à ce sacre, ni que M. de Roannois, etc., qui en servit, ne l'étoit pas. Il se trouva néanmoins que le livre étoit un guet-apens pour tromper l'incurie et l'ignorance parfaite des ducs, et celle du public. Dreux, grand-maître des cérémonies, avoit eu une prise fort indécente, à Saint-Denis, à la pompe funèbre de Louis XIV, sur le salut, avec les ducs d'Uzès, de Luynes et de Brissac, et qui, en toute occasion, se montra plus que partial contre les ducs, qui le laissoient faire. Le cardinal Dubois étoit aussi piqué contre les pairs, qui, plutôt que de céder au cardinal de Rohan et à lui, lorsqu'en 1722 sortirent (sic) du conseil de régence, lorsque ces cardinaux y furent admis, et fit exiler le chancelier Daguesseau par la même raison : en sorte qu'étant lors le maître de tout, il n'est chose qu'il n'intervertît en ce sacre au préjudice des ducs, dont aucun, même de ceux que leurs charges y conduisoient, n'y voulut assister, excepté le premier gentilhomme de la chambre en année, dont on ne put empêcher la fonction, et le capitaine des gardes en quartier, qui ne put quitter la sienne. Mais le maréchal de Tallard, duc enregistré, et qui vit son fils pair sans avoir pu l'être, comme on le verra à son titre, fut nommé comme chevalier de l'Ordre pour porter la première offrande : ou il ignora ce qu'il devoit à sa dignité de duc, qui n'avoit jamais été mise à cette fonction, et même à celle de maréchal de France, ou il n'osa ne le pas oublier, de peur de se brouiller, et fit la fonction au grand scandale de tout le monde, dont il s'excusa ensuite comme il put. Le cardinal Dubois fut bientôt après encore plus fâché. Il prétendit assister au lit de justice du   [1] et y précéder les pairs ecclésiastiques. M. de Tavannes, évêque-comte de Châlons, et depuis archevêque de Rouen avec conservation de rang et d'honneurs, se trouvoit là seul à Paris, et le cardinal n'imaginoit pas que ce jeune prélat osât lui faire difficulté, ni aucun des laïques l'y soutenir. Il s'en expliqua même, puis en parla avec légèreté et sécurité à Monsieur de Châ-

---

1. La date est restée en blanc au manuscrit.

lons. Celui-ci, avec toutes les mesures dues à sa puissance, lui répondit très négativement qu'il ne laisseroit point de garder en lui une dignité qui, surtout au Parlement, précédoit toutes les autres, et que Louis XIV y avoit constamment maintenue contre la prétention formelle des cardinaux de Bouillon, de Bonsy et autres de ce temps-là. Il en parla sur le même ton à M. le duc d'Orléans, qui lui-même, depuis sa régence, n'avoit point altéré cette décision du feu roi. Le cardinal Dubois, en furie, menaça de jeter Monsieur de Châlons en bas, s'il ne lui cédoit le rang, et Monsieur de Châlons lui fit dire qu'il en tenteroit l'aventure, où peut-être il ne succomberoit pas. Deux jours après, le lit de justice se tint. Monsieur de Châlons y arriva de bonne heure, et le cardinal Dubois, ni pas un autre cardinal, n'osa s'y présenter.

M. de Saint-Simon eut une affaire avec M. de Vardes, et une autre avec M. de la Rochefoucauld, qu'il ne faut pas oublier. La première eut une origine tout à fait ridicule. Un parent de l'un jeta un dévolu sur le bénéfice du parent de l'autre. Le procès devint vif : chacun eut recours à son parent, qui, au lieu de les accommoder, se brouillèrent si bien, que Monsieur le Prince prit leur parole. Longtemps après, il la leur rendit, comme n'étant plus question de rien entre eux ; mais, au bout de quelques mois, le procès du dévolu, qu'on avoit aussi arrêté, se renouvela, et en même temps la querelle ; mais ils évitèrent l'éclat, pour avoir plus aisément la commodité de se battre. Vardes, le plus jeune de beaucoup et le plus fâché, convint du lieu et de la manière, qui fut sur les onze heures du matin ; tous deux gagneroient dans leur carrosse, avec chacun son second, le dernier bout de la rue Saint-Honoré, alors presque désert et point passant ; que le carrosse de M. de Vardes se mettroit en état de couper celui de M. de Saint-Simon ; que, sur cela, les cochers s'attaqueroient à coups de fouet, et que les maîtres, prenant parti chacun pour le sien, mettroient pied à terre et se battroient, en sorte que cela ne paroîtroit qu'un rencontre tout fortuit et une querelle sur-le-champ. M. de Saint-Simon eut la précaution d'aller voir le matin plusieurs magistrats du Parlement de ses[1] amis, pour mieux montrer qu'il n'avoit pas songé à se battre, puis s'en alla faire sa cour, au Palais-Royal, au Roi et à la Reine. De là, il proposa au maréchal de Gramont d'aller faire quelques visites ensemble, et le maréchal l'accepta. Descendant ensemble le degré, le duc fit semblant d'avoir oublié quelque chose à dire à quelqu'un en haut, fit ses excuses au maréchal, remonta, parla en effet à ce qu'il rencontra, puis monta dans son carrosse, où il y avoit deux bonnes épées, car on n'en portoit point en ce temps-là, l'une pour lui, l'autre pour la Roque Saint-Chamarant, qui commandoit son régiment de cavalerie. La passe au collet des cochers s'exécuta comme ils en étoient convenus, au lieu et à l'heure marquée, et le combat pareillement. Le bonheur favorisa le duc. Vardes, blessé au bras, fit un faux pas, tomba, et fut désarmé. M. de Saint-Simon lui dit de demander la vie, ou qu'il le tueroit. Vardes répondit qu'il étoit trop généreux pour le tuer. Saint-Simon, qu'il le balafreroit; l'autre lui répondit encore la même chose : sur quoi, le duc cassa l'épée de Vardes et alla séparer les deux seconds. Revenus à Vardes, qui se trouvoit un peu mal, ils le firent monter dans le carrosse du duc de Saint-Simon, qui se trouva le plus proche. Le duc monta avec lui, et le ramena chez lui. La duchesse de Châtillon, depuis de Meckelbourg, qui logeoit là tout contre, entendant le bruit des cochers, se mit à la fenêtre, et vit tranquillement le combat des maîtres. Il ne fut pas longtemps sans faire grand bruit dans la ville. Les amis de chacun d'eux accoururent chez eux. Le Roi et la Reine envoyèrent chez le duc de Saint-Simon, à qui ses précautions de visites et de cour, le matin, avoient si bien réussi qu'on n'imagina pas qu'il y eût eu aucun dessein de se battre : ce qui, joint à la déposition des témoins de la querelle des co-

---

1. *Ces* dans le manuscrit.

chers et de celui de M. de Vardes, qui avoit voulu couper l'autre, fit passer la chose pour un simple rencontre, mais Vardes pour l'agresseur. M. de Saint-Simon fut, dès l'après-dînée, au cercle de la Reine, où il reçut de grands compliments, et où il apprit que Vardes avoit été conduit à la Bastille, où il fut six semaines ou deux mois. Cette distinction le piqua presque autant que son infortune, et il ne l'a jamais pardonné qu'à la mort. M. de Saint-Simon, dans ces temps-là souvent et longuement à Blaye, M. de Vardes ensuite disgracié et exilé en Languedoc pendant près de vingt-cinq ans, ne se trouvèrent guère en mêmes lieux, mais ne se voyoient point, quand ils y étoient, et se saluoient froidement. Peu après le retour de M. de Vardes à Paris et à la cour, où jamais il ne fut bien, même alors, depuis sa disgrâce, il tomba dans une longue maladie, dont il mourut à Paris, 3 septembre 1688. A son retour, ni depuis, ils ne s'étoient point vus; mais M. de Vardes, plus mal et songeant sérieusement à sa conscience, fit prier le duc de Saint-Simon de vouloir bien l'aller voir. Il y fut, et le raccommodement fut tel qu'entre gens de qualité, braves et honnêtes gens. Depuis ce jour-là, M. de Saint-Simon le visita souvent, jusqu'à sa mort, et en fut toujours reçu avec ouverture.

L'autre affaire eut une origine plus sérieuse et plus importante, et cependant n'alla pas si loin. Sitôt que les *Mémoires de M. de la Rochefoucauld* commencèrent à paroître, M. de Saint-Simon fut averti qu'on y lisoit qu'il avoit donné sa parole à Monsieur le Prince pour Blaye, et qu'ensuite il lui en avoit manqué. Tout aussitôt, il monte en carrosse, va chez le libraire, qui en avoit tiré encore un très petit nombre d'exemplaires, en feuilleta un, trouva l'endroit, et mit en marge de sa main : « L'auteur en a menti. » Il en fit autant à deux ou trois autres, et l'eût fait à tous, si le libraire, qui s'en aperçut, n'eût promptement soustrait ce qu'il en avoit, et n'eût protesté qu'il n'en avoit pas davantage de tiré. M. de la Rochefoucauld fut promptement averti, et par le libraire, et par l'éclat que fit le duc de Saint-Simon. La valeur ne manquoit ni au père ni au fils, et l'un et l'autre en ont donné plusieurs marques, et en ont porté sur leur visage, l'un et l'autre, qui seroient glorieuses, s'ils les avoient reçues en combattant pour le Roi, et non contre leur devoir, au combat de Saint-Antoine ; mais M. de la Rochefoucauld le père, qui, après avoir été le boute-feu de son temps, étoit devenu le Caton de la France dans sa vieillesse, avec une grande considération et beaucoup d'amis que son esprit, son acquis, son mérite, la faveur naissante de son fils lui donnoient, n'estima pas devoir prendre l'affirmative sur une chose qui renouveloit tout ce qu'il desiroit enseveli dans l'oubli. Des amis communs se mirent entre deux : on accusa le malentendu, l'imprimeur, ce que l'on put ; on réforma l'endroit ; on le laissa subsister en d'autres exemplaires, qu'on se garda bien de débiter alors, et tout fût apaisé et étouffé. Mais il en fut comme de M. de Vardes : jamais M. de Saint-Simon et MM. de la Rochefoucauld père et fils ne furent amis. Les divers partis qu'ils avoient suivis ne les avoient pas disposés de longue main à l'être ; la dispute de leur préséance, dont il sera parlé à la fin de ce titre, ne les avoit pas rapprochés, quoique commencée dès l'autre règne, et cette aventure ne contribua pas à les rendre amis ; mais les bienséances entre eux furent toujours conservées.

On finira par remarquer une méprise du continuateur du *P. Anselme*, que, pour son peu d'importance, il aura copiée peut-être du *Moréri*. Ils disent que le duc de Saint-Simon fut fait lieutenant général pour servir, en 1652, sous le comte d'Harcourt, en Guyenne. Ce prince étoit général d'armée, et en grande réputation depuis si longtemps, que M. de Saint-Simon n'auroit pu faire difficulté de servir sous lui ; mais, après l'événement de la charge de grand écuyer, la chose étoit impossible, et, dans le fait, il ne lui a jamais obéi, ni eu aucun rapport à lui en Guyenne. Il étoit, à la vérité, lieutenant général pour pouvoir commander et faire remuer des troupes, parce que la cour ne se fioit en personne plus qu'en lui après les preuves de fidélité et de désintéressement qu'il avoit données, et parce que son crédit et sa considération en Guyenne étoient fort utiles au service du Roi ; mais il y agissoit avec indépendance, quoiqu'avec concert avec les gouverneurs de la province et les généraux des troupes du Roi, excepté avec le comte d'Harcourt, avec lequel il n'eut, et il ne lui fut demandé aucun rapport ; et cette indépendance des gouverneurs, des lieutenants généraux et des commandants en chef en Guyenne lui est demeurée toute sa vie, et a même passé à son fils, comme on le verra bientôt.

Le reste de sa vie s'est passé dans la considération et parmi un grand nombre d'amis, que, toute sa vie aussi, il eut soin de mériter. C'étoit l'homme du monde le plus obligeant, le plus libéral, et qui a le plus donné, et ami jusqu'à s'être défait du gouvernement de Versailles et de Saint-Germain par pure amitié au président de Maisons, à qui cela étoit si principal pour Maisons, et qui fut depuis surintendant des finances. Tout ce qu'il a eu de biens en tout genre a été des bienfaits de Louis XIII, ayant renoncé à la succession de père et de mère en faveur de son frère aîné. Aussi jamais rien de pareil à la vénération, à la vivacité, à la tendresse de sa reconnoissance pour ce prince, qu'il a transmise toute entière à son fils, qui, à son exemple, ne manque jamais d'assister à son anniversaire à Saint-Denis, où aucun autre ne se trouve de tant qui lui doivent leurs prodigieuses fortunes ; et le père n'y étoit pas moins seul que le fils.

M. de Saint-Simon eut, à la mort de son frère, le gouvernement et le bailliage de Senlis, que Monsieur le Prince demandoit avec empressement, à cause de la bienséance de Chantilly, et mourut peu d'années après, subitement, de pure vieillesse, 3 mai 1693, à quatre-vingt-sept ans, doyen des chevaliers de l'Ordre, qu'il avoit porté soixante ans, et son frère cinquante-six, et doyen de tous les seigneurs de France, et ayant survécu Louis XIII et sa faveur cinquante ans.

Outre les anecdotes et les curiosités, qui ont mené loin, on s'est un peu étendu sur un favori assez peu connu parce qu'il ne s'est pas mêlé d'affaires, mais qui a toujours été estimé pour sa rare probité et la rareté plus grande encore d'avoir surmonté l'envie par sa conduite : sa vertu, encore inconnue, fut prévenue par la faveur, et, depuis reconnue et abandonnée, elle ne s'abandonna jamais elle-même, et conserva, dans un si long oubli, toute sa réputation et sa dignité. Passons à son fils, qui donnera lieu aussi aux curiosités anecdotes.

II

Louis, duc de Saint-Simon, grand d'Espagne de la première classe, etc., né à Paris 16 janvier 1675, a été couvertement et publiquement mêlé dans tant de grandes ou de curieuses affaires, et de si bonne heure, et si longtemps, que cet article en sera peut-être trop allongé, dans l'esprit de ces notes de recueillir tout ce qui peut être fugitif, mais qui est exactement véritable.

M.-Gabrielle, fille aînée de Guy de Durfort, duc de Lorge, chevalier de l'Ordre, maréchal de France, capitaine des gardes du corps, gouverneur de Lorraine, et de Geneviève Frémont; mariée 8 avril 1695, à dix-sept ans, sœur du duc de Lorge et de la duchesse de Lauzun, etc.

Une éducation fort resserrée, qui le sépara fort du commerce des gens de son âge, au genre de vie desquels il n'étoit pas d'ailleurs naturellement tourné, lui fit d'abord éprouver la solitude et le dénuement qui rendent l'entrée dans le monde fort épineuse. Sans parents proches, fils d'un homme de la cour de Louis XIII et d'une mère qui, par devoir et par goût, n'avoit jamais connu et aimé que la plus grande retraite pour elle et pour lui, il plut au Roi au siège de Namur, mousquetaire, qui lui donna une compagnie l'année suivante et, à la mort du duc de Saint-Simon, ses gouvernements, qu'il lui avoit toujours destinés par rapport aux services de son père à Blaye, à qui même il s'en étoit engagé. Il se trouva aux sièges d'Huy et de Charleroy, et à la bataille de Neerwinde, où il étoit à la gauche de première ligne. Il y plut aussi aux troupes et aux officiers, et, en arrivant de l'armée, il eut un régiment de cavalerie, en novembre 1693. Le procès du maréchal-duc de Luxembourg contre seize pairs ses anciens, qu'il remit sur le tapis dans l'apogée de sa gloire, lia intimement M. de Saint-Simon avec les ducs de la Trémoïlle, de Chaulnes, de la Rochefoucauld et plusieurs autres du même intérêt, et, quoiqu'il eût commencé par toutes les déférences possibles pour M. de Luxembourg, il ne put éviter l'aigreur, puis l'éclat le plus violent personnellement entre eux, qu'il soutint avec beaucoup de hauteur, et il obtint de changer la destination de son régiment sur le point d'aller en Flandres, qui fut envoyé en Allemagne, où, sans le savoir, il se fit fort remarquer du maréchal de Lorge, qui commandoit l'armée. Il cultiva avec grand soin le peu d'amis que son père avoit conservés dans un si grand âge, et tous jusqu'à leur mort, et, sur tous, ce grand et célèbre abbé de la Trappe, pour qui il prit un attrait singulier dès la première fois que son père l'y mena de sa terre de la Ferté, qui n'en est qu'à cinq lieues. Cet homme si saint et si illustre prit aussi une amitié véritable pour ce jeune homme, qui l'alloit voir tous les ans tant qu'il vécut, et qui lui a rendu, devant et après sa mort, arrivée en 1700, et à sa maison, des services très considérables.

M. de Saint-Aignan avoit été des amis de son père : cela avoit engagé M. de Beauvillier de distinguer M. de Saint-Simon chez les Princes, dont il étoit gouverneur, et chez lui, quand rarement il y alloit. Pressé par sa mère de se marier, comme les fils uniques, il refusa plusieurs partis fort riches, fit goûter ses raisons à sa mère ; charmé des vertus et de la situation du duc de Beauvillier, et sans détour ni entremetteur, lui porte un état bien au vrai de ses affaires, et lui demande sa fille en mariage, sans autre condition que celles que lui-même estimera pouvoir la rendre heureuse avec lui, sur cet état de son bien. La surprise et la reconnoisssance furent pareilles. L'aînée voulut absolument être religieuse ; la cadette étoit contrefaite, la troisième non encore nubile et inclinant à la religion. M. de Saint-Simon voulut attendre ; mais il fut dès lors regardé par le duc et la duchesse de Beauvillier comme leur gendre, et, toute leur vie, ils y prirent le même intérêt. Ce fut le nœud, entre eux, de l'amitié la plus intime, la plus tendre, la plus égale, la plus à l'épreuve de tout. Ce fut elle qui commença à porter ce jeune homme, et qui l'auroit conduit à tout, sans les malheurs qui arrivèrent dans la famille royale; ce fut elle aussi qui, avant et depuis la mort des ducs de Chevreuse et de Beauvillier, servit le plus fidèlement et le plus utilement leur famille. On a vu ci-dessus, titre de CHEVREUSE, p.   , que ces deux beaux-frères n'étoient qu'un. L'intimité avec l'un assuroit celle de l'autre; outre cela, le feu duc de Luynes avoit été le plus intime ami du feu duc de Saint-Simon, quoique tout fût tombé avec eux. Ce fut donc de la sorte que son fils, si jeune encore, se trouva initié avec ces deux seigneurs, alors si accrédités, et qui d'ailleurs, retirés dans le plus petit cercle d'amis très particuliers, et enveloppés de leur vertu et de leur retenue, étoient regardés comme le sanctuaire de la cour. A la paix de Ryswyk, la réforme se fit sans règle : le régiment et la compagnie même du duc de Saint-Simon furent réformées. Barbezieux, qui les savoit bonnes, les incorpora dans ceux de son beau-frère et de ses amis, et mourut aussitôt. Chamillart, qui lui succéda dans la charge de secrétaire d'État de la guerre, étant déjà contrôleur général des finances et ministre d'État, voulut signaler son premier commencement [1] par une promotion la plus étrangement nombreuse qui eût jamais été faite. Il y eut soixante brigadiers, et, quoiqu'on eût lieu, en toutes façons, d'être content du service du duc de Saint-Simon, il fut oublié, et il se trouva six brigadiers de moins anciens que lui, dont le comte d'Ayen, maintenant le maréchal-duc de Noailles. Il fut piqué au vif, son beau-frère de même. Ils ne se plaignirent point; mais, par le conseil des maréchaux de Lorge et de Duras et de M. de Beauvillier, sans lequel il ne faisoit rien, il écrivit au Roi que sa santé ne lui permettoit pas de continuer le service, et lui présenta sa lettre. Le Roi, piqué

---

1. Ou *commandement*. Le manuscrit porte en abrégé *com^t*.

lui-même à son tour, comprit bien que la réforme, la promotion, la conjoncture de la paix toute récente, étoient les causes véritables, et la santé le voile, et fut des années sans en revenir.

Il lui arriva, à la fin de 1700, une aventure qui ajouta d'autres ennemis à ceux que le procès de M. de Luxembourg lui avoit faits de la famille et des amis de ce maréchal, du premier président d'Harlay, et de quelques autres, et à laquelle sa jeunesse donna lieu, sans toutefois avoir pu s'y attendre. Monsieur de Lorraine vint, avec Mme la duchesse de Lorraine, rendre au Roi sa foi et hommage pour le duché de Bar. On a vu ci-devant, titre de Guise, p.   , et d'Elbeuf, p.   , jusqu'où alla le pouvoir du chevalier de Lorraine sur Monsieur, et la ruse et l'adresse qui lui fit obtenir à Monsieur de Lorraine l'*incognito* dans son séjour en France, et les foiblesses de Monsieur, que Monsieur son fils rendit inutiles dans les tentatives que fit Monsieur de Lorraine pour s'égaler à celui dont il avoit l'honneur d'être beau-frère. La cérémonie de l'hommage, avant, pendant ni après laquelle personne ne devoit être couvert, sinon, après, le Roi et Monsieur de Lorraine seuls et un moment, étoit que le premier gentilhomme de la chambre en année, au moment que l'hommage alloit commencer, prenoit l'épée, le chapeau et les gants de Monsieur de Lorraine, et les donnoit au premier valet de chambre du Roi, qui les gardoit pendant l'hommage, et, au moment qu'il étoit fini, les rendoit directement à Monsieur de Lorraine, lequel les reprenoit de ses mains, sans plus passer par celles du premier gentilhomme de la chambre. M. de Saint-Simon, frappé de toutes les entreprises et tentatives de Monsieur de Lorraine, le fut aussi de le voir, dans cette action, servi par un premier gentilhomme de la chambre qui se trouvoit en même temps duc et pair ; il craignit que la fonction n'influât sur la dignité avec des gens si hardis et si heureux à prétendre et à obtenir, et il ne sentit pas qu'en cette occasion la fonction de premier gentilhomme de la chambre n'étoit pas de servir, mais de dépouiller le vassal devant le Roi, leur commun seigneur souverain, et celle du premier valet de chambre seulement de le servir en lui rendant ce dont il avoit été dépouillé pour rendre son hommage. Confondant donc ce qui se distingue d'une manière si palpable, il ne pensa qu'à son objet. Le vieux duc de Gesvres et le marquis son fils, depuis duc de Tresmes, son survivancier, étoient en année. Le père avoit été des amis du feu duc de Saint-Simon, et il n'y avoit amitié ni caresses qu'il ne fît à son fils, qui, par là, se crut à portée de lui pouvoir proposer de laisser faire la fonction de l'hommage au marquis de Gesvres. Ce bonhomme étoit un des méchants hommes qu'il y eût à la cour, uniquement conduit par son caprice, qui ne laissoit pas d'avoir des amis, parce qu'il l'étoit fort quand il s'y mettoit, et hardi à parler et à servir, mais dangereux, même avec eux, au dernier point plein de fantaisies, le fléau de sa famille, et, pour tout dire en un mot, un espèce de fou. La proposition lui entra de travers; il la rejeta. M. de Saint-Simon n'insista point, pour ne le point fâcher, et s'en crut quitte pour un coup d'épée dans l'eau. Point du tout : dès l'après-dînée, le vieux duc s'en alla chez Mme d'Armagnac lui en faire une gorge chaude, qu'il continua après tant qu'il lui plut. Ce fut une pluie, que M. de Saint-Simon n'eut d'autre parti que de laisser passer, mais qui ne lui concilia pas la maison de Lorraine, et qui l'éloigna pour toujours de ce bas et perfide vieillard.

S'il fut sujet à avoir des ennemis considérables, cela fut compensé par des amis qui ne l'étoient pas moins, que le hasard lui donna, et d'un âge où le sien ne le portoit pas. Outre les ducs de Beauvillier et de Chevreuse, il avoit eu toute la confiance du maréchal de Choiseul, qui avoit succédé au maréchal de Lorge dans le commandement de l'armée d'Allemagne, les deux dernières campagnes de la guerre, dont il lui confioit tout le secret et toutes ses vues. Le maréchal de Boufflers, alors dans son premier brillant, avoit une alliance avec sa maison, et, dans les courts voyages qu'il faisoit à la cour, lia avec lui une amitié étroite, qui se tourna tôt après en une entière confiance. Il y avoit quelque éloignement fomenté entre les ducs de Chevreuse et de Beauvillier et lui. M. de Saint-Simon se fit une étude de les rapprocher ; il en vint à bout, au point qu'étant tous trois la fleur de la probité, ils se goûtèrent, et devinrent amis jusqu'à la mort ; et, dans ces temps-là, MM. de Chevreuse et de Boufflers étant personnellement choqués l'un contre l'autre pour l'affaire d'un chevau-léger, ils prirent M. de Saint-Simon pour seul arbitre, qui les accommoda, puis les réunit. La maréchale de Villeroy, qui tenoit, par son esprit et par la situation de son mari, un grand état à la cour, comme on le verra au titre de VILLEROY, p.   , n'oublia jamais que M. de Saint-Simon avoit sauvé la dignité de duc et pair dans sa maison, et l'aima tendrement toute sa vie. Il ne fut pas moins intimement avec la duchesse de Villeroy, qui, par d'autres ressorts, tenoit un grand coin à la cour. Elle étoit toujours mal avec sa belle-mère ; il les raccommoda encore, et si parfaitement, qu'elles passèrent le reste de leur vie dans la plus intime union et la plus tendre. Plusieurs courtisans et plusieurs dames du plus intérieur de la cour, des plus importantes et des plus instruites, furent en étroite liaison avec lui, et les principaux ministres voulurent y être. Le chancelier de Pontchartrain avoit marié son fils à la sœur du comte de Roucy, qui étoit cousine germaine de la duchesse de Saint-Simon, et qui, par conformité de mœurs, d'esprit et de vertu, devint sa plus intime amie. Le commerce de cette liaison donna lieu au chancelier, qui étoit un petit homme tout brillant d'esprit et de vivacité, de connoître le duc de Saint-Simon et de le goûter assez pour en vouloir faire un ami solide, malgré une si grande disproportion d'âge. Il le prit donc un jour en particulier, et, sans détour, il lui demanda son amitié. Le jeune homme prit cela pour un compliment flatteur, et y répondit de même ; mais le chancelier, qui vouloit mieux, s'expliqua plus nettement, lui dit qu'il la desiroit pour le cas qu'il faisoit de lui, et qu'il y compteroit sûrement, s'il faisoit tant que de la lui promettre, avec les propos les plus obligeants, en l'assurant bien aussi de la sienne. L'autre lui répondit franchement que, quelque honneur qu'elle lui fît et quelque désir qu'il en eût, puisqu'il s'agissoit d'écarter le compliment et de parler effectivement, il ne la pouvoit promettre qu'à une condition : que M. de Beauvillier étoit son plus ancien ami, et le meilleur, sans proportion avec personne ; qu'ils étoient depuis longtemps fort mal ensemble ; qu'à cela il n'y touchoit point, mais qu'il ne pouvoit s'engager vraiment à être de ses amis qu'en se conservant entier, premièrement et sans partage, à M. de Beauvillier. Le chancelier aussitôt l'embrassa, lui dit qu'il l'en aimoit davantage, et qu'il acceptoit d'autant plus volontiers la condition, qu'elle l'assuroit mieux de l'amitié d'un si sûr et si fidèle ami. Et de ce moment rien de plus intime qu'ils le furent, et d'une intimité la plus complète en toute confiance jusqu'à sa mort, comme on aura occasion de le voir. Ce fut la même chose avec sa femme, qui n'étoit qu'un avec lui et valoit autant en son genre que lui dans le sien, et bien connue pour telle.

A peu de temps de là, le maréchal de Lorge étant mort, et son fils entêté de la dernière fille de Chamillart, alors tout-puissant ministre par ses deux places, et plus encore par sa prodigieuse faveur, il l'épousa. Chamillart, qui, dans ce brillant tourbillon, ne laissa pas de conserver de la modestie, de la raison et une singulière bonté, avoit su que le duc de Saint-Simon souffroit impatiemment cette mésalliance de son beau-frère, fort en état de réparer celle où la condition du maréchal de Lorge l'avoit forcé de tomber. Le mariage fait, où Chamillart et les siens n'oublièrent rien pour que M. de Saint-Simon fût content d'eux, il lui parla en particulier sur la peine de ce mariage ; l'autre eut la franchise de ne la nier point, et de lui en dire la raison, le moins durement qu'il put. La conversation finit de la part de Chamillart par toutes les avances et les protestations possibles, et par lui demander son amitié. Elle fut parfaite entre eux, et réciproque jusqu'à sa mort, et on verra que celle de M. de Saint-Simon ne fut pas inutile à ces puissants ministres, qui faisoient l'objet de[1] l'adoration de la cour et qui donnoient le ton à tout. Celui-ci étoit assez à gauche avec les Pontchartrains : M. de Saint-Simon en usa pour eux, en cette occasion, avec Chamillart, comme il avoit fait avec le chancelier sur le duc de Beauvillier, et Chamillart en usa aussi comme le chancelier avoit fait. La brouillerie alla toujours en augmentant, et M. de Saint-Simon ne put les réconcilier comme il fit à la fin les deux autres; mais il demeura leur ami à tous, de toutes les heures et de toute sorte de confiance, sans qu'il y ait jamais eu entre eux le plus léger ombrage à son égard, quoique, très souvent, ils ne se contraignissent en rien, devant lui, les uns sur les autres. Outre mille curiosités de cour et de chaque journée, il savoit par eux une infinité de choses les plus importantes, et quantité qui regardoient l'État et les affaires présentes, qu'ils agitoient même très souvent avec lui, dans la plus grande confiance, et qui n'a jamais foibli jusqu'à la fin de leur fortune et de leur vie.

On s'est étendu sur cet article d'amis importants ou considérables, par les raisons qu'on verra dans la suite, et par la singularité d'un homme de cet âge qui, voyant tout et sachant tout de la première main, pointoit déjà le personnage qu'il fut depuis, bien moindre qu'il sembloit alors le devoir être, tandis qu'il en étoit un effectif sous le manteau. Sa femme n'en étoit pas un moindre. Un excellent esprit, un sens toujours juste et droit en tout, une vertu exquise, mais si douce qu'elle fut toujours respectée, aimée, et jamais enviée, et que, tandis qu'elle étoit en vénération aux personnes les plus avancées, les jeunes et les moins sages ne la craignoient point. Une figure aimable, mais qui imposoit de soi-même, sans rien que de naturel et de simple, et un mélange si aisé de dignité et

---

1. Au-dessus de tout ce commencement de phrase sont biffés, en interligne, les mots : « Saint-Simon en usa alors pour le chancelier, avec qui Chamillart étoit mal, comme il avoit fait avec le chancelier pour le duc de Beauvillier, et Chamillart n'en fut que plus ardent à la desirer. »

d'affabilité, achevoit de lui gagner tout le monde. La considération personnelle qu'elle eut bientôt acquise, et qui a toujours été en augmentant, en donna beaucoup à son mari. Leur union étoit celle des mariages des premiers temps, et son mari, qui la respecta et l'aima toujours tendrement, eut le bon esprit de la consulter sur tout, et le bon sens, très souvent, de la croire. Elle lui fut infiniment utile au dedans et au dehors, et le soutint en plusieurs occasions dangereuses. C'est encore une autre singularité fort grande qu'un mariage de cette sorte, et de deux personnes en état, en volonté et en usage continuel de se pousser chacun à part de concert, et se soutenir mutuellement ; et la suite montrera qu'on a eu raison ne ne le pas passer sous silence.

Mme de Saint-Simon fut occasion d'une époque que les suites ont rendue fort considérable dans celles de la vie du duc de Saint-Simon. Il avait passé son enfance et sa première petite jeunesse chez M. le duc de Chartres, et, comme cet âge peut égaler pour l'expression, il se peut dire que l'amitié s'étoit mise entre ces deux enfants. Le prince étant entré dans le monde et, délivré du joug d'une excellente éducation, il se livra à la jeunesse plus âgée que lui, qui le mit dans la débauche, où il se piqua de les surpasser, goût malheureux, dans lequel il n'est que trop demeuré toute sa vie ; mais ce n'est pas encore ici le lieu de s'étendre sur M. le duc d'Orléans, qui est le nom qu'il prit à la mort de Monsieur. Mme la duchesse d'Orléans eut envie d'aller passer un mois à Saint-Cloud et d'y avoir une cour qui lui fît honneur, et qui pourtant [ne] lui fût pas incommode. Elle chercha donc avec choix de qui la composer. Les dames de la cour étoient toutes partagées entre les filles du Roi du temps qu'il n'y avoit que Madame de fille de France, et, quoique toutes les vissent, elles alloient cependant plus ordinairement et plus familièrement chez l'une des trois que chez les deux autres. L'arrivée d'une duchesse de Bourgogne n'avoit rien changé à cela parce qu'elle surnageoit de si haut à ces princesses, qu'il n'y avoit rien entre elles qui pût se ressembler, et parce qu'aussi on voyoit les Princesses tout le jour, et que ce n'étoit que par distinction et par privance qu'on étoit admis chez Mme la duchesse de Bourgogne hors la toilette. Mme de Saint-Simon, arrivant à la cour avant qu'il y eût une duchesse de Bourgogne, s'étoit adonnée chez Mme la duchesse d'Orléans, plutôt que chez les deux autres, par des convenances d'âges et d'intérêts; et, comme elles se partageoient les dames que le Roi nommoit pour Marly, c'étoit presque toujours avec cette princesse que Mme de Saint-Simon y alloit. Elle fut donc conviée du voyage de Saint-Cloud, et fort pressée de n'y pas manquer, parce qu'il se trouvoit dans le même temps qu'elle devoit aller à la Ferté, terre où son mari alloit passer tous les ans quelques semaines de l'été, à vingt-quatre lieues de Paris. Étant à Saint-Cloud, où il y avoit aussi quelques dames qui, du temps de Monsieur, y étoient toujours, Mme de Fontaine-Martel, qui en étoit une et qui étoit femme du premier écuyer de Mme d'Orléans et belle-sœur du M. d'Arcy, chevalier de l'Ordre, qui avoit été gouverneur, et fort considéré jusqu'à sa mort, de M. le duc d'Orléans, étoit des amies de M. de Saint-Simon. Il s'étoit écarté de M. le duc d'Orléans lorsqu'il lui vit prendre le genre de vie dont on a parlé, et ne le voyoit ou point, ou comme point, depuis ce temps-là. Mme de Fontaine-Martel en avoit souvent demandé raison à M. de Saint-Simon, sans y avoir rien gagné. Tout d'un coup elle s'avisa, en ce voyage, d'en demander aussi raison à M. le duc d'Orléans, qui y répondit le plus obligeamment du monde pour M. de Saint-Simon, et qui témoigna toute sorte de desir de renouer commerce avec un homme qu'il avoit toujours aimé, et qui ne s'étoit éloigné, ajouta-t-il, que parce qu'il étoit trop sage pour lui. Il en parla à Mme de Saint-Simon, et vouloit la presser de venir à Saint-Cloud. Au retour, à Versailles, il continua à témoigner les mêmes choses. M. de Saint-Simon alla donc chez lui, et, de ce moment, l'amitié se renoua si bien, qu'il ne se passoit guère de semaines que M. de Saint-Simon ne le vît deux ou trois fois, et toujours très longtemps, tête à tête, et bientôt après plus souvent. Avec l'amitié vint la confiance, et, après, la confiance sans réserve. Les suites en ont été si grandes, et donnent tant de curieuses anecdotes, qu'il a été nécessaire de s'étendre un peu sur cette liaison si intime, et qui a duré telle jusqu'à la mort déplorable de ce prince.

Avant d'aller plus loin, il faut s'arrêter à ce qui, de soi, ne mériteroit pas la peine de tenir ici la moindre place sans une considération généalogique. Comme les rangs, les honneurs et les distinctions sont peu à peu tombés au pillage en France, aussi ont fait les noms, les armes, les maisons : s'ente qui veut et qui peut. De cela, nulle justice. Le seul parti est le mépris, et de laisser faire. M. du Rouvroy, maintenant premier lieutenant général des armées navales, avoit un père obscur, qui portoit ce nom et les armes, c'est-à-dire *la croix à cinq coquilles*, telle que la portent les ducs de Saint-Simon et ceux de cette maison, mais non *l'échiquier* de Vermandois, comme toute cette maison le porte. On dit « son père », car on ne sait de quand ils ont pris ce nom et ces armes. Il étoit fort jeune quand il se maria. Ses deux sœurs avoient été filles d'honneur de Madame : l'aînée, dont la beauté fit longtemps du bruit, et son esprit aussi, avoit dès lors épousé Saint-Vallier, capitaine de la porte; l'autre, qui devint Mme d'Oysy, et qui étoit encore alors fille d'honneur. Le mariage de leur frère ne fut point à leur gré : ne pouvant le rompre, elles vinrent trouver le feu duc de Saint-Simon, pour l'y intéresser, comme en chose qui regardoit sa maison. Il leur répondit le plus civilement qu'il put, mais le plus nettement aussi, que, pour sa maison, ils ne les reconnoissoit point pour en être; que pas une des branches qui en sont n'avoient jamais ouï parler de la leur; que, s'ils avoient des titres pour prouver qu'ils en étoient, il seroit ravi de les voir bien existants; mais que, jusque-là, il ne pouvoit que les plaindre de leur déplaisir, sans avoir aucune raison d'y entrer. Les deux belles se mirent à pleurer pour attendrir le vieillard, sur qui les appas avoient toujours eu du pouvoir ; mais, voyant les leurs inutiles, elles se retirèrent outrées, et s'en allèrent essayer d'intéresser Monsieur et Madame à les faire avouer par le duc de Saint-Simon. En effet, Monsieur l'envoya prier d'aller au Palais-Royal, et lui parla de cette parenté comme chose qu'il avoit toujours voulu croire et qu'il affectionnoit. M. de Saint-Simon lui répondit avec beaucoup de respect que c'étoient là de ces choses uniquement du ressort des titres, des preuves, en un mot, de la vérité, sur lesquelles le Roi même ne pouvoit rien ; qu'il étoit tout prêt de voir ce qu'on lui voudroit produire en preuve, mais que, jusqu'à ce qu'il fût persuadé par cette voie-là, il ne pouvoit reconnoître ce que ni lui ni pas un de sa maison n'avoit jamais reconnu ; que, si ces dames avoient des preuves, elles avoient grand tort de ne les avoir pas montrées depuis longtemps, et bien plus de tort encore, si elles n'en avoient point, de prétendre se faire reconnoître par beaux langages, puis par autorité. Monsieur, qui vit bien que M. de Saint-Simon parloit raison, lui fit bien des honnêtetés, et il n'en fut pas parlé davantage. Le frère se maria. La femme qu'il épousa se trouva une personne d'esprit, de sens, et d'une vertu très aimable et peu commune. Elle étoit connue de Mme la princesse de Conti, fille du Roi ; elle s'attacha à elle. Monseigneur, qui n'en bougeoit dans ces temps-là, la traitoit avec bonté. Mlles de Lillebonne, Mme de Châtillon, dame d'atour de Madame, la duchesse d'Aumont, sa sœur, Mme d'Urfé, dame d'honneur de Mme la princesse de Conti, devinrent ses amies et ses protectrices ; et quant au personnel, elle étoit sur un pied fort agréable dans l'intérieur de cette petite cour, et avec beaucoup d'autres personnes. Il ne lui manquoit, pour aller à Marly et être de tout, que de se voir sur le pied d'une femme de qualité, et de pouvoir manger à table et entrer dans les carrosses de la Reine ou de ce qui la représentoit. C'étoit une femme pleine de douceur, de raison, de modestie, qui ne s'empressoit de rien, et qui se soucioit fort peu de ces choses par une

solide piété; mais son mari n'étoit pas de même. Le feu
duc de Saint-Simon étoit mort il y avoit longues années;
il espéra la tentative faite de son temps oubliée : il se mit à
faire sa cour au duc de Saint-Simon, comme à un ami de
M. de Pontchartrain pour son avancement dans la marine.
Celui-ci sentit de loin ce que l'autre cherchoit, et, sans en
faire semblant, mais se tenant sur ses gardes, il lui rendit
utilement plusieurs bons offices. C'étoit un très bon officier en tout genre, mais peu compatible par sa hauteur et
son humeur, qui lui a enfin rompu le col à la porte de la
fortune, nombre d'années après ceci.

Il y eut quelque chose dont il fut mécontent; il s'en
plaignit amèrement à M. de Saint-Simon, et, dans la cha-
leur du discours, il lui lâcha qu'il espéroit qu'il n'aban-
donneroit pas dans cette occasion un homme qui avoit
l'honneur de lui appartenir. M. de Saint-Simon, qui l'y
attendoit toujours, lui répondit qu'il parleroit encore de
son mieux à M. de Pontchartrain, et par estime, et par
desir de le servir, mais que, de parenté, il n'en connoissoit point, ni pas un de sa maison avec lui. C'étoit chemi-
nant dans un degré, à Versailles, que cela se passoit.
Rouvroy ne répliqua mot et demeura court, laissant aller
M. de Saint-Simon. Le lendemain, le duc d'Aumont lui en
vint parler avec tous les tours du monde, comme à son
ami, à qui il conseilloit de ne se pas faire une affaire pour
un rien avec Mme la princesse de Conti, qui avoit Monseigneur en croupe; et cent autres propos, auxquels il étoit
maître passé. M. de Saint-Simon l'écouta tout du long, le
paya de l'histoire de son père avec Monsieur lors du mariage de Rouvroy, lui répéta les mêmes propos qui avoient
fermé la bouche à Monsieur, et l'assura qu'aucune considération ne lui feroit faire un mensonge, ni être de moitié
de celui d'un autre; qu'il laissoit M. de Rouvroy porter ses
armes et le nom de Rouvroy sans l'y avoir troublé; qu'il
étoit bien aise qu'il les trouvât apparemment les meilleures,
puisqu'il les choisissoit pour les prendre; mais que, de le
reconnoître pour être de sa maison, rien n'étoit plus inutile

à espérer, s'il n'avoit point de titres en preuve, comme, au contraire, s'il en avoit, rien de plus aisé que de l'y forcer en les montrant. Mme d'Urfé vint à l'appui de la boule de la part de Mme la princesse de Conti; plusieurs personnes s'en mêlèrent, qui toutes eurent même réponse. Les autres branches furent sondées, puis attaquées, qui répondirent comme avoit fait le duc de Saint-Simon. Le bruit que cela fit retomba en honte sur celui qui l'avoit excité, et qui ne put ni montrer, ni alléguer la moindre preuve. Sa femme demeura au même état qu'elle étoit. Il fut outré, ne vit plus le duc de Saint-Simon; et ce fut tout. On a cru devoir rapporter cela parce qu'on n'a point parlé de ce Rouvroy dans la généalogie de la maison de Saint-Simon. Il s'est fait mettre dans celle que le célèbre Imhoff en a faite, qui est entièrement défectueuse, ainsi que le sont toutes ses généalogies françoises; il est étonnant qu'ayant travaillé les étrangères à nous avec tant de soin, même celles qui le lui étoient, comme les italiennes et les espagnoles, il ait eu si peu ou d'attention ou de circonspection pour ce qui regarde la France, et qu'il se soit cru en droit d'y régler les rangs avec autant d'ignorance, et de fait et de droit. La moindre lecture lui eût appris que les ducs ont sans cesse précédé les maisons de Rohan et de Bouillon, et qu'il est encore à naître que pas un de ces maisons en ait jamais précédé aucun, et l'eût tiré de l'erreur que celle de la Trémoïlle ait approché des honneurs que ces deux-là ont obtenus.

Mais, à propos d'honneurs et de distinctions, il arriva une affaire au duc de Saint-Simon, qui mérite de n'être pas oubliée, et qui fait voir ce que c'est que les ducs et les princes étrangers. De tout temps, il y avoit des filles d'honneur des Reines et des filles de France; et c'étoient toujours elles qui quêtoient à la chapelle, aux fêtes où on a coutume de le faire devant le Roi. La chambre des filles de la Reine, puis celle de Madame la Dauphine ayant été cassées, enfin celle de Madame, et la dernière Dauphine n'en ayant jamais eu, il ne se trouva plus assez de filles qui vinssent à la cour pour remplir cette fonction. On la donna donc aux plus jeunes femmes, que la dame d'honneur de Madame la Dauphine, et souvent la princesse elle-même, avertissoit à chaque fois entre celles qui se trouvoient toutes portées. Les duchesses quêtèrent, sans en faire aucune difficulté. Le hasard fit longtemps qu'on ne nomma point de princesses; elles imaginèrent de s'en faire une distinction, et, tandis qu'elles quêtoient toutes sans difficulté dans les paroisses et dans les églises des monastères de Paris, elles en firent de quêter à Versailles et en évitèrent les occasions, puis s'excusèrent sur des prétextes qui ne montroient rien. A la fin, quelques duchesses crurent s'apercevoir qu'il y avoit de l'affectation; elles pressèrent la duchesse du Lude de s'en éclaircir par le fait, qui évita longtemps, et qui, à la fin, fut nettement, et sans prétexte, refusée par Mlle d'Armagnac, de concert avec toute la maison de Lorraine. La quête refusée fut remplacée de la duchesse de Saint-Simon, à qui son mari la fit refuser de même. Là-dessus, grand bruit. Monsieur le Grand étoit une manière de favori, pour qui le Roi avoit de plus une considération infinie : il alla trouver le Roi, lui fit force mensonges, et tous avec artifice, pour le mettre en colère, et lui faire entendre que c'étoit à lui directement que ce refus manquoit de respect. La familiarité, la bassesse incroyable devant le Roi, la flatterie sans cesse et sans mesure, une assiduité de tout temps, et le plus grand état de la cour en dépense et en représentation lui tenoient lieu de mérite, et l'habitude non interrompue dès la première jeunesse avoit concilié l'amitié. L'esprit, qui étoit nul, étoit crainte et contrainte, et c'étoit un autre grand attrait; mais le plus fort de tous étoit la persuasion du Roi qu'il aimoit sa personne. Le Roi donc se laissa surprendre, jusqu'à trouver bon le refus de Mlle d'Armagnac et faire un crime au duc de Saint-Simon de celui de sa femme. Celui-ci fut bientôt averti, et alla promptement au remède avec une hardiesse grande pour son âge et pour la conjoncture: il attendit le Roi à la porte de son cabinet, comme il sortoit de dîner, et lui demanda permission de le suivre et de lui dire un mot. Le Roi, sans le défendre, mais aussi sans répondre, entre, et, voyant un moment après Saint-Simon entré avec lui, se haussa d'un pied, et, d'un air de colère, lui demanda ce qu'il y avoit. L'autre, sans s'embarrasser, lui expliqua l'artifice, la surprise et l'adresse de ces Messieurs à se fabriquer des distinctions par leurs sourdes, puis hardies entreprises, et par leurs mensonges et leurs calomnies pour les soutenir. Il se mit à expliquer celle dont il s'agissoit. Le Roi lui en allégua de même, que l'autre nia sèchement, en interrompant le Roi avec force, et, comme il lui avoit parlé d'abord du ton qu'il aimoit, c'est-à-dire avec tout le respect et la soumission qui lui étoit due, il ne craignit pas après de parler avec hauteur sur la chose. Finalement, il l'emporta, et le Roi l'assura qu'il étoit content de sa conduite et qu'il feroit quêter Mlle d'Armagnac, et toutes celles de même rang : ce qui fut exécuté. Monsieur le Grand, bien qu'outré, s'en fit un mérite dès que le Roi lui en parla ; mais il compta bien d'en tirer parti, et le tira bien en effet. Il laissa couler sept ou huit mois sans rien dire et sans rien remuer. Le vendredi saint d'après, en 1707, que M. de la Rochefoucauld passoit toujours aux Loges de Saint-Germain, et que la cour étoit fort déserte, Monsieur le Grand va à la porte du cabinet du Roi, un demi-quart d'heure avant l'office du matin, et lui fait demander à lui parler. Là il étale sa soumission sur la quête, la justice du Roi, qui veut tenir la balance égale entre les princes et les ducs, l'avantage de ces derniers de suivre immédiatement les princes du sang d'ancienneté à l'adoration de la Croix après le Roi, la douleur de la maison de Lorraine de s'en voir ainsi exclue, sa modération de n'y prétendre que l'égalité par l'exclusion des ducs de s'y trouver. Le pathétique, le flatteur, l'adresse, et surtout le moment imminent, et l'absence de ceux d'entre les ducs en état de répondre et de se faire écouter, emporta le Roi ; et, de ce jour-là, les ducs ont cessé de se trouver à l'adoration de la Croix, ou d'y aller, car elle fut en même temps ôtée aux officiers de la couronne et aux grands officiers de la maison du Roi, qui, après les ducs, y alloient aussi en rang d'offices et de charges. Peu après, les ducs en essuyèrent une autre. Lorsque le Roi communioit, les quatre coins de la nappe étoient tenus par deux aumôniers du côté de l'autel, et de l'autre côté par deux princes du sang; s'il ne s'en trouvoit qu'un, par lui à droit et par un duc à gauche, et, s'il n'y avoit point de prince du sang, par deux ducs. L'aumônier de quartier et de jours (sic) nommoit au Roi tout bas, vers le *Pater*, les ducs qui étoient à la chapelle : par où le Roi disoit qu'il choisissoit ceux qu'il vouloit, et les renommoit à l'aumônier, qui se levoit, alloit à chacun d'eux, et les avertissoit en leur faisant à chacun une révérence. Personne, comme on le juge bien, ne contestoit au Roi qu'il pût choisir; mais il sentoit si bien qu'intervertir l'ordre seroit une espèce d'affront, que jamais il n'a choisi que les deux plus anciens : si bien même qu'allant à la chapelle un jour de communion, et voyant marcher devant lui les ducs de Saint-Simon et de la Force, il fit demander au premier, tout bas, par le maréchal de Noailles, lequel étoit l'ancien des deux. Quand Monsieur s'y trouvoit, ou Monseigneur, qui que ce soit ne tenoit l'autre coin, qui demeuroit pendant. Or, il arriva que M. le duc d'Orléans et Monsieur le Duc, fils de Monsieur le Prince, s'y trouvèrent ensemble, et que M. le duc d'Orléans fut seul averti. Monsieur le Duc, déjà très impatient du rang de petit-fils de France, n'en avoit jamais éprouvé cette inégalité si marquée, qu'il ne croyoit due qu'aux fils de France. Il fut donc fort piqué : il s'en plaignit au Roi vivement, et, voyant qu'il n'y pouvoit revenir, il se rejeta sur les ducs, et il obtint que, encore que lui-même eût servi avec plusieurs, ce qu'il ne put nier, il serviroit désormais seul quand il n'y auroit point d'autre prince du sang; et cela a été exécuté de la sorte : à quoi le Roi trouva son compte pour les bâtards.

A la fin de 1705, le cardinal de Janson étoit revenu de Rome après un long et utile séjour. Nul autre cardinal qui pût l'y remplacer, et point d'ambassadeur depuis longues années. Mme des Ursins, triomphante à notre cour, et prête à retourner régner plus que jamais en Espagne, prétendoit de grands dédommagements de la manière dont le Roi l'avoit fait revenir, et y étoit soutenue par le roi et la reine d'Espagne, et fort appuyée de Mme de Maintenon, tellement qu'outre ce qu'elle obtint pour elle-même, elle ne prétendit pas moins que de faire un des frères duc, bien qu'aveugle, et l'autre cardinal, comme cela se voit dans le titre NOIRMONSTIER, p.   . On y voit aussi quel étoit l'abbé de Noirmonstier, et sa réputation à Rome. Le Pape prit la proposition à offense, et, dans cette situation, le Roi songea à un ambassadeur. D'Antin le découvrit et fit l'impossible pour l'être, dans l'espérance d'arriver par là à être duc et pair. Dangeau, qui, à force de vieillir et d'être gâté par la fortune qu'il avoit faite, et par les privances de sa femme, qui retomboient quelquefois sur lui, visoit depuis longtemps à ce grand emploi dans la même vue, et entretenoit un commerce avec le cardinal Ottoboni, protecteur de France[1]; mais leurs menées se faisoient secrètement. Le Roi, qui ne vouloit faire ducs ni l'un ni l'autre, et qui vit bien qu'il seroit importuné là-dessus de celui à qui il donneroit cette ambassade, résolut de choisir un duc, et, un matin, au Conseil, il s'en expliqua, et, tout de suite, proposa le duc de Saint-Simon : à quoi les ministres applaudirent. Il leur en demanda le secret jusqu'à ce que les choses fussent assez désespérées à Rome pour l'abbé de Noirmonstier, dont l'Espagne ne vouloit point démordre, et la saison plus praticable pour déclarer l'ambassadeur. Mais, comme on garde là-dessus des mesures avec Rome, qui donne toujours le choix entre quelques sujets pour la nonciature de France, Torcy le dit à Gualterio au sortir du Conseil, en grande confidence. Ce nonce étoit tout françois,

---

[1] Nous reproduisons, telle qu'elle est dans le manuscrit, cette phrase, où le sujet principal : *Dangeau,* n'a point de verbe. Faut-il effacer *et* devant *entretenoit*?

et il étoit fort des amis du duc de Saint-Simon, par des hasards d'affaires d'un ami commun qui mèneroient trop loin. Il vint donc, tout courant, le dire à Saint-Simon, qui, à trente ans qu'il avoit lors, étoit fort loin d'en avoir la pensée, ni le desir non plus, par l'état de ses affaires. Sa surprise fut telle qu'il fallut que le nonce lui dît d'où et comment il le savoit, pour le persuader. M. de Saint-Simon courut chez le chancelier et chez Chamillart, pour leur faire mille reproches et pour s'instruire encore mieux. Ils s'excusèrent sur le secret imposé par le Roi et sur ce que, le croyant capable de l'emploi, ils n'avoient pu ne pas applaudir à la proposition que le Roi en avoit faite. On alloit à Marly ce jour-là, où il vit le duc de Beauvillier, qui lui en répondit autant, et, pour l'instruction, il n'en sut de plus que ce que lui avoit dit le chancelier, que le choix venoit du Roi lui-même. D'Antin et Dangeau se virent peu après éconduits, puisque le choix étoit fait, et, à la fin, de qui, et, de l'un à l'autre, la chose commença à se dire à l'oreille. Pendant ce temps-là, M. de Saint-Simon et sa femme tâchoient de s'en débarrasser avec autant de soin que les autres desiroient, et s'affligeoient; mais, tout considéré, les trois ministres susdits, Mgr le duc de Bourgogne, auquel on va venir, et ce que le duc de Saint-Simon avoit d'amis à consulter furent pour accepter, dans la sûreté de se perdre pour toujours par un refus. La chose, à la fin, devint publique. Ces trois ministres séparément conseillèrent au duc de faire une part entière des affaires de l'ambassade à sa femme et d'en prendre les conseils : ce qu'on observe comme la chose du monde la plus rare, qui montre le mieux quelle étoit la duchesse de Saint-Simon à l'âge de vingt-sept ans, et en même temps la plus opposée au cours ordinaire, qui craint toujours les femmes des ambassadeurs, qu'on détourne de les mener, et à qui on ne défend rien plus expressément que de leur rien communiquer. A la fin, le Pape se laissa vaincre sur la promotion de l'abbé de Noirmonstier, et, dès ce moment, il ne fut plus question d'ambassadeur. Chamillart en avertit le duc de Saint-Simon dans l'instant, à Marly, au sortir d'un conseil, et ce fut pour lui une délivrance plus grande encore qu'elle ne paroissoit alors, puisque la perte de l'Italie, arrivée par la perte de la bataille de Turin, le 7 septembre de cette année 1706, précédée de la perte de celle de Ramillies le jour de la Pentecôte, auroit mis l'ambassadeur de France à Rome dans une cruelle situation. Tout ce récit n'est que pour expliquer ce qui en résulta. Ce choix du Roi, et de lui-même, sans que personne lui en eût parlé, sans que le duc de Saint-Simon y eût jamais songé, sans qu'il l'eût desiré, fit peur à beaucoup de gens qui ne le craignoient point à son âge, et qui de là résolurent de le perdre. Ils n'avoient rien à pouvoir alléguer qui les conduisît à ce dessein ; mais ils connoissoient bien à qui ils avoient affaire. Ils se mirent donc à vanter au Roi ce qu'ils voulurent supposer : l'esprit, l'application, les connoissances, la capacité du duc de Saint-Simon, qui, dans leur bouche, devint un homme à aller à tout. Cela flattoit le choix que le Roi en avoit fait ; mais cela le lui rendit très suspect, par la frayeur qu'il concevoit des gens de cette sorte ; et, à force de le vanter, lui en donnèrent un tel éloignement, qu'il en fut réellement perdu, et que, s'en apercevant trop bien, il n'y put apporter aucun remède. Voilà de ces anecdotes instructives qu'il seroit grand dommage de laisser dans l'oubli, et qui marquent bien les caractères. Mais ces mêmes gens, peu contents d'avoir réussi parce que, faute de mieux, ç'avoit été par le bon côté et qu'ils craignirent un retour, voulurent l'achever de tuer sans ressource, et, par là même, lui donnèrent lieu de se ressusciter. C'est une autre anecdote qu'il ne faut pas omettre.

En voici une bien singulière, pour ne pas intervertir l'ordre des temps. Le duc de Chevreuse étant monté, une après-dînée, dans une petite (*sic*) entresol de l'appartement où logeoit le duc de Saint-Simon à Versailles, et où il ne recevoit personne que des amis de confiance, s'ouvrit avec lui, beaucoup plus que ses nouvelles mesures ne le

comportoient, sur le mauvais gouvernement qui perdoit
l'État. De l'un à l'autre, il alla plus loin, et, venant
au futur, il expliqua ce qu'il pensoit, et proposa tout (*sic*)
une autre manière pour n'avoir plus cinq rois ou cinq
tyrans dans les personnes du contrôleur général des
finances et des secrétaires d'État, chacun dans son département, et ensemble pour le gros des affaires. M. de Saint-Simon écoutoit avec une telle surprise qu'il en étoit absorbé
et ne répondoit pas un mot. A la fin, M. de Chevreuse, à
qui ce silence étoit nouveau, lui demanda plus brusquement que sa nature s'il disoit des sottises, et qu'il le prioit
de lui parler naturellement. L'autre ouvroit les yeux, sans
regarder rien, et se contentoit d'approuver, sans entrer en
raisonnement. M. de Chevreuse le pressa davantage. A la
fin, M. de Saint-Simon, reprenant ses esprits : « Vous
voilà donc, lui dit-il, Monsieur, bien étonné de mon
silence ! Attendez un instant : vous en allez voir la cause,
et le serez bien davantage. » Aussitôt il tire une clef de
sa poche, se tourne, ouvre une armoire, en tire trois
petits cahiers de sa main, et les donne au duc de Chevreuse sans lui dire un mot. Celui-ci regarde, parcourt
avec avidité, et ne va pas loin sans demeurer immobile.
« Eh bien ! Monsieur, lui dit Saint-Simon, ne vous l'avois-je pas bien dit? J'ai été bien étonné; mais vous l'êtes
davantage. » Ces trois cahiers contenoient tout le même
plan de gouvernement, exactement et précisément tel que
le duc de Chevreuse venoit d'expliquer. Saint-Simon avoit
de plus écrit le nom de ceux qu'il croyoit propres pour
entrer dans chacun des conseils, en être président et
secrétaire, leurs fonctions, et des conseils et de leurs
membres, leurs appointements et la balance de la masse
de tous ces divers appointements avec ceux des ministres,
des secrétaires d'État, du contrôleur général et des intendants des finances, de beaucoup plus forts que ce qu'il
destinoit : le tout pour qu'on ne pût opposer ni la difficulté
des choix, ni celle de la dépense, si jamais il se trouvoit
ouverture à un changement de gouvernement lors d'un

changement de règne. Il y avoit bien six mois que ces cahiers étoient faits; c'en étoit le premier brouillon, et sans rature; il n'y en avoit point eu de copie, et non seulement M. de Saint-Simon ne les avoit montrés à personne, mais il s'étoit bien gardé d'en ouvrir la bouche à qui que ce soit, et c'en étoit bien une marque puisqu'il n'en avoit pas dit un mot aux ducs de Chevreuse et de Beauvillier, qui, en confiance d'affaires et en amitié, étoient d'autres lui-mêmes (sic), et par qui seuls de tels projets pouvoient cheminer. Après la première surprise et les raisonnements qui suivirent, M. de Chevreuse les emporta pour les montrer au duc de Beauvillier et à M⁸ʳ le duc de Bourgogne. Ils furent tellement goûtés, qu'on alla plus loin, et peut-être s'en trouveroit-il encore quelque chose dans les papiers du duc de Chevreuse ou dans ceux du duc de Saint-Simon, qui fut chargé d'y travailler suivant le plan de M⁸ʳ le duc de Bourgogne; mais cela mèneroit trop loin, et est bientôt, et trop tôt, devenu inutile. Il suffit de ce qui vient d'être rapporté. Tel (sic) fut la source et l'origine de l'établissement des conseils à la mort de Louis XIV, et le fondement de ce que M. le duc d'Orléans dit au Parlement, qu'il les avoit puisés dans la cassette de feu M⁸ʳ le duc de Bourgogne; mais ces conseils, tels qu'ils étoient résolus par ce prince, étoient bien plus simples et bien plus démêlés que ceux que M. le duc d'Orléans fit. On en verra la raison.

Dès lors, M. de Saint-Simon étoit un personnage pour ceux qui l'étoient en tout, avec lesquels il étoit dans la plus intime confiance. M. de Beauvillier l'avoit initié dans celle de M⁸ʳ le duc de Bourgogne, qu'il voyoit en secret par les derrières, et que, de concert avec lui, il voyoit en public avec mesure, pour dérober au monde, et encore plus au Roi, un commerce qui ne rouloit que sur tout ce qu'il y avoit de plus important lorsque ce prince seroit le maître, et, en attendant, sur tout ce qui se présentoit. Le scrupule de sa charité ne l'empêchoit pas de vouloir être instruit, et M. de Saint-Simon ne lui cachoit rien sur tout ce qui entroit dans les affaires ou qui composoit la cour. Il le chargeoit souvent de plusieurs mémoires sur différentes matières et de divers projets à faire. C'étoit toujours tête à tête, souvent et longtemps, et du Chesne, premier valet de chambre, qui étoit l'introducteur, étoit seul dans le secret ; mais le prince n'en avoit guère pour les ducs de Beauvillier, et même de Chevreuse, avec qui Saint-Simon n'étoit qu'un. Il fut destiné à être gouverneur du prince qui naquit au duc de Bourgogne en janvier 1707, et qui mourut quelques jours après lui, et sa femme pour succéder à la duchesse du Lude, qui survécut longtemps sa princesse, mais qui, dans des infirmités continuelles, ne sembloit pas devoir aller loin. Ils le savoient l'un et l'autre, et Mme la duchesse de Bourgogne desiroit autant la duchesse de Saint-Simon que Mgr le duc de Bourgogne ; mais la princesse ignoroit les particuliers secrets avec le duc de Saint-Simon, et ne les apprit que par une aventure qui mérite d'être racontée, quoique ici hors l'ordre des temps. C'étoit à Marly, dans le cabinet de Mgr le duc de Bourgogne, où on a depuis fait le grand escalier qui monte en haut. M. de Saint-Simon, en y entrant, avoit proposé au prince, lors dauphin, de mettre le verrouil à une porte qui étoit à côté de la cheminée, derrière la chaise où il étoit assis, vis-à-vis M. de Saint-Simon, une table entre eux deux. Cette porte étoit la communication de l'appartement de Madame la Dauphine. Le Dauphin dit qu'elle ne viendroit point à ces heures-là, et ne mit point de verrouil. La conversation finie, ils se levèrent tous deux, échangèrent des papiers, et, comme le prince tiroit une clef pour en enfermer, et que M. de Saint-Simon en avoit dans ses mains, et qu'il y en avoit encore sur la table à trayer pour laisser au prince ou pour mettre dans ses poches, la porte s'ouvre, et la Dauphine se présente. La surprise de tous les trois, car heureusement elle vint seule, les tint plusieurs instants sans parler. Elle rompit le silence la première, en rougissant, et dit qu'elle ne le croyoit pas trouver en si bonne compagnie, et ajouta en souriant qu'elle étoit venue mal à propos, avec embarras. Le Dauphin, souriant aussi, lui dit qu'il étoit vrai, et qu'elle feroit bien de s'en aller. Dès qu'elle fut sortie : « Eh bien ! Monsieur, lui dit Saint-Simon, le verrouil ? car il ne vouloit point être appelé *Monseigneur*. — J'aurois mieux fait de vous croire, répondit le prince ; mais je la connois : elle ne dira rien. — Je le crois, répliqua le duc ; mais c'est grand bonheur qu'elle soit venue seule et sans dames. » Un événement avoit achevé de mettre M. de Saint-Simon au dernier point d'intimité et de confiance avec ce prince et son ancien gouverneur. Se promenant avec ce dernier dans le milieu des jardins bas de Marly, au printemps de 1708, ils se trouvèrent d'avis opposé sur la campagne qu'on se proposoit de faire faire en Flandre à Mgr le duc de Bourgogne avec M. de Vendôme. Il suffit ici de dire que Saint-Simon maintint à Beauvillier qu'elle seroit funeste à l'État, et plus encore au jeune prince, et qu'il lui en expliqua les raisons et les suites. Beauvillier, tout mesuré qu'il étoit, mais libre au dernier point avec Saint-Simon, lui fit une leçon sur la charité, et finit par se mettre en colère. L'autre l'assura qu'il ne lui en parleroit plus, mais qu'il ne se départoit de quoi que ce soit de ce qu'il lui venoit de dire. Trois semaines après l'arrivée du jeune prince à l'armée, on commença à sentir quelque chose ; la prédiction s'accomplit dans toute son étendue, et, à chaque événement, M. de Beauvillier venoit consulter Saint-Simon, et Mme la duchesse de Bourgogne lui envoyoit aussi Mme de Nogaret, une de ses dames du palais, sœur de Biron, et qui avoit beaucoup d'esprit, raisonner avec lui sur ce qu'il y avoit à faire et à mander au prince. Lors des grands mouvements du siège de Lille, qu'on alloit, disoit-on, faire lever, et accabler l'armée ennemie, un soir que, chez Chamillart, dans le particulier des familiers de la maison, on triomphoit d'avance, Saint-Simon, impatienté d'une telle duperie, ne put s'empêcher de le témoigner. On le pressa, et lui qui ne vouloit pas s'expliquer, mais en colère de l'aveuglement, s'échappa à quelque chose qu'il crut fort simple, et qui l'étoit en effet : ce fut de parier que Lille ne seroit point secouru, mais pris. Cany, fils et survivancier de Chamillart, dit qu'il parieroit, et en effet ils parièrent une pistole, parce que Saint-Simon dit qu'il étoit si sûr de son fait, qu'il ne vouloit pas parier plus gros. Chamillart, qui étoit présent, prit les deux pistoles, puis mena Saint-Simon en un coin pour lui demander son motif, dans l'étonnement où il étoit de cette sécurité si contraire à tout ce qui se passoit et se pouvoit pour lors. Le duc lui répondit d'autant plus sincèrement qu'il savoit à qui il avoit affaire, et qu'il n'espéroit pas de lui ouvrir les yeux. Cela demeura quelque temps entre le peu de gens qui en avoient été témoins; mais, quand on vit la suite des événements de ce siège, le pari se redit de bouche en bouche et fit un grand bruit. Le duc ne se put assez contenir pendant toute cette campagne, où tout étoit réuni contre Mgr le duc de Bourgogne, et au milieu de la cour, où on ne prenoit pas son parti impunément. Tout cela ensemble émut contre lui des personnes très considérables et très importantes, par des raisons qui tenoient à celles du pari, et qui, trouvant déjà le Roi indisposé contre lui depuis les cruelles louanges de l'ambassade de Rome, le perdirent entièrement auprès de lui, comme un homme qui le haïssoit, qui souhaitoit les malheurs de l'État, qui les annonçoit d'avance, et qui triomphoit après l'événement. Le Roi le crut aisément, et longtemps sans que M. de Saint-Simon s'en pût apercevoir. Le retour de M. (*sic*) le duc de Bourgogne, et l'accueil qu'il ne put s'empêcher de faire au duc de Saint-Simon, acheva, par la jalousie et la crainte de l'avenir, ce qui étoit si bien commencé.

En même temps, Chamillart, devenu infirme, commençoit à menacer ruine, et eût été perdu, si, averti et tourmenté par Saint-Simon, il n'eût été trouver le Roi, l'informer de ce qu'il avoit lieu de craindre, lui exposer sa conduite, et se résigner à ses volontés. Mais lui-même, accablé du poids énorme de ses deux places, se vouloit depuis longtemps décharger des finances. Chevreuse et Beauvillier, à force de patience, de contours et d'efforts, étoient venus à bout, depuis cinq ans, de rapprocher Desmaretz, fils d'une sœur de M. Colbert et chassé à sa mort, et par son conseil même, avec un éclat qui n'a guère eu d'exemple, longtemps exilé chez lui, à Maillebois, sans oser en sortir, puis longues années sans revenir à Paris, enfin souffert à Paris, sans approcher de la cour. Le Roi s'étoit montré longtemps inexorable et fort persuadé de ses infidélités, jusqu'à ce que le désarroi des affaires de finances et l'accablement de Chamillart, ami de Chevreuse et de Beauvillier, arracha Desmaretz de l'opprobre par le crédit de Chamillart, qui le fit agréer pour directeur des finances avec Armenonville, longtemps depuis garde des sceaux. Tous deux étoient amis de Saint-Simon, mais Desmaretz surtout, dont la longue et profonde disgrâce avoit été ouvertement protégée par le feu duc de Saint-Simon, dont la terre de la Ferté étoit à quatre lieues de Maillebois, et dont le poids et l'exemple imposèrent aux voisins en plus d'une manière. Ces deux directeurs, jaloux l'un de l'autre, faisoient souvent leurs plaintes à Saint-Simon, qui parloit à Chamillart et qui tâchoit à les accorder; mais, quand il fut question des finances en chef, que Chevreuse et Beauvillier vouloient pour Desmaretz, et qui, contre l'ordinaire, dépendoient entièrement de l'inclination de celui qui les quittoit, Saint-Simon, à qui on eut recours, fit pencher la balance pour Desmaretz, qui, publiquement, lui en témoigna toute sa reconnoissance.

L'année suivante, 1709, le 9 juin, Chamillart, poussé par les affaires et par une formidable cabale, à la tête de laquelle étoient Mme de Maintenon, Monseigneur et sa belle-fille, Mme la duchesse de Bourgogne, fut chassé, et ne l'auroit peut-être pas été encore, tant il tenoit personnellement au Roi, s'il avoit cru Saint-Simon, qui le pressoit de se servir du même remède dont il s'étoit si bien trouvé l'année précédente ; mais il ne le voulut jamais, et répondit qu'il ne pouvoit suffire à son travail et à se défendre, qu'il devoit trop au Roi pour perdre un moment de travail et d'application tant qu'il le laisseroit en place, et pour ne la pas quitter très librement quand il ne lui plairoit plus de l'y conserver; et il l'exécuta avec la même générosité et tranquillité. Saint-Simon ne l'abandonna point dans sa disgrâce, et, quoique ce fût offenser directement Mme de Maintenon qu'aller pour cet ex-ministre au delà de la simple bienséance, il ne le quitta point les deux jours qu'il demeura à l'Étang, puis aux deux campagnes près Paris où il se retira, le reçut ensuite avec ses filles à la Ferté, avec plus d'éclat que s'il eût été en place, et mena sa belle-sœur de la Ferté à Courcelles, quand il l'eut acheté, de même automne, et y demeura près d'un mois. Saint-Simon s'étoit bien aperçu, dans l'hiver précédent, du changement plus marqué du Roi à son égard. Il n'alloit plus à Marly, et, à l'entrée de l'été, Godet, évêque de Chartres, son ami intime et le tout de Mme de Maintenon, l'avoit averti qu'il étoit perdu, et, ce lui sembloit, avec peu de ressource. Dépité contre la cour par tout ce qu'il y voyoit chaque jour, Chamillart chassé, le chancelier plus qu'éreinté, Beauvillier plus timide encore qu'à l'ordinaire par la triste situation de son pupille, Saint-Simon résolut de se retirer; et, ne pouvant aller à Blaye par ce qui se verra en son temps, voulut passer l'hiver à la Ferté, l'y joindre à l'été, et renoncer tout à fait, non seulement à la cour, mais même à Paris, excepté pour des instants indispensables à la ville pour affaires. La mort d'un homme qui, depuis quarante ans, avoit un soin principal de ses affaires fut l'occasion, et la sage et judicieuse adresse de sa femme fut la cause de la rupture de ce projet, et, par l'événement, il devint la première époque d'un plus grand vol. Elle le persuada par la nécessité de ses affaires d'aller à Paris, par celle de la bienséance de coucher à Versailles, par où nécessairement il falloit passer de la Ferté à Paris, et, par l'amitié due à celle du chancelier et de la chancelière, de passer et de coucher à Pontchartrain, qui étoit aussi le droit chemin. L'habile duchesse les avoit avertis de tout et étoit de concert avec eux; elle avoit encore averti tous les amis particuliers qu'elle et son mari avoient à la cour, et, chose rare, ils en avoient au delà de plusieurs. Saint-Simon, investi à Pontchartrain et à Versailles, et ne pouvant ni résister aux raisons, beaucoup moins aux empressements et l'amitié de tant de gens considérables, ni renoncer à son projet, résolut d'avoir un éclaircissement avec le Roi à quelque prix que ce fût, pour revenir sur l'eau de bonne sorte, ce qu'il n'y avoit pas lieu de croire, ou pour avoir de quoi se débarrasser de l'importunité de ses amis. Ni le chancelier, ni le duc de Beauvillier, ni d'autres, n'osèrent jamais se charger de demander au Roi cette audience, tant ils le savoient aliéné du duc de Saint-Simon. Il s'adressa à Maréchal, premier chirurgien, qui, l'étant de la Charité auparavant, avoit toujours été le sien jusqu'à ce qu'il fût au Roi, qui étoit de ses amis, homme vrai, fort homme d'honneur, et avec le Roi comme l'ont toujours été ses domestiques du bas intérieur, c'est-à-dire mieux que ministres et favoris. Saint-Simon ne fit que coucher à Versailles, et vint à Paris, où, deux jours après, Maréchal lui manda de revenir, et qu'il auroit son audience.

Retourné à Versailles, il apprit un orage prêt à fondre sur M. le duc d'Orléans, qui avoit donné à Saint-Cloud un souper à l'électeur de Bavière, avec Mme d'Argenton, sa maîtresse, si libre et si indécent qu'il avoit comblé la mesure, en sorte que ce prince, déjà fui de chacun comme pestiféré, étoit au moment d'être envoyé à Villers-Cotterets. Bezons, presque sa créature et maréchal de France de sa façon, en parla à Saint-Simon, quoique sans aucune liaison ensemble, et celui-ci sentit le danger si pressant, qu'il résolut à l'heure même de faire chasser Mme d'Argenton par M. le duc d'Orléans et de le raccommoder avec le Roi par ce sacrifice. Il le dit à Bezons, qui frémit d'abord d'un projet contre l'amour et l'habitude, mais qui convint que ce remède était l'unique; il convint aussi qu'il ne se pouvoit exécuter qu'en gardant le prince à vue, et Bezons se laissa persuader d'y seconder le duc pourvu que celui-ci se chargeât de porter la parole. Il s'en alloit à Paris, et promit de revenir dès que l'autre le manderoit. Dès l'après-dînée, le premier coup fut porté, et Bezons, mandé, arriva le lendemain matin. Trois jours furent employés à cette affaire, sans que l'un ou l'autre quittassent le duc d'Orléans un moment tandis qu'il eut les yeux ouverts, et, presque tout le jour, tous deux ensemble. Le combat fut étrangement violent, et Bezons a souvent dit à ses amis qu'il en perdoit quelquefois connoissance et qu'il croyoit quelquefois que le plancher alloit fondre sous eux aux fortes attaques du duc de Saint-Simon. Ce ne fut pas tout : le prince et sa femme étoient fort mal ensemble, et jamais Saint-Simon n'avoit voulu mettre le pied chez elle. Sa confidente, la duchesse de Villeroy, qui ne l'étoit pas moins de Mme la duchesse de Bourgogne, et intime amie de Saint-Simon, lui parloit souvent de ce triste ménage, en furie contre M. le duc d'Orléans. Voyant avancer son ouvrage, il le crut très imparfait, s'il ne raccommodoit le duc et la duchesse d'Orléans, et il en savoit assez pour ne pas juger la chose aisée. Néanmoins il l'entreprit, et c'est où il eut le plus d'adresse et de difficulté. Tout cela ensemble dura trois jours. Le matin du dernier, la duchesse de Villeroy lui parlant de M. le duc d'Orléans : « Que diriez-vous Madame, s'il se raccommodoit avec Mme la duchesse d'Orléans, et s'ils vivoient intimement ensemble? » La colère redoubla, et elle regarda cela comme une folie. Le soir même, M. le duc d'Orléans écrivit à Mme de Maintenon, envoya Mlle de Chausseraye à Paris congédier et tout rompre avec Mme d'Argenton, et alla tout de suite se raccommoder avec Madame sa femme. Il avoit exigé pour condition, du duc de Saint-Simon, qu'il la verroit et qu'il seroit le lien entre eux deux. Le Roi reçut son neveu avec joie et tendresse, Mme de Maintenon fit semblant de l'imiter, et Saint-Simon se servit de cette conjoncture pour unir parfaitement le duc d'Orléans avec Mgr le duc de Bourgogne et le duc de Beauvillier. Le lendemain matin de cette soirée, Saint-Simon fut voir la duchesse de Villeroy, dont l'étonnement étoit sans pareil, et la joie de même. Il lui conta tout ce qu'il crut devoir servir à la parfaite réunion. Elle étoit chargée de la duchesse d'Orléans de le prier de l'aller voir l'après-dînée, de bonne heure, pour la trouver seule, et, en attendant, lui fit de sa part des remerciements infinis ; mais ils ne furent rien en comparaison de ceux de la princesse : ses paroles et ses larmes furent des traits également éloquents et partis du plus vif sentiment. De ce moment l'amitié et la confiance la plus intime fut liée entre eux deux, et M. le duc d'Orléans en tiers, qui en étoit l'objet ; et les choses ont subsisté de la sorte plus de huit années. On en verra la fin en son temps.

Cependant Saint-Simon, sur le point de son audience, craignit que le duc d'Orléans ne crût qu'elle roulât sur lui : ce qui engagea le duc à lui en faire devant Bezons toute la confidence. En effet, le Roi la retarda, pour la donner avec plus de loisir, et le dit à Saint-Simon en lui ordonnant de se trouver le lendemain à l'issue de son lever. Quand tout le monde fut sorti du cabinet, avant la messe, il le fit appeler par Nyert, premier valet de chambre. Le tête-à-tête dura plus de demie heure. La pari de Lille, ses motifs, ses raisons, et beaucoup d'autres choses, dont le Roi vuida son sac, furent discutées, la plupart à fond, quelque autre, comme les raisons du pari, avec délicatesse, et la conversation finit par toutes sortes de marques d'estime et de bonté du Roi, qui fut si content de cette audience, qu'il avoit fallu lui arracher, qu'il ne s'en put taire à Maréchal et à d'autres, et qu'il a toujours depuis traité le duc de Saint-Simon en conséquence. Mais il avoit une ennemie dont il se doutoit un peu, mais non au point qu'il l'a su de Chamillart après la mort du Roi, pendant la vie duquel il lui en avoit toujours fait un secret. C'étoit Mme de Maintenon, avec laquelle, avant son premier refroidissement pour lui, il en avoit eu jusqu'à des disputes vives. Ce n'étoit pas que Saint-Simon eût été jamais à portée d'elle ; mais d'autres gens l'en avoient fait haïr, et on ajouteroit craindre, si, dans sa situation, cela pouvoit être vraisemblable; mais l'expérience montre souvent des vérités qui ne le sont pas.

Les bagatelles entre des choses plus importantes sont des ombres dans des tableaux. Des quatre premiers valets de chambre du Roi, et on se souvient encore quels personnages et de quel crédit, le feu duc de Saint-Simon en avoit fait deux, ce Nyert-ci et Bontemps, c'est-à-dire leurs pères. Celui de Nyert étoit à M. de Mortemart, excellent joueur de luth, avec une belle voix. M. de Saint-Simon voyoit le Roi s'ennuyer les soirs, dans le séjour qu'il fit dans les Alpes, en 1629, pour chercher, malgré le cardinal de Richelieu et l'opinion de tous ses généraux, un moyen d'attaquer le Pas-de-Suse, qu'il trouva enfin lui seul, et dont il remporta aussi la gloire de soldat, comme le premier à l'attaque, et celle de général qui en fit toute l'ordonnance et la disposition après en avoir trouvé le moyen à force de soins, d'opiniâtreté et de laborieuses recherches, au mois de mars 1629. Le Roi aimoit la musique : Saint-Simon lui proposa d'entendre Nyert, et le Roi y prit un grand plaisir. Ce Nyert étoit un fort honnête homme, à qui M. de Saint-Simon vit jour de faire la fortune, et en profita. Sans rien dire à Nyert, il en parla à M. de Mortemart, qui non seulement y consentit, mais en pria généreusement M. de Saint-Simon ; et tant fut procédé qu'avant de repasser les monts, le Roi prit Nyert à lui, que la protection du duc de Saint-Simon fit ensuite premier valet de chambre. Le fils qui lui a succédé, et qui a donné lieu à cette anecdote, s'en est montré magnifiquement et très gratuitement ingrat.

La fortune de Bontemps vint d'une autre cause. Il étoit chirurgien dans Paris, allant saigner dans les maisons. Il avoit saigné M. de Saint-Simon quelquefois. Le Roi eut besoin de l'être, et ne se fioit plus pour cette opération à la main h... d'habitude et pesante de Portail, son premier chirurgien, bisaïeul du premier président, ou même son grand-père. Dans l'embarras d'un choix, M. de Saint-Simon proposa Bontemps sur son expérience. Il fut accepté, et saigna le Roi depuis. Enfin il devint premier valet de chambre par la même protection qui l'avoit introduit. Son fils, que tout le monde a tant connu, aimé et estimé, et qui a tant mérité de l'être, en a conservé jusqu'à la mort la plus parfaite reconnoissance. Son fils, qui lui a succédé, s'adressa au duc de Saint-Simon pour obtenir sa survivance au sien peu de mois après la mort du Roi. M. de Saint-Simon la demanda, et l'obtint à l'heure même, et le dit sur-le-champ à Bontemps. De ce moment, il n'a jamais ouï parler de lui, de son fils, ni de pas un d'eux, excepté pour une impertinence qu'il ne tint pas à lui de lui faire. Tel est le monde.

L'enchaînement du discours a fait omettre une autre curiosité connue de bien peu de personnes. Il n'y en a point qui aient ignoré l'épouvantable affaire que la princesse des Ursins suscita au duc d'Orléans, l'éclat avec lequel elle fit arrêter Flotte et Renaud, deux domestiques qu'il avoit laissés en Espagne, le peu de ménagement avec lequel cela fut poussé en notre cour; mais il s'en faut bien que la véritable cause n'en ait été sue, jusqu'à quel degré d'extrémité la chose fut portée, et ce qui l'arrêta tout court au moment fatal. Mme des Ursins étoit parvenue à régner despotiquement en Espagne, en leurrant Mme de Maintenon, à force d'esprit, d'artifices, de respects et de souplesses, qu'elle-même y régnoit par elle et n'y pouvoit régner que par elle. Un prince tel que le duc d'Orléans en Espagne étoit un surveillant et un contre-poids fâcheux. Il faut pourtant dire qu'elle n'oublia rien pour être bien avec lui. Plusieurs manquements essentiels dans le service des troupes le peinèrent, mais sans aller à la rupture, quoiqu'il y eût des mécomptes et des mécontentements. Ce que le sérieux n'avoit pu faire, la plaisanterie l'opéra, mais cruellement. Le prince, soupant à Madr〔i〕p gaiement, un soir, pour être en si nombreuse compagnie, s'échappa à une santé qu'on a peine à rapporter, mais dont les termes sont impossibles à suppléer. Il faut donc les supporter : il but à la santé du *con capitaine* et du *con lieutenant*, et la porta à la compagnie. Le lieutenant le sut un quart d'heure après, et, à l'instant, l'écrivit en propres termes au capitaine ; et toutes deux ne l'oublièrent jamais. En effet, jamais ridicule si cruellement asséné, ni duperie plus ridiculement dévoilée, avec un mépris qui portoit sur tout, et en public. De là la haine et la persécution de delà et de deçà les Pyrénées ; de là la conduite imprudente du prince tournée en crime énorme, tandis que la même légèreté qui lui avoit si imprudemment arraché cette santé ridicule lui fit follement ajouter foi aux vœux des Espagnols et à l'amitié du général anglois, et sonder si, au cas que le Roi cessât de soutenir le roi son petit-fils, comme la chose s'en alloit faite, et conséquemment Philippe V, hors d'état de se soutenir par lui-même, renonçât à ses couronnes, il les pourroit obtenir. Monseigneur, remué par des ressorts qu'à son insu on faisoit agir, s'éloigna, pour cette unique fois, de son caractère. Il devint furieux, et n'alloit pas à moins qu'à une instruction criminelle, et à faire perdre la tête au duc d'Orléans, à qui, de sa vie, il ne l'a pardonné. Le Roi, pressé par tout ce qu'il avoit de plus familier et de plus intime, balançoit encore entre une extrême colère et le respect de son propre sang ; et cependant le duc d'Orléans, abandonné de tout le monde sans exception, que du seul duc de Saint-Simon, n'osoit paroître que dans les moments indispensables, et dissipoit par sa présence tout ce qui se trouvoit de gens dès qu'ils l'apercevoient. Le Roi, de plus en plus pressé, céda enfin, et se résolut à cet effroyable éclat. Il en parla séparément à quelques ministres, surtout au chancelier, à qui il demanda les formes de cet étrange procès, et le chargea de ce qui le regardoit. Le chancelier, à qui ces matières, pour être de longtemps inusitées, étoient peu connues, et qui savoit qu'elles l'étoient davantage au duc de Saint-Simon, son ami très intime, ne lui dit pas le secret, mais le promena sur la matière des instructions criminelles en forme de pairie. Après le premier quart d'heure de cette conversation :

« Ne me répondez point, lui dit le duc, mais permettez que je vous parle. Ceci est pour M. le duc d'Orléans, je le vois bien. La manière est telle que je vous la viens d'expliquer ; mais je vous avertis de ne vous y pas commettre, car vous vous y casseriez le nez. — Comment ? répondit vivement le chancelier ; et si le crime, tel qu'on le publie, se trouve prouvé, cela va tout de suite ! — Quand cela seroit, répliqua [Saint-Simon], je n'en serois pas embarrassé un moment ; j'irois au Parlement, j'opinerois, et nous verrions. — Eh ! comment, diable ! opineriez-vous donc sur un crime que nous supposons avéré ? reprit l'autre encore plus vivement. — Le voici, dit Saint-Simon : je laisserois le fond à côté, et je mettrois en question la compétence du tribunal. Je prouverois bien aisément qu'il n'est pas décidé si ce crime est de lèse-majesté dans un prince non sujet, et qui n'agit ni contre son souverain, ni contre un souverain de qui il ne reçoit aucune grâce ni pension, et bien plus aisément encore que, quand même le crime seroit de lèse-majesté, il est de lèse-majesté d'Espagne, non de France ; que le tribunal est françois, qu'il ne peut connoître que des crimes de lèse-majesté contre le Roi et sa couronne, mais qu'il n'a nul pouvoir, nul trait, nul caractère, de juger rien en ce genre qui regarde une couronne étrangère : par quoi l'assemblée est vaine, incompétente et incapable d'entendre à aucune instruction légitime, ni de rendre aucun jugement valable en la matière qu'on a mise mal à propos devant elle. Voilà, ajouta-t-il, ce que je dirois, et je n'en dirois pas davantage. Je ne vois pas qu'on y pût répondre, et aussi peu passer outre. » Le chancelier, qui étoit debout au milieu de son cabinet, à Versailles, baissa la tête, fit quelques pas ; puis, regardant le duc avec embarras : « Vous en savez bien, lui dit-il. Qui vous en a tant appris ? » puis rebaissa la tête, et les mains derrière le dos, se promena dans ce petit lieu, sans dire un mot, ni l'autre non plus.

Cela fut assez long, et le premier écuyer, qui survint, changea la scène. Le lendemain, il y avoit Conseil, et le chancelier, qui étoit ministre, demeura seul avec le Roi ensuite. Dès le soir, on commença à se dire tout bas qu'on ne croyoit pas que le procès criminel eût lieu, et, de ce jour-là, il tomba dans le puits, et il n'en fut plus question. Longtemps depuis, Saint-Simon a su du chancelier qu'il ne s'étoit pas trompé quand il avoit cru que c'étoit par rapport au duc d'Orléans qu'il le promenoit sur l'instruction criminelle en forme de pairie ; que son avis l'avoit frappé, et paru sans réplique, et que, l'ayant objecté au Roi, il avoit été résolu d'abandonner ce funeste projet. Mais, si l'éclat fut arrêté, la haine n'en fut que plus forte, et c'étoit dans les suites récentes de cette affaire que le duc d'Orléans combla la mesure par ce souper de Saint-Cloud dont il ne se tira que par quitter sa maîtresse et se raccommoder avec sa femme. L'audience qu'il eut là-dessus de Mme de Maintenon seroit charmante dans des mémoires ; c'est dommage que ce ne soit pas ici sa place, pour y voir la rage de la haine trompée, et la vieille galante s'intéresser magistralement au sort et à l'utile traitement d'une maîtresse comme celle que, la veille même, [elle] persécutoit, comme auparavant au duc d'Orléans, et en faisant un crime à ce prince.

Le croiroit-on ? Il en recueillit très promptement le fruit, et Mme de Maintenon en fut une des principales causes. Madame la Duchesse, maîtresse absolue de Monseigneur et de tout ce qui l'approchoit le plus intimement, travailloit à marier sa fille, depuis princesse de Conti, à M. le duc de Berry. L'éloignement des deux sœurs étoit extrême, et Madame la Duchesse avoit beau jeu par la haine de Monseigneur pour M. le duc d'Orléans, telle qu'il ne pouvoit s'empêcher de la montrer jusqu'à l'indécence. Une cabale puissante vint au secours. Le duc de Saint-Simon la forma, et la duchesse de Villeroy y contribua beaucoup. Saint-Simon avoit eu un procès contre Mme de Lussan, dame d'honneur de Madame la Princesse, qu'il gagna, mais dans lequel Monsieur le Duc et Madame la Duchesse en usèrent si mal, à la différence de Monsieur le Prince, que M. de

Saint-Simon cessa de les voir, même aux occasions. Monsieur le Duc, sans qui Madame la Duchesse ne s'en seroit pas tant mise en peine, venoit de mourir; mais, entre sa fille et celle de M. le duc d'Orléans, il ne pouvoit être sans crainte de l'une et sans desir pour l'autre. Il suffira ici de dire que M. et Mme la duchesse de Bourgogne, M. le duc de Berry par eux, Mme de Maintenon et les deux bâtards, irrités du procès de M. du Maine pour la succession de Monsieur le Prince, mort un an auparavant, les ducs de Chevreuse et de Beauvillier, le P. Tellier, qui, dès son arrivée à la cour, faisoit la sienne à Saint-Simon d'une manière surprenante, le maréchal de Boufflers, d'autres personnages encore, se réunirent. Quand la mine fut chargée, bien concertée et prête à jouer, question fut d'attacher le grelot, et M. le duc d'Orléans ne put jamais s'y résoudre, tant il craignoit le Roi. La ressource de Mme la duchesse d'Orléans fut que du moins il écrivît au Roi pour lui demander ce mariage, et qu'il lui donnât sa lettre lui-même. Il y consentit pour se rédimer de vexations. Saint-Simon étoit en tiers entre eux deux, et Mme la duchesse d'Orléans le pria d'aller avec lui faire cette lettre. Ils s'en allèrent au premier pavillon, où il logeoit lors à Marly, et Mme d'Orléans au château. Quand ils furent dans la chambre de M. le duc d'Orléans, il proposa à M. de Saint-Simon de faire la lettre ensemble. Cela ne put aller loin, et finit par M. de Saint-Simon la faire seul, et le prince le regarder écrire. Il la trouva à son gré; Mme sa femme aussi. Il la transcrivit le lendemain et la ferma. Mais, pour la donner, ce fut une autre crise. On s'étend là-dessus par le personnage si principal que ce prince va bientôt faire. La lettre demeura cinq ou six jours dans sa poche, tantôt sous un prétexte, tantôt sous un autre : tant qu'enfin, la chose pressant de plus en plus par le concert et le desir de toute la cabale réunie et ajustée, ce fut une scène muette de comédie italienne entre M. le duc d'Orléans et M. de Saint-Simon, le matin, dans le salon de Marly. Le premier vouloit, disoit-il, entrer chez le Roi pour donner sa lettre, et s'éloignoit toujours ; l'autre le tournoit de l'épaule pour l'y ramener. Ils pirouettèrent tant de la sorte, qu'ils craignirent enfin qu'on ne s'en aperçût, et qu'à la fin le prince, prenant, comme on dit des enfants, *son escousse*, entra chez le Roi, tira son coup de pistolet, et sortit aussitôt, laissant le Roi merveilleusement surpris de ce qu'il lui avoua qu'il n'osoit même lui indiquer rien de ce que la lettre contenoit. Le Roi fut charmé, touché, attendri de la lettre, et la loua outre mesure. Mme de Maintenon et Mme la duchesse de Bourgogne, à qui il la montra le soir, ajoutèrent aux applaudissements. Le P. Tellier eut son tour, et joua son rôle. Bref, l'affaire fut, dès ce jour-là, résolue, mais dans le dernier secret, dont la duchesse d'Orléans fut aussitôt avertie. Cela dura quinze jours, et puis le mariage fut déclaré. Monseigneur fut outré de colère, et n'osa branler devant le Roi ; mais, dans son petit particulier, il ne se contraignit pas. On ne sait comment les choses transpirent. Deux jours après cette résolution prise, on retourna à Versailles ; dès le lendemain, le premier écuyer rencontrant le duc de Saint-Simon dans la galerie : « Monsieur, lui dit-il tout bas avec un air sournois, voilà un grand mariage ; je vous en fais mon compliment, car c'est vous qui l'avez fait. » Celui-ci cacha comme il put l'excès de sa surprise, ignora tout, et passa chemin.

Longtemps avant qu'on en fût là, Saint-Simon avoit été fort sondé pour la place de dame d'honneur pour sa femme, et toujours il avoit éludé. Mais la duchesse de Saint-Simon fut trouver Mme la duchesse de Bourgogne un matin, dans son cabinet, à qui elle demanda en grâce de lui parer une place qui ne convenoit ni à son mari ni à elle. La discussion fut longue, et tendre de la part de la princesse, qui la vouloit là comme un degré pour venir à elle, et pour y avoir, en attendant, quelqu'un avec qui elle étoit à son aise ; mais enfin, après avoir plaidé longtemps pour persuader la duchesse, elle lui promit de la servir à son gré, quoique fort à contre-cœur. On a vu, titre[s] de VENTADOUR et de Choiseul, p.   et   ¹, comment la maréchale de Praslin fut à Madame, sans que, par l'emploi de son mari, cela pût être autrement, et par quelles étranges raisons Mme de Ventadour y fut ensuite, et quelle en fut la surprise du Roi, et la difficulté qu'il en fit. On verra, dans un autre genre, les mêmes raisons faire succéder la duchesse de Brancas à la duchesse de Ventadour, ci-après, titre de Villars-Brancas, p.   . M. et Mme de Saint-Simon étoient bien loin d'être ni ruinés, ni brouillés ensemble, et ces exemples singuliers et nouveaux ne les pouvoient regarder. C'est ce qui fut bien expliqué à Mme la duchesse de Bourgogne et à Mgr le duc de Bourgogne par M. de Beauvillier. Le jour de la déclaration du mariage, Mme la duchesse d'Orléans le proposa nettement au duc de Saint-Simon, qui le refusa de même. La princesse se mit à pleurer quelque temps, puis se retira. Tout fut bientôt réglé, et le Roi, qui, accoutumé désormais à voir des duchesses à Madame, en voulut une pour la future duchesse de Berry, en prit la liste entre Mme de Maintenon et Mme la duchesse de Bourgogne, et s'arrêta sur Mme de Saint-Simon. Mme de Maintenon y applaudit, et c'étoit fait sans la princesse, qui proposa de continuer la liste. Le Roi en fut surpris, et lui demanda si elle avoit quelque chose contre Mme de Saint-Simon. La vivacité de sa réponse la trahit. Le Roi la pressa de s'expliquer, puisque ce n'étoit ni faute d'estime, ni faute d'amitié et de confiance. Elle s'en tint à faire continuer. A chacune, le Roi ou passoit ou avoit quelque exclusion prête, et finalement conclut qu'il n'y avoit que Mme de Saint-Simon. Mme la duchesse de Bourgogne objecta son âge : sur quoi, louanges de tous les trois, et le Roi, de plus en plus curieux, à presser sa petite-fille de s'expliquer. Elle n'en voulut rien faire ; mais le Roi, fâché, mit le doigt sur la lettre : « Je vois bien ce que c'est, dit-il ; son mari est glorieux, il croit

---

1. Le chiffre de renvoi aux autres notices sur les duchés-pairies est en blanc dans le manuscrit; de même dans les pages précédentes et ainsi que plus loin, p. 129, 130, etc.

cette place au-dessous de lui et n'en voudra point », en regardant la princesse, qui se mit à sourire en baissant les yeux. « Oh bien! dit le Roi, nous verrons s'il me désobéira, et pour une place que je mettrai en tout et partout sur le pied de celle de la duchesse du Lude. » M. et Mme de Saint-Simon se tinrent à Paris. Mais, pour le faire court, le maréchal de Boufflers fut chargé de menacer le duc de Saint-Simon d'un exil au loin, s'il faisoit la moindre difficulté d'accepter, et l'alloit trouver à Paris pour ce message, lorsqu'il le trouva à Sève (sic), forcé d'aller à Versailles par tout ce qu'on lui mandoit de menaçant. Le maréchal l'arrêta, lui fit mettre pied à terre, et là s'acquitta de sa commission. Le Roi dit ensuite à M. de Saint-Simon, en revenant de la messe, qu'il lui vouloit parler dans son cabinet. Là, il lui dora la pilule, comme il savoit mieux faire qu'homme de son royaume; puis, s'avançant à tout ce qui étoit là et attendoit à l'autre bout du cabinet, déclara la dame d'honneur, qui fut en tout sur le pied de la duchesse du Lude, et qui eut dans cette place les distinctions les plus continuellement marquées. M. de Saint-Simon, non moins outré que sa femme, en alla dire son avis à M. et à Mme la duchesse d'Orléans, et ne leur mâcha rien. Il leur dit aussi que, puisqu'il en falloit passer par là, il ne leur en reparleroit de sa vie, mais qu'il leur en vouloit décharger son cœur une fois pour toutes. Sur l'un et l'autre point, il leur tint parole, et n'en fut pas plus mal avec eux.

Mais voici qui va caractériser Monseigneur, et guère moins ceux de sa particulière confiance, par une de ces vérités qui n'ont pas la vraisemblance. Du Mont, son écuyer particulier et gouverneur de Meudon, avoit toute la sienne de tous les temps. C'étoit un homme de peu d'esprit, mais fort honnête homme, quoique fort duit à la cour, où il avoit passé sa vie. Son père, gentilhomme simple et pauvre, mais de bon lieu, étoit aussi un fort homme d'honneur. Il devoit sa première fortune d'écuyer du feu roi au feu duc de Saint-Simon, qui lui avoit fait donner cet emploi, où il l'avoit distingué et tiré de pair. Il est mort sous-gouverneur du Roi, et la Bourlie, père de Guiscard, eut sa place. Du Mont fils n'a jamais oublié ce que son père devoit à feu M. de Saint-Simon, et s'est toujours piqué de le témoigner à son fils. Un mois au plus après le mariage dont on vient de parler, on étoit à Marly, et, au retour de la messe du Roi, du Mont dit tout bas, en passant, au duc de Saint-Simon, qu'il le prioit de l'aller attendre sous les berceaux en bas de la rivière, qui étoit une superbe cascade en face du derrière du château, et fort éloignée de tout, surtout à ces heures-là. M. de Saint-Simon voulut répondre, et du Mont s'échappa comme un homme qui fuit. Ils se joignirent quelques moments après au rendez-vous. Du Mont lui dit qu'il lui étoit trop attaché pour ne lui en pas donner une marque qui lui coûtoit fort, mais que, tout balancé, et Monseigneur n'ayant point demandé le secret, il le croyoit trop important pour ne l'en pas avertir; que, suivant Monseigneur, deux jours auparavant, le matin, à Versailles, chez Mme la princesse de Conti, qui étoit seule, et lui, du Mont, en tiers, Monseigneur, en colère et d'abordée, avoit dit, comme avec surprise, à Mme la princesse de Conti, qu'il la trouvoit bien tranquille; que, sur ce qu'elle avoit répondu qu'elle ne voyoit rien qui pût l'empêcher de l'être : « M. de Saint-Simon, répliqua Monseigneur, qui vient de faire le mariage de la duchesse de Berry, et qui va faire exiler vous et Madame la Duchesse! » La princesse voulut en rire; mais la colère du prince, et sa sérieuse opinion que la chose étoit réelle et telle qu'il la disoit, empêcha la réplique, et il entra quelqu'un, qui finit la conversation. Du Mont demanda le secret pour quelque temps, et de rien faire qu'il ne l'eût averti; et, après avoir balancé la conduite à tenir, ils convinrent que, dans ces commencements, M. de Saint-Simon s'abstiendroit d'aller chez Monseigneur, où déjà il n'alloit guère, et l'éviteroit même à Marly, sans affectation. Six semaines après, à Marly encore, du Mont crut qu'il y avoit assez de temps pour que Monseigneur pût

se persuader que cela s'étoit su sans lui, et laissa M. de
Saint-Simon libre. Alors la duchesse de Saint-Simon en
parla à Mme la duchesse de Bourgogne, qui haussa les
épaules de cette stupidité ; et, quoique plus libre en apparence qu'en effet avec Monseigneur, elle prit son temps de
lui en parler, allant de Marly à Meudon, seule avec lui,
dans son vis-à-vis. Monseigneur d'abord lui maintint que
rien n'étoit plus vrai. Cependant, peu à peu, la princesse
lui montra si bien la folie d'une part, l'impossibilité de
l'autre, d'entreprendre de persuader le Roi de chasser ses
deux filles, et de plus sans cause ni prétexte, et sans aucun
intérêt même en M. de Saint-Simon pour le desirer, que
Monseigneur commença à revenir et à être honteux d'une
si lourde duperie, et sa belle-fille, qui n'aimoit rien de ce
qui le gouvernoit, lui représenta fort à propos ce qu'il
devoit penser, et là-dessus, et sur toute autre chose
possible, de ceux qui avoient eu la hardiesse de lui présenter un appât si grossier et si peu capable de prendre
personne. Il mourut bientôt après, de la petite vérole : ce
qui causa une grande révolution à la cour, et mit le nouveau Dauphin et son épouse au plus triomphant pinacle,
et tout ce qui leur tenoit intimement avec eux.

Ce fut alors que le Roi se reposa de beaucoup de choses
sur son petit-fils. Il s'en falloit bien que toutes les vérités
eussent percé jusqu'à lui ; mais quelques-unes avoient
suffi pour laver les préventions de la campagne de Flandres, et la vertu et la conduite de ce prince, puissamment
aidées de la Dauphine et de Mme de Maintenon, avoient
vaincu la jalousie et les anciens dégoûts. Ce fut donc alors
que le Dauphin travailla plus à son aise, et à connoître les
hommes, et à se faire des plans pour quand il seroit le
maître. Dans cet intime secret, trois seules personnes
étoient admises, à l'entière exclusion de toutes autres. Ces
trois-là étoient les ducs de Beauvillier, de Chèvreuse et de
Saint-Simon, qui tous trois n'avoient point de secret l'un
pour l'autre, et qui, tous trois, s'entendoient en tout parfaitement. Le dernier, qui devoit aux deux autres une si

heureuse situation, étoit souvent chargé de travaux particuliers qui ne se confioient à personne, et qui étoient d'autant plus pénibles qu'avec ce secret ils demandoient une grande exactitude, et qu'il ne parût point du tout occupé. Parmi ces riches avant-goûts de la plus solide espérance, et la plus radieuse, Saint-Simon se trouvoit tourmenté d'un ver rongeur, qui va donner une nouvelle anecdote. Il voyoit le présent et l'avenir; tout lui étoit découvert; il étoit acteur dans presque toutes choses, mais cela dans le plus intime secret et sous les voiles les plus épais, pour être caché au Roi et à la cour, qui déjà le considéroit comme allant faire une principale figure. Ce ver rongeur étoit l'éloignement réciproque, jusqu'à ne se pouvoir souffrir, de ses deux plus intimes amis, le duc de Beauvillier et le chancelier, qui en alloit être la victime. Outre l'amitié, il étoit persuadé que sa ruine en seroit une pour l'État, par la privation de ses lumières et de sa longue expérience. Il vit Pontchartrain perdu, et la résolution prise de le chasser dans le voyage de Marly, où on étoit, et d'où on alloit à Fontainebleau. C'étoit un homme infiniment gauche, brutal, désagréable, mais infiniment encore plus méchant foncièrement, et malin encore, car il avoit les deux jusqu'à aimer le mal pour le mal. Il étoit universellement détesté, et de plus le fléau de sa famille. Mais, tel qu'il étoit, sa chute entraînoit celle de son père, qui ne pouvoit demeurer avec cet affront, et c'étoit bien aussi le compte de Beauvillier. Saint-Simon étoit lors brouillé à mort avec Pontchartrain, sur les milices de Blaye, qu'il lui avoit enlevées par un édit en faveur des capitaines gardes-côtes [1]. Son père, sa mère, sa femme avoient inutilement fait l'impossible pour les raccommoder. A cause d'eux, avec qui l'intimité n'en souffrit pas la moindre chose, il ne voulut pas éclater; mais il ne le voyoit plus, et Beauvillier, toujours la tête dans un sac, n'en savoit rien. Dans cette situation, Saint-Simon entreprit de rompre

---

1. Ainsi dans le manuscrit.

la résolution prise et prête à éclater de chasser Pontchartrain, et la chose étoit d'autant plus difficile, que le Dauphin, qui le vouloit plus que pas un, avoit mis la Dauphine de cette partie, et par elle Mme de Maintenon. Le récit seroit trop long; mais Saint-Simon fit si bien qu'il regagna Beauvillier, et par lui le Dauphin, et fit avorter la chute. Il alla après plus loin, et il parvint, dans la fin de ce même Marly, à faire admettre Pontchartrain à travailler chez le Dauphin et à aller en rendre compte au duc de Beauvillier, sur la marine s'entend, et tout cela sans se raccommoder avec Pontchartrain. Là-dessus, on va à Fontainebleau. Dès qu'on y fut, Saint-Simon alla chez le chancelier, qui ne venoit à Marly que le matin, pour le moment du Conseil, et s'en retournoit sans y dîner, et qui avoit entièrement ignoré ce qui s'y étoit passé. Le duc le lui conta de point en point, et le chancelier en frémit. Il le tint assez en lesse pour lui bien faire sentir tout le danger, et surtout toute la reconnoissance qu'il devoit à l'unique libérateur de son fils, qu'il n'aimoit ni n'estimoit, mais qui étoit son fils unique, et dont les enfants n'étoient pas en âge de songer à eux. Quand il eut bien savouré l'un et l'autre, et que sa curiosité eut été vivement excitée de savoir à qui il devoit le salut de sa famille et de toute sa fortune, M. de Saint-Simon, qui alloit à son but, lui dit qu'il ne vouloit pas lui faire la douleur de le lui nommer et qu'il craignoit de plus qu'outre la surprise il n'en mourût de honte, après la constante conduite qu'il avoit eue avec lui; et tout de suite lui déclara que c'étoit M. de Beauvillier. En effet, la surprise et la honte furent extrêmes. Le chancelier l'avoua au duc; mais, tout de suite aussi, en galant homme, il le conjura d'aller trouver cet ennemi généreux et de lui dire de sa part qu'il lui rendoit les armes; que, de sa vie, il ne le trouveroit que dévoué à lui plaire et à lui témoigner la plus vive et la plus continuelle reconnoissance; que jamais il n'opineroit contre son avis au Conseil; qu'il lui demandoit à genoux son amitié, et qu'il mouroit sur les charbons jusqu'au premier conseil, qu'il lui demandoit la grâce de lui permettre de profiter de l'obscurité de l'entre-deux-portes pour se jeter à son col. Saint-Simon s'étoit bien gardé de rien montrer au duc de Beauvillier de son dessein, dont bien lui prit : il auroit avorté. Il quitta le chancelier dans ce petit jardin intérieur de la Chancellerie, où cette conversation s'étoit passée, et alla droit trouver le duc de Beauvillier. C'étoit le moment de ne lui plus rien cacher, et il lui dit tout. Au premier mot, cet homme si doux, si solidement pieux, se hérissa. Il demanda avec chagrin à Saint-Simon pourquoi il avoit conté au chancelier l'affaire de son fils, et l'obligation qu'il lui en avoit. Saint-Simon le laissa exhaler, puis le ramena en lui demandant s'il ne lui seroit pas plus doux, et à l'État, sans comparaison, plus utile, de pouvoir compter solidement sur le chancelier et agir de concert, et avec confiance pour le bien, avec un homme de cet esprit, de cette expérience, de ce mérite, que d'en être en garde, en croisière, quelque supérieur de crédit qu'il lui fût, ou de le perdre pour le faire chasser, ou l'obliger à force de dégoûts de se retirer de lui-même. Saint-Simon ajouta qu'il savoit bien qu'il étoit le premier dans son cœur, et dans toute confiance sans proportion avec nul autre, mais que, dans cette distance, le chancelier y étoit le premier après lui ; que leur inimitié, pour parler nettement, lui avoit toujours fait une peine infinie, mais qu'il se sentoit le cœur rongé, depuis que, par le grand vol qu'avoit pris le Dauphin, et lui-même par conséquent, il n'avoit pu en goûter la joie par le contre-coup qu'il en sentoit porter à plomb sur le chancelier ; qu'il avoit ardemment soupiré après une réconciliation sincère, à laquelle, à force d'éloignement des deux parts, il n'avoit jamais osé songer à travailler, mais que, l'occasion en étant venue, il l'avoit embrassée avec la plus sensible joie qu'il eût eue de sa vie, et que, pour n'en pas manquer l'effet, il s'étoit bien gardé de le laisser apercevoir de rien jusqu'à ce qu'il ne pût plus reculer. Beauvillier n'étoit point content, d'autant qu'il fallut se rendre, et qu'en se rendant il falloit et se raccommoder et lier de bonne foi. Il chargea donc le duc de Saint-Simon de lui témoigner sa joie qu'il fût content de lui; qu'il verroit à la suite qu'il mériteroit son amitié; qu'il n'acceptoit en aucune sorte qu'il fût toujours de son avis au Conseil, mais bien qu'il attendoit désormais qu'il ne l'y prendroit plus en grippe, surtout dans ce qui regardoit les matières de Rome, et qu'en opinant librement, mais civilement quand on n'étoit pas de même avis, on n'en devoit pas être moins bons amis; qu'il seroit ravi de profiter le lendemain de l'entrée du Conseil pour l'embrasser dans cette profondeur de l'entre-deux-portes (qui n'y est plus depuis que le feu roi, la dernière année de sa vie, fit accommoder son appartement), et qu'il avoit impatience du moindre prétexte qui pût, sans faire une nouvelle, le mener à la Chancellerie l'assurer lui-même de tout ce qu'il prioit le duc de Saint-Simon de lui dire. En effet ils s'embrassèrent et se dirent un mot à l'oreille dans cette obscurité, entrant le lendemain au Conseil; et peu de jours après, le duc de Chevreuse, qui ne sut rien de tout cela que le soir même, par le duc de Beauvillier, prétexta une affaire pour lui, pour laquelle il mena son beau-frère à la Chancellerie, à heure convenue pour qu'il n'y eût personne, non pas même le duc de Saint-Simon, pour que la visite parût plus simple. Il sut par tous les deux qu'ils étoient parfaitement contents l'un de l'autre, et, depuis ce moment, l'amitié fut véritable entre eux et sans la moindre lacune, et le chancelier regretta sincèrement et même amèrement M. de Beauvillier, qui mourut quatre ans après. Le chancelier, qui sentoit tout le poids naissant et à venir du duc de Beauvillier, fut très sensible à une réconciliation si fort à point nommé. Le duc ensuite en goûta aussi la douceur, et Saint-Simon jouit entre eux deux du plaisir le plus sensible. Le chancelier saisit ce moment pour raccommoder son fils avec lui. Saint-Simon y résista tant qu'il put; mais enfin il ne se put défendre du chancelier, qui exigea qu'il recevroit son fils chez lui, qui iroit lui témoigner sa double reconnoissance. Ce fut tout, car le duc ne voulut ni excuses ni accommodement sur l'affaire de Blaye, et le chancelier espéra du temps qu'elle reviendroit au premier état, à quoi il étoit assez attentif à travailler, pour que, la cause étant cessée, l'effet pût cesser avec elle. On s'est un peu étendu sur cette affaire ; mais cette nature d'affaire est si rare dans les cours, qu'on a cru que de s'y étendre seroit gratifier une louable curiosité ; et de plus on verra qu'elle coulait à une autre.

La Byzantine montre en grand ce qui arrivoit en petit en France. Plus l'empire grec diminuoit, plus l'ambition inventoit et multiplioit les dignités et leurs marques. Aussi, plus la dignité de duc et pair avoit été multipliée et sans cesse élaguée, plus on s'empressoit d'y parvenir, et jusqu'à la chicane y étoit employée. D'Antin, hors d'espérance d'y arriver de faveur, se servit de ce dernier moyen, qu'il est convenu depuis n'avoir été qu'un chausse-pied pour y atteindre par grâce, et il y réussit. Le procès qu'il intenta pour le duché-pairie d'Épernon, tiré plus qu'à l'alambic, et par une indigne cucurbitte, qui vint en quatrième ou cinquième de ce même genre, fit naître au Roi la pensée de couper pied à tant d'ineptes prétentions, et, en même temps, de donner quelque chose de solide aux ducs pour la conservation de leur dignité dans leur postérité, pour se livrer à cette occasion à toute licence d'élever de plus en plus ses bâtards, et gratifier encore les princes du sang, pour leur faire avaler doucement cette grandeur nouvelle de sa bâtarde postérité. Le chancelier, chargé de faire l'édit, en confia le projet au duc de Saint-Simon, qui y travailla avec lui. Il combattit en vain la préférence de la représentation des anciens pairs au sacre, des bâtards sur les pairs, et plusieurs autres articles, surtout la fixation et les différences d'âge, inouïes jusqu'alors, pour être reçus au Parlement. Les usurpations de ce corps sur les pairs ne purent y trouver place : ce n'étoit pas le temps d'arrêter les entreprises de ce corps, que celui de présenter à l'enregistrement un édit qui portoit les bâtards dans les nues, et qui ôtoit en leur faveur plusieurs choses aux magistrats. Il fallut donc se contenter de cette sorte (?) de prétexte qui n'alloit qu'à consolider les dignités dans la descendance masculine des impétrants et couper la racine aux prétentions sauvages d'y arriver. C'est ce qui fut exécuté par l'édit de 1711, qui est entre les mains de tout le monde.

On verra en son ordre, titre d'Aiguillon, p.   , ce qui est arrivé du laconisme de cet édit, prévu par le duc de Saint-Simon, qui ne put gagner sur le chancelier de s'étendre davantage. On renvoie à la fin de cet article, qui ne sera que trop long, ce qui se passa, avant et depuis cet édit, entre les ducs de Saint-Simon et de la Rochefoucauld, où on verra la raison de la préséance de l'un sur l'autre. Le fruit de cet édit fut uniquement pour les enfants de Mme de Montespan : les bâtards par delà leurs espérances, et le légitime condamné par l'édit en fut consolé par une érection nouvelle en sa faveur. Le duc de Chevreuse, avec toute sa modération, son instruction et sa sagesse, nourrissoit deux prétentions qui le rendoient toujours favorable aux plus absurdes. Aussi s'étoit-on bien gardé de lui faire confidence de l'édit, ni à pas un autre duc qu'à Saint-Simon, et à aucun magistrat qu'au premier président et aux gens du Roi, encore sur le point de l'exécution. L'édit sabra aussi les prétentions du duc de Chevreuse, et on verra au titre II de Chaulnes comment son second fils fut fait duc et pair.

Ce seroit ici le lieu de commencer une curieuse anecdote, et qui a eu des suites qui ne le sont pas moins. On en remarque seulement ici l'époque, et on la remet toute entière au titre de Noailles, p.

La France pleurera longtemps le funeste commencement de l'année 1712, qui lui enleva en huit jours le Dauphin et la Dauphine, et, peu de jours après, l'aîné des deux princes qu'ils laissèrent. La douleur extrême du duc de Saint-Simon l'auroit alors retiré de tout, pour toujours, sans sa femme, qui l'arrêta avec peine. Il regretta beaucoup le duc de Chevreuse, qui mourut vers la fin de la même année ; il étoit gouverneur de Guyenne, et ce gouvernement fut donné au comte d'Eu, second fils du duc du Maine. Voici encore des curiosités.

Anciennement, M. et Mme du Maine avoient fait tout ce qu'ils avoient pu pour attirer M. de Saint-Simon chez eux, et il s'en étoit toujours défendu avec une opiniâtreté qui n'avoit pu être entamée. La même cause fondoit ces deux différentes conduites. M. du Maine vouloit, par l'amitié des personnes, familiariser Saint-Simon à son rang, et celui-ci, ennemi de la contrainte, et plus encore de la fausseté, haïssoit trop ce rang pour se lier à la personne. On verra, titres d'Eu, etc., p.   , qu'il étoit fort connu du Roi même pour cela. Malgré une réserve dont la persévérance fut forcée à passer les bornes de la bienséance, M. du Maine ne voulut point se tenir pour offensé, et les choses demeurèrent entre eux sur un pied fort honnête, mais jamais plus fréquent que les occasions. On a vu à l'article précédent la presque indépendance de MM. de Saint-Simon père et fils dans leur gouvernement de Blaye. Le maréchal de Montrevel, qui commandoit en Guyenne, usurpa peu à peu toute l'autorité du duc de Saint-Simon à Blaye et profita de ses différentes situations à la cour et du goût que la galanterie, l'art de s'habiller au goût du Roi, et les louanges outrées, avec une éloquence purement musicale, avoit donné au Roi pour lui. Enfin ils en vinrent à une rupture, et le maréchal se vanta que, s'il venoit jamais en Guyenne, il le manderoit à Bordeaux et ne lui donneroit pas la main chez lui. A la mort de M. de Chevreuse, M. de Saint-Simon songea à faire distraire tout à fait Blaye du gouvernement de Guyenne; mais, le voyant donné au comte d'Eu, il fut trouver M. du Maine et le pria de voir ses prétentions, de demander au maréchal de Montrevel, qui étoit lors par congé à la cour, ses raisons, et juger ce qui devoit appartenir à l'un et à l'autre, pour en faire faire un règlement par le Roi, au moyen duquel chacun sût à quoi s'en tenir pour toujours et pût vivre en paix. M. du Maine, dont le maréchal représentoit le fils en Guyenne, fut fort touché de ce procédé : il examina les raisons de

l'un et de l'autre ; le règlement se fit par le Roi avec lui et
la Vrillière, secrétaire d'État, en tiers, qui avoit le département de Guyenne.

L'indépendance demeura au duc de Saint-Simon, telle
qu'il la prétendoit, avec défense au maréchal de l'y troubler, ni de se mêler en rien de son gouvernement ; et
quant au rang, on fut honteux de la folie du maréchal, et,
pour la voiler, en décidant ce point comme les autres, il
fut dit qu'advenant que le gouverneur ou commandant
général de Guyenne ou le gouverneur de Blaye fussent
officiers de la couronne, ils vivroient ensemble en Guyenne
sur le pied de leurs dignités, et non de leurs gouvernements. Cette bagatelle, dont toutefois le maréchal ne s'est
jamais consolé, ne mériteroit ici aucune place, sans l'incident que voici. Pontchartrain, brouillé avec Saint-Simon
sur les milices de Blaye, avoit longuement vécu avec lui
comme son ami ; il savoit le peu de commerce qu'il avoit
avec M. du Maine. La plupart de cette affaire se passa à
Marly, où M. de Saint-Simon alla plusieurs fois chez M. du
Maine. Pontchartrain, qui n'en logeoit pas loin, le sut ; il
s'en étonna, il chercha à en approfondir la cause, il la
trouva, et tout aussitôt il prévint le Roi sur son édit des
gardes-côtes, de manière que, M. de Saint-Simon gagnant
contre Montrevel ce point des milices comme les autres, il
se trouva qu'il le perdit en effet par la réserve expresse de
cet édit, que le Roi voulut et que M. du Maine et la Vrillière, qui la trouvoient injuste, ne purent jamais empêcher. Un acharnement si noir et si médité, après ce
que Saint-Simon avoit fait pour sauver Pontchartrain,
l'outra contre lui, et, dans sa colère, il fut trouver
la Chapelle, un de ses premiers commis, qui avoit lors
depuis longtemps sa confiance, et qu'il perdit bientôt après
parce qu'il avoit celle de son père et beaucoup d'amis considérables. Il lui conta le salaire qu'il recevoit du salut de
Pontchartrain, et le chargea de lui dire de sa part qu'il
savoit bien toute la disproportion de puissance qui étoit
entre eux, mais qu'il n'ignoroit pas aussi qu'en mettant le

tout pour le tout, et sans être retenu par rien pour perdre un homme, il arrivoit quelquefois qu'on y réussissoit, et qu'il pouvoit compter qu'il postposeroit tout à sa vengeance, excepté le mensonge et le crime. La Chapelle, épouvanté et hors de moyen d'excuser l'un ni d'apaiser l'autre, courut, dès qu'il fut libre, avertir le chancelier, qui envoya d'abord prier le duc de Saint-Simon qu'il le pût voir dans la journée. Il y alla, et le trouva seul, se promenant dans son cabinet, fort affligé. Il eut beau dire, conjurer, déclamer contre son fils, demander grâce : tout fut inutile. M. de Saint-Simon se plaignit que la Chapelle lui eût donné cette douleur ; mais il tint ferme, et, ce qui est infiniment rare, le chancelier ne l'en aima ni moins tendrement ni avec moins de confiance, et ne le vit pas moins presque tous les jours, et la chancelière de même, quoiqu'il ne vît et ne parlât plus à leur fils. Celui-ci voyoit le Dauphin mort ; il s'étoit rassuré dans sa place et ne craignit plus rien. Il en a fait bientôt après une dure pénitence, à laquelle il n'est pas encore accoutumé depuis vingt ans.

Dès avant la mort du duc de Chevreuse, il fut apparemment question de pourvoir d'avance à l'éducation du Dauphin qui est maintenant sur le trône. Le duc de Beauvillier, incommodé et au lit à Vaucresson, entretenant le duc de Saint-Simon, tête à tête, d'affaires, comme depuis longues années cela leur arrivoit continuellement, le promena sur cette éducation et sur les personnes qui, en tous degrés, y pouvoient être admises ou préférées. De là, passant plus avant, il le pria de lui répondre sincèrement et sans aucun compliment à une question qu'il lui alloit faire, mais uniquement au vrai et selon son cœur. « Si, d'ici à quelque temps, lui dit-il, le Roi me mettoit à la tête de cette éducation comme chef, et non plus comme gouverneur, dont ma santé ne me permettroit plus de remplir les fonctions, vous êtes mon ancien de bien loin ; parlez moi librement, auriez-vous peine à être gouverneur ? — Sous nul autre que vous, lui répondit Saint-Simon, je ne le voudrois être ; mais vous qui l'avez été déjà, qui êtes tout ce que vous êtes, et plus que tout cela, à mon égard, comme mon propre père, et que j'ai toujours aimé et respecté de même, je serai sous vous tout ce que vous voudrez, non seulement sans répugnance, mais avec un sensible plaisir. Après cela, ajouta-t-il, puisque vous me parlez de ceci, qui est si important, il faut dire vrai, et je vais le dire sans modestie et sans présomption, comme je le dirois d'un autre : *un tel* et *un tel* dont vous m'avez parlé d'abord (et on ne les nomme pas parce qu'ils vivent l'un et l'autre), ne vous y trompez pas, et pesez-les bien ; *un tel* est meilleur que moi, et je me crois meilleur que l'autre. » Les larmes vinrent aux yeux de Beauvillier ; il embrassa tendrement Saint-Simon. Apparemment aussi que les projets changèrent, peut-être par sa santé ; jamais depuis il ne s'en sont parlés (*sic*).

Voici encore une autre confiance de ces deux hommes, bien curieuse. Ce fut à Fontainebleau, au voyage que Bullingbroke (*sic*) y fit, qui fut suivi de l'ambassade du duc d'Aumont en Angleterre, c'est-à-dire à la fin de l'automne 1712. Dès le précédent Fontainebleau, qu'on commençoit à espérer de détacher l'Angleterre de la grande alliance et d'arriver par là à la paix, il fut question entre les ducs de Beauvillier, de Chevreuse, de Saint-Simon, et deux autres, et on le retouchera ailleurs, de la manière de rendre valides les renonciations respectives aux couronnes de France et d'Espagne, qui devoient être le fondement radical de la paix. Le secret étoit extrême. La difficulté ne tomboit que sur nos princes, et non sur l'Espagne, où la solemnité des las Cortès validoit tout sans retour. D'États généraux en France, impossible d'en prononcer seulement le nom au Roi, et c'étoit d'un équivalent en force qu'il s'agissoit. Beauvillier pressa tant Saint-Simon de faire un mémoire là-dessus, que, sans secours, il le fit, et, tous les soirs, Beauvillier venoit, sans flambeaux, avec un seul laquais, de l'autre bout du château, voir ce qui avoit été écrit dans la journée. Il fut content du mémoire, Chevreuse aussi. Il étoit étendu et fort appuyé sur l'histoire, autant que le pouvoit être un (sic) chose sans exemple; et pour lors les choses en demeurèrent là. L'année suivante, 1712, au même Fontainebleau, la même affaire se remit sur le tapis entre les mêmes, excepté le duc de Chevreuse, malade à Paris, où il mourut vers la fin de la même année : on avoit perdu le Dauphin et la Dauphine; l'Angleterre s'étoit déclarée; Bullingbroock (sic) étoit, de la part de la reine Anne, à Fontainebleau; la résolution de la forme des renonciations des ducs de Berry et d'Orléans à la couronne d'Espagne et de l'admission juridique et solennelle de la renonciation du roi d'Espagne à la couronne de France pressoit. Le duc de Saint-Simon avoit l'entière confiance de M. le duc d'Orléans, et, en affaires, il avoit aussi celle de M. le duc de Berry, et il l'avoit seul, car ce dernier prince aimoit et considéroit le duc de Beauvillier, mais rien moins qu'avec la plénitude du Dauphin son frère. Ils n'avoient pas été sans beaucoup raisonner avec Saint-Simon de cette grande affaire. Saint-Simon leur avoit remontré l'importance, pour eux, des formes à leur acquérir un droit inouï dans la monarchie; que, pour se l'assurer, il ne leur suffisoit pas de l'acheter par leur renonciation à leurs droits sur l'Espagne, ni d'avoir celle du roi d'Espagne à la couronne de France en la forme la plus légale et la plus authentique qu'on la pouvoit desirer; que la première de ces deux choses étoit étrangère à la France, que la seconde n'étoit que la moindre moitié de leur sûreté, parce qu'encore que le roi d'Espagne renonçât valablement pour lui à la couronne de France, la France ne renonçoit ni à lui ni à sa postérité, et par conséquent n'admettoit ses cadets à son préjudice qu'autant que les formes y seroient gardées telles qu'il se pût véritablement montrer que la France, autant que la chose étoit possible, avoit effectivement et librement accepté et admis la renonciation du roi d'Espagne. De là la discussion de ces formes, et le mémoire du duc de Saint-Simon, qui les proposoit et les prouvoit, et qui montroit en même temps que nulles autres ne les pouvoient suppléer. Les deux princes y étoient donc arrêtés, et l'un l'autre en avoient parlé plus d'une fois en ces termes au duc de Beauvillier. On ne finiroit point d'entrer dans le détail de ce mémoire : il suffit de dire que Beauvillier en étoit aussi persuadé que Saint-Simon, mais qu'il ne l'étoit pas moins en même temps de l'impossibilité d'y résoudre le Roi, ennemi jusqu'au nom de tout ce qui sembleroit ajouter quelque chose à sa puissance. Cela peinoit infiniment le duc, d'autant qu'après force examens, nulle solution. Le lendemain d'une de ces conversations, qui n'avoient rien produit entre lui et le duc de Saint-Simon, il l'envoya chercher et lui dit que la discussion qu'ils avoient faite tous deux ensemble l'avoit empêché de dormir toute la nuit; qu'il ne voyoit aucun moyen de faire venir le Roi à ce qui en effet étoit nécessaire; qu'il étoit vrai qu'en se passant à moins, la solidité n'y étoit pas; mais qu'au bout il falloit bien en sortir par quelque chose, puisque la paix ne se pouvoit sans cela, et que les princes se contentassent des formes qu'on pourroit raisonnablement espérer du Roi, quoiqu'encore avec peine; et que c'étoit à quoi il devoit travailler avec eux. La réponse de Saint-Simon fut facile : ce fut de lui demander s'il abuseroit de la confiance des princes pour les tromper. Cela accabla Beauvillier davantage : il répliqua que ce n'étoit point les tromper, mais leur montrer la difficulté telle qu'elle étoit, entre des formes valables et sûres, mais impossibles, et d'autres formes praticables, qui ne laisseroient pas de valoir, quoiqu'avec moins de solidité; mais que, dans une affaire qu'il falloit finir, et qui ne se pouvoit consommer qu'au gré et à la volonté du Roi, ils ne devoient ni se brouiller avec lui, ni réduire les choses à l'impossible. D'autres considérations importantes et sensibles furent après discutées, et la fin de la conversation fut que tous deux y penseroient encore le reste de la journée et se reverroient le lendemain, à pareille heure et en pareil lieu. Le lendemain donc, ils se retrouvèrent; et d'abord Beauvillier, avec un air peiné, demanda à Saint-Simon quelle résolution il lui apportoit, et voulut de suite entamer de nouveau la matière. Saint-Simon l'interrompit, et lui dit qu'une nouvelle discussion étoit superflue et ne leur donneroit aucune nouvelle lumière, après avoir tant débattu ; que, pour lui, plus il y pensoit, moins il étoit ébranlé, et moins voyoit-il rien qui pût le faire changer d'opinion, ni le persuader d'en faire changer aux princes ; qu'il ne se sauveroit pas non plus avec lui en lui proposant d'essayer de les ébranler, parce qu'il étoit vrai que là-dessus ils avoient en lui seul toute leur confiance ; qu'il n'étoit donc plus question entre eux deux de raisonnement sur cette matière, tant et tant retournée et approfondie, et sur laquelle il étoit et demeureroit fermé en son opinion, mais qu'il restoit à lui, Beauvillier, une autre voie plus courte et plus simple ; qu'il le regardoit comme un homme d'une vertu à laquelle il falloit céder, et qui lui procuroit des lumières que d'autres n'avoient pas ; que sa probité et ses connoissances rassuroient sur tout ce qui étoit de leur ressort ; que de plus il le regardoit comme son père et comme son maître en tout ; qu'il étoit sans exception le seul homme dans le monde à qui il feroit un pareil sacrifice, dont il sentoit tout le poids et toute la grandeur, mais qu'il le lui feroit tout entier ; partant, que, laissant toute autre voie, il usât avec lui de celle d'autorité, et que, si absolument il le vouloit, il agiroit contre ses principes, contre ses connoissances, contre sa conviction, et agiroit de bonne foi contre tout ce qu'il avoit fait, pensé, persuadé, pour réduire les princes où il voudroit qu'ils le fussent. Beauvillier, que la première partie de ce discours avoit accablé, fut attendri jusqu'aux larmes de la dernière, et se jeta au col de Saint-Simon, qu'il tint longtemps embrassé en lui disant les choses les plus touchantes. Puis il ajouta qu'il le mettoit dans un prodigieux embarras. L'autre répliqua que c'étoit pourtant à lui à prendre son parti, et qu'après cette déférence, telle qu'il ne la rendroit à aucun autre homme vivant sur la terre, il n'avoit plus rien à lui dire. M. de

Beauvillier demanda vingt-quatre heures pour se consulter soi-même à loisir, et pria Saint-Simon de revenir encore chez lui le lendemain, à la même heure. Arrivé au rendez-vous, la conversation fut courte. Le duc de Beauvillier avoit passé ces vingt-quatre heures, et surtout la nuit, dans une agitation extrême. Il demanda au duc de Saint-Simon s'il n'avoit rien de nouveau à lui dire. « Pas un seul mot, répondit l'autre. J'ai laissé ma langue, et n'ai apporté que des oreilles pour recevoir vos ordres, et, quels qu'ils soient, les exécuter. » Beauvillier, de nouveau attendri, l'embrassa encore, protestant de tout le sentiment d'une déférence si unique, et de s'en souvenir sans cesse, avec l'étonnement et la gratitude qu'elle méritoit; puis lui dit que, puisqu'il le vouloit, et faute d'autre moyen possible, il usoit donc de cette autorité que lui-même lui donnoit et lui prescrivoit, et le prioit de travailler à faire consentir les princes à s'accommoder de bonne grâce de ce qui se pourroit tirer du Roi pour les formes sans le choquer, à quoi lui-même s'emploieroit de son mieux, mais qui ne pouvoit aller au delà de ce qu'il lui avoit dit qui pourroit être, et qui fut en effet pratiqué après. Le duc de Saint-Simon lui répondit : « Monsieur, vous le voulez ainsi; il ne m'en faut plus davantage. Vous serez obéi, ou je ne pourrai; mais j'espère encore le pouvoir. » Ils s'embrassèrent encore, et longtemps et fort tendrement. Il n'en fut pas dit davantage sur l'affaire, et, pour abréger ce que cette étrange et unique façon de la terminer faisoit dire au duc de Beauvillier, Saint-Simon se pressa de se retirer. Il ne s'étoit pas là chargé d'une besogne bien aisée : il falloit nettement paroître aux princes avoir changé d'avis; il falloit appuyer un tel changement de raisons, en un mot détruire ce qu'il avoit édifié, et plaider pour ainsi dire contre soi-même et contre son sentiment, bien inculqué et bien persuadé, sans en avoir changé. Il lui falloit du tour, par conséquent du temps. Heureusement, les affaires lui en donnèrent : les renonciations se reculèrent, et il eut le loisir de venir à bout de persuader aux princes qu'en cette occasion, où ils ne pouvoient réussir qu'en forçant la main au Roi, par la nécessité de leurs renonciations, pour la paix, et en essuyant les accompagnements et les suites d'une fermeté si nouvelle et si amère au Roi, le maître dans son royaume et dans sa famille, le mieux devenoit le plus grand ennemi du bien, duquel il se falloit contenter, quand autrement on ne pouvoit obtenir davantage. Tout le monde sait en quelles formes se firent ces renonciations au Parlement. Dreux, grand maître du cérémonial, se voulut dispenser de convier les pairs, de la part du Roi, de s'y trouver, et le Roi, qui y trouvoit le compte des bâtards, que Dreux ne refusoit pas de convier comme les princes du sang, ordonna aux ducs qu'il trouva sous sa main de s'y trouver et de le dire de sa part aux autres. C'étoit une nouveauté comme bien d'autres que Dreux essayoit d'introduire : plusieurs pairs résolurent de ne s'y pas trouver, s'ils n'étoient conviés de la manière due et accoutumée. Les deux princes intéressés le surent, et le craignirent pour la validité : ils en parlèrent au Roi deux jours auparavant, et le Roi ordonna à Dreux de convier tous les pairs de sa part; et cela fut exécuté. Prévenons les temps et achevons cette matière, pour n'avoir plus à y revenir. Il s'y trouvera encore de la curiosité.

M. le duc de Berry, informé de la manière dont cela se passeroit, se trouva bien empêché de sa réponse au compliment que le premier président devoit lui faire, et qu'il desiroit avoir pour savoir mieux qu'y répondre. Il confia son embarras à la duchesse de Saint-Simon, qui, par un greffier du Parlement attaché au premier président, eut son discours; mais le prince n'en fut pas plus avancé; et la duchesse de Saint-Simon lui proposa que son mari lui fît une réponse. Il l'accepta comme une délivrance. Il la trouva trop longue pour la retenir : elle fut abrégée à la moitié d'une page de papier à lettre; il la trouva bien, et l'apprit parfaitement par cœur. Arrivé en séance, le premier président lui fit le discours qu'il avoit vu. Quand ce fut à répondre, plus de mémoire au premier mot. Il toussa, il rougit, il répéta : « Monsieur, Monsieur.... »; il se tourna au duc d'Orléans; bref, il n'en put sortir davantage, et le premier président, voyant bien qu'il en demeureroit là, fit, en homme d'esprit, commencer l'affaire. C'étoit justement le jour que la duchesse de Tallard, qui venoit d'être mariée, recevoit ses visites sur son lit, à Versailles, dans l'appartement de la duchesse de Ventadour, sa grand'mère, où la vieille Montauban étoit une de celles qui faisoit (sic) les honneurs. En arrivant de Paris, quelqu'un pria M. le duc de Berry de passer là avant d'aller chez lui, parce qu'il étoit tard et qu'on n'attendoit plus que lui pour finir cette ennuyeuse cérémonie. La Montauban, qui, par le jeu, étoit fort familière avec lui, et qui ne savoit pas un mot de ce qui s'étoit passé aux renonciations, fut à lui d'un air de joie, et lui fit des compliments sur son discours et sur ce que personne n'avoit jamais parlé avec tant de modestie, de liberté et de dignité, et n'avoit jamais tant charmé une (sic) si nombreuse et auguste auditoire; moins il répondoit, plus elle le louoit. La visite fut muette et d'un instant, pour accourir chez lui, où il entra dans son cabinet et fit appeler la duchesse de Saint-Simon. Là, seul avec elle, il lui conta son aventure parmi tant de larmes et de sanglots qu'elle en fut effrayée; puis il entra en furie contre la Montauban, qu'il crut s'être moquée de lui, et qu'elle ne pouvoit ignorer qu'il étoit demeuré court. De là, se répandant contre son éducation, il parla avec plus d'esprit et de connoissance qu'on n'en eût dû attendre : il se plaignit amèrement qu'on ne lui avoit rien appris; qu'on n'avoit songé qu'à le tenir bas et étouffer tout en lui, parce qu'il avoit quelquefois montré des pointes, et qu'on craignoit un troisième cadet contre un aîné; enfin qu'étant devenu plus grand, on l'avoit achevé d'abrutir à force de jeu et de chasses, pour le dégoûter de toute occupation, et qu'on étoit parvenu à faire de lui un gros sot, qui ne pouvoit dire une parole et qui venoit de se déshonorer; et là-dessus, les larmes, les sanglots, les désespoirs. A peine, en très longtemps,

Mme de Saint-Simon put-elle le remettre, et il lui en parla souvent depuis avec une amertume toujours nouvelle. Il étoit vrai que jamais il n'avoit voulu rien apprendre ; mais il ne l'étoit pas moins qu'on l'avoit craint et qu'à force de le tenir bas, on l'avoit rendu si timide qu'il n'avoit pas tout le tort.

Les ducs de Berry et d'Orléans allèrent en pompe à Paris pour cette action, qui fut le 13 mars 1713, les ducs de Saint-Simon et de Saint-Aignan, ce dernier premier gentilhomme de la chambre du duc de Berry, avec eux, dans leur carrosse, en habit de Parlement, avec trois premiers officiers des princes, dont un de M. le duc d'Orléans. On descendit à la Sainte-Chapelle. Les deux princes y entendirent la messe dans les deux hautes chaires les plus proches de l'autel, sur un drap de pied qui retomboit sur les deux chaires basses au-dessous d'eux, qui étoient vuides, et chacun leur carreau sous leurs genoux. Du même côté, aux chaires hautes, étoient les ducs de Saint-Simon et de Saint-Aignan, chacun sur un carreau, une chaire vuide entre celle de M. le duc d'Orléans et celle du duc de Saint-Simon. Personne dans les chaires hautes au delà de ces deux ducs, ni de l'autre côté, mais les principaux de la suite des princes aux principales chaires basses des deux côtés. Le reste du cérémonial, on l'omet, parce qu'il a été imprimé, et on ajoute seulement ici ce qu'on a affecté de n'y pas mettre. L'action commença aux bas sièges et continua aux hauts sièges, et ces deux sortes de séances présentèrent aux deux princes des scandales dont ils ne purent se taire plusieurs jours durant, mais qui n'en subsistèrent pas moins. Ils se trouvèrent choqués pour eux-mêmes de ce que le banc des présidents à mortiers étoit plus haut que le leur par un excès de rembourrage, et de ce que le premier président se trouvoit joignant le petit degré du coin qui monte en haut, tandis qu'il y a sur celui des pairs deux places entièrement débourrées joignant ce même degré, au moyen de quoi on ne s'y pourroit asseoir qu'avec beaucoup d'incommodité, et l'indécence encore de ce que la tête de ceux qui y seroient assis n'auroit presque pas excédé le coude des présidents. Cela reculoit donc le premier des pairs deux places plus loin que le premier président, et M. le duc de Berry essuya cette reculade. Ils avoient bien ouï parler du bonnet ; mais, quand ils en virent la pratique, leur étonnement alla à l'indignation, et ils ne s'en purent pas cacher. Lorsque la séance d'en bas fut finie, ce fut une autre surprise de voir les présidents se lever et sortir sans qu'aucun pair branlât de sa place, quoique les princes du sang fussent debout, parce que les présidents ne se lèvent plus pour les pairs, et se contentent d'ôter leur bonnet et de s'incliner lorsqu'ils arrivent. Les princes et les pairs sortirent de la séance après qu'elle fut levée et que les magistrats furent passés à la buvette. Ils en essuyèrent toute la longueur avec assez d'impatience, et la toilette des présidents dura plus d'une heure pour mettre leurs grandes robes fourrées de petit-gris. Un moment avant que de rentrer en place, ils firent avertir les princes, qui prirent les leurs, et les pairs à leur suite, qui tous étoient en place avant que les présidents arrivassent. Dans ce très court intervalle, M. le duc d'Orléans s'avança de sa place et fit signe au duc de Saint-Simon. Il ne comprit rien à ce signe jusqu'à ce que, de main en main, et son ancienneté le mettoit assez près des princes du sang, on lui dit que M. le duc de Berry et M. le duc d'Orléans le prioient de leur aller parler. Il longea donc ce qui restoit de banc de lui à eux : c'étoit pour lui demander s'ils se lèveroient à l'arrivée des présidents, le premier président à leur tête, et il leur dit que non, de ne se point couvrir en attendant, et de s'incliner légèrement lorsque le premier président, suivi des autres, seroit tout contre. Monsieur le Duc, qui joignoit M. le duc d'Orléans, se trouva embarrassé de la réponse, parce que les princes du sang se lèvent pour les présidents, et il demanda au duc ce qu'il feroit. « Tout ce qu'il vous plaira, lui répondit le duc ; vous savez votre cérémonial, et ce n'est pas à moi à le régler. » Et là-dessus se retira à sa place. A peine fut-il assis, que le premier président, suivi des autres, déboucha la lanterne de la buvette. M. le duc de Berry et M. le duc d'Orléans en usèrent précisément comme il vient d'être dit, et Monsieur le Duc, qui n'en voulut pas faire plus qu'eux, les imita entièrement, et les autres princes du sang tout de même, les pairs pareillement, mais c'est leur usage depuis que les présidents ne se lèvent plus pour eux : de façon que personne des hauts sièges ne branla pour leur arrivée. L'amertume s'en peignit sur leur visage ; mais ils avoient à faire, dans les princes, à trop forte partie pour s'en oser plaindre. Ils le passèrent doucement sous silence, et se consolèrent par leurs registres, à y écrire ce qu'ils voulurent. M. le duc de Berry et M. le duc d'Orléans furent encore plus choqués de leur séance en haut. Le banc des présidents à mortiers, sur lequel les conseillers se mettent à leur suite pour achever de le remplir, à la différence d'en bas, où il ne se met aucun conseiller sur le banc des présidents, ce banc, dis-je, d'en haut est rembourré d'un pied plus haut sous les présidents que sous les conseillers, et il y a dix places de la sorte. Lorsque les dix présidents à mortiers n'y sont pas tous, ce qui arrive sans cesse, bien plus s'il n'y a qu'un ou deux présidents, même le seul premier président, le plus ancien de ceux des conseillers qui seoient de suite sur ce même banc s'arrête au rembourré et le laisse entièrement vuide : ce qui fait un petit trône aux présidents. Le banc des pairs, qui a pourtant la droite, est précisément de la même élévation de la place des conseillers, et plus bas d'un pied que le rembourrage des présidents, et a de plus trois places tellement débourrées joignant le coin du Roi, qu'il est impossible de s'y asseoir, et que qui s'y mettroit dépasseroit à peine de la tête les genoux du premier président. La reculade est donc là tout autrement sensible qu'en bas, et, tandis que le premier du banc des pairs est à ce niveau du banc des conseillers et à cette distance du coin du Roi, le premier président, ou, en son absence, le président qui tient la séance, a le coude sur l'exhaussement du coin du Roi, qui lui sert comme d'un bras de fauteuil, et met d'ordinaire, familièrement, son mortier dessus. M. le duc de Berry et M. le duc d'Orléans essuyèrent donc toutes ces différences, que les présidents peu à peu se sont procurées par leur tapissier, et en furent véritablement piqués. Ils se promirent bien d'en parler au Roi de façon à faire remettre les choses en ordre. Le premier n'en eut guère le temps, et encore moins la hardiesse ; et si quelle hardiesse ! Pour l'autre, on verra bientôt ce qu'il en fit quand il fut le maître de régler les choses.

Après la séance, ces deux princes furent dîner au Palais-Royal, où M. le duc d'Orléans donna un superbe festin, tout maigre. Eux-mêmes, entre les deux séances, et les principaux officiers de leur maison, avoient prié beaucoup de pairs et beaucoup de gens de qualité qui s'étoient trouvés au Parlement. La plupart des conviés s'y rendirent, et les deux princes eurent soin que les ducs y fussent placés les premiers après eux, et à leur rang d'ancienneté entre eux. Après quoi, ils retournèrent à Versailles en pompe, et accompagnés comme ils étoient venus. La paix, excepté de l'Empereur et de l'Empire, suivit incontinent ; celle-ci fut signée à Rastadt, au commencement de l'année 1714.

La brusque mort de M. le duc de Berry, sans enfants, arrivée à Marly, à vingt-huit ans, plein de force et de santé, 4 mai 1714, renouvela cruellement les horreurs répandues à la mort de son incomparable frère et de Mme la Dauphine et du petit Dauphin. Plût à Dieu pouvoir entièrement omettre une calomnie si complète, mais si étrangement hideuse, puisqu'il n'est pas permis de percer ce mystère d'iniquité si détestable, mais dont l'effet a été trop public, trop important, et a trop violemment et trop longuement influé dans les choses les plus principales pour pouvoir être omis dans un lieu où il s'agit du duc de Saint-Simon, qui y a fait une figure si heureuse, et en même temps si difficile. On a remis au plus tard qu'on a pu l'horreur de cette intrigue, sur laquelle on passera même avec la légèreté d'un oiseau qui vole sans toucher à rien par les airs.

Ces temps ne sont pas assez reculés pour qu'on ait oublié ce qui s'y passa, ce qui s'en répandit, l'éclat énorme qui en résulta. L'abandon où M. le duc d'Orléans tomba fut universel. Le plus intime, ce qui seul restoit d'intime, étoient ses parties. On le savoit : qui, avec cela, auroit osé lui parler ? Cette excommunication civile étoit au point de se détourner à sa rencontre et de voir les pelotons de gens ensemble, dans le salon de Marly, se dissiper à l'instant qu'il approchoit de quelqu'un : en sorte qu'à la lettre il n'avoit qui que ce fût à qui parler. Saint-Simon fut l'unique qui demeura fidèle à l'amitié et qui ne changea quoi que ce soit à sa conduite à l'égard de ce prince. Il eut cette fortune, qu'il recueillit de sa conduite et de toute la suite de sa vie, qu'avec beaucoup d'ennemis puissants et dangereux, aucun n'osa hasarder de jeter aucun soupçon sur lui, et il n'entra dans la tête de personne, sans exception, la moindre idée sur son compte. Mais, s'il eut ce bonheur sans comparaison au-dessus de tous les autres, il n'en essuya pas moins une persécution très fâcheuse. La mort de ce Dauphin dont la terre n'étoit pas digne avoit dévoilé assez de choses qu'il importoit alors moins de cacher, pour que les mieux informés de la cour ne le fussent bien de la grandeur de la perte qu'y avoit fait (sic) M. de Saint-Simon, quoiqu'on fût encore bien loin d'en savoir toute l'étendue ; mais on en connoissoit assez pour ne douter pas que nul événement la lui pût remplacer. Outre ces motifs d'ambition, on connoissoit aussi ceux de son cœur, et sa franchise et sa liberté au milieu de la cour étoient telles, qu'il y étoit toujours à découvert sur ses affections et sur le degré même de ses affections. Aux bruits qui s'étoient répandus avec tant d'éclat et de scandale, on ne pouvoit allier la constance de l'attachement de Saint-Simon pour le duc d'Orléans, encore moins cette constance unique dans l'abandon universel. C'étoit donc un contredit puissant, et ce contredit étoit infiniment incommode, parce qu'il étoit public et de tous les jours. On chercha donc à s'en délivrer, et, pour cela, à tâcher d'effrayer le duc sur sa conduite avec un prince perdu auprès du Roi, et perdu d'une manière si cruelle et à laquelle le monde prenoit parti avec un éclat si uniforme et si peu mesuré. Mme de Maintenon, si retenue en toutes ses démarches, menaça, et devant gens par qui elle comptoit bien que le duc en seroit averti. Il le fut en effet, et tous ses amis le persécutèrent de céder au temps et à l'orage. Il résista à tous; mais il céda au duc de Beauvillier, qui exigea qu'il partiroit de Marly pour la Ferté, et qu'il y resteroit un temps court, mais jusqu'à ce qu'il le rappelât. Le temps en effet fut court; mais, au retour, Saint-Simon vécut à son ordinaire avec le duc d'Orléans, et en public et en particulier. Les menaces continuèrent, et les vives représentations de ses amis. A la fin, on se lassa, et ceux qui le craignoient conçurent encore plus de frayeur d'une telle fermeté, et si fort unique, qu'ils ne doutèrent pas qu'il ne devînt le premier personnage, si M. le duc d'Orléans, au droit de sa naissance, arrivoit jamais au timon. Mais, sous ces superficies, que de curiosités ensevelies, et que d'anecdotes qu'on peut dire également bonnes à orner et à décorer la plus excellente histoire, et à ne voir jamais le jour!

Cette année 1714 fut fatale au duc de Saint-Simon par la perte civile et naturelle de ses deux plus intimes amis, mais l'un bien plus que l'autre. La première arriva le 2 juillet, par la retraite du chancelier de Pontchartrain; l'autre, le dernier août de la même année 1714, par la mort du duc de Beauvillier. Le premier étoit son esprit, l'autre son âme. Ce dernier avoit été affligé au dernier point par la mort de ses deux fils; celle du duc de Chevreuse lui avoit fait un vuide d'une grande amertume; mais la mort de son Dauphin l'atterra.

Pour le chancelier, il avoit toujours eu l'intervalle entre la vie et la mort dans le cœur. Sa femme, qui, en tout genre, se pouvoit dire la femme forte, l'avoit toujours détourné de la retraite, et, en mourant très saintement et très courageusement, lui avoit fait promettre d'attendre

trois mois après sa mort, dans l'espérance que ce terme
seroit suffisant pour l'arrêter, et dans l'impuissance d'en
obtenir davantage. Il tint parole et à elle et à soi, car, au
bout du terme, jour pour jour, il s'enfuit dans la solitude.
Outre son âge et les vues de piété, outre qu'il n'avoit pu
s'accoutumer à la diminution de sa faveur, il prévoyoit, en
habile homme, deux orages sur le point d'éclater, dans
lesquels il ne voulut pas être emporté, et il n'y vit de salut
que la retraite : c'étoient les résolutions extrêmes contre le
cardinal de Noailles et tout ce qui n'adoroit pas la fameuse
constitution *Unigenitus*, et ce qui se tramoit pour porter
les bâtards jusqu'à la couronne. Rien ne fut donc capable
de le détourner d'un parti pris sur de tels fondements.
La surprise du Roi fut grande lorsque le chancelier lui
demanda la permission de se retirer; il ne croyoit pas la
chose en elle-même possible. L'ancien goût et l'habitude
journalière le firent résister longtemps ; il demanda un
délai au chancelier, au bout duquel il fallut bien le
laisser aller. Lui-même rapporta les sceaux au Roi, à
Marly, avec l'air le plus ordinaire, le plus simple, mais
le plus serein. Le Roi le combla d'amitiés et de marques
utiles et honorables d'estime, sans qu'il en eût demandé
pas une, et exigea qu'il le verroit au moins une fois ou
deux l'année en particulier. Il se présentera plus d'une
occasion de parler de lui pendant la Régence, et de la
manière dont il se conduisit dans sa retraite. Il avoit
exigé du duc de Saint-Simon de revoir son fils *ad honores ;*
le duc, qui y avoit eu toutes les peines du monde, ne laissa
pas ignorer au père, par propos distincts et très nets, ni
au fils par une conduite très expressive, que ce n'étoit que
rancune tenant, et rancune toute entière.

Voysin, qui avoit succédé à Chamillart dans la place de
secrétaire d'État de la guerre, y joignit les sceaux et celle
de chancelier tout aussitôt que Pontchartrain y eut
renoncé. C'étoit moins la créature que l'âme damnée
de Mme de Maintenon, par conséquent de M. du Maine, et il
n'étoit pas même de la connoissance de M. de Saint-Simon.

Torcy, quoique cousin germain de ses deux meilleurs amis, n'étoit au vrai que leur cousin germain, et des hasards avoient fait que jamais Saint-Simon et lui n'avoient pris ensemble, et de là, sans avoir jamais eu rien à démêler, ne s'aimoient point. Nancré, qui avoit toujours été fort bien avec M. le duc d'Orléans, qui l'avoit fait capitaine de ses suisses, et qui s'étoit fourré chez Torcy parce qu'il avoit de l'esprit et de l'intrigue, fut chargé par lui d'exorciser ce prince dans le temps qu'il étoit fort question des formes des renonciations. Il y perdit son latin ; il crut que M. de Saint-Simon retenoit ce prince, et le dit à Torcy, lequel le redit au Roi. M. de Saint-Simon en fut averti par M. le duc de Berry, à qui le Roi en parla, de sorte qu'il ne voulut plus voir ce prince qu'avec mesure, mais sans changer rien à l'égard de M. le duc d'Orléans, ni de langage avec l'un et avec l'autre, jusqu'à la violence qu'il se laissa faire là-dessus par le duc de Beauvillier, qu'on a vue plus haut. Cette aventure indisposa fort Saint-Simon contre Torcy, comme on le verra bientôt. Desmaretz, en faveur duquel Chamillart avoit abdiqué les finances, avoit témoigné sa reconnoissance à Saint-Simon devant tout le monde, dans les termes les plus forts, jusqu'à lui faire excuse de n'avoir pas eu le temps d'aller chez lui dès que la chose fut faite. Il étoit à son aise avec lui sur l'argent : il savoit qu'il n'avoit jamais voulu se mêler d'aucune sorte d'affaire du temps de Pontchartrain et de Chamillart, et Saint-Simon lui parloit depuis à peine de celles que les terres et les affaires qui s'y font par le Roi en temps de guerre et de nécessité forcent tout le monde d'avoir au contrôleur général. Il croyoit donc pouvoir compter sur [une] amitié si bien cimentée, et d'ailleurs si peu à charge ; mais il se trompa, et il éprouva que l'exil et les malheurs n'avoient pu, en vingt années, instruire Desmaretz sur ses véritables amis. Le ministère et la faveur lui tournèrent la tête, et il s'abandonna à une humeur farouche et brutale, qui ne connoissoit personne. Saint-Simon, qui s'aperçut de ce changement, et qui n'avoit jamais été empressé, s'éloigna tellement, que Chevreuse et Beauvillier s'en aperçurent aussi ; mais ils échouèrent et ne purent réchauffer Desmaretz, sans cause toutefois, et sans éclaircissement aucun. Quelque temps après, Saint-Simon, forcé de lui aller parler de plusieurs choses qu'il avoit laissé accumuler pour expédier matière plus à la fois, en essuya une algarade folle. Il ne dit mot, parce que c'étoit tête à tête, et qu'il n'y eut rien de formel à la personne ; mais il le sentit si bien qu'on en verra la suite. Tout ce qu'il avoit demandé se fit pourtant dès le lendemain, et lui fut envoyé tout musqué, tant Desmaretz, revenu à soi, fut honteux. Mais il avoit affaire à un homme qui n'avoit jamais éprouvé rien d'approchant de qui que ce fût, et qui n'étoit pas pour se contenter d'une expédition prompte et gracieuse après une réception qui l'avoit été si peu ; et onques depuis il ne lui parla d'aucune affaire, ni ne voulut approcher de lui. Desmaretz le sentit, et apparemment le méprisa. Il lui en coûta bientôt après sa place, et au delà, comme on verra en son lieu. Le maréchal de Villeroy avoit eu les deux places de chef du conseil des finances et de ministre d'État que la mort de M. de Beauvillier avoit fait vaquer. Sa femme et sa belle-fille, si intimes amies du duc de Saint-Simon, n'étoient plus depuis longtemps, et, de leur vivant même, il ne pouvoit s'accommoder des grands airs du maréchal, et le marquoit si librement, qu'elles le lui reprochoient souvent, sans qu'il prît la peine de s'en cacher à elles, ni même de s'en contraindre, ni de s'en excuser.

A cette disposition, le maréchal, dans ces temps-ci, ajouta un travers digne de tant d'autres. Le duc d'Estrées et le comte d'Harcourt, qui, longtemps depuis, s'est fait appeler M. de Guise d'une terre en Lorraine à qui il a fait donner ce nom, eurent un démêlé si fort et si public, qu'il y fallut mettre ordre. Jamais les ducs n'ont reconnu, ni n'ont été soumis au tribunal des maréchaux de France ; les princes étrangers non plus. Le maréchal de Villeroy oublia d'une part qu'il étoit duc et pair, et de l'autre qu'il étoit beau-frère de Monsieur le Grand, et de tout temps lié avec lui d'une amitié intime. Il ne se souvint que de son bâton, souvenir et oubli en lui aussi étranges l'un que l'autre. Le duc et le comte renvoyèrent plus vite que le pas les gardes qu'il leur envoya. Il fit grand bruit, et prétendit les soumettre. Les ducs et les princes étrangers, pour cette fois unis, n'en firent pas un moins grand, et le maréchal eut le démenti tout du long. Le Roi, sans mention des maréchaux de France, ni de l'insulte faite à leurs gardes, envoya le duc et le comte à la Bastille, puis commit trois maréchaux de France par commission, et non en qualité de maréchaux de France, et sans qu'aucun autre en pût être, pour les accommoder. Ils sortirent de la Bastille par ordre du Roi, sans mention de maréchaux, furent conduits chez le maréchal de Villeroy, où étoient les deux autres commissaires, et furent reçus avec toute sorte d'honneur. Il n'y fut pas fait la moindre mention de ce qu'ils avoient fait à leurs gardes et dit sur leur tribunal. Le maréchal de Villeroy parla toujours au nom du Roi, et, par son autorité de la commission qu'ils avoient tous trois de lui, les firent embrasser : après quoi chacun des deux s'en alla libre chez soi. Cette affaire, qui fut d'abord soutenue avec hauteur par le maréchal, échauffa la bile au duc de Saint-Simon, qui se lâcha en propos plus que libres sur lui. Il le sut, et M. de Saint-Simon affecta, à Marly, des façons avec lui peu convenables, et qui finirent par lui refuser le salut dans l'apogée de sa faveur. Ainsi, de tous les ministres, il n'y en avoit plus aucun avec qui il fût bien, après avoir été si intimement et si longtemps lié avec tous, ou presque tous, et avec les plus considérables. Un seul restoit, qui l'étoit fort peu, secrétaire d'État et non ministre. C'étoit la Vrillière. Son grand-père et son père, tous deux secrétaires d'État, avoient été fort amis du feu duc de Saint-Simon. La Vrillière l'étoit de celui-ci, et la Guyenne, qu'ils avoient dans leur département, leur avoit donné occasion de faire essentiellement plaisir au père et au fils. Il falloit ce court tableau de la situation d'alors de M. de Saint-Simon avec tous les ministres et les secrétaires d'État pour mieux être au fait des suites ; mais il le faut achever, puisque nous y sommes. M. de Saint-Simon avoit toujours été des amis des jésuites, parce que son père l'étoit, mais sans s'en donner aucun soin. Il n'étoit même en liaison qu'avec un seul, lorsque le P. Tellier devint confesseur du Roi. Il fut très surpris qu'étant extérieurement de si peu de chose, ce maître jésuite n'eut rien de plus pressé, dès les premiers jours, que de se faire présenter à lui, et le cultiva toujours depuis jusqu'à la confiance, dont l'autre se seroit très bien passé. Il la lui fit de la manière dont il s'y vouloit prendre pour former l'assemblée des quarante évêques pour recevoir la constitution *Unigenitus*, et ils eurent là-dessus, et sur toutes les suites de cette étrange affaire, des disputes à s'étrangler. Tellier prenoit tout à merveilles ; mais la duchesse de Saint-Simon disoit souvent à son mari qu'avec ces disputes-là il se feroit chasser ou mettre à la Bastille. Et le mari lui répondoit qu'il ne pouvoit empêcher le confesseur de venir chez lui et de lui parler, ni s'empêcher, soi, de lui répondre avec franchise et de soutenir son opinion. Il s'en falloit bien que le jésuite lui dît tout ; mais il lui en disoit assez pour lui faire souvent horreur, et ce fut une des sources si principales où il puisa les connoissances qui, fortifiées de tout ce qui se passa depuis, et qu'il vit toujours de fort près, lui donnèrent cette horreur de la Constitution et de ses suppôts qu'il ne cachoit point, même du temps du feu Roi, et qu'il montra depuis davantage, parce qu'il se trouva en place de parler plus d'une fois là-dessus. Si Dieu eût laissé plus longtemps le Dauphin sur la terre, cette étrange affaire n'auroit pas tant ni [si] longtemps troublé l'Église et l'État. Le Roi la lui avoit renvoyée. Saint-Simon lui avoit fourni Bezons, lors archevêque de Bordeaux, mort depuis archevêque de Rouen, pour y travailler sous lui, et, ce prélat rendoit exactement compte à Saint-Simon de ce qui s'y passoit. Le Dauphin eut une telle horreur du P. Tellier, par la découverte que produisit la fameuse lettre de Bochart-Champigny, trésorier de la Sainte-Chapelle de Vincennes, à Bochart de Saron, son oncle, évêque de Clermont, que le Dauphin vouloit que le confesseur fût chassé. Dans les suites, il voulut que Saint-Simon y entrât plus directement, et, la dernière fois qu'il y travailla, à Marly, avec ce duc, immédiatement avant le retour à Versailles, où aussitôt après Mme la Dauphine se mit au lit de la maladie dont elle mourut si promptement, ce prince, raisonnant sur cette affaire, dit au duc qu'on ne lui persuaderoit jamais que le cardinal de Noailles fût janséniste et que ce ne fût pas un très homme de bien et très droit, et il ordonna à Saint-Simon de s'instruire à fonds, et de toute cette affaire, de plus en plus, et de toute la matière des libertés de l'Église gallicane, pour travailler à fonds sur l'une et sur l'autre avec lui. Sa mort, qui suivit de si près celle de Mme la Dauphine, mit fin à ces projets, et donna libre cours à l'ambition, qui trouva si abondamment son compte à pousser cette affaire, et à la faire durer par toutes sortes de voies, et ne s'en lasser pas encore aujourd'hui, au bout de vingt-trois ans. Mais, pour achever ce qui regarde Saint-Simon et Tellier, un jour que ce dernier avoit demandé une longue audience à l'autre à Versailles, dans son arrière-cabinet, il lui dit des choses si étranges que Saint-Simon, qui l'avoit vis-à-vis de lui entre deux bougies, et une table entre eux deux, fut tellement frappé d'un homme qui, par soi ni par ses parents, qui n'existoient pas, n'avoit rien à gagner que vengeance et diminution, sans en faire meilleure chère, ni un seul pas vers aucune autre fortune, enfin tellement hors de soi par rapport aux jugements de Dieu, dont son visage le montroit si proche, que tout à coup il l'interrompit, et tout crûment lui demanda quel âge il avoit. L'extrême surprise du confesseur fit revenir Saint-Simon à soi, et le jeta dans la même surprise. Tellier lui demanda pourquoi il lui faisoit cette question ; qu'il avoit soixante-dix-sept ans. L'autre en sortit lestement par lui dire que, le voyant vis-à-vis de lui avec si bon visage; la curiosité l'en avoit pris, et tout de suite rentra en matière. Lorsqu'Amelot, conseiller d'État, et qui s'est acquis tant d'honneur dans ses ambassades, fut envoyé par le feu roi à Rome, pour tâcher de faire tenir en France un concile national, Tellier en parla, à Marly, à Saint-Simon; puis, après divers contours, il lui dit que le projet étoit de le tenir à Senlis; et Mailly, archevêque de Reims, depuis cardinal, de la province de qui est Senlis, étoit ennemi personnel du cardinal de Noailles et tout à leur dévotion. Le confesseur ajouta au duc qu'il étoit gouverneur de Senlis, et que rien ne conviendroit davantage qu'il fût commissaire du Roi au concile. Saint-Simon frémit à la proposition, et la refusa tout plat, avec émotion. Il sentoit que cet emploi seroit sa perte, parce qu'il y faudroit être le bourreau à gage des chefs de la Constitution, ou la victime de la règle et de la liberté qu'il y auroit voulu maintenir, au lieu d'y être le ministre des violences. Le confesseur, surpris d'un refus si net et si sec : « Quoi donc! dit-il avec surprise, est-ce parce que vous êtes duc et pair et que les commissaires des Empereurs aux anciens conciles n'étoient que comtes, et que vous croyez cet emploi au-dessous de vous? » Saint-Simon sourit à une si folle idée, et lui dit qu'il n'ignoroit pas qu'un duc pair de France étoit bien loin d'aller à la cheville du pied d'un comte d'Orient, ni même d'un préfet du prétoire, mais que, n'ayant ni la science ni les talents propres à cet emploi, rien au monde ne le lui feroit accepter. Le Tellier, qui y vouloit être maître de tout, espéroit apparemment forcer Saint-Simon, par le Roi, à exécuter ses volontés, et en auroit craint d'autres par leurs liaisons avec les cardinaux de Rohan et de Bissy. L'affaire échoua à Rome, où il ne voulut pas souffrir, ni moins avouer, que les évêques soient juges de la foi, à plus fortes raisons en choses où le Pape a parlé. Ce même Amelot, de retour, conta à M. de Saint-Simon, dans le cabinet de ce dernier, qu'un jour le Pape, qui le traitoit avec toute sorte de bonté et de confiance, se mit à déplorer avec lui l'état où la Constitution avoit mis les choses, et surtout son autorité ; que, là-dessus, Amelot prit la liberté de lui demander pourquoi, ne s'agissant que de la condamnation d'un livre peu étendu, il ne s'étoit pas contenté de quelques propositions, au lieu d'en avoir tiré un si grand nombre ; que, là-dessus, le Pape s'étoit pris à pleurer amèrement, et lui répondit qu'il ne vouloit ni donner la Constitution, ni au moins tant de propositions, qu'il n'avoit accordé la Constitution que sur les plus vives, longues, continuelles instances du Roi et des chefs de cette affaire, et que sur ce qu'ils lui avoient tous répondu que le Roi étoit si absolu et si parfaitement maître dans son royaume, que tout seroit reçu sans la moindre difficulté ; qu'à l'égard de ce nombre excessif de propositions extraites du livre, il s'étoit battu à la perche pour qu'il y en eût moins (ce fut l'expression françoise par laquelle Amelot rendit l'italienne, en appuyant dessus, comme celle qui l'exprimoit le mieux), mais que, le P. Tellier ayant dit et assuré au Roi qu'il y avoit dans ce livre plus de cent propositions condamnables, il n'en avoit pu être quitte, quoi qu'il eût fait, à meilleur marché qu'à cent une, pour contenter le P. Tellier et faire voir au Roi qu'il lui avoit dit vrai. Cette espèce de digression étoit trop curieuse pour l'omettre. Revenons maintenant aux personnages que nous avons interrompus en la façon dont M. de Saint-Simon étoit avec eux dans les fins de la vie du Roi.

Resteroit à dire comment M. de Saint-Simon étoit avec M. du Maine : du dernier mal et du moins ménagé de la part de Saint-Simon, plus de huit mois avant la mort du Roi, dont les causes et les suites se verront mieux au titre d'Eu, etc. M. le comte de Toulouse ne figuroit point, et, de prince du sang, il n'y avoit que des enfants. Au milieu d'une position si difficile, et malgré l'aversion de Mme de Maintenon et tout ce qui s'étoit pratiqué de suivi et de fort pour écarter M. de Saint-Simon de M. le duc d'Orléans, un hasard le rassura enfin sur les terreurs de ses amis. Ce fut à Marly, au retour du dernier voyage du Roi à Fontainebleau. M. le duc d'Orléans, que M. de Saint-Simon avoit quitté, il n'y avoit que très peu, pour aller à la promenade du Roi, se trouva si mal tout d'un coup, qu'on cria au secours de tous côtés. M. de Saint-Simon, qui venoit de quitter la promenade sur ses fins, pour se venir chauffer dans un petit salon en attendant que le Roi rentrât, demanda pour qui on crioit si haut Maréchal et les autres noms de la Faculté; et un garçon bleu, toujours courant, lui dit que c'étoit pour M. le duc d'Orléans. A l'instant, M. de Saint-Simon y monta, et ne le quitta qu'après minuit, et y fut presque toujours seul, assez peu de gens y étant venus, et chacun deux ou trois minutes. M. et Mme d'Orléans et Mme la duchesse de Berry étoient restées incommodées (sic) à Versailles. Le Roi, qui, dans d'autres temps, y seroit accouru, et qui y auroit envoyé des gens qualifiés de sa part en outre, se contenta de lui mander par Maréchal qu'il avoit peine à monter. Maréchal y vint à trois ou quatre reprises depuis, ce même jour, comme de lui-même, mais par ordre du Roi, qui, à chaque fois qu'il redescendoit, s'informoit qui étoit avec son neveu. M. de Saint-Simon fut toujours nommé, le plus souvent seul, et le Roi ne répondoit rien. A la dernière fois, vers son coucher, M. de Saint-Simon ayant encore été nommé : « Il est fort de ses amis, dit le Roi, il y a longtemps; je voudrois bien qu'il les eût tous de même, car il est fort honnête homme; il ne lui donnera que de bons conseils, et je serois en repos, s'il n'en avoit point d'autres. » Voilà comme quelquefois on échappoit aux toiles les mieux tendues, et ce qui montre l'utilité d'une conduite égale et suivie, et de n'être pas facilement susceptible des plus spécieuses frayeurs.

Avant d'entrer dans un champ, non pas plus long, mais plus vaste, encore une anecdote en soi très curieuse, et dont le souvenir, dans les suites, ne le deviendra pas moins. Le Roi, conduit un train de chasse sur la Constitution par le P. Tellier, Mme de Maintenon et les cardinaux de Rohan et Bissy, avoit entrepris d'en faire une loi, et de la faire enregistrer comme telle au Parlement. Cette compagnie

montra une résistance qui irrita le Roi, les derniers mois
de sa vie, au point de prendre la résolution d'aller lui-
même au Parlement y faire faire cet enregistrement.
On le sut, et lui-même y donna lieu pour ébranler
le corps, qui n'en fut point ému, et le lit de justice fut
arrêté, au dernier voyage de Marly, pour les premiers
jours que le Roi seroit de retour à Versailles ; et, dans
la vérité, il seroit allé à Paris, si sa santé devenue plus
mauvaise n'eût fait différer le voyage, qui ne fut rompu
depuis que par l'impossibilité de le faire dans l'état où le
Roi tomba si promptement et qui dura si peu. Lors donc
que les mieux informés étoient au fait de ce lit de justice,
et qu'ils n'en doutoient point, M. le duc d'Orléans, raisonnant là-dessus avec M. de Saint-Simon, lui demanda ce
qu'il feroit. Saint-Simon lui dit que les pairs prêtoient serment à leur réception d'assister le Roi en ses hautes et
importantes affaires ; qu'on ne pouvoit douter que celle
dont il se devoit agir en ce lit de justice ne fût de cette qualité ; que de plus les pairs y seroient à l'ordinaire, et de
droit, et de nécessité, conviés de la part du Roi par le grand
maître des cérémonies ; que ce seroit donc et lâcheté
insigne, et manquer à un serment précis, de ne s'y pas
trouver, et pis encore que l'un et l'autre d'y aller pour y
trahir le Roi, l'État, la religion, et sa propre conscience ;
que, de se dire pour excuse l'inutilité d'opiner contre ce
qui étoit résolu avant que d'y aller, c'étoit se tromper et
voiler sa misère, pour ne pas dire son influence, puisque,
lorsqu'on est obligé de dire son avis, on ne répond ni du
succès, ni que l'avis soit suivi, mais uniquement de le
donner selon ses lumières, en son honneur et conscience ;
que, par toutes ces raisons, son parti étoit bien pris
d'avoir mis ordre chez lui à ses affaires, son paquet fait, sa
chaise de poste prête, d'aller au Parlement, d'y opiner avec
tout le respect, la mesure, mais toute la force possible,
contre l'enregistrement, et d'attendre en paix ou l'exil ou
la Bastille. M. le duc d'Orléans embrassa M. de Saint-
Simon, et lui dit qu'il l'affermissoit dans sa résolution

pareille ; qu'il auroit à suer plus que Saint-Simon, parce
[que], sa place joignant le coin du Roi, il le perceroit de
ses regards, l'interromproit ou s'emporteroit peut-être, et
ne perdroit pas un mot de ses paroles ; mais, quoi qu'il lui
en dût coûter, qu'il opineroit contre l'enregistrement. Cette
conversation, telle qu'on la rapporte, est certaine de mot
à mot. Est-ce le même prince qui a fait depuis au Grand
Conseil, en personne, et fait après au Parlement ce que
le Roi, son oncle, ne put exécuter ?

Il y avoit longtemps que, dans l'intérieur, on s'apercevoit que la santé du Roi tomboit, et c'étoit la matière de
beaucoup d'entretiens de M. le duc d'Orléans avec M. de
Saint-Simon, qui seul avoit toute sa confiance. Que de
curiosités importantes et domestiques échapperont ici, et
que de regrets ne méritent-ils (sic) pas ! Que de dangers et d'assauts de famille ; que de confiance en garde
continuelle ; que de balance à la bouche dans les moments les plus intimes et les plus libres ; que de choses
à parer et de loin et de près et à bout portant, avec
l'apparence d'un desir égal et le manteau d'un intérêt
commun ! Des alliances, des unions, des conventions, des
mariages, et tout cela des chaînes qu'il falloit prendre
pour des guirlandes de fleurs, et ne les éviter que comme
délices par une sage prudence qui les avoit en vue encore
plus que soi ! Au caractère dont on verra le duc d'Orléans
et celui de Saint-Simon, qui, dans cet intérieur intime de
famille, ne pouvoit cacher qu'il étoit le seul à qui le prince
s'ouvroit de tout, et qui étoit attaqué autant et plus que le
prince, il est incroyable d'avoir échappé à ces pièges sans
les avoir brisés, qui étoit un autre écueil mortellement à
craindre. Parmi ces épines de tous les jours, il falloit
prendre un plan et cacher qu'on y songeât à ce qui, par
état, étoit un autre soi-même, et avec qui il falloit vivre
comme l'étant en effet, et le cacher avec le même soin
qu'aux ennemis les plus déclarés. Ce plan, le croiroit-t-on ?
mais cette expression reviendroit sans cesse, M. le duc
d'Orléans, qui, outre qu'il n'avoit rien de plus pressé ni de

plus important et ne savoit que faire de soi toutes les journées, ne put prendre la peine d'y travailler un moment, et s'en voulut décharger sur le duc de Saint-Simon. Celui-ci, qui le connoissoit bien, s'en étoit douté; mais il s'étoit bien gardé de l'écrire. Voici ce qu'il lui proposa :

Une sorte de gouvernement entièrement différent de celui du Roi, qui en eût la force, et qui en ôtât les inconvénients ; qui fît aimer le prince; qui lui multipliât les grâces à faire ; qui lui donnât lieu de connoître les gens et de s'en servir à propos, ou de les laisser de même ; qui donnât de l'émulation et de l'emploi à la noblesse, qui la tirât de l'opprobre de n'être bonne qu'à se faire tuer et de la servitude du tiers état, et qui peu à peu rétablît chacun dans son degré et dans son ordre. Les conseils, tels qu'on a vu ci-devant, p. [103], que, sans concert l'un avec l'autre, les ducs de Chevreuse et de Saint-Simon les avoient imaginés et que le Dauphin les avoit adoptés, parurent remplir toutes ces vues. M. de Saint-Simon ajouta que M. le duc d'Orléans, qui, pour avoir passé sa vie particulier et tâté jusqu'alors de diverses fortunes, devoit connoître les gens, devoit aussi beaucoup peser son choix pour ces conseils ; qu'il devoit considérer qu'à la mort du Roi il seroit trop tard pour tout ; que ce moment seroit le commencement d'un tourbillon d'affaires, de cérémonies, de disputes, de règlements, presque tous bagatelles par rapport à lui et au gouvernement, mais bagatelles instantes, indispensables, qui emporteroient nécessairement tout son temps et ne lui en laisseroient aucun pour les choses importantes et solides, qui devoient être toutes résolues, prêtes et mâchées ; que, pour cela, il devoit, après un mûr examen, nommer à part soi tous ces conseils, et, jusqu'à la mort du Roi, en remplir, à part soi aussi, les places comme vacantes, si quelqu'un de ceux qu'il auroit choisis mouroit, ou s'il s'apercevoit à la conduite qu'il se fût mécompté en le choisissant; que de même il devoit prévoir tout ce qu'il étoit possible, et l'arrêter d'avance, de sens rassis, pour n'avoir plus alors à choisir, à raisonner, à balancer, mais seulement à produire et à déclarer ce qu'il auroit arrêté depuis longtemps, et comprendre que, même avec ces précautions, il surviendroit alors tant de choses imprévues que ce lui seroit un double soulagement d'avoir réglé de loin tout ce qu'il auroit pu prévoir ; mais surtout de ne s'ouvrir à personne d'aucun choix. Il lui recommanda, sur toutes choses, de ne rien changer aux personnes, quelles qu'elles pussent être, ni à rien de ce qui concerneroit l'éducation du petit Dauphin, en cas que le Roi en disposât avant que de mourir, et, s'il n'en disposoit point, de chercher ce qu'il y auroit de plus sûr et de plus reconnu pour la probité, et, s'il se pouvoit avec, pour les talents, pour les mettre auprès du jeune prince, mais à condition que, depuis le gouverneur jusqu'au moindre domestique intérieur, aucun d'eux n'eût jamais eu avec lui de liaison particulière d'amitié ou d'attachement : ce que, après les horreurs qu'il ne devoit pas oublier dans cette occasion si délicatement importante, il devoit regarder comme la plus formelle et la plus irréparable exclusion ; qu'il croyoit qu'il ne devoit point changer le séjour de Versailles ; que c'étoit l'air natal du jeune Dauphin ; que Paris étoit un cahos (sic) sujet à toutes sortes d'inconvénients, au mauvais air et à l'embarras des sorties et des promenades pour le petit prince, à une foule chez lui qui seroit d'autant plus accablante qu'elle se trouveroit plus mêlée ; que lui-même devoit craindre les plaisirs de Paris par leur facilité, et ne manquer pas de loger hors du palais que le Roi habiteroit ; qu'il se devoit souvenir des embarras où le séjour de Paris avoit mis tant de fois la cour dans la dernière minorité ; qu'une distance de quatre lieues empêchoit bien des mouvements, ôtoit bien des occasions, et donnoit du temps et de la tranquillité dans des émotions et des troubles : enfin, rien à gagner à Paris, tout à y risquer, et rien que de sage, d'honnête et d'utile à se tenir où le Roi avoit passé sa vie, et où son successeur étoit né sans en être encore jamais sorti. Enfin M. de

Saint-Simon lui proposa d'assembler les États généraux, et de les convoquer pour le plus tôt que faire se pourroit, à Saint-Germain, du moment que le Roi ne seroit plus. Il lui remontra que l'état des finances étoit tel qu'il n'y avoit que trois partis à prendre : 1° faire une entière banqueroute à toutes les dettes du Roi, et mettre ainsi une infinité de gens à l'aumône, dont beaucoup avoient prêté ou de bonne foi ou forcément ; 2° continuer et chercher même à augmenter les impôts de toutes les sortes, pour soutenir les dépenses indispensables, et trouver peu à peu chaque année à rembourser des dettes du Roi ; 3° prendre un milieu en admettant par choix et par lumière une partie des dettes, et les payer, et en rejeter une autre, et faire à celles-là ou banqueroute entière ou banqueroute en partie. L'inconvénient du premier, on l'a dit. Celui du second seroit le désespoir général dans un temps où on espéroit respirer et où, au contraire, on se trouveroit pis que jamais, et pour longues années. Et à l'égard de celui du troisième, c'étoit de ne contenter personne, d'ouvrir la porte à toutes les injustices d'une liquidation sans fin, qui nécessairement passeroit par des mains infinies, et par conséquent peu sûres, et de faire encore plus crier tout le monde que par aucun des deux autres ; que, dans ce malheur des choses, celui qui gouvernoit étoit toujours l'objet du mécontentement et de la haine, qu'il étoit bien sage d'éviter ; que les États généraux n'étoient à craindre que pour ceux à qui on pouvoit imputer ; qu'il étoit hors de toute atteinte de ce côté-là, puisqu'il étoit de la plus grande notoriété que jamais il ne s'étoit mêlé de rien ; que, tout ce mal à faire étant nécessairement porté par tout le Royaume, rien de plus juste ni de plus naturel que ce fût tout le Royaume qui choisît son genre de peine, c'est-à-dire un de ces trois partis ; qu'il y avoit un siècle qu'on n'avoit vu d'États généraux : que, depuis bien longtemps, on soupiroit après une assemblée de cette nature, sans oser en prononcer le nom ; que, si le premier acte de son autorité étoit de prévenir ces desirs de toute la France, il s'en feroit adorer et se prépareroit la régence la plus glorieuse et la plus paisible ; que tout étoit donc à y gagner pour lui, et quoi que ce soit à y perdre, ni à risquer ; que, de plus, il se souvînt que la renonciation du roi d'Espagne n'avoit pu être revêtue que des formes que le Roi avoit bien voulu accorder, et qu'en assemblant ainsi les États généraux, c'étoit le moyen infaillible d'y faire passer, admettre et autoriser cette renonciation sans qu'il y parût songer, ni y mettre rien du sien. Les détails seroient un livre ; mais tel fut le gros, qui, en tout et partout, fut goûté, approuvé et résolu.

Question ensuite des ministres d'alors, secrétaires d'État, contrôleur général et confesseur. Saint-Simon alla à les congédier tous, hors la Vrillière, en quoi l'amitié lui fit faire une grande faute dans son projet. Voysin, tout à Mme de Maintenon et à M. du Maine, et il parut encore depuis tout autrement à eux, ne pouvoit garder les sceaux, ni demeurer dans le Conseil, et sa charge de secrétaire d'État tomboit d'elle-même par le conseil de guerre. Saint-Simon proposa les sceaux pour le bonhomme Daguesseau, dont la probité, les lumières et la piété lui avoient acquis la plus haute réputation, et qui [étoit] lors très ancien conseiller d'État, et depuis très longtemps conseiller au conseil royal des finances. Les charges de Torcy et de Pontchartrain tomboient aussi par le conseil des affaires étrangères et par celui de marine. Torcy n'avoit jamais ménagé M. le duc d'Orléans, et lui avoit toujours été ou contraire, ou pour le moins très suspect, au point que M. et Mme d'Orléans avoient une dent marquée contre M. et Mme de Castries de ce que, malgré un attachement à eux de tant de titres, ils étoient amis intimes de M. et de Mme de Torcy. Pontchartrain sapé de longue main par Saint-Simon auprès du prince, il n'eut pas de peine à se résoudre d'en faire une victime agréable au public, et de Desmaretz de même, pareillement sapé, et dont l'emploi tomboit par le conseil des finances. Le maréchal de Villeroy, se trouvant doyen des maréchaux de France, étoit assez naturellement porté à la tête du conseil de guerre, où il étoit encore moins important qu'à la tête des finances. Et pour le confesseur, si étrangement incompatible avec le cardinal de Noailles, que Saint-Simon vouloit remettre, et tous les siens, à flot, et le porter à la tête du conseil de conscience, il représenta au prince, qui penchoit aussi vers le cardinal, que le Tellier, odieux au point où il se l'étoit rendu, et dangereux au point qu'il l'avoit montré, n'étoit bon qu'à confiner à la Flèche ; que, par là, il feroit justice au monde et à ce jésuite, mais qu'il se la devoit aussi à lui-même, et n'oublier pas les services essentiels qu'il en avoit reçus ; qu'ainsi il lui falloit donner douze mille livres de pension, un ordre bien précis à ses supérieurs de le laisser vivre à son gré et d'avoir pour lui tous les égards et tous les respects possibles ; ordre à l'intendant de la province d'y tenir la main, de voir souvent par ses yeux comment cela se passeroit, et en rendre compte, et donner à ce confesseur toutes espèces d'amusements, de compagnies et de douceurs non suspectes, ni qui pussent le devenir, et de veiller en même temps sur ses lettres et ses commerces, et bien prendre garde qu'ils ne fussent dangereux. A l'égard de la Vrillière, Saint-Simon le proposa pour tenir la plume au conseil de régence en qualité d'unique secrétaire d'État, mais sans opiner ni rapporter, et de le réduire à la signature en aucuns cas de ce très peu de choses qui, en affaires, ne passeroient point par les conseils, et des pures grâces. Pour tout le reste, il devoit être signé par le chef de chaque conseil et par un conseiller de son conseil en semaine, par tour, qui l'accompagneroit au conseil de régence les jours qu'il y viendroit rapporter les affaires de son conseil ; et, pour troisième signature, celle du secrétaire particulier de ce conseil. A premier plan général, M. de Saint-Simon ajouta une vie décente, des délassements qui le fussent, un respect de conduite pour ce qui en méritoit, un ménagement d'abbé de peu de mœurs qui veut devenir évêque,

si le prince avoit le malheur de ne se vouloir pas contenir
toujours, et, en ce cas, toujours des passades, et jamais de
maîtresses; d'être en garde contre les nouveautés, et tout
autant contre les détails par lui-même qu'il avoit tant
blâmés, et qui absorberoient inutilement tout son temps;
jamais ni survivances, ni brevets de retenue, qu'il falloit
peu à peu trouver moyen d'acquitter, et par là ne rendre
plus les charges et les gouvernements héréditaires; être
le maître des grâces, se les approprier toutes, c'est-à-dire
ne les accorder qu'à la justice, à la raison, au mérite, au
service qu'on s'en doit proposer, et par là se faire une
solide réputation, piquer l'émulation et tenir le monde
par l'espérance, qui se retient rarement par la reconnoissance; enfin tenir un milieu entre Louis XI et Louis XIII;
que les ennemis du duc d'Orléans ne devinssent pas ceux
du Régent, mais que la sagesse lui fît faire un choix qui
fît sentir qu'il oublioit, quand il vouloit, par des considérations justes et raisonnables, et qu'il savoit aussi se souvenir quand il étoit à propos. Il ajouta encore deux choses
importantes : ne point toucher aux monnoies, dont la facilité et la commodité entraîne, mais dont l'usage a toujours
été pernicieux et à l'État et aux Rois qui s'y sont laissé
séduire; et l'exactitude religieuse et scrupuleuse à tenir
parole, et comme roi dans les traités et les alliances à
faire en son nom, et comme régent en se rendant très
sobre à promettre et entièrement dépendant de sa parole
une fois donnée : chose en soi infiniment honorable, mais
également utile, et qui a plus d'une fois et ennobli et
sauvé Louis XII et François Ier, malgré les lourdes dupe-
ries dans lesquelles ils se laissèrent prendre si souvent.

Il ne fut peut-être jamais d'assortiment si bizarre que
celui d'un prince si élevé par sa naissance, et depuis par
nos malheurs, et d'un serviteur distingué par son rang,
par sa naissance, par un attachement si fort à toute
épreuve, et dans la plus intime confiance de ce prince, et
confiance inébranlable jusqu'à la mort, du caractère dont
étoit M. le duc d'Orléans et de celui de M. de Saint-Simon.

Comme ce dernier est plein de vie, on se gardera de le donner : c'est une loi qu'on s'est faite dans ces notes. Mais, pour le prince qui n'est plus, et dont on aura continuellement à parler dans la suite, il éclaircira tout d'un coup trop de choses pour qu'il ne soit pas nécessaire d'essayer de le tracer. On s'exprime de la sorte parce qu'il n'y en eut peut-être jamais de si difficile à rendre, et tout ce qui vit et qui l'a connu un peu particulièrement n'en sauroit disconvenir.

Le premier trait rempliroit tout, s'il n'étoit pas nécessaire de l'étendre. C'eût été un prince en tout genre accompli, s'il n'eût pas été sans cesse entraîné par une facilité inconcevable, qui se tournoit continuellement en la plus déplorable foiblesse. Madame, qui le connoissoit bien et qui l'aimoit avec la plus grande tendresse, l'a défini à sa manière par un conte inimitable. « Toutes les fées, dit-elle, furent invitées à mes couches; toutes s'y trouvèrent, et chacune doua mon fils d'un talent particulier : en sorte qu'il les possédoit tous. Une malheureuse vieille fée, toute chenue, toute tortue, tomba dans l'oubli. Elle en fut piquée à l'excès, et, accourant sur son bâton pour être de la fête, elle trouva tout achevé et mon fils doué de tous les talents. De rage, la méchante, qui ne les pouvoit ôter, le doua de les lui rendre tous inutiles, et s'en alla plus contente que pas une de s'être vengé[e] d'elles et de l'oubli aux dépens de mon fils. » Mais venons au fait. Jamais plus d'esprit, et fort rarement autant; un esprit droit, juste, allant toujours au but du premier coup d'œil; un esprit de toutes les sortes et qui, sans peine, se proportionnoit à tous. Avec cela, une douceur charmante, qui tempéroit tellement et la supériorité de son esprit avec les autres, si petits qu'ils fussent, et celle de son rang, que jamais personne n'est sorti d'avec lui que content, c'est trop peu dire, que charmé. Le goût des sciences, et des plus abstraites, et en même temps celui des arts, soutenu d'une mémoire qui ne perdoit ni ne confondoit jamais, donnoient à cet esprit tout l'ornement imaginable, et la prodigieuse facilité d'une élocution nette, courte, précise, y ajoutoit des grâces qui ne se trouvoient qu'en lui. Jamais tant de politesse, ni de politesse mieux séante, plus digne, plus convenable à chacun dans ses proportions, mais politesse jusqu'avec les moindres. Et tout cela ensemble faisoit qu'il plaisoit toujours et à tous. Il étoit admirable pour discerner les caractères et pour définir chacun en deux mots qui faisoient un portrait parlant; et toutefois très réservé là-dessus. Mais il connoissoit parfaitement les hommes, et avoit aussi fort vécu avec eux. Il aimoit la guerre et tout ce qui y avoit rapport; il en parloit comme les maîtres, et les vieux capitaines étoient ravis de l'entretenir. Sa valeur, digne de ses pères, étoit en lui innée; il ne concevoit pas qu'on pût être autrement, et plus d'une fois il s'est échappé à l'égard d'autrui à le comprendre trop peu. Point de finesse d'intelligence pareille à la sienne en tout genre : d'un mot il voyoit, il entendoit, il distinguoit, il rendoit tout. Jusqu'au corps répondoit à l'esprit par la finesse de son oreille. Personne aussi ne savoit mieux ce qu'il falloit dire à chacun et comment prendre chaque personne. Son raisonnement étoit également clair et profond, avec une pénétration et une étendue d'esprit très rare, et son discours naturellement éloquent, plein, nerveux, n'allant qu'à ce qu'il vouloit faire entendre, et y allant droit, avec précision et en écartant les mots. L'entendre raisonner affaires, guerre, sciences, faits d'histoire, arts, c'étoit un délice, surtout lorsqu'il se trouvoit vis-à-vis de quelqu'un capable d'en discourir avec lui. En liberté, il avoit des traits fréquents et uniques. Il contoit courtement et plaisamment, et se mettoit toujours à côté et à l'unisson de qui étoit avec lui. S'il pinçoit quelquefois dans cette liberté, c'étoit avec un sel et une justesse qui emportoit la pièce, et presque toujours d'un seul mot.

Quelle image charmante dans un particulier! mais, dans un régent dont la puissance ne le changea en rien, quel bonheur pour le Royaume, sans le malheur de son éducation et de son mariage! Voyons-en les tristes fruits. Ce n'est pas de sa première éducation dont on entend parler : d'abord, en attendant un vrai choix, il fut livré à Saint-Laurent, sous-introducteur des ambassadeurs près de Monsieur, dont les mœurs, la piété, l'application, le savoir, le discernement, l'esprit, la sagesse, la connoissance du monde et des gens, et un don unique pour élever un grand prince se pourroient dire être tous au suprême degré. Un homme si rare eut bientôt toute la confiance de Monsieur et de Madame, qui le laissèrent pleinement maître, et qui, tant qu'il vécut, malgré ce peu qu'il étoit né, ne laissèrent partager son autorité à personne. Mais, quel malheur ! il devint infirme dans les derniers temps de sa vie, et il avoi un valet qui avoit servi Faure, docteur de l'archevêque de Reims le Tellier : c'étoit le curé de Saint-Eustache, son ami, qui le lui avoit donné, après l'avoir fait étudier par charité, parce qu'il avoit de l'esprit. Saint-Laurent lui fit écrire certaines choses, pour se soulager, que le prince mettoit après en latin ou en françois. De là, il eut le soin de l'écritoire et de la table d'étude ; puis il fut chargé par Saint-Laurent de quelques recherches d'endroits de divers auteurs pour la même étude. Le trouvant très commode pour toutes ces petites choses et devenant mal sain, il aima mieux s'en servir que d'un étranger et quand sa santé interromproit son assiduité, qui étoit prodigieuse, et, pour s'en servir moins indécemment pour le prince, il lui fit prendre le petit collet. Quel chemin, grand Dieu ! pour le cardinalat et le premier ministère, et que vos voies sont incompréhensibles ! Dubois, devenu figure d'abbé, commença à suppléer à Saint-Laurent pour les leçons quand il ne les pouvoit faire. Il avoit beaucoup de belles-lettres, bien de l'esprit, du manège encore plus, une ambition singulière pour un drôle de cette lie du peuple ; ni mœurs, ni cœur, ni âme, chose bien commode pour le faire réussir, avec une confiance et une hardiesse suprême, enveloppée de tous les hommages convenables à son néant. Non seulement il osa chercher à plaire au prince en l'instruisant ainsi par accident, mais il lui plut encore, et Saint-Laurent, pour le mettre mieux au fait pour quand il ne pourroit faire la leçon, le fit demeurer à toutes. De là, il devint *l'abbé Dubois*, et s'initia secrètement auprès de M. d'Effiat, premier écuyer de Monsieur, et du chevalier de Lorraine. Saint-Laurent, pour le malheur du jeune prince et de l'État, mourut peu après, et assez brusquement pour n'avoir pu rien dire sur l'éducation de son pupille. L'abbé Dubois continua les leçons les premiers jours, puis les premières semaines; enfin, porté par ses deux patrons, aidés du goût funeste de son jeune maître, Monsieur, pour ne point déranger des études dont les progrès étoient vraiment extraordinaires, consentit à les lui laisser achever, sans nom d'abord, parce qu'on n'osa en proposer, et, quelque temps après, avec le titre de précepteur, que ses deux patrons, très dignes de lui, et lui d'eux, arrachèrent avec grand peine de Monsieur. Le voilà donc enfin M. *l'abbé Dubois* et précepteur en titre, dont il sut tirer toutes sortes de grands partis. La vanité de Monsieur, qui voulut des gens titrés pour gouverneurs de Monsieur son fils, fit que ces gouverneurs ne se contraignirent guère de leur emploi, outre qu'ils n'y durèrent pas. Les maréchaux de Navailles, duc à brevet, et d'Estrades, et M. de la Vieuville, duc à brevet, y moururent en peu de temps, l'un après l'autre; et déjà le discernement du jeune prince alloit à considérer, mais à ne faire aucun cas du premier, à aimer et à honorer le second, et à mépriser le troisième. On omet le marquis d'Arcy, qui fut le quatrième et qui y mourut aussi, mais qui ne le prit qu'entrant dans le monde, et pour qui le jeune prince eut une amitié, un respect, une confiance, dont il a toujours depuis étendu le souvenir à sa famille et jusqu'à ses principaux domestiques, et disoit que, s'il avoit quelque chose de bon, il le devoit à M. d'Arcy, qui, en effet, étoit un homme d'esprit, de vertu, d'honneur, et d'un mérite distingué. Avec de tels gouverneurs et des sous-gouverneurs pareils aux trois premiers, il ne fut pas difficile au précepteur de conserver et de gagner de plus en plus la confiance du prince, et de lui inspirer ses propres sentiments. En lui conservant les semences de vertus que Saint-Laurent lui avoit si soigneusement inculquées, il auroit eu trop de peine à se contrefaire, et trop d'obstacles à parvenir. Il comprenoit bien qu'avec un prince qui alloit être livré au grand monde, et bientôt après à soi-même, en sa jeunesse, ce seroit aller contre le fil de l'eau et mettre une trop longue parenthèse à son ambition, que le temps nécessaire à une bonne éducation pour ramener à la sagesse et à la vertu les fougues des premières années. Malheureusement le jeune prince ne profita que trop de ses abominables instructions, et, ce qui est terrible, c'est que, l'ayant depuis connu parfaitement et pleinement méprisé, car cette énorme fortune n'a pas été sans de longs et de fâcheux nuages avant de prendre le grand essor, ses perverses leçons n'en reçurent pas le moindre affoiblissement. Cette confiance fut telle que, le Roi ayant résolu de loin de le marier à Mlle de Blois et s'y étant pris pour gagner Monsieur par le chevalier de Lorraine comme on l'a vu en son article, p.   , au titre d'ELBEUF, on ne trouva pas une meilleure voie de gagner M. le duc de Chartres que celle de l'abbé Dubois. Le chevalier de Lorraine en répondit, et il remplit parfaitement son attente. Dubois en eut sur-le-champ des abbayes considérables, et dès lors il auroit fait une fortune dans l'Église, si le Roi, bientôt après informé de ces pernicieuses mœurs, ne s'en fût fait un scrupule. Ce mariage, si étrange et si nouveau, et dont Madame, dans sa furie, ne laissa rien ignorer à son fils, n'avoit jamais pu être goûté de lui, mais lui avoit été persuadé par crainte. Bientôt après, livré au monde et gâté au fonds comme il l'avoit été par Dubois, il se livra à la débauche et aux débauchés, bien moins par goût que par air et par la vanité d'une certaine audace, pour afficher qu'il étoit marié contre son gré et que la considération du Roi, et beaucoup moins de sa fille, ne le retenoit en rien. Telles furent les sources des dérèglements de cœur et d'esprit d'un prince né pour la vertu, pour la piété, pour le sérieux, et tellemen pour le sérieux, qu'il n'a jamais pu parvenir à se divertir dans aucune débauche. Il n'aimoit ni le vin, ni la table, et il se crevoit de boire et de manger ; et, pour les femmes, il les poussa jusqu'à un temps où il avouoit lui-même qu'il n'en avoit plus besoin, et quelque chose même davantage. Ceux qui faisoient ses parties de plaisir s'apercevoient tellement de son ennui, que l'ennui leur prenoit à eux-mêmes. Il lui falloit du bruit, même du fracas, et des choses hors de l'ordinaire, pour l'y réveiller, des choses étranges, outrées dans la débauche ; et des débauches dans des jours saints, par exemple des vendredis saints, étoient pour lui d'un goût exquis. Ce qu'il y avoit de plus outré, de plus emporté, surtout de plus continué en ce genre, étoit le but où il tendoit, et cette qualité seule qu'il trouvoit dans le grand prieur de Vendôme, que, pour tout le reste, il méprisoit parfaitement, lui avoit imprimé une admiration qui alloit au respect, et qui lui en acquit une considération, pendant la Régence, qui alarma les honnêtes gens, qui lui valut des trésors, et qui fut au moment de le mettre dans le conseil de régence, dont il ne fut exclus que par les chimères de rang et le fracas que le Régent craignit de la retraite du duc de Saint-Simon et des autres pour un si indigne sujet. La religion suivit les mœurs ; mais il ne put jamais venir à bout de deux choses : l'une, de l'effacer de son esprit ; l'autre, de voir le diable, pour à quoi arriver il n'est folie qu'il n'ait tentée. Pour le verre d'eau, il est vrai qu'on y a vu, en sa présence, des choses très singulières et d'autres qui se passèrent à l'heure même en des lieux éloignés, bagatelles celles-ci à la vérité, mais exactes en tout et vérifiées sur les lieux un moment après. Quelque éloigné que le duc de Saint-Simon fût de ces sortes de curiosités, et quelques choses qu'il ne se soit contraint en aucun temps de lui dire sur sa vie, il ne pouvoit s'empêcher de lui confier ses aventures, et il lui en conta deux, entre sa nomination au commandement de l'armée d'Italie et son départ, qui la suivit de près, qui, toutes les deux, méritent de trouver place ici.

Voici la première. Il eut la curiosité de voir la mort du Roi. La personne qui regardoit dans le verre, très jeune, très subalterne, qui n'avoit jamais été à Versailles, ni vu personne de ce monde-là, s'écria avec frayeur et fit la description de la chambre du Roi à Versailles, de sa personne dans son lit, et de toutes celles qui y étoient. Elle ne parla ni de Monseigneur, ni de Mme la duchesse de Bourgogne, ni de M. le duc de Berry, alors tous en vie et pleins de santé, et des années encore après. Cela surprit fort M. le duc d'Orléans et donna lieu à M. de Saint-Simon de fronder par le fait la vision de cette fille. Il se trouva, lors de la mort du Roi, qu'elle avoit dit vrai de point en point, et que les personnes qui naturellement s'y devoient trouver présentes, et qu'elle n'avoit point vues, étoient mortes.

L'autre aventure exerça fort M. le duc d'Orléans, qui n'y comprenoit rien, et donna lieu à M. de Saint-Simon de lui faire honte et de la chose et de ses perquisitions avec lui-même de ce que ce pouvoit être. Il eut envie de savoir ce qu'il deviendroit : il faut le répéter, c'étoit sur son départ pour l'armée d'Italie; ainsi tous nos princes étoient lors, et furent longtemps après pleins de vie et de santé. Il vit en plein jour, et sans rien de fermé, sa figure comme en grand portrait ou sur une glace; et, sur sa tête, mais sans y toucher, une couronne fermée, de la même forme qu'elles sont, mais différentes de toutes en ce qu'elle n'avoit ni pointes, ni fleurons, ni fleurs de lys, mais une autre sorte d'ornement qui en tenoit lieu, et qu'il n'a jamais vu ailleurs. Et il est vrai que, neuf ans après, il est devenu plénièrement roi, sans toutefois l'être. Ce fut dans le salon de Marly, revenant de Paris, où ces deux choses venoient de lui arriver, dont il étoit tout plein, qu'il le conta à M. de Saint-Simon, tous deux assis dans un coin, tête à tête, comme on peut bien le penser.

Pour la religion, il tâcha toujours de s'en défaire, et ne le put jamais. Après qu'il eut rompu avec Mme d'Argenton et qu'il se fut raccommodé avec Mme la duchesse d'Orléans, Saint-Simon saisit ce vuide pour essayer de rappeler la religion dans son cœur : il fut surpris d'y trouver si peu de peine, mais il le fut bien davantage de la sincérité et de la lumière qu'il lui trouva. Il se prépara plus de deux mois à faire ses pâques par une confession générale, qui lui coûta tant, qu'il en fut, sur la fin, deux jours malade. Le surprenant, c'est qu'à la Pentecôte il voulut encore communier. Mme la duchesse d'Orléans et M. de Saint-Simon furent ses directeurs. Il étoit vrai qu'il avoit mené une vie exacte et qu'il s'étoit fort appliqué à d'excellentes lectures ; mais tant d'étranges années avaient précédé, que M. de Saint-Simon ni Mme la duchesse d'Orléans ne furent pas de l'avis du P. du Trévoux, jésuite, son confesseur en titre, et qui venoit de le devenir d'effet. Ils trouvèrent que le devoir pascal, l'exemple, le divorce avec sa maîtresse, qui lui avoit infiniment coûté, avoient dû le faire approcher de la sainte table ; mais que, s'en approcher encore six semaines après, c'étoit trop pour un pécheur de sa sorte, à qui la pénitence et la séparation convenoient si fort, et qui, par ses desirs, par ses œuvres, par son humilité et ses autres dispositions, devoit entretenir une faim si sainte, pour mériter dans les suites d'être admis à la rassasier plus dignement. Le prince s'y soumit par persuasion, mais avec douleur. La vérité est qu'elle ne dura guère, non plus que sa conversion. Il revit ses pernicieuses compagnies : il ne put soutenir leurs propos, ni peut-être l'ennui de la vie qu'il s'étoit proposée, car il s'ennuyoit de tout, et il se replongea dans toutes ses débauches, qui le conduisirent promptement à sa première impiété ; mais il ne reprit point de maîtresse en titre, et vécut fort bien avec Mme la duchesse d'Orléans.

Il sembleroit qu'on appuieroit trop sur les dérèglements de ce prince ; il est pourtant vrai qu'on glisse dessus comme avec des patins. Un mot du Roi l'a défini avec sa dernière justesse. « Mon neveu, dit-il un jour à Maréchal, son premier chirurgien, qui lui en parloit, mon neveu est un fanfaron de crimes. » Jamais homme ne fut plus éloigné d'en commettre aucun de ceux qui ne sont pas de débauche, et toutefois il s'en donna malheureusement des dehors, dont l'ambition et la haine d'autrui ne surent que trop funestement profiter. Sa curiosité pour les arts et les sciences lui donna du goût pour étudier les drogues, les simples métaux, et s'amuser aux opérations de chimie : il eut un laboratoire, qui devint un de ses plus grands malheurs, et le plus iniquement qu'il put être possible. M. de Saint-Simon, qui n'en approchoit non plus que de ses parties de débauches, ne put venir à bout de le lui faire rompre qu'après les plus tristes expériences du pernicieux usage qu'il avoit prévu qu'on en feroit.

Un trait de M. le duc d'Orléans, et, comme on dit, en bonnet de nuit et en robe de chambre, où on ne voit guère de héros, en dira plus là-dessus que toutes les apologies. On a vu ci-dessus à quel point on lui avoit aliéné Monseigneur jusqu'à le rendre le plus ardent avocat de sa perte et de son procès criminel sur l'affaire d'Espagne. Non seulement il ne le lui avoit point pardonné, mais ses yeux, toujours si morts, étinceloient dès qu'il l'apercevoit, et sa façon de vivre avec ce cousin germain étoit si étrangement et si continuellement marquée, qu'elle passoit l'indécence et étoit aperçue des plus obscurs courtisans. Le mariage de Mme la duchesse de Berry avoit comblé la mesure. Cependant le Roi vieillissoit, et Monseigneur alloit succéder. Quelle délivrance que sa mort pour M. le duc d'Orléans, qui étoit bien avec Mgr le duc de Bourgogne et intimement avec le peu de ceux qui avoient le plus de part en sa confiance et en ses secrets pour l'avenir ! Voici toutefois ce qui arriva. Il soupoit à Versailles chez M. le duc de Berry, lorsque, de la sécurité la plus parfaite, on leur vint annoncer l'agonie de Monseigneur. Ils coururent chez Mme la duchesse de Bourgogne, qui alloit voir le Roi entre les deux écuries, passant de Meudon à Marly, dès que Monseigneur seroit expiré. Sur le minuit, la princesse, avertie que le Roi étoit en chemin, alla l'attendre. M. et Mme la duchesse d'Orléans s'en allèrent chez eux, en attendant son retour. M. le duc d'Orléans ne fit que traverser l'appartement de Mme d'Orléans et gagna son cabinet par le sien. Un moment après, Mme la duchesse d'Orléans pria M. de Saint-Simon, qui causoit avec la duchesse de Villeroy, d'aller trouver M. le duc d'Orléans. Il y fut, le trouva seul dans un arrière-cabinet, le dos tourné, qui ne branla pas l'entendant entrer. M. de Saint-Simon lui demanda ce qu'il faisoit là, et le fit retourner avec peine, mais, quelle fut sa surprise ! fondant en larmes. « Monsieur, s'écria-t-il avec cette liberté d'ancien serviteur, est-ce que vous devenez fou tout d'un coup ? — A qui en avez-vous ? demanda le prince, honteux et en sanglotant. Vous voyez, répondit-il ; je sais tout ce que vous m'allez dire, et je le sentirai dans quelque temps. Pour à cette heure, c'est foiblesse, si vous voulez ; mais il étoit bonhomme, il m'avoit aimé tant qu'on l'avoit laissé à lui-même ; les entrailles parlent : laissez-moi pleurer. » L'admiration succéda à la surprise dans Saint-Simon. Il se tut, baissa les yeux et demeura abîmé dans la contemplation d'une vertu si pure, si simple, si étrangement rare, et si inconnue de tous les hommes dans ce prince, par les cruelles enveloppes que le tissu de sa vie y avoit su mettre, quoique faussement. Ils demeurèrent ainsi en silence plus d'un gros quart d'heure, au bout duquel M. de Saint-Simon, inquiet de la vraisemblance et de l'accusation d'une ridicule comédie, l'exhorta d'arrêter ses larmes et de mettre ses yeux en état de paroître devant le monde, où il alloit rentrer au retour de Mme la duchesse de Bourgogne, qui ne tarda pas, et chez qui aussitôt ils allèrent. Voilà qui est incroyable, et toutefois exactement vrai, et qui répond plus que pleinement à tout. Mais tâchons d'avancer dans un champ si vaste et si abondant.

La foiblesse de ce prince étoit telle, que personne, ni lui-même, ne se pouvoit rien promettre de ce qu'il avoit le plus fermement résolu en affaires, ou promis, qu'il ne fût exécuté avant qu'on l'eût perdu de vue ; et lui souvent se laissoit aller, sentant bien qu'il faisoit mal et qu'il s'en repentiroit. De là naissoit un autre défaut, que tous ses grands talents aggravoient encore : c'étoit une fausseté à l'épreuve de tout, dans les choses les plus capitales et dans les riens les plus légers. Il en étoit venu jusqu'à s'en piquer, et il étoit vrai qu'il savoit amuser, tromper et duper les gens avec un naturel et un art que nul autre n'a possédé comme lui. De là ses tours de souplesse continuels ; de là ces voies obliques de choix et de goût pour les choses les plus unies et les plus communes, qui en avoient le moins de besoin ; de là, devenu le maître, cent paroles de la même chose qu'il ne pouvoit tenir qu'à un, les embarras avec les autres, les compliments, les messéances, les nouveaux engagements avec même foi et même succès, les tours d'espiègle, on n'oseroit dire de page, pour se cacher parmi les dégagements sans nombre de ses appartements ; puis, les récits plaisants pour se dédommager à ses soupers de débauches, et les reparties vives et dures qui échappoient quelquefois, et que le Régent remboursoit. De là jamais ni don, ni grâce, ni plaisir à personne, mais tout arraché de lui, ou à force ouverte, d'autorité, ou d'impudence, ou de la persécution la plus cruellement suivie, ou de l'industrie et de la hardiesse secourue de traits subits. Cette fausseté tournée en nature, dont il s'applaudissoit, étoit un des fruits de l'éducation de l'abbé Dubois, dont un autre encore plus terrible fut l'opinion générale qu'il n'y avoit que des fripons et des femmes galantes, et que ce peu, à son avis presque imperceptible, d'honnêtes gens et de femmes sages n'étoient que des personnes qu'une mauvaise éducation avoit rendus tels (*sic*) en leur raccourcissant les vues et l'esprit par la gêne et la contrainte, et que c'étoit dommage, parce que, sans cela, ils auroient eu bien plus de l'un et de l'autre. Et cela même, il l'a reproché plus d'une fois au duc de Saint-Simon ; mais celui-ci lui fit un jour un autre reproche qui le piqua au vif, et qu'il pardonna à l'amitié, sans que l'autre s'en mît en peine, mais qu'il n'a pu oublier. On le rapporte parce que cela caractérise.

M. le duc d'Orléans aimoit peu, s'accommodoit de tout, haïssoit, et se fâchoit encore moins. Quelqu'un du premier rang et de faveur peu commune, deux ans devant la mort du Roi, fit un tour à M. le duc d'Orléans, hardi et sanglant, et qui portoit loin ; et ce quelqu'un vouloit que ce prince le crût bien affectionné pour lui. Il le sut, et, à son ordinaire, ne le sentit point, et vécut avec lui comme s'il ne se fût rien passé. Mᵐᵉ la duchesse d'Orléans, qui sentoit tout, et souvent trop, outrée de ce procédé contre lui et contre l'autre, ne sut pis faire à Monsieur son mari que de le conter à M. de Saint-Simon, en tiers avec eux, à Marly. A ce récit, M. de Saint-Simon, piqué, et regardant M. le duc d'Orléans, qui riochoit en baissant la tête : « Pour cela, Monsieur, lui dit-il, il faut avouer la vérité. C'est que, depuis Louis le Débonnaire, il n'y en eut jamais un si débonnaire. » A ce mot, le prince se redressa, rougit, marmotta tout bas entre ses dents, se retint, et, les yeux animés : « Pour cela aussi ! répondit-il. Cela est par trop fort aussi. » L'autre, sans s'en embarrasser : « Au moins, lui dit-il, pour le coup, vous êtes en colère ; c'est que j'ai mis le doigt sur l'abcès. Mais, au nom de Dieu, tâchez à voir qui a raison et contre qui vous devez être fâché, et j'aurai tout ce que je desire. » M. d'Orléans fut prompt à reprendre ses sens et à tourner la chose en plaisanterie, pour se délivrer de l'exhortation contre ce quelqu'un dont il s'agissoit. Cinq ou six ans après, sans qu'ils s'en fussent jamais depuis reparlés (sic), comme on s'alloit placer pour le conseil de régence, M. le duc d'Orléans appela M. de Saint-Simon dans une fenêtre, et, d'un air dont il ne lui avoit parlé en sa vie, lui dit qu'il avoit à se plaindre de lui et des vers qu'il avoit faits. Le duc, surpris au dernier point, et des vers pour le moins autant que de la plainte, l'assura qu'il n'y comprenoit rien, et que lui-même savoit bien qu'il n'avoit jamais pu faire non seulement deux vers, mais un unique. Le prince insista du même ton, et l'autre le pressa de s'expliquer. Ce fut enfin par un pont-neuf qui couroit et dont le refrain obligeant étoit : « Le Régent est débonnaire. » A ce mot, voilà M. de Saint-Simon dépité de sa crédulité, qui le querella de ce qu'il s'en souvenoit encore; et le prince à éclater de rire.

Une autre fois, il se fâcha encore vivement contre le duc de Saint-Simon, et celle-ci et celle du « débonnaire » sont les deux uniques. On la raconte encore par cette même raison qu'elle caractérise. C'étoit les premières années de la Régence. Ils se promenoient seuls dans la galerie de Coypel et dans ce grand salon du Palais-Royal qui l'enfile, et parloient de choses fort importantes, sur lesquelles ils n'étoient pas d'accord, car la foiblesse et la mollesse gâtoient bien des affaires; et M. de Saint-Simon n'y épargnoit pas le poinçon au Régent. En cette occasion, il l'appuya peut-être trop ferme, et en chose où le prince sentit vivement sa faute et son défaut. La colère le saisit, et, se tournant tout à coup à Saint-Simon : « Cela vous est bien aisé à dire, lui répondit-il d'un air furieux, à vous qui êtes immuable comme Dieu, et d'une suite enragée ! » Saint-Simon sourit, et lui répliqua que c'étoient là de grandes qualités et que, s'il étoit vrai qu'il les eût, et en degré trop fort, il voudroit bien qu'on les pût refondre ensemble et qu'il prît beaucoup de son trop, qui seroit un grand bien pour l'État, qui étoit entre ses mains, et pour lui-même. M. le duc d'Orléans s'apaisa, et continua de traiter l'affaire dont il s'agissoit; mais il crut avoir dit à Saint-Simon les plus fortes injures, tant il étoit loin du caractère qu'il lui reprochoit. Sa foiblesse extrême le rendoit également timide et soupçonneux. Timide, on a vu ci-dessus à quel point il craignoit le Roi, et la peine étrange qu'il eut à lui donner une lettre que même il n'avoit pas faite, et qui fut le sceau du grand mariage de Mme la duchesse de Berry; cent mil (sic) autres traits, et en tous les genres, s'en fourniroient aisément à l'égard de toutes sortes de personnes. Soupçonneux, celui-ci est incroyable, et est pourtant exactement vrai. Avant de le raconter, il faut faire souvenir que, si M. le duc d'Orléans avoit de l'amitié, de l'estime, de la confiance, et tout cela dans la plus grande étendue, pour quelqu'un, c'étoit pour Saint-Simon. C'est le seul homme sur qui jamais il se soit expliqué en ces termes, et qu'il eût recommandé à son fils d'aimer comme le meilleur, le plus sûr et fidèle ami qu'il eût jamais eu dans tous les temps de sa vie, et qui lui avoit rendu les plus grands et les plus importants services, et dans des temps très dangereux, et avant qu'il y eût aucune apparence qu'il pût avoir aucun crédit. Le chevalier de Conflans et M. d'Estampes étoient dans son carrosse avec eux, s'en retournant du conseil de régence au Palais-Royal, et cela dura tout le trajet, dès en montant en carrosse. Le désintéressement, la probité, la vérité, et tout le reste fut exalté. Apparemment que M. le duc d'Orléans étoit plein, dans ce moment, de quelque chose, et ces Messieurs le furent tellement de cette leçon si nouvelle en M. le duc d'Orléans, qu'ils la racontèrent à leurs amis en sortant de carrosse.

Voici le contraste. M. de Saint-Simon, dans un intervalle d'affaires, prit congé une après-dînée de M. le duc d'Orléans, au Palais-Royal, après avoir travaillé avec lui, et partoit le lendemain pour aller se délasser huit ou dix jours en sa maison de la Ferté, à vingt-quatre lieues de Paris. Arrivant chez lui, il défendit sa porte pour qui que ce fût, parce qu'il savoit une partie faite de gens qui ne vouloient pas, par rapport à eux, qu'il fît ce petit voyage, et qu'il se vouloit épargner l'importunité de gens importants alors. Peut-être une heure après, on lui vint dire que M. de Biron vouloit forcer la porte et disoit qu'il avoit ordre de M. le duc d'Orléans de lui parler. Aussitôt il le fit prier d'entrer; mais il faut ajouter que c'étoit à la Pentecôte, que tous les colonels étoient allés passer six semaines ou deux mois à leurs régiments, et que les deux fils de M. de Saint-Simon étoient aux leurs. Biron, entrant dans la chambre, sans s'asseoir et d'abordée, demande à Saint-Simon où est le marquis de Ruffec, son second fils. Saint-Simon, surpris, lui demande à son tour ce qu'il en veut faire, et si c'est cela qui l'amène. Biron dit qu'oui, que M. le duc d'Orléans en est en peine, et veut le savoir. « En peine! reprit M. de Saint-Simon; mais cela est admirable ! Je ne fais que quitter M. le duc d'Orléans, qui ne m'en a pas ouvert la bouche ; et de plus il ne peut pas ignorer que mes fils ne soient à leur régiment, comme tous les autres, puisque tous deux ont pris congé de lui pour y aller. — Ho bien, reprit Biron, voulez-vous le savoir ? En vous quittant, il est descendu dans le petit jardin, où nous l'attendions avec les dames, parce que Mme la duchesse d'Orléans est à son couvent ; et fort peu après est entré un homme qui lui a montré des lettres en particulier. M. le duc d'Orléans est revenu fort rêveur, puis m'a demandé si je savois où étoit le marquis de Ruffec. Je me suis offert de venir le savoir de vous ; il m'a dit que je lui ferois grand plaisir, parce qu'il venoit d'apprendre qu'il avoit passé à Madrid. » C'étoit fort peu avant cette guerre d'Espagne, et fort longtemps avant l'ambassade du duc de Saint-Simon, qui n'y connoissoit qui que ce fût. A ce récit, voilà M. de Saint-Simon à rire de tout son cœur, puis à admirer un soupçon si complètement absurde, et tout de suite à dire à Biron : « Tenez, Monsieur, il faut guérir les malades et en avoir pitié. Le marquis de Ruffec est à Besançon, où est son régiment, et de plus il y est logé chez M. de Levis, commandant dans la province. Dites à M. le duc d'Orléans, de ma part, que, sur-le-champ, il y dépêche un courrier ; par ce moyen, il verra le fonds qu'il doit faire sur les avis qu'il reçoit. » Ce ne fut pas tout. Biron demanda à Saint-Simon s'il avoit des lettres de son fils, et s'il vouloit bien lui en confier une. M. de Saint-Simon en avoit eu de Besançon ; mais il ne les avoit pas gardées. Biron insistant, et M. de Saint-Simon ne comprenant pas pourquoi, il lui dit à la fin que M. le duc d'Orléans vouloit voir de son écriture, parce qu'il en avoit de celle du marquis de Ruffec datée de Madrid. Autre éclat de rire de Saint-Simon, qui promit à Biron que, si sa femme en avoit par hasard gardé quelque lettre, il la lui enverroit, mais qu'outre le ridicule du soupçon, la proposition d'une chose aussi aisée et aussi prompte que l'envoi et le retour d'un courrier ne laissoit rien à desirer. Biron s'en retourna. La duchesse de Saint-Simon revint de la ville. Elle avoit une lettre fraîche du marquis de Ruffec, qu'elle avoit gardée pour la montrer à quelqu'un, parce qu'elle étoit plaisante et bien écrite. M. de Saint-Simon l'envoya sur-le-champ à M. de Biron, au Palais-Royal. Un garçon rouge, à tout hasard, l'attendoit, et la leur porta à table, où M. le duc d'Orléans la confronta à l'autre, et n'y trouva pas la moindre ressemblance. Cela le soulagea encore plus que le rapport de Biron ; puis lut la lettre tout haut, et ils s'en divertirent. Au retour de la Ferté, M. de Saint-Simon en fit honte à M. le duc d'Orléans. On sut depuis que ce galand de Madrid y escroquoit le monde sous le nom de M. de Ruffec, et qu'il écrivoit comme tel en France, pour qu'on eût ses lettres de Madrid et qu'elles confirmassent ce qu'il vouloit être. Il fut reconnu et pris longtemps après à Bayonne, en revenant, et mis en prison. C'étoit le fils d'un huissier de Madame, grand aventurier de son métier, et qui avoit déjà fait d'autres fredaines [1].

En voilà assez pour maintenant sur M. le duc d'Orléans pour le faire connoître. Ajoutons-y seulement deux traits. Il étoit rediseur et tracassier comme Monsieur, et se plaisoit à mettre aux mains tout ce qui l'approchoit. Quand il devint le maître, ce plaisir d'habitude se tourna en politique. Le *divide et regna* devint sa maxime favorite : il l'appliqua en toutes sortes d'occasions, tantôt avec une délicatesse qui en augmentoit le poison, quelquefois avec une audace qui y ajoutoit un étrange poids. Nul, sans exception, de ses plus chers, de ses maîtresses, de ceux qu'il se croyoit les plus nécessaires, tout, jusqu'à ses plus proches et à ses plus intimes, essuya bien des fois, et en bien des sortes, ce cruel goût et cette terrible politique. Il réussit aussi à brouiller tout le monde, et il s'en applaudissoit ouvertement ; il se vantoit d'avoir démasqué cha-

---

1. Ici et au verso du feuillet (60), se trouve intercalé, avec renvois marqués, le passage mis ci-dessus aux pages 150, lig. 30, à 153, lig. 26.

cun. Cela joint à une fausseté exquise et à une foiblesse parfaite, dans un prince si délié, si fin, si soupçonneux et d'autant d'esprit, donne un champ vaste à comprendre ce que c'étoit que de le connoître parfaitement et de l'approcher intimement. L'autre trait n'étoit pas moins fâcheux, d'autant qu'il ne se mit au net qu'avec sa puissance : c'est qu'il comptoit pour rien ses amis et ses serviteurs assurés, et pour tout ses ennemis, et les plus marqués plus que les autres. Il ne craignoit rien des premiers, tout des autres. Tout lui coûtoit donc, comme perdu, quand il s'agissoit de ses amis, et tout étoit pour ses ennemis, dans l'espoir de les regagner; et bien qu'il fût trompé et dupé sans cesse, et que ses bienfaits n'aient le plus souvent servi que d'armes contre lui, jamais il ne put revenir de cette abominable maxime, que Saint-Simon lui reprochoit d'autant plus amèrement qu'il ne le mit guère, pour soi, en état de la lui faire personnellement sentir, et que, s'il aima et estima quelqu'un, ce fut lui sur tout autre; ainsi, ce reproche n'en étant pas un de Saint-Simon pour sa vade, il le lui pressa sans cesse, mais avec aussi peu de succès que sur quantité d'autres choses générales et particulières, et toutes bien importantes. On s'en peut déjà apercevoir à ce qu'on a vu que Saint-Simon lui proposa sur la manière de commencer sa régence et de gouverner.

Il faut terminer ces propositions là-dessus par celle qu'il lui fit pour la manière de se faire déclarer régent. Mais, avant que de l'énoncer, il faut un mot de règle et d'histoire. On sait qu'en France le mort saisit le vif. Le grand, le médiocre, le petit, tout est assujetti à cette règle. Le Roi meurt : son fils, ou, s'il n'en a point, le plus proche de la couronne, la recueille à l'instant, sans forme et sans cérémonie. Il en est de même des fiefs et des biens chez les particuliers, et Louis XIV, si attentif à tout mettre en sa main, n'a jamais imaginé que le fils aîné d'un duc pair ou vérifié eût besoin de sa permission, ou de son agrément même, non seulement le fils, mais l'héritier mâle le plus proche issu de l'impétrant, pour prendre le nom, le rang et les marques de duc à la mort de celui à qui il avoit droit de succéder; et jamais aucun ne lui en a parlé que dans des cas litigieux, pour tâcher de tirer droit de son aveu, que le Roi alors se gardoit bien de donner. Il en est de même de la régence : un mineur succède à la couronne; le plus proche de la couronne en âge est régent de droit, et ne le doit à personne qu'à sa naissance jointe à son âge. Mais ce qui a troublé ce droit, ce sont les mères des rois mineurs, et, sur leur exemple, les dispositions des rois mourants, dont la plus singulière fut celle de Louis XI, qui nomma sa fille régente du Royaume et administratrice de la personne de son fils mineur. Aussi ne fut-ce pas sans troubles et sans effusion de sang que cette disposition eut lieu, qui ne le dut qu'à la victoire. Catherine de Médicis, dont les diverses régences suivirent celle de Mme de Beaujeu, sans aucune entre deux, les eut toutes trois sans le ministère du Parlement; et lorsque, pour prévenir d'une année la majorité de Charles IX, dont elle avoit grand besoin, on crut qu'il falloit quelque appareil pour habiller cette loi nouvelle en coutume sous-entendue par celle des majorités, et faire accroire au monde avec autorité que quatorze ans vouloient dire, dans les Rois, treize ans commencés, Catherine, se trouvant lors en Normandie pour la réduction du Havre-de-Grâce, se fit accompagner des pairs et des officiers de la couronne au parlement de Rouen, où le jeune Roi, tenant son lit de justice, se déclara majeur, et la Reine sa mère plus régente que jamais. Le parlement de Paris cria, députa, réclama sa qualité de cour des pairs : on lui répondit que la cour des pairs étoit partout où le Roi étoit assisté des pairs de France, et le parlement de Paris n'en eut aucune autre satisfaction. Encore ne s'agissoit-il là que de la déclaration de la majorité, et d'une majorité anticipée, qui a fait loi pour treize ans commencés, et non de la régence, dont le parlement de Paris ne s'étoit jamais mêlé.

Mais, à la mort d'Henri IV, tout ce qui l'accompagna, le

trouble général, l'absence des princes du sang et de beaucoup de ce qu'il y avoit alors de pairs et d'officiers de la couronne, la situation des esprits, et la personnelle de la Reine, fit prendre un parti nouveau pour brusquer les affaires et avoir recours à une célébrité nouvelle qui, par intérêt et par une sorte d'authenticité, les assurât entre ses mains. Aussitôt donc que le corps d'Henri IV, assassiné dans son carrosse allant à l'Arsenal, eut été ramené au Louvre, M. d'Épernon fit environner le palais du régiment des gardes, envoya chercher tous les membres du Parlement chez eux, et, grandement accompagné, fit à la Compagnie le récit du malheur qui venoit d'arriver, de la nécessité pressante de pourvoir à l'État, du droit, fondé sur tant d'exemples, que la Reine avoit à la régence; et, à la chaude, ne sortit point qu'elle ne lui eût été déférée. Sur ce dernier exemple, Anne d'Autriche, qui savoit, avec toute la France, les dispositions de Louis XIII, parce que lui-même, prévoyant tout avec une tranquillité et une lumière admirable, les avoit, deux jours auparavant sa mort, déclarées aux princes du sang, aux pairs, aux officiers de la couronne, aux principaux de sa cour et au Parlement, qu'il avoit mandés dans sa chambre; la Reine, dis-je, qui avoit grand intérêt de les faire casser pour être absolue et déliée des entraves que le Roi avoit mises à son autorité, gagna Monsieur le Prince et les ministres du Conseil nécessaire, qui, tous, furent les dupes du cardinal Mazarin, car Monsieur de Beauvais n'étoit que l'homme de paille, et, ne sachant où ni comment faire abroger des dispositions si sages et si solennellement faites et déclarées, elle crut, avec raison, flatter assez le Parlement, en l'en rendant juge, pour s'en devoir tout promettre, et, en même temps, y obtenir de Monsieur et de Monsieur le Prince une abdication si publique et si formelle qu'ils ne s'en pussent jamais dédire. C'est ce qui la fit aller au Parlement avec le feu Roi, où elle eut en effet tout ce qu'elle s'étoit proposé, et donna ce second exemple en faveur du Parlement, plus fort encore que le premier.

M. le duc d'Orléans ne se trouvoit dans aucun de ces cas : point de mère, point de sœur du Dauphin ; nul mâle, nulle femelle plus proche que lui ; nul même de son rang ; nul prince du sang qui comptât aucun roi parmi ses ancêtres en deçà de saint Louis, et il étoit fils unique du second fils de Louis XIII ; aucun prince du sang qui eût vingt-cinq ans, Monsieur le Duc, le plus âgé de tous, étant né 18 août 1692. Nulle dispute donc sur la régence, qu'il saisissoit de plein droit. M. de Saint-Simon lui représenta donc la facilité, sans mélange d'aucun inconvénient, d'interrompre une nouveauté dont le Parlement tiroit tant d'avantage jusqu'à prétendre au droit exclusif de disposer des régences, et conséquemment de les régler, de les modifier, de leur imposer des lois, et d'en vouloir corriger l'exercice et la puissance par la sienne toutes les fois qu'il le trouvoit à propos, comme on en a eu tant de funestes expériences, qui ont si cruellement agité l'État pendant la minorité de Louis XIV, jusqu'à le réduire, avec la Régente sa mère, de se sauver furtivement de Paris en pleine nuit des Rois, et d'en sortir d'autres fois encore, de partager l'État, de faire naître des guerres civiles, d'attirer une armée étrangère jusqu'aux faubourgs de Paris, et d'y voir une bataille qui mit l'autorité royale à deux doigts de sa ruine ; que, pour prévenir tant de suites fâcheuses de la confirmation d'une autorité si nouvelle et si peu fondée, et donner aussi quelque chose à la solennité à laquelle on s'étoit accoutumé depuis ces deux derniers exemples uniques, il y avoit un moyen, qui, en gratifiant les plus grands seigneurs sans leur rien donner, mettroit de son côté toutes les forces de l'État contre le vain mécontentement du Parlement ; que ce moyen étoit qu'au moment de la mort du Roi, qui rassembleroit à Versailles tout ce qu'il y a de considérable, il mandât les princes du sang, les pairs, les ducs héréditaires, les officiers de la couronne, les gouverneurs des provinces, et, pour caresser la noblesse, les chevaliers du Saint-Esprit ; et, de ces deux derniers genres, il y en avoit bien peu qui ne fussent pas aussi des trois premiers; les faire asseoir sur des bancs en carré dans la galerie ou dans la pièce de la Musique, et lui les présidant au milieu des princes du sang et des deux bâtards, sur un banc aussi, par respect pour le lieu, et les secrétaires d'État aux dernières places; que là, après un court éloge de Louis XIV sur l'occasion présente, il leur dit en peu de mots que, devenant régent par le droit de sa naissance, il avoit voulu les assembler pour leur recommander l'amour de l'État, l'attachement au nouveau Roi et l'application aux fonctions de leurs charges, avec quelque chose en général de légèrement flatteur, et pour leur déclarer que, le malheur des affaires ayant mis les finances fort en arrière, et les besoins et les dettes étant infinies, et la pauvreté des peuples, et de beaucoup encore qui n'étoient pas peuple, extrême, il ne croyoit pas pouvoir mieux commencer son administration que par la convocation des États généraux, pour avoir leur conseil et pour que, ce mal des finances étant général, ce fût aussi le général de l'État qui y mît la main, et n'avoir pas à se reprocher ses méprises ou son peu de lumière, s'il continuoit à les laisser gouverner à l'ordinaire, ou s'il y mettoit lui-même la main; qu'en attendant que cette assemblée pût être formée, on ne changeroit rien dans les finances pour le fonds; que, pour la forme du gouvernement, il étoit persuadé qu'il n'appartenoit qu'à un prince tel que Louis XIV de tout faire par soi-même; que, pour lui, il s'avouoit si neuf à tout, par l'éloignement où il avoit toujours été tenu de toutes les affaires, qu'il regarderoit comme une très dangereuse faute de le vouloir imiter, et comme un orgueil qui mériteroit d'être châtié par l'aveuglement de négliger une nouvelle forme de gouvernement en qui se trouvoient deux avantages auxquels il ne pouvoit ne se pas laisser entraîner.

Le premier étoit de profiter des lumières de plusieurs, qui même s'éclaireroient et se contre-balanceroient les uns les autres : ce qui mettroit dans la suite l'émulation dans tous les états et formeroit d'excellents sujets pour succéder à ceux qu'il croyoit avoir déjà trouvés, dont il espéroit se servir utilement dans son administration; l'autre, que, ce plan de gouvernement s'étant trouvé dans la cassette de M. le Dauphin-Bourgogne, il seroit honteux de ne pas adopter pour soi, et pour aider une autorité précaire telle que la sienne, un projet qu'un prince si accompli, et que sa naissance destinoit à la couronne, avoit fait pour s'en servir lorsqu'il y seroit parvenu; qu'il avoit résolu de suivre les choix de ce prince autant que cela demeuroit possible; qu'il n'étoit temps maintenant, parmi leurs justes larmes, que d'aller provisoirement au plus pressé, et non d'établir, ni de déclarer rien encore, mais que, sur ces deux points généraux de l'assemblée des États et de la forme du gouvernement, il vouloit prendre leur avis, comme de ce qu'il y avoit de plus noble, de plus distingué et de plus intéressé à l'État.

Il n'étoit pas douteux qu'en cet instant de trouble et de surprise on ne répondît par acclamation. C'étoit aussi de ce premier mouvement qu'il se falloit contenter, se lever incontinent, en ordonnant aux secrétaires d'État de dépêcher les ordres aux provinces pour les États généraux à Saint-Germain, puis retourner dans son appartement et entrer en pleine fonction de régent, et donner les ordres à toutes choses. Premièrement, où est celui qui eût branlé? Qui eût osé commencer; avec qui et avec quoi, le Régent étant en possession du droit, des troupes, des finances et de la personne du Roi? Les trois quarts et demi de ceux qui auroient composé l'assemblée, charmés d'avoir été comptés pour quelque chose pour la première fois de leur vie, et dans l'espérance de l'être davantage à l'avenir par entrer dans le gouvernement, où les places alloient être distribuées en nombre, auroient été entièrement gagnés, et le très peu qu'un intérêt particulier aliénoit n'auroient osé souffler, faute de moyens et par crainte. Le public auroit porté le Régent sur les pavois à la mention effective d'États généraux, et le Parlement, seul et abandonné, sans droit et sans force de soi ni d'autrui, se seroit contenté de se plaindre, et auroit appris, par cette première leçon, à être sage et à ne passer pas ses bancs. Aussi M. le duc d'Orléans goûta-t-il extrêmement ce projet. A tant de choses qu'on voit ici qui lui ont été proposées, et qu'il a goûtées et résolues, et que l'on va voir qu'il n'en a suivi aucune, on seroit tenté de croire qu'il amusoit et se moquoit de Saint-Simon. Point du tout. Rien de plus sérieux que son approbation de toutes ces choses; rien de plus certain que sa résolution arrêtée et déterminée de les exécuter toutes. Mais il faut se souvenir de sa foiblesse, qu'on verra désormais dominer et surnager à tout, et on verra comment chacune de ces choses a échoué, presque toutes malgré lui, quoique par lui, toutes avec repentir, et bien d'autres encore dans les suites, et ces repentirs sans opérer que nouveaux repentirs, ni remédier en rien à cette incomparable foiblesse.

Pour aller d'ordre, il faut commencer par dire ce qui fit avorter ce dernier projet, et ce qui fit suivre les dernières routes battues d'aller au Parlement pour la régence. La santé du Roi diminuoit de jour en jour. L'intérieur, qui y étoit infiniment attentif, et qui s'en apercevoit le mieux, redoubla ses efforts. La déclaration pour rendre les bâtards du Roi habiles à succéder à la couronne parut tout à coup, et, incontinent après, celle du testament clos du Roi déposé au Parlement pour y être ouvert et lu après sa mort en présence des princes du sang, des pairs et de toute cette Compagnie. Ce n'est pas ici le lieu de s'étendre sur des événements si curieux et si extraordinaires; leur court, mais sûr et important détail, sera plus à sa place au titre d'Eu. Cette nécessité de savoir le contenu de ce testament, et celle de ne le pouvoir apprendre qu'en plein Parlement, fit changer de plan à M. le duc d'Orléans. Sa timidité lui fit appréhender de se trouver dans cette assemblée un moment après, pour ainsi dire, l'avoir offensée par une conduite différente à son égard des deux dernières reines régentes. Il sentit, avec tout le monde, que ce testament si secret étoit inutile, si le Roi avoit voulu laisser les choses après lui dans l'ordonnance et dans le droit ; fait par Voysin et ignoré de tout le reste du monde à l'exception de Mme de Maintenon et de M. du Maine, peut-être du maréchal de Villeroy, [il] n'en étoit que plus suspect ; et ce qui y ajoutoit le dernier degré, c'étoit ce dépôt si entièrement contraire à la nature de celui par qui il étoit fait. M. le duc d'Orléans, contre qui ce tout sembloit, et avec trop de raison, réuni, craignit donc de trouver à l'ouverture du testament des dispositions étranges, et d'avoir, comme la Reine mère sur celles de Louis XIII, besoin du Parlement pour s'en délivrer. C'en est plus qu'il n'en faut dans un homme aussi naturellement timide ; et, dans la vérité, c'étoit hasarder que suivre le premier plan, qui auroit réuni le Parlement avec les bâtards, avec ceux qui se seroient trouvé (sic) bien traités par le testament, avec ceux encore qui, aliénés ou indifférents, auroient voulu faire compter avec eux ; en un mot, pour une forme, risquer de former un groupe et un parti contre soi dès le premier moment de sa régence, et avoir à lutter. M. de Saint-Simon le sentit, et comprit de plus que M. le duc d'Orléans n'étoit pas bastant pour soutenir sa résolution première. Ainsi il la laissa tomber. Mais, puisqu'on en est encore aux propositions, en voici bien une autre, exactement vraie en tous ses points, et qui manque entièrement du vraisemblable, soit qu'on la considère en elle-même, soit qu'on regarde de qui elle vint, et de qui soutenue avec une ardeur que rien ne put ralentir jusqu'au bout.

Maisons, président à mortier, très riche, de beaucoup d'esprit, de plus encore d'ambition, et contraint par aucun principe à force de servir les gens du grand monde dans leurs affaires, de les attirer chez lui par la bonne chère, d'abord à Maisons, par la beauté du lieu et sa proximité de la cour, puis à Paris, s'étoit fait des amis du haut et du moyen parage, et avoit mis sa maison à la mode. Sa femme, dont le peu d'esprit étoit tout tourné à galanterie, mais encore plus à intrigue et à ambition, l'y secondoit merveilleusement, et y avoit sacrifié l'insolence présidentale. Lui aussi, parmi ce monde si distingué, avoit su éviter la fatuité du premier président de Mesmes, et il vivoit avec les magistrats du Parlement avec tant de soins et de politesse, que son peu de capacité en procès s'étouffoit sous l'amour que tous lui portoient, duquel résultoit une considération fort grande dans la Compagnie, dont il savoit très bien faire usage, et augmenter la sienne au dehors. Soit ignorance, soit raison, lui et sa femme n'étoient qu'un : mêmes amis, et souvent, pour le mari, de ridicules ; mais tout passoit sous la loi de la mode, et ceux-là n'étoient pas les moins utiles. Point de secret que partagé entreux (sic) deux ; mêmes vues, mêmes desseins, et surtout concert entreux deux admirable, pour contribuer chacun au succès. Deux mots peindront ce couple, et ces deux mots feront frémir. Ils n'avoient qu'un fils unique, et point de filles. Ce qu'ils cherchèrent avec le plus de soin fut un précepteur pour ce fils qui eût du savoir, de l'esprit et du monde ; mais surtout, et c'est à ceci qu'ils s'attachèrent comme au principal, sans quoi ils n'auroient pu le prendre, surtout qu'il ne crût point en Dieu, et qu'il prît toutes sortes de soins pour empêcher leur fils d'y croire. Le démon le leur procura tel qu'ils le desiroient. Il suivit scrupuleusement leur volonté, conforme à ce qu'il pensoit lui-même, et réussit pleinement à faire un athée de son disciple. Ce précepteur en devint l'ami de tous les trois. On verra bientôt la foudre les écraser au plus haut point des espérances. Pour le précepteur, il a été parfaitement connu depuis ; ce qu'il est devenu ne vaut pas de le dire. Maisons avoit perdu ses pas auprès de Monsieur le Duc et de M. le prince de Conti, par leur mort. Quoique devancé par le premier président auprès de M. du Maine, il s'y tourna. L'achat de sa maison de Paris, bâtie d'abord pour le duc de Beauvillier, qui s'en dégoûta, le lia avec ce seigneur, que sa charité et sa séparation, tant qu'il pouvoit du monde rendoit souvent dupe, et l'approcha quelque peu du Dauphin. Tout cela perdu, il songea à M. le duc d'Orléans ; il tenta deux routes : la plus immédiate, qui lui réussit, et qui fut par Canillac directement au prince, ne le détourna point de tâcher à s'appuyer de l'autre; c'étoit le duc de Saint-Simon par M. de Beauvillier. Il arriva qu'elles se croisèrent. Canillac, dont on parlera bientôt, avoit entêté M. le duc d'Orléans du grand usage qu'il pouvoit faire de Maisons dans le Parlement, et M. le duc d'Orléans, plein de cette idée, pressa Saint-Simon de lier avec lui, tandis que le duc de Beauvillier lui en parloit aussi comme d'une chose utile et que Maisons desiroit ardemment. Saint-Simon, blessé du bonnet, dont l'éclat commençoit, et dont on parlera au titre d'Eu, avoit peine à s'accommoder d'un président à mortier. Mais la souplesse et les avances de ce dernier, aidées des vives instances du prince et des fortes exhortations du duc, vainquirent enfin sa répugnance; et ce fut fort près de la fin du duc de Beauvillier. L'importance, qui étoit le charme du président, lui fit proposer une promenade nocturne, tête à tête, dans la plaine de Grenelle, dans le carrosse du duc de Saint-Simon, avec un seul laquais; et, dans la suite, il ne venoit point à Versailles qu'il ne vît Saint-Simon en particulier, chez lui, vers la fin de la matinée; et cela arrivoit tous les dimanches. Sa présidence et sa liaison avec M. du Maine, duquel il ne se contraignoit pas avec M. le duc d'Orléans et ses serviteurs particuliers, tant il s'y croyoit en sûreté, étoient suspects (*sic*) à Saint-Simon, qui craignoit qu'il ne mangeât à deux râteliers à la fois; et en effet il donna à dîner, en petit particulier, chez lui, à Paris, à M. du Maine et à M. le comte de Toulouse, le jour qu'ils sollicitèrent le Parlement pour l'enregistrement de la déclaration de leur habilité à la couronne. Maisons, qui l'avoit sue avant personne, et peut-être de la première main, écrivit à Saint-Simon, qui étoit à Marly, une lettre si pressante pour le venir trouver sur l'heure, que, ne l'ayant reçue qu'en se mettant à table chez Lauzun, son beau-frère, il n'osa n'y pas dîner, mais, incontinent après, il courut à Paris savoir ce qu'il y avoit de si pressé.

Maisons lui apprit la déclaration avec des fureurs et des déclamations que le duc de Noailles, qui y survint et qui y étoit attendu, poussa au plus haut point, et qui rendirent Saint-Simon presque muet et immobile, jusque-là qu'ils s'en fâchèrent. Donner après cela un dîner particulier aux bâtards sollicitant leur dernière apothéose fut un contraste épineux : aussi en fut-il embarrassé avec Saint-Simon, qui se garda bien de le pousser, et qui, après lui avoir mis le doigt sur la lettre pour voir sa contenance, prit en payement tout ce qu'il voulut. Ajoutons tout de suite que la dernière grâce que le Roi ait accordée en mourant, ce fut la charge de Maisons, qui venoit d'expirer, à son fils de dix-sept ans, et à la pressante demande de M. du Maine. Il falloit tout cela pour faire connoître Maisons et servir de préface à la proposition qu'on va voir.

Le testament du Roi, déposé par lui-même entre les mains du premier président, créature abandonnée de M. du Maine, et aux gens du Roi, avoit été, par son ordre, porté tout de suite dans l'épaisseur de la muraille d'une tour du Palais qui est derrière la beuvette (sic) de la grand chambre et le cabinet particulier du premier président, d'où seulement on entroit dans la tour. La niche, bien voûtée, bien barricadée de portes et de barres de fer, avoit trois serrures, toutes trois nécessaires pour l'ouvrir, dont les trois différentes clefs étoient gardées par le premier président, le doyen du Parlement et le procureur général, et, par-dessus le tout, il y avoit de la maçonnerie qu'il falloit rompre au marteau pour découvrir les portes et les serrures. La porte de la tour étoit sans maçonnerie, mais assurée de fer avec les mêmes précautions ; et tout cela ne devoit être ouvert qu'après la mort du Roi, par un arrêt du Parlement, toute sa Compagnie et les princes du sang et les pairs séants, en présence desquels le testament devoit être, sur-le-champ de l'arrêt, apporté par les trois dépositaires et lu publiquement, à haute voix, à huis clos. Ce fut dans cette disposition des choses que Maisons, après avoir souvent exagéré tout ce qu'il y avoit à craindre pour M. le duc d'Orléans d'un testament fait avec un si profond secret, par des mains si ennemies, et déposé avec de si injurieuses et de si fortes précautions, proposa à Saint-Simon de forcer la tour et d'en tirer cette fatale pièce aussitôt que le Roi ne seroit plus. La surprise de celui-ci fut extrême d'ouïr sortir une telle violence de la bouche d'un homme qui passoit pour sage et qui étoit président à mortier. Lui, à son tour, fut étonné, ou le fit, de trouver de l'opposition à son avis. Saint-Simon lui demanda si c'étoit sérieusement qu'il faisoit une proposition si étrange en soi, si dangereuse pour ses suites, et si peu praticable dans sa mécanique. On ne s'arrêtera pas aux difficultés de l'exécution à main armée, à la sédition dont on auroit couru les risques, à l'indignation de toute la France et de toute l'Europe, à la fureur du Parlement violé dans le lieu et la chose les plus inviolables et les plus sacrées (sic), au cri de tout ce qui y avoit intérêt, ou par la forme ou dans le fonds, qui auroit été secondé du cri public, à toute confiance anéantie pour toujours, et à la terreur des suites d'une telle ouverture de scène, si capable d'unir et d'armer tout le monde contre le Régent. Mais, au bout, il falloit montrer ou supprimer le testament. Le montrer : où étoit le profit de cette violence ? Le supprimer : c'étoit pour y faire croire tout ce qu'on auroit voulu y supposer, mettre un feu dans tous les esprits à ne jamais éteindre, et se perdre et se déshonorer en toutes sortes de façon. Voilà pour le succès de la tentative. Qu'eût-ce été de l'entreprendre, et de n'y pas réussir ? Persuader une folie de ce genre eût été le plus grand coup qu'eussent pu faire les plus mortels et les plus ambitieux ennemis du Régent; et qui sait si la proposition n'en venoit point d'eux, et si M. du Maine, qui avoit fait faire le testament pour soi, ne s'en étoit pas précautionné d'un double signé et authentique en second original, pour le produire au besoin ?

Quoi qu'il en soit d'une chose qui n'a pu être approfondie, mais qui portoit la plus complète folie ou la plus détestable trahison sur le front, et peut-être l'une et l'autre, Maisons ne cessa jamais ses instances, tant auprès de Saint-Simon qu'au duc d'Orléans même, qu'il en pressoit continuellement. Le merveilleux est que ce prince, le plus soupçonneux qui ait jamais vécu, n'en prit nul soupçon de Maisons, et l'alloit mettre et élever à tout quand Dieu, qui se plaît à confondre l'audace de ses ennemis, laissa croître celui-ci en considération, en importance, en espérances les plus flatteuses, les plus certaines, les plus imminentes; le frappa à l'instant d'une maladie de cinq ou six jours, qui lui laissa d'abord le temps de se flatter, parmi la foule qui s'empressoit chez lui de tout ce qu'il y avoit de plus distingué, puis de goûter la mort, la fortune qui échappe, le désespoir qui suit; lui refusa tout autre usage de ces moments si précieux, et l'enleva cinq ou six jours devant le Roi, c'est-à-dire devant le jour de l'accomplissement de ses desirs et du fruit des travaux de toute sa vie. Sa femme, outrée, enragée, se prit à ce qu'elle put pour conserver de la considération et un petit tribunal chez elle, où on cabaloit tant qu'on pouvoit; mais une subite apoplexie la surprit trois ou quatre ans après, dans son jardin, lui laissa la tête assez libre pour goûter à son tour la mort à longs traits, et l'emporta en deux fois vingt-quatre heures, sans s'être reconnue un moment. Leur fils unique, duit à l'impiété et la politique, manégea plus que son âge ne comportoit, avec beaucoup d'art et d'esprit, des biens immenses, une dépense pareille, et déjà beaucoup de considération, parce qu'il n'oublioit rien en aucun genre pour s'en attirer. Quelques années après sa mère, dont il fut longtemps inconsolable, il fut frappé de la petite vérole, et au même instant d'une telle terreur, qu'il fut emporté en trois jours. Il n'avoit point eu d'enfants de deux femmes. Il mourut le dernier de sa famille, et ses grands biens devinrent la proie d'un nombre de collatéraux. C'est donc bien littéralement de ces magistrats qu'il se peut dire avec le prophète : « J'ai vu l'impie élevé comme le cèdre du Liban; je n'ai fait que passer, il n'étoit déjà plus, et il n'en est resté aucun vestige. »

Parmi tous ces soins, il fut question de savoir si M. le duc d'Orléans avoit ses arrangements prêts, comme Saint-Simon le lui avoit si fortement recommandé, et à tant de reprises. Jusqu'alors il s'étoit contenté de ses réponses vagues à sa question, qui l'étoit de même, parce qu'en même temps il lui avoit recommandé le plus profond secret, et qu'il ne vouloit montrer aucune curiosité; mais, les choses pressant, il le pressa aussi sur le général, et il vit clairement que le prince n'y avoit pas seulement pensé. Alors il fut moins question de reproches que de tâcher à réparer un si long et précieux temps perdu, et M. le duc d'Orléans, avouant sa coupable négligence, voulut que Saint-Simon lui aidât à la réparer. Celui-ci n'osa s'y refuser, dans la crainte pressante que, s'il n'y mettoit la main, M. le duc d'Orléans n'en daignât encore prendre la peine, et que, le Roi mort, tout ne se trouvât à faire à la fois.

Pour premier début, le prince lui demanda ce qu'il vouloit être. L'autre se défendit du choix; il répondit que c'étoit au prince à le mettre où à le laisser, et lui à ne se point produire. Forcé enfin, il lui dit qu'il lui parleroit de soi comme d'un autre; que, puisqu'il le vouloit employer dans ce nouveau gouvernement, il se croyoit moins incapable des affaires du dedans que des autres, parce qu'il s'y étoit toujours appliqué, comme il avoit pu, avec goût. « Chef de ce conseil donc? » dit le prince. « Non pas cela, répondit le duc; cela est trop fort pour moi; mais une place dans ce conseil. » Monsieur d'Orléans se prit à rire, et dit qu'il se moquoit, mais qu'il lui destinoit une autre place, qui étoit d'être chef du conseil des finances. Saint-Simon refusa tout net, dit qu'il n'entendoit et n'administroit pas seulement les siennes, qu'il ignoroit jusqu'à la valeur de la monnoie, et que rien ne les lui feroit accepter. Aux instances flatteuses du prince, il répondit qu'il espéroit bien de n'être pas seulement tenté dans cette place, mais que son incapacité donneroit lieu à chacun de le tromper, de piller, et qu'avec les meilleures intentions du monde, il ruineroit l'État et un monde de particuliers, dont il ne se vouloit pour rien charger devant Dieu ni devant les hommes. Ce motif étoit très véritable; mais il en avoit encore un autre : c'est qu'il se sentoit porté par des raisons très fortes à faire la banqueroute entière, soit par les États généraux, soit après par lui-même, qu'il considéroit avec terreur la ruine de tant de familles, qui y seroit certaine, et que, ce compte à rendre au dernier jour, il ne put s'y résoudre : si bien que, M. le duc d'Orléans se fâchant, il lui déclara qu'il iroit plutôt à la Bastille. Tout en colère, le prince lui demanda qui donc, diable! il y pourroit mettre, dès qu'il y vouloit un seigneur. « Un fait exprès, lui répondit Saint-Simon, et tellement qu'il n'y en a pas un autre; un duc pair de beaucoup d'esprit et de talents, qui meurt d'envie de faire, qui est puissamment riche, grandement établi en charges et en alliances les plus nombreuses et les mieux en fortune; un homme enfin qui a tout ce qu'il faut pour ne point se laisser tromper, et tel qu'il faudroit qu'il eût le diable au corps pour voler en l'état où il est; qui n'a besoin que de se faire un nom, et qui meurt d'envie de l'acquérir. En un mot : le duc de Noailles. — Bien! dit le prince, pour que sa mère mette tout dans ses poches? — Sa mère, répondit Saint-Simon, n'a mis dans ses poches que par ordre du Roi aux contrôleurs généraux. Le chancelier et Chamillart me l'ont dit tous deux d'elle et de sa fille, la duchesse de Guiche, et de plus il s'en faut beaucoup que la mère fasse rien faire de ses volontés à son fils. » La conversation fut courte, par l'humeur que M. le duc d'Orléans avoit prise du refus si précis et si opiniâtre de M. de Saint-Simon, qui dura trois ou quatre jours. C'étoit dans les fins du dernier voyage du Roi à Marly. Il menaçoit de plus en plus ruine : la nécessité des préparations, si fort arriérées, ramena M. le duc d'Orléans à en reprendre la matière avec M. de Saint-Simon. Il le pressa encore des finances avec aussi peu de succès; puis il voulut encore qu'il choisît son emploi. Il persista à celui auquel il se croyoit le plus propre dans le conseil du dedans. M. le duc d'Orléans répondit que, pour la place de chef de ce conseil, à la bonne heure, mais qu'une simple place ne se pouvoit pas proposer; que, s'il vouloit celle de chef, il la lui donneroit, mais que, pour lui parler franchement, dès qu'il ne vouloit point absolument des finances, rien ne convenoit tant à l'un et à l'autre que d'être du même conseil; et cela fut arrêté de la sorte. Pour ce même conseil, ils convinrent qu'il y falloit Monsieur le Duc, malgré sa jeunesse, pour qu'il y eût au moins un prince du sang, et c'étoit le plus âgé, et de plus l'aîné de tous, excepté M. de Chartres, et qu'on ne pouvoit, sans injure, en exclure M. du Maine et M. le comte de Toulouse. M. de la Vrillière, poullié deux ans devant par Saint-Simon, qui ne se rebuta point de la peine de M. le duc d'Orléans à le conserver, et à l'accroître même de cet emploi unique, et qui disoit qu'on s'en moqueroit, passa enfin. Mais, quand il fut question des autres, ce fut la difficulté. Ils parlèrent donc des places de chef des autres conseils. Saint-Simon, faute de mieux, proposa le maréchal d'Huxelles pour celui des affaires étrangères, parce qu'il revenoit de la paix d'Utrecht après avoir été à Gertruydenberg, et qu'entre les seigneurs c'étoit celui à qui elles l'étoient le moins. Harcourt, quoique plus que suspect par sa liaison intime avec Mme de Maintenon et M. du Maine, ne put être laissé, par la réputation qu'il avoit : M. de Saint-Simon le représenta, et M. le duc d'Orléans en convint. Ainsi la place du conseil du dedans lui fut destinée. Son état apoplectique leur fit juger qu'il auroit besoin d'un coadjuteur tacite. M. de Saint-Simon en fit la réflexion, et proposa d'Antin, dont l'esprit, le liant, la capacité y étoient merveilleusement propres. Il en fut chef quand ce vint à fondre la cloche, parce que, Harcourt ayant représenté qu'il n'étoit plus en état de se charger d'un si pénible emploi, il fut mis dans le conseil de régence. A l'égard de la guerre et de la marine, ils comptèrent le maréchal de Villeroy pour le premier et M. le comte de Toulouse, comme amiral, pour le second,

et avec lui le maréchal de Tessé, comme général des galères,
et les deux vice-amiraux. Pour le conseil de conscience, ils
convinrent aisément du cardinal de Noailles ; mais M. le duc
d'Orléans alloit, pour celui-là, à temporiser, et, comme le
Roi alloit et venoit encore, M. de Saint-Simon n'insista
pas. Il y a de quoi être surpris de voir toujours, dans des
choix et des résolutions si importantes, Saint-Simon la
partie active et Monsieur d'Orléans la passive. C'est toutefois à quoi il faut s'accoutumer ; au moins pour le dernier, on verra peu de choses sortir de sa volonté, et tout
de celles des autres. Sans changer dans ce personnage
passif, il en changea d'actifs, et en eut plus d'un à la fin,
et souvent plusieurs bientôt après qu'il fut le maître.
C'est une étrange vérité, mais bien réelle, et qu'il est bon
d'annoncer de bonne heure pour faire cesser le doute et
la surprise sur tout ce qui est à raconter. Si M. de Beauvillier et l'archevêque de Cambray eussent vécu, ils étoient
tous deux destinés aux plus grandes places, et de la plus
étroite confiance, et, comme l'un et l'autre avoient été
gouverneur et précepteur des trois enfants de France, et
aucun des deux connu pour avoir de liaison particulière
avec M. le duc d'Orléans, son projet, fait par le duc de
Saint-Simon, étoit de les faire l'un chef de l'éducation du
Roi, avec le choix des sous-gouverneurs et de tout ce qui
appartient à l'éducation, et même d'un gouverneur sous
lui, autre que Saint-Simon, exclus par son attachement
pour M. le duc d'Orléans, et Monsieur de Cambray chef
des études, avec le même choix pour tout ce qui y appartient, et d'un évêque pour précepteur sous lui. La mort
du premier un an devant le Roi, celle de l'autre sept ou
huit mois après, le rendirent inutile, et, quant à l'éducation, les dispositions du Roi à cet égard l'auroient fait
échouer. M. de Saint-Simon avoit grand soin d'informer
M. de Beauvillier de toutes ces choses ; c'étoit lui qui, depuis longtemps, l'avoit lié avec M. le duc d'Orléans, presque
malgré le duc, qui, s'il l'eût voulu, le pouvoit aisément
par M. de Chevreuse, que M. le duc d'Orléans aima toute

sa vie par un commerce de science et de raisonnement que le duc entretenoit pour le ramener à la religion. A l'égard de l'archevêque, les mêmes raisons de sciences et de raisonnement avoient lié l'amitié entre eux, jusquelà que, dans la plus profonde disgrâce de ce prélat, M. le duc d'Orléans se déclara toujours pour lui, et, malgré l'absence, l'aima toujours et l'en fit souvent assurer. Le rare est que Monsieur de Cambray, qui, par ricochet de M. de Beauvillier et des derniers temps de M. de Chevreuse, savoit beaucoup de choses, craignoit étrangement M. de Saint-Simon, quoiqu'il n'ignorât pas combien, par attachement pour ces deux ducs, il affermissoit et entretenoit M. d'Orléans en sa faveur. Il étoit sorti de la cour avant que d'avoir connu M. de Saint-Simon; on lui en avoit fait peur; sa liaison plus qu'intime, qu'il n'ignoroit pas, avec ce qui le lui étoit le plus, ne le rassuroit pas, et le plaisant étoit que les ducs l'avouoient à Saint-Simon et se chargeoient, même de sa part, de diminuer ses craintes. Le fait étoit qu'il ne pouvoit, comme Beauvillier, se flatter avec Saint-Simon d'une obéissance aveugle et d'un abandon entier, et qu'accoutumé à l'un et à l'autre dans son petit troupeau, jusqu'à l'ombre d'avoir à compter avec quelqu'un, tel qu'il pût être à son égard, lui étoit devenu (sic) insupportable. Il mourut sachant ce qui l'attendoit, et chérissant cette planche après ses naufrages. Il fut donc question de le remplacer.

M. de Saint-Simon avoit persuadé M. le duc d'Orléans de former son Conseil, en très étroit nombre, sur le modèle des États généraux, et, pour cela, d'y mettre un évêque. M. de Saint-Simon lui en proposa deux, qui y pouvoient d'autant mieux vaquer qu'ils n'avoient plus de diocèse. C'étoient Chavigny, ancien évêque de Troyes, et Canisy, ancien évêque de Limoges, qui, tous deux, menoient une vie fort sainte dans leur retraite, où le dernier n'avoit rien de public à expier. Saint-Simon n'avoit eu de sa vie aucune liaison avec le premier, et, pour le dernier, à peine savoient-ils le nom l'un de l'autre; mais voici ce qui excita Saint-Simon. Au plus fort de la guerre et d'une cherté qui mit la famine dans plusieurs provinces, dont le Limosin fut des plus maltraités, Canisy, dont la résidence et la vie vraiment épiscopale avoient toujours été d'un grand exemple, vendit tout, jusqu'à sa vaisselle, pour secourir les pauvres. A bout de moyens et de toute industrie, il écrivit au Roi une lettre si pathétique sur ses devoirs et sur la misère de son peuple, que le Roi, à qui elle avoit été directement rendue, en tomba dans une mélancolie dont la durée donna les plus vives inquiétudes qu'il ne tombât malade à son plus secret intérieur, à qui il n'en put cacher la cause. Mme de Maintenon, furieuse contre le prélat, lui écrivit une lettre pleine de reproches, et l'avertit qu'il ne s'avisât jamais de retomber dans une pareille faute. L'évêque, qui n'avoit aucun commerce avec elle, ne se troubla point : il lui répondit qu'avant de tenter ce remède, il avoit usé tous ceux de ses moyens et de son industrie ; qu'il étoit comptable à Dieu de son troupeau ; que le Roi l'étoit de ses peuples, et que, n'ayant plus de ressource pour eux qu'en lui, il se seroit cru très coupable de ne le pas avertir comme il avoit fait ; qu'il étoit au désespoir, et de l'impression que sa lettre avoit pu faire sur sa santé, et qu'elle lui eût déplu à elle, mais que, devant plus à Dieu qu'aux hommes, loin de se repentir de ce qu'il avoit fait, il recommenceroit encore quand la même nécessité en presseroit sa conscience, et que nulle considération ne lui feroit trahir les devoirs de son caractère. Le bout de tout cela fut que son diocèse eut du secours, et que Mme de Maintenon ne le lui pardonna pas. Au bout de quelques années, il se démit et se retira pour toujours en Normandie, partie dans sa famille, partie dans son abbaye de[1]   . Un tel homme parut à Saint-Simon digne d'être mis sur le chandelier et très propre à dire à M. le duc d'Orléans des vérités importantes.

Monsieur de Troyes avoit du savoir, possédoit à fonds

---

1. Le nom est resté en blanc dans l'original, à la fin d'une page.

toutes les matières temporelles du clergé, connoissoit extrêmement le monde, avoit été fort à la mode parmi le plus distingué, et avoit mené une longue vie de jeu, de dames, de bonne chère et de dissipation peu décente. Venant sur l'âge, les remords le prirent. Il essuya un long combat en soi-même ; il essaya quelque résidence : il succomba à chaque retour à Paris ; enfin, voyant qu'il ne pouvoit résister aux occasions ni délier ses chaînes, il les rompit tout à coup, se démit sans rien demander, et s'enfuit dans une chartreuse, à la porte de Troyes, où il vécut longtemps en grande pénitence. Son neveu fut nommé à son évêché. L'union fut intime entre eux ; il voulut bien enfin passer quelque partie de l'année avec lui, mais sans voir presque personne. Après plusieurs années, le Roi lui ordonna de le venir voir à Fontainebleau, et il y venoit quatre ou cinq jours tous les ans. C'étoit à qui le verroit de ses anciens amis et de cette foule de connoissances ; la sainteté éclatoit en sa personne à travers cette politesse et cette aisance de la cour et du grand monde qu'il n'avoit pu perdre, et il s'enfuyoit hors d'haleine, ravi de se retrouver débarrassé dans sa solitude. Il y avoit vingt ans qu'il y étoit, lorsque le Roi mourut. Il étoit frère de la maréchale de Clérambault, que Madame aimoit extrêmement et qui passoit sa vie auprès d'elle, et Madame, qui aimoit Monsieur de Troyes avec confiance, lui avoit fait donner parole que, sans même être mandé, il viendroit dès qu'il la sauroit malade, parce qu'elle vouloit mourir entre ses mains. Tout cela lui fit donner la préférence sur Monsieur de Limoges. Mais que les pensées des hommes sont ténébreuses, et leurs vues trompeuses et courtes ! Monsieur de Troyes arriva sans se faire prier, et parut dans tout l'éclat de sa retraite. Il en retint tout le maintien dans les commencements, et on ne se pouvoit promettre de personne autant que de lui le poids nécessaire et capable d'imposer à l'extérieur de M. le duc d'Orléans, de le ramener peu à peu à une conduite plus décente, et de le contenir, sinon de le fixer. *Sed, si sal evanuerit, in quo salietur?* comme dit le Sauveur du monde. Monsieur de Troyes s'humanisa bientôt, et, si l'âge, le fonds qu'il avoit fait dans sa longue retraite, les occupations, qui d'abord furent effectives, l'empêchèrent de redevenir *le Troyen*, il ne put longtemps tenir contre les amusements du monde, et peu à peu on le vit s'y livrer insensiblement et en remplir des journées que la soustraction des affaires ne remplissoient (sic) plus. Ses vrais amis en eurent de la peine, sa plus intime famille en rougit; mais il n'eut honte de rien. Le jeu, les toilettes, les dîners, en un mot tout ce qui étoit le plus indécent dans un homme tel que lui, hors le crime, il s'y abandonna, et résista aux représentations que ses plus familiers amis osèrent lui en faire. Il y persévéra même après qu'il ne fut plus mention d'affaires, ni même de conseils, et il poussa cette déplorable vie jusqu'à une grande vieillesse. Une maladie le fit rentrer en lui-même, mais par degrés et toujours en s'échappant, jusqu'à ce qu'enfin il se défit de son équipage et s'enferma dans une belle maison qu'il avoit louée des Chartreux, où il ne s'occupa plus que de l'autre vie. Il vécut de la sorte quelques années, dans la pénitence et la séparation, faisant de grandes aumônes, voyant à peine l'archevêque de Sens, son neveu, et la maréchale de Charost, sa nièce, depuis duchesse de Luynes, qu'il logeoit avec lui; conserva sa santé et sa tête jusqu'à la fin, et mourut ainsi, moins de maladie que de vieillesse, 15 septembre 1731, à quatre-vingt-neuf ans, après avoir survécu à tout et à soi.

Le maréchal de Villeroy, dont la figure a tant varié en sa vie, a paru si grande la dernière année de la vie du feu Roi, et si folle, puis si ridicule dans les suites, ne put n'être pas de ce conseil de régence, surtout après ce que le testament du Roi déclara pour lui, ni quitter le conseil des finances. Le duc de Noailles y fut mis, en apparence sous lui, mais en effet en chef, et, comme ce maréchal ne pouvoit même avoir le nom de tant de choses, on ne dit pas vaquer, puisqu'en effet il étoit incapable de vaquer à pas une, le maréchal de Villars fut mis à la tête du conseil de guerre. Bezons, destiné pour être dans ce dernier conseil, fit tant auprès de M. le duc d'Orléans, qu'il se fourra dans celui de régence, au scandale universel. Mais, rien n'étant arrêté à la mort du Roi, tout alla comme il put, et on en verra encore mieux les raisons au titre de Noailles. Ainsi le conseil de régence fut d'abord uniquement composé de :

M. le duc d'Orléans,
Monsieur le Duc,
M. le duc du Maine,
M. le comte de Toulouse,
M. Voysin, chancelier,
M. le duc de Saint-Simon,
M. le maréchal duc de Villeroy,
M. le maréchal duc d'Harcourt,
M. le maréchal de Bezons,
M. l'ancien évêque de Troyes,
Et, huit jours après, M. de Torcy ;

M. de la Vrillière, secrétaire d'État et du conseil de régence, sans voix pendant plus d'un an ;

M. le cardinal de Noailles, chef du conseil de conscience ;

M. le maréchal duc de Villeroy, chef du conseil de finance ;

M. le duc de Noailles, président du conseil de finances (*sic*) ;

M. le maréchal duc de Villars, chef du conseil de guerre ;

M. le duc de Guiche, président du conseil de guerre ;

M. le comte de Toulouse, comme amiral, chef du conseil de marine ;

M. le maréchal d'Estrées, président du conseil de marine ;

M. le maréchal d'Huxelles, chef du conseil des affaires étrangères ;

M. le duc d'Antin, chef du conseil des affaires du dedans du Royaume, ou de ce qui s'appeloit avant et depuis : du conseil des dépêches.

Et les chefs des conseils, seuls, entroient chacun leur jour au conseil de régence, pour y rapporter les affaires de leurs conseils :

L'archevêque de Bordeaux, frère du maréchal de Bezons, ou un autre du conseil de conscience, au lieu du cardinal de Noailles, exclus pour les difficultés de rang; le maréchal d'Estrées, pour celui de la marine, et le duc de Noailles, pour celui des finances.

Le rang s'y régloit par l'ancienneté de la pairie pour ceux qui étoient pairs, ou du duché vérifié pour ceux qui n'étoient pas pairs; puis, les maréchaux de France avant tous autres.

Pontchartrain entra quelques mois dans ce conseil sans opiner et sans fonction quelconque. La Vrillière en tenoit la plume comme secrétaire, et la marine étoit dévolue à l'amiral et au conseil de ce nom. Restoit la maison du Roi et Paris, qu'Argenson, lieutenant de police, faisoit avec indépendance : c'étoit donc une nulle, que le chancelier son père, sorti de sa retraite de l'Institution pour aller supplier M. le duc d'Orléans, par les derrières, *incognito*, soutint quelque temps, appuyé du marquis d'Effiat et de Bezons. Les avanies qu'il y reçut par un long mémoire de ses prévarications que le comte de Toulouse lut lui-même, et de sa façon avouée, en plein conseil de régence, les commentaires du maréchal d'Estrées, les dérisions et les mépris de tous les autres, et tout cela en sa présence, et sans qu'il ait jamais osé y répondre une parole, rendent incroyable à qui l'a vu comment il put y tenir. Son édit des gardes-côtes fut cassé au premier conseil de régence où il se traita de marine, avec un scandale qui dut dédommager Saint-Simon. Mais il se lassa enfin de l'y voir accablé de honte et d'opprobres sans pouvoir en être rassasié : il proposa un matin à M. le duc d'Orléans, à Vincennes, de s'en défaire, de donner sa charge à son fils, encore enfant, et de la faire exercer par la Vrillière, qui, Phélypeaux comme lui et secrétaire d'État effectif, ne pouvoit embler une charge de secrétaire d'État alors en peinture. Par là il se vengeoit pleinement de son ennemi, sauvoit sa famille, et fermoit la bouche au chancelier de Pontchartrain, son ami. Saint-Simon fut chargé par le Régent de lui faire une lettre pour ce chancelier et de la lui apporter au Palais-Royal, l'après-dînée. Il l'approuva, la transcrivit, la ferma et la donna à Saint-Simon. Celui-ci envoya, le lendemain matin, la Vrillière à l'Institution, pour qu'il fût présent à la réception de la lettre du Régent, qu'il lui envoya avec un billet dont il l'accompagna, et suivit lui-même un quart d'heure après. Il avoit eu soin, par la lettre du Régent, de défendre au chancelier de le voir qu'il n'eût reçu la démission de son fils et fait expédier la charge au petit-fils; et le tout étoit tourné au plus flatteur pour le chancelier. Aussi, dès qu'il rentra dans sa chambre : « Ah! Monsieur, s'écria-t-il, voilà de vos tours! Vous écrasez mon fils, vous sauvez le fils de feue Mme de Pontchartrain, mon honneur et ma famille. Vous voilà vous-même! » et tout de suite l'embrassa. Saint-Simon le fit souvenir en deux mots de ce qui s'étoit passé ; qu'il n'avoit jamais rétracté sa menace, ni rendu son amitié à son fils. Il ajouta : « Voilà, Monsieur, ce que j'avois dit que je ferois. Je l'ai fait, il est vrai; mais j'ai fait aussi ce que je ne vous avois pas promis, et dont vous ne trouverez point d'exemple de la considération personnelle qui vous est ici témoignée, jointe à toute la sûreté qui se pouvoit donner pour la charge. » Le chancelier ne laissa pas de sentir l'état de son fils, quoique si mérité, et que tout le public applaudit sans garder la moindre mesure. Aussitôt Pontchartrain, mandé par son père, arriva chez lui, et Saint-Simon sortit un instant auparavant. Force lui fut de donner sa démission à l'heure même et de demeurer enseveli dans l'obscurité, sous l'exécration publique. On a voulu raconter tout de suite ce qui regarde Pontchartrain.

Voysin, plus que nul autre, devoit périr sous la juste vengeance du Régent, et Saint-Simon, qui d'ailleurs n'avoit aucun lieu de rancune contre ce chancelier, ne cessoit d'en presser M. le duc d'Orléans. Celui-ci tergiversa dans les derniers jours de la vie du Roi, et, tout à la fin, avoua à Saint-Simon qu'il n'avoit pu refuser au maréchal de Villeroy, si complice de l'autre, de lui laisser les sceaux et le ministère moyennant sa démission de sa charge de secrétaire d'État. Le rare fut que, resté en ces grandes places, il ne fut plus question de cette démission. Fort longtemps après, Saint-Simon ne cessant de presser le Régent là-dessus, elle fut donnée, mais payée au double, après se l'être déjà fait payer presque entière une autre fois, dans les derniers mois du feu Roi.

Pour Torcy, le secret de la poste le sauva malgré Saint-Simon, et son entrée au conseil de régence ne fut retardée d'une huitaine que pour faire au vieil évêque de Troyes la galanterie de le lui faire précéder.

Desmaretz, qui, dans les dernières semaines de la vie du Roi, s'étoit enfin avisé de rechercher Saint-Simon, et qui s'y prit par les duchesses de Chevreuse et de Beauvillier, qui étoient pour lui l'endroit le plus sensible, en fut constamment rejeté, et ne mit jamais le pied au conseil de régence.

Tel, en gros et très gros, étoit l'état des choses à la mort de Louis XIV. D'entrer maintenant dans ce qui se passa depuis jusqu'à la mort de M. le duc d'Orléans par rapport à M. de Saint-Simon, ce ne seroit plus anecdotes, mais une histoire entière. Il y fit une figure si continuelle et si considérable, qu'il faudroit raconter une infinité d'affaires et de choses les plus curieuses, mais qui feroient des volumes. On se contentera donc de dire que, dès l'entrée, il voulut tout quitter, ce qui se verra au titre de NOAILLES, et fut à grand peine retenu par les efforts suivis de M. le duc d'Orléans. Quelque temps après, ce prince, excédé déjà des menées et des manières du maréchal de Villeroy, voulut le chasser et faire gouverneur du Roi

Saint-Simon, qui le refusa avec la dernière force, par les raisons ci-devant alléguées contre un gouverneur du Roi attaché au Régent, et, par mêmes raisons, fit en sorte que le maréchal fut conservé. Mais, quelques années après, ce dernier en fit tant, que la même chose fut remise sur le tapis et que, un mois durant, M. le duc d'Orléans et Monsieur le Duc non seulement en pressèrent, mais en persécutèrent le duc de Saint-Simon, qui fut, à le refuser, aussi opiniâtre qu'eux. Le rare fut que le maréchal de Villeroy le sut, et ne put pardonner à Saint-Simon d'avoir pu avoir sa place, sans aucun gré de l'avoir non seulement refusée, mais de la lui avoir conservée, et ne le lui a pardonné que lorsqu'enfin il fut arrêté et envoyé à Lyon, et qu'il vit le duc de Charost gouverneur du Roi, contre lequel il éclata. A son retour de Lyon, Saint Simon fut le premier homme qu'il visita, et depuis, jusqu'à sa mort, l'a toujours cultivé avec toutes sortes de prévenances et d'ouvertures.

Les sceaux furent aussi offerts à M. de Saint-Simon, avec autant de persécution que l'avoit été la place de gouverneur du Roi, et refusés avec la même opiniâtreté. Il ne vouloit ni dépouiller Daguesseau, qui les tenoit alors, ni faire un métier qu'il ignoroit et qui ne l'honoroit point, ni sceller ou refuser de sceller des édits qu'il ne croyoit pas justes. De ces refus, l'abbé Dubois lui fit un crime quelque temps après, et encore de ne s'être pas trouvé au Grand Conseil lorsque le Régent y mena les princes du sang, les pairs et les maréchaux de France, pour l'affaire de la Constitution, au refus du Parlement. Il y eut ainsi parfois de petites froideurs entre S. A. R. et Saint-Simon, mais que, tôt après, réchauffoient l'amitié et la confiance. Saint-Simon sauva encore le Parlement, qu'on avoit persuadé au Régent de rembourser en billets, pour nommer après annuellement, par commission, à toutes ces magistratures. On revint à la charge, et il l'empêcha une seconde fois, quelque mal qu'il fût avec cette Compagnie, et surtout avec les chefs, pour le bonnet et ses suites. Ce qu'il fit à l'égard de l'abaissement des bâtards et de l'expulsion de M. du Maine se verra nécessairement au titre d'Eu. On se contente de coter les choses les plus principales, pour ne pas garder un silence entier. On peut juger par là de tant d'autres choses dont on se tait, et de ce que ce seroit que l'explication détaillée des unes et des autres en étendue et en curiosité.

M. le duc d'Orléans confia à M. de Saint-Simon sa réconciliation avec l'Espagne et le double mariage du Roi avec l'Infante, et du prince des Asturies avec une fille de M. le duc d'Orléans, lorsqu'on fut d'accord et quatre mois avant que qui ce soit en eût connoissance. Dubois avoit fait cette grande affaire, et, dans la crainte et la jalousie extrême qu'il avoit de M. de Saint-Simon, avoit exigé du Régent qu'elle (sic) ne lui en parlât pas. Il tint jusqu'à la conclusion, puis en recommanda le secret à Saint-Simon, pour personne plus que pour Dubois. C'est ce qui procura au duc de Saint-Simon, malgré l'autre, l'ambassade pour la demande de l'Infante, qui le fit grand d'Espagne de première classe, et son second fils, et la Toison d'or à l'aîné. Saint-Simon étoit d'avis qu'on ne fît point d'éclat et que tout demeurât secret, au moins quant au mariage du Roi, pour ne point effaroucher l'Europe jusqu'au temps de les marier effectivement; mais le Régent lui dit qu'ils vouloient le rendre public, et que l'Infante fût élevée ici. Là-dessus, Saint-Simon proposa que, au moins, on évitât le dégoût entre deux enfants qui s'importuneroient et s'embarrasseroient l'un l'autre avant le temps, la dépense, et surtout la pernicieuse éducation de la cour; de mettre l'Infante au Val-de-Grâce, monastère royal, magnifique, écarté, en bon air, avec un très grand jardin, et dans l'appartement de la Reine mère; d'engager absolument la duchesse de Beauvillier à en être la gouvernante, dont l'esprit, la piété, l'usage du monde et de la cour, et la qualité de veuve du gouverneur du roi d'Espagne et du père du Roi rendoit le choix accompli, et de lui laisser la disposition entière et absolue de l'éducation et du domestique; qu'une ou deux fois l'année, le Roi et l'Infante se visiteroient, et que, la visite se passant en collation et en discours de gouverneur et de gouvernante, ils n'auroient pas le temps de s'ennuyer l'un de l'autre; que l'Infante ne sortît qu'une fois ou deux l'année, et dans les carrosses du Roi, et demeurât ainsi séparée jusqu'au jour de son mariage.

Le Régent trouva tout cela merveilleux; mais Dubois, qui, à son insu, travailloit à son cardinalat et vouloit se servir du cardinal de Rohan à Rome, comme on verra au titre de ROHAN-ROHAN, se le voulut dévouer et se concilier le maréchal de Villeroy, à quoi il se trompa lourdement, et voulut la duchesse de Ventadour, et, pour l'amour de celle-ci, joueuse et folle du monde autant que la duchesse de Beauvillier étoit sainte et retirée, loger l'Infante au Louvre, et toujours à la cour. On en a vu le succès avant son renvoi; et c'est ainsi que les intérêts particuliers, et des plus petits particuliers, décident les plus importantes affaires des rois et de leurs États.

M. le duc de Saint-Simon eut donc l'honneur de signer, avec le roi et la reine d'Espagne et leur royale famille, le contrat de mariage du Roi et de l'Infante, et revint comblé d'honneurs et de leurs bontés, et de toutes les marques d'estime et d'amitié de toute leur cour. Dubois, déjà cardinal, auroit bien voulu le retenir en Espagne, et cette cour aussi l'y garder; mais ce n'étoit pas là son dessein. En arrivant, il se brouilla plus que jamais avec ce cardinal, comme on le verra encore au titre de NOAILLES; mais il tenta de se raccommoder pour faire accroire au monde que Saint-Simon avoit contribué à le faire premier ministre : à quoi, en effet, il s'opposa le plus fortement, et d'une manière qui, tout au plus, ne pouvoit être permise qu'à lui. Exclus à son retour, avec les autres ducs, du conseil de régence, et dégoûté de voir le Régent entièrement livré au cardinal Dubois, longtemps premier ministre d'effet avant de l'être déclaré, Saint-Simon se retiroit peu à peu, toujours retenu et ramené par M. le duc d'Orléans. Mais, à la fin, lassé de ne pouvoir procurer aucun bien, il se retira de plus en plus et fit des séjours allongés à la Ferté. Il s'y trouvoit lorsque le cardinal Dubois mourut. Force courriers l'en avertirent, dépêchés exprès; mais il ne branla point de chez lui, et s'en retourna à Paris assez longtemps après. La réception qu'il reçut de M. le duc d'Orléans le fit souvenir de celle de son père par Louis XIII, mandé de Blaye aussitôt après la mort du cardinal de Richelieu. Le succès en fut aussi le même, sinon que M. le duc d'Orléans ne survécut pas si longtemps son ministre.

On ne peut finir le très court abrégé de cette matière sans ajouter que M. de Saint-Simon s'opposa constamment, dans le cabinet et en plein conseil de régence, à la Banque, et encore plus aux autres trop funestes opérations du célèbre Law, à la participation desquelles il tint ferme à ne prendre aucune part : en quoi peu de seigneurs l'imitèrent, si on en excepte les ducs de la Rochefoucauld, de Villeroy et de Villars, ces deux derniers maréchaux de France. Saint-Simon estima la Banque utile dans une république ou en Angleterre, où les finances sont entre les mains des communes, mais pernicieuse dans un pays absolu, où un changement de ministre, l'avidité d'un favori ou d'une maîtresse, une nécessité de guerre qui tourne mal et cent autres choses en peuvent faire abuser et ruiner tout ce qui a en Banque; et à l'égard de tout ce qui a été si connu, et qui sera toujours incroyable, sous le nom de Mississipi, il a toujours pensé et dit que, dès que ce n'étoit point la transmutation chimérique des métaux, il ne pouvoit comprendre ces tours de passe-passe sans que la corde cassât enfin et ruinât tout crédit et tout le monde, dont tout le bien passeroit ainsi successivement en mille mains, et, pour peu de fortunes illicites, ruineroit l'État et des millions de familles particulières. L'expérience fatale n'a que trop montré s'il avoit raison.

La mort, funeste au Roi et à l'État, de M. le duc d'Orléans mit Monsieur le Duc en sa place de premier ministre, par le secours de Fleury, ancien évêque de Fréjus, précepteur du Roi et qui avoit dès lors toute sa confiance. Saint-Simon, de son su, avoit empêché deux fois qu'il ne fût renvoyé, et depuis avoit, de son su encore, travaillé à le faire cardinal. A l'égard de Monsieur le Duc, il étoit dans toute sa confiance, et le lien et le moyen entre M. le duc d'Orléans et lui. Monsieur le Duc parloit au duc de Saint-Simon de son domestique même avec la dernière ouverture, et trouvoit bon qu'il lui dît librement son avis. Ces intimités si familières ne sont guère sans de grands dangers. Un jour qu'après un long entretien tête à tête Monsieur le Duc fit à Saint-Simon quelques plaintes des réserves qu'il éprouvoit de M. le duc d'Orléans, Saint-Simon lui répondit qu'avec un peu de réflexion sur lui-même il les trouveroit raisonnables, ou il mettroit S. A. R. en état de n'en plus avoir; qu'il vivoit avec la personne du monde qui, avec le plus de beauté, avoit aussi le plus d'esprit; qu'il laissoit les exhortations à l'âge et à la conscience, puisque, se livrant à aimer, il ne pouvoit mieux placer ses inclinations, mais qu'à la façon dont M. le duc d'Orléans vivoit avec ses maîtresses, qui ne pouvoient jamais tirer rien de lui sur aucune affaire, ni avoir la plus légère influence, il n'étoit pas étrange qu'il ne jugeât pas de même de lui, Monsieur le Duc, avec Mme de Prie, et qu'il ne falloit pas lui dissimuler que la crainte du pouvoir et de l'esprit de cette dame sur le sien ne tînt, à son égard, M. le duc d'Orléans plus en réserve qu'il ne voudroit y être.

Monsieur le Duc reçut très bien cet avis, et se lava du soupçon le mieux qu'il put. S'il étoit légitime, on l'a vu tant que son gouvernement a duré. M. de Saint-Simon n'avoit jamais caché combien il étoit contraire aux maîtresses de M. le duc d'Orléans et à tout ce qui l'approchoit à titre de débauche. Il y a lieu de croire que cette conduite le fit craindre à Mme de Prie. On va voir qu'elle y sut tôt après mettre un tel ordre qu'elle demeura en repos là-dessus. M. de Saint-Simon, dégoûté du monde et des affaires, affligé par amitié, par une liaison de toute sa vie, par reconnoissance de M. le duc d'Orléans au dernier point, rebuté de voir que tout lui rompoit aux mains, ce prince après le Dauphin, entendit sans peine le langage de l'évêque de Fréjus, qui alla tout d'abord avec insinuation à une honnête retraite. Ce prélat avoit fait un prince du sang premier ministre, tout tel qu'il le crut lui convenir, c'est-à-dire qui lui ôteroit l'envie de la place et lui en laisseroit toute l'autorité, tant par la difficulté du prince à y suffire, que par la nécessité de la dépendance par rapport au Roi. On s'aperçut bientôt de son essor rapide, et qu'il tendoit à dépeupler la cour de tout ce qui avoit un maintien. Il réussit pleinement au dernier, et se trompa lourdement à l'autre. Mme de Prie, qui voulut régner, et régner à découvert, devint un tel obstacle aux vues du prélat, qu'après une longue lutte pour se défaire d'elle, qui n'est plus de ces anecdotes, et elle de lui, tout tendit à des extrémités où la chute de l'un et de l'autre firent place à la puissance de Monsieur de Fréjus, telle que jamais roi de France n'a joui d'une pareille.

M. de Saint-Simon suivit donc son goût, ou plutôt son dégoût, en suivant les insinuations de ce prélat, mais sans avoir lieu de se croire le moins du monde diminué dans la confiance et l'amitié de Monsieur le Duc, premier ministre, qui lui en donna toujours les mêmes marques, quoique plus rarement, parce que M. de Saint-Simon ne s'y présentoit presque point, jusqu'à la promotion de l'ordre du Saint-Esprit déclarée deux mois après. Saint-Simon n'imagina pas de le demander, ni Monsieur le Duc de ne le pas faire. Monsieur de Fréjus, qui garda toujours avec M. de Saint-Simon tous les dehors qui n'incommodoient point ses inquiétudes, le vit sur la liste que Monsieur le Duc présenta au Roi la surveille du chapitre, et le dit à l'abbé de Saint-Simon, depuis évêque de Metz, le lendemain matin. Le soir de ce même jour, Monsieur le Duc rapporta au Roi cette même liste, pour la lui faire signer et la faire lire le lendemain, jour de la Chandeleur 1724, au chapitre. Monsieur de Fréjus fut bien étonné de n'y plus trouver [Saint-]Simon, et d'y voir en son lieu Saint-Nectaire ajouté. Cela fit devant le Roi une altercation assez longue, dont la fin fut que Saint-Nectaire demeura et que Saint-Simon ne fut point remis. Il en rit, vit tout le monde, jouit de l'étonnement public et de l'embarras que Monsieur le Duc n'en put cacher à qui, jusqu'à ceux qui n'aimoient point Saint-Simon, en demandèrent la cause. Mais, avec cette conduite, Saint-Simon se le tint pour dit et cessa de voir Monsieur le Duc, et défendit à ses enfants de le voir, et d'une façon publique, sans cesser d'aller de loin à loin à Versailles. Il ne tint pas à Monsieur le Duc de se raccommoder avec lui et de faire sa femme dame d'honneur de la Reine. Du Vernay, vrai roi d'effet alors, que Saint-Simon ne connoissoit point, sonda le gué autour de lui, et en fit toutes les avances. Tout ce qu'il vouloit étoit que Saint-Simon allât chez Monsieur le Duc, comme s'il ne se fût rien passé, avec toutes les sûretés possibles d'y être reçu avec toute la joie et la distinction possible ; et Saint-Simon se tint ferme à ne vouloir ouïr parler de rien qu'autant que Monsieur le Duc feroit en premier toutes les démarches, et de plus ne vouloit point de la place de dame d'honneur, ni la duchesse de Saint-Simon non plus. Cette conduite avec un prince du sang qui se tenoit roi de France combla la mesure de l'éloignement réciproque : en sorte que Saint-Simon, de longue main lié avec des personnes distinguées presque au même point que lui avec Monsieur le Duc, et avec d'autres qu'il vouloit perdre, garda moins que jamais de mesures. On verra, au titre d'Eu, qu'il étoit brouillé avec Mme la duchesse d'Orléans, qui, dans les suites, tenta inutilement de se raccommoder avec lui, et qu'il n'étoit pas mieux avec Monsieur son fils : de sorte que, libre de toutes sortes d'engagements, de places et de vues, il vécut pour lui-même. Il ne laissa pas de presser la chute de Monsieur le Duc ; mais ces curiosités intimes ne sont pas du ressort de ces anecdotes. En gros, beaucoup de choses furent concertées de Monsieur de

Fréjus à lui, et, à l'instant que Monsieur le Duc fut expulsé, le soir même, Monsieur de Fréjus le lui manda. Il eut part aussi aux changements qui suivirent ; mais il eut soin de bien inculquer à Monsieur de Fréjus qu'il ne vouloit rien, et que, ce prélat touchant à la pourpre, ce ne seroit pas la peine à lui d'entrer au Conseil pour en sortir aussitôt.

Il a donc vécu depuis avec la considération de ce premier ministre et de ses subalternes, qu'il a due à sa conduite séparée et retirée sans se mêler de rien, faisant six mois ses délices de sa maison de la Ferté, et les six autres mois dans sa maison de Paris, avec ses amis et ses livres, et allant une fois ou deux l'année à la cour. En 1728, il fut chevalier de l'Ordre, sans y avoir pensé, et s'en tint depuis à aller à la cour aux cérémonies de l'Ordre, voyant, toutes les fois qu'il s'y présentoit, le cardinal Fleury en particulier, qui lui parloit souvent d'affaires, parce qu'il savoit bien que cela ne pouvoit aller loin, ni au delà de ce qu'il vouloit. De même les autres ministres, à qui sa rareté imposoit, et sa réserve à demander sinon des choses indispensables, et fort peu d'autres : à quoi il a toujours trouvé toute sorte de facilité. Dans cette situation, qu'il appeloit d'un homme mort au monde, il est pourtant vrai qu'il fut craint et compté, et qu'on regarda comme une fortune et un trait d'habileté d'Angervilliers d'avoir su marier sa fille unique au second fils du duc de Saint-Simon. Il étoit ministre d'État et secrétaire d'État de la guerre, mais en butte à Chauvelin, garde des sceaux et tout-puissant adjoint au premier ministère du cardinal, qui vouloit perdre Angervilliers, et qui fit l'impossible pour rompre ce mariage. Il avoit raison : il fut sa perte. Saint-Simon l'empêcha par trois fois, et la dernière avec un si puissant retour, que Chauvelin en fut ébranlé dès lors, et que sa fortune ne porta jamais depuis santé auprès du cardinal jusqu'à sa chute.

Il est temps maintenant de passer à ses enfants :

Jacq.-Louis de Saint-Simon, dit le duc de Ruffec. Né 29 juillet 1698. Son père lui obtint de M. le duc d'Orléans, au commencement de la Régence, la survivance de son gouvernement de Blaye et un régiment de cavalerie, que sa mauvaise santé l'obligea à quitter vingt ans après. Lors de l'ambassade de son père en Espagne, il lui obtint l'ordre de la Toison d'or, qu'il y reçut des mains du roi d'Espagne, et, à son retour, il se démit de son duché-pairie en sa faveur.

Armand-J. de Saint-Simon, marquis de Ruffec. Né 12 août 1699. Son père obtint de M. le duc d'Orléans, régent, la survivance de son gouvernement et bailliage de Senlis pour lui, et un régiment de cavalerie, en même temps, l'un et l'autre, que son frère, et, lors de son ambassade, il obtint pour lui la grandesse d'Espagne de première classe, conjointement avec lui, et lui fit faire sa couverture.

Il est maréchal de camp.

Cath.-Ch.-Th. d'Aure, seconde fille du dernier maréchal duc de Gramont, mort dès lors, et de Noailles, fille et sœur des maréchaux ducs de Noailles.

Elle étoit veuve sans enfants de Ph.-Alex. de Bournonville, frère de la duchesse de Duras, et elle étoit sœur du duc de Gramont, pair de France, gouverneur de Bayonne, Navarre, Béarn, etc., colonel du régiment des gardes françoises, du comte de Gramont, tous deux depuis lieutenants généraux et chevaliers de l'Ordre 1728, et de la duchesse de Gontaut, dame du palais de la Reine ;

Dont une seule fille.

[   ], fille unique et héritière de Bauyn, sieur d'Angerviliers, ministre et secrétaire d'État de la guerre, et de [   ] Maupeou. Mariée à Paris.

Elle étoit veuve sans enfants du dernier Longueil, sieur de Maisons, président à mortier au parlement de Paris.

Charl. de Saint-Simon, mariée [   ] à [   ] Hénin-Liétard, comte de Bossut, prince de Chimay, grand d'Espagne de la première classe, chevalier de l'ordre de la Toison d'or, lieutenant général des armées du Roi et du roi d'Espagne, frère du cardinal d'Alsace archevêque de Malines ;

Sans enfants.

Il faut ajouter, pour l'intelligence des anecdotes qui se trouveront au titre NOAILLES, que, quelque grand et desirable parti que fût Mme de Bournonville, le duc de Saint-Simon eut toutes les peines du monde à y consentir, et que l'agonie, pour ainsi dire, de plusieurs années du prince de Bournonville, comme il se faisoit appeler quoique sans aucuns honneurs, fut à peine assez longue pour arriver à ce but, auquel les Noailles tendoient de toutes leurs forces, et même à découvert, pour parvenir à une réconciliation entre les ducs de Saint-Simon et de Noailles, qui se fit telle quelle, et qui se put à peine obtenir du premier à la déclaration du mariage.

Reste à voir en deux mots pourquoi SAINT-SIMON est mis ici avant LA ROCHEFOUCAULD, qu'on va voir érigé longtemps avant l'autre; mais il ne le fut pas plus tôt, et enregistré aussi, que celui qui l'avoit obtenu se trouva subitement dans des intrigues contre le gouvernement qui l'empêchèrent de se faire recevoir, qui éclatèrent en guerres civiles, et conséquemment en proscriptions, qui durèrent longtemps : en sorte que le duc de Saint-Simon fut reçu duc et pair en même temps qu'érigé et enregistré, et avant que le duc de la Rochefoucauld eût été reçu lui-même au Parlement. Lorsqu'à la fin son abolition lui eut frayé son retour à la cour et qu'il voulut procéder à sa réception, il prétendit précéder M. de Saint-Simon, comme enregistré et vérifié avant lui; et M. de Saint-Simon s'y opposa, et, comme reçu avant lui au serment de duc et pair au Parlement, il prétendit avoir fixé son rang et précédé M. de la Rochefoucauld. La chose demeura en ces termes, sans se trouver en aucune cérémonie ensemble, jusqu'au lit de justice de[1]   , que le Roi, qui n'avoit pas encore multiplié les pairs, voulut être accompagné de tous ceux qui se trouvèrent à Paris, et qui envoya au Parlement, chose fort singulière, un brevet, qui fut enregistré, portant alternative de rang, et, pour la première fois, de tirer la préséance au sort entre M. de la Rochefoucauld d'une part, et MM. de Retz et de Saint-Simon d'autre, qui avoient la même cause commune contre

---

1. Un blanc au manuscrit.

lui. Les choses durèrent de la sorte jusqu'en   [1], que le duc de Saint-Simon d'aujourd'hui se fit recevoir au Parlement. Sa liaison avec le duc de la Rochefoucauld par le procès commun de préséance contre le maréchal duc de Luxembourg et son fils, l'extrême disproportion d'âge, et plus encore, s'il se peut, de figure et de faveur, engagèrent Saint-Simon de faire proposer à M. de la Rochefoucauld, par le duc de la Trémoïlle, intimement lié à eux par ce même intérêt contre M. de Luxembourg, de laisser subsister l'alternative et de précéder Saint-Simon à sa réception. M. de la Rochefoucauld, qui ne doutoit pas de sa cause, et encore moins de sa faveur, voulut un jugement, exigea une forme étrange, et finalement se fâcha et ne voulut plus ouïr parler de rien. Arriva ensuite l'édit de 1711, dont on a parlé ci-dessus, et, comme il étoit fait en partie pour finir toutes ces questions, celle-ci s'y trouva décidée en faveur du duc de Saint-Simon. M. de la Rochefoucauld, déjà aveugle, mais toujours espèce de favori, cria si haut, qu'il obtint du Roi revision de sa cause, jugée sans l'avoir entendu, et le Roi, qui ne put s'en défendre, la lui accorda, à condition que lui seul seroit juge, au rapport du chancelier de Pontchartrain. Pendant l'instruction, le feu s'y mit par un mémoire fort indiscret de M. de la Rochefoucauld, auquel Saint-Simon répondit par un autre si fâcheux, que MM. de la Rochefoucauld, père et fils et famille, furent ravis que le duc de Noailles, lors intimement avec le duc de Saint-Simon, s'entremit pour faire supprimer l'un et l'autre, et, en portant l'excuse et le désaveu formel de la Rochefoucauld à Saint-Simon, rétablir entre eux la bienséance.

Tout dit de part et d'autre, sans vouloir, de pas une des deux, y rien ajouter, le Roi prit une après-dînée à Versailles pour entendre seul le rapport du chancelier, et rendit un arrêt qui donna au duc de Saint-Simon toute préséance, et en tous lieux, cérémonies, séances et assem-

---

1. Un banc au manuscrit.

blées quelconques, sur M. de la Rochefoucauld, qui avoit voulu tenter le partage de préséance au Parlement et à la cour, comme elle est entre les ducs d'Uzès et de la Trémoïlle. Ce fut une pilule que MM. de la Rochefoucauld père et fils ne purent digérer. Le père l'emporta sur l'estomac en l'autre monde; le fils et tous les siens la gardèrent longtemps sur le leur. Il est pourtant vrai que, le fils s'étant fait recevoir pair à la hâte le matin que M. le duc d'Orléans vint au Parlement pour la régence, Mesmes, premier président, avec qui Saint-Simon étoit aux dernières extrémités, proposa à M. de la Rochefoucauld, en pleine séance, de renouveler sa prétention contre M. de Saint-Simon, et que M. de la Rochefoucauld ne le voulut jamais. Le jour même, il lui céda, au Parlement, la préséance, et toujours depuis, sans aucune difficulté. Mais il est vrai aussi que, lorsqu'en 1728 Saint-Simon fut fait chevalier de l'Ordre, Breteuil, qui en étoit prévôt et grand maître des cérémonies, le vint voir, et lui insinua doucement qu'il pourroit avoir quelque difficulté pour la préséance avec le duc de la Rochefoucauld. Le duc de Saint-Simon sourit, mena Breteuil dans son cabinet, et lui montra l'arrêt. Breteuil le trouva si net et si précis, qu'il fut surpris que la Rochefoucauld pût rien prétendre. Il avoua qu'il n'avoit tenu ce discours à Saint-Simon qu'à la prière de la Rochefoucauld, et promit de lui dire son avis sur ce qu'il venoit de voir. La chose en demeura là, et Saint-Simon eut, sans la moindre dispute, la préséance aux cérémonies de l'Ordre, comme partout ailleurs, sur le duc de la Rochefoucauld.

ADDITION

AUX

LETTRES, MÉMOIRES

SUR DIVERS SUJETS, ETC.,

DE SAINT-SIMON

I

LA DUCHESSE (CHARLOTTE) DE SAINT-SIMON
AU CONTRÔLEUR GÉNÉRAL LE PELETIER[1].

De la Ferté-Vidame, le 27 septembre 1685.

Je vous remercie très humblement, Monsieur, de la communication que vous m'avez fait donner des pièces qui vous ont été envoyées par M. de Gourgue. Aussitôt que je serai à Paris, j'irai vous témoigner combien je suis sensible à cette honnêteté. Cependant je vous supplie d'agréer, Monsieur, que je vous représente que M. Bidé de Grandville a rendu une ordonnance en ma faveur, après avoir vu mes titres; que M. de Gourgue, lui ayant succédé dans l'intendance de la généralité de Limoges, a fait défense aux habitants du marquisat de Ruffec de me

---

1. Archives nationales.

payer les droits de béans et corvées, et que, du depuis, ayant levé ces défenses, quelques-uns de ces habitants y ont formé opposition, comme il paroît par les requêtes que vous m'avez fait communiquer; et parce que, à chaque changement d'intendants, je pourrois être exposée à un inconvénient pareil à celui où je suis aujourd'hui, je vous supplie, Monsieur, pour l'éviter, d'avoir la bonté de nommer des commissaires du Conseil, devant lesquels je puisse produire mes titres, afin que j'aie un arrêt qui statue sur ce qui m'est dû. Si je me défiois de ma cause, ou si je prétendois un droit qui ne m'appartînt pas légitimement, je ne vous demanderois pas cette grâce; mais, en l'état où sont les choses, je crois ne pouvoir mieux faire que de vous demander pour juge. Je vous serai infiniment obligée si vous m'accordez cette faveur. Je suis, Monsieur, votre très humble servante.

La duchesse DE SAINT-SIMON.

II

LA DUCHESSE (CHARLOTTE) DE SAINT-SIMON AU CONTRÔLEUR GÉNÉRAL PONTCHARTRAIN[1].

A Paris, 30 juillet 1697.

Je vous supplie très humblement, Monsieur, de vous souvenir que vous m'avez fait espérer que le Roi voudroit bien donner à mon fils des augmentations de gages pour le payement de ce qui a été pris de son fief de Saint-Louis pour les nouvelles fortifications de la Rochelle. M. de Souzy m'a dit qu'il n'avoit encore reçu aucun ordre de vous sur cela; j'espère de l'honneur de votre amitié que vous aurez la bonté de nous faire obtenir cette grâce, sans que mon fils soit obligé de joindre une nouvelle finance à ce qui lui est dû. Vous savez, Monsieur, que les gens qui servent à la guerre, comme lui, en

---

1. Archives nationales. — Cette lettre fut renvoyée à M. le Peletier de Souzy, qui la joignit au mémoire ci-dessous, et en fit un rapport au contrôleur général.

ont fort peu et en trouvent difficilement. Vous ne pouvez obliger des personnes qui en soient plus reconnoissantes, ni qui soient plus véritablement que je suis, Monsieur, votre très humble servante.

La duchesse DE SAINT-SIMON.

A la lettre de la duchesse est joint ce mémoire :

M. le duc de Saint-Simon représente que, pour les fortifications de la Rochelle, il lui a été pris en 1689 un marais estimé..........	1,900^l	0^s 0^d
(Cet article a été employé dans le procès-verbal.)		
Les intérêts de cette somme, jusques au 1er janvier 1691, sont de.................	166	5 0
Les intérêts depuis 1691 jusques au mois de juillet 1695, à raison de 95 liv. par an, sont de......................................	427	10 0
	2,493	15 0
Un bâtiment qui servoit de corps de garde à la porte de Saint-Nicolas, estimé.........	400^l	0^s 0
(Cet article n'est point employé dans le procès-verbal.)		
Les intérêts jusques au 1er janvier 1691...	...	..
Les intérêts depuis 1691 jusques au mois de juillet 1695, à raison de 2 liv. par an, sont de.......................................	9	0 0
	526	0 0

On a pris, pour faire les fortifications de cette place, plusieurs maisons et héritages qui faisoient partie du fief de Saint-Louis, qui appartient à M. le duc de Saint-Simon, lesquels étoient chargés envers lui de plusieurs cens et rentes seigneuriales, qui produisoient de temps en temps des lods et ventes considérables.

L'indemnité due à M. le duc de Saint-Simon a été estimée...................... 20,550ˡ 16ˢ 8ᵈ

Les intérêts jusques au 1ᵉʳ janvier 1691 sont de...................... 1,793 4 6

Les intérêts depuis 1691 jusques au 1ᵉʳ juillet 1695, à raison de 1,027ˡ 12ˢ par an, sont de...................... 4,624 4 0

                                    26,968 5 2

Report d'autre part..... 3 0'9 15 0

Total...... 29,987 0 2

M. le duc de Saint-Simon demande le payement de cette somme de vingt-neuf mille neuf cent quatre-vingt-sept livres en contrats de rentes sur l'hôtel de ville de Paris[1].

III

SAINT-SIMON AUX MAIRE ET ÉCHEVINS DE SENLIS[2].

A Paris, le 22 mars 1702.

Messieurs les Maire et Échevins,

Le témoignage d'amitié que ma maison et moi personnellement avons toujours reçu de vous et de la ville de Senlis, et l'empressement singulier que vous

---

1. Dans les interlignes de la première page, un commis a écrit ce projet de réponse : « M. de Pontchartrain, à qui j'en ai parlé, dit qu'il ne peut rien faire en faveur de M. le duc de Saint-Simon, à moins qu'il ne se mette en état de fournir autant de fonds que le remboursement qu'il prétend. » Au haut de la page, le même commis a écrit : « L[u] le 7ᵉ juin 1694 (sic). » Le total est inexact d'une livre en moins.

2. Cartulaire de la ville de Senlis. Communication de M. Flammermont.

m'avez toujours témoigné pour ma réception en la qualité de gouverneur d'icelle, m'a engagé à la hâter aussitôt que j'ai eu pris ma place de pair de France et prêté au Parlement le serment de bailli de Senlis. C'est pourquoi je vous donne avis que je me rendrai en cette ville le mercredi 29 de ce mois, pour procéder tout en arrivant à ladite réception, que je desire qui se passe avec tout le moindre cérémonial qu'il sera possible. Je vous prie d'être bien persuadé[1] que je ne porte pas une affection moins sincère à ladite ville, et à tous ses habitants en particulier, que mes pères ont fait, et que je ne perdrai aucune occasion de leur témoigner, et à vous en particulier, la considération avec laquelle je serai toujours, Messieurs les Maire et Échevins, votre très affectionné à vous rendre service.

Louis, duc de Saint-Simon.

IV

LE COMTE DE PONTCHARTRAIN A SAINT-SIMON[2].

A Versailles, le 26 août 1706.

Je vois, par une lettre que m'a écrite M. l'évêque de Chartres, que vous ne vous occupez pas, à votre campagne, des seuls plaisirs que les gens de votre âge et de votre condition ont accoutumé d'y chercher et d'y trouver. Votre sagesse et votre piété paroissent en tous lieux. Vous vous intéressez au salut de deux filles nommées Bordeau et Cayet, et le Roi, suivant votre desir, donne ses ordres à M. de

---

1. *Sic*, au singulier.
2. Archives nationales. Cette lettre a été publiée par Depping, dans la *Correspondance administrative du règne de Louis XIV*, tome IV, p 521.

Bouville pour les faire conduire dans la maison des Filles de Boisville. C'est de quoi j'ai cru devoir vous avertir.

V

SAINT-SIMON AU CONTRÔLEUR GÉNÉRAL CHAMILLART [1].

[1706.]

M. le duc de Saint-Simon a besoin de faire tenir trois mille livres en sa terre de la Ferté pour payer des ouvriers et autres choses pressantes. Il n'a que des billets de la Monnoie. Il supplie M. Chamillart de lui faire donner par l'un des receveurs généraux des finances d'Alençon, ou par les fermiers des aides, une rescription de cette somme de trois mille livres sur le receveur des tailles de Verneuil au Perche ou sur le receveur des aides du même lieu, qui n'est qu'à trois lieues de la Ferté, et de les engager à recevoir en payement des billets de la Monnoie de la même somme, qui leur seront donnés à Paris.

VI

SAINT-SIMON AUX JURATS DE BLAYE [2].

De Versailles, ce 7 février 1710.

Messieurs,

J'ai reçu la dernière lettre que vous avez pris la peine

---

1. Archives nationales. — Un commis a écrit au haut de cette lettre : « Au receveur général d'Alençon; faire en sorte de procurer ces trois mille livres à M. et Mme de Saint-Simon. Cela me fera plaisir. »
2. Archives nationales. Copie jointe au dossier de l'affaire.

de m'écrire, avec la copie de la réponse que M. de Courson vous a faite, touchant les charges de jurats nouvellement créées, que les traitants et leurs supports vouloient introduire dans notre hôtel de ville. M. Desmaretz me vient de dire qu'il a expédié les ordres nécessaires pour que cette nouvelle création n'ait aucun lieu à Blaye : tellement que je compte que toutes poursuites et prétentions vont désormais absolument cesser. Que si, par des friponneries ordinaires à ceux qui se mêlent volontiers de ces sortes d'affaires pour y faire les leurs, il en alloit autrement, ne souffrez aucune innovation : mandez à M. l'intendant ce que me vient [de] dire M. Desmaretz, et donnez m'en incontinent avis, pour que ceux que ses ordres n'arrêteront pas reçoivent de lui, à ma prière, le châtiment que mériteroit leur contravention. Il ne me reste qu'à vous louer beaucoup de la façon dont vous vous êtes comportés dans cette affaire, et à vous assurer bien véritablement que c'est de tout mon cœur que je suis, Messieurs les Magistrats, votre très affectionné à vous rendre service.

Le duc DE SAINT-SIMON.

VII

LA DUCHESSE DE SAINT-SIMON POUR Mme DE MALAUZA[1].

[Octobre 1710.]

Je prie M. Maynon ou M. de la Garde de recevoir la soumission de Mme de Malauza, qui a été agréée de Mme la duchesse de Berry pour une charge de femme de chambre, sous le bon plaisir du Roi.

La duchesse DE SAINT-SIMON.

1. Archives nationales.

VIII

MÉMOIRE POUR LE DUC DE SAINT-SIMON [1].

[Novembre 1710.]

M. Desmaretz est très humblement supplié d'observer que, quoique, par arrêt du conseil d'État du Roi du mois de septembre dernier, le commerce des grains d'une province à l'autre soit permis, cependant M. l'intendant de Bordeaux oblige les particuliers demeurant dans sa généralité qui ont des grains à vendre, de les faire voiturer dans les marchés pour y être vendus : ce qui cause des dépenses considérables, parce que très souvent il ne se trouve point de marchands pour acheter ces grains, et les laboureurs sont obligés de les faire reconduire chez eux. Les fermiers de M. le duc de Saint-Simon, qui sont fort éloignés de Blaye, qui est le marché le plus proche de leur demeure, souffrent beaucoup de ne pouvoir vendre chez eux les grains qu'ils ont à vendre.

C'est ce qui oblige M. le duc de Saint-Simon de supplier très humblement M. Desmaretz de lui accorder pour ses fermiers une permission de vendre dans leurs greniers les blés d'Espagne et les fèves qu'ils ont à qui bon leur semblera, pourvu néanmoins que ce ne soit pas pour être transporté dans les pays étrangers. Il lui en sera fort obligé.

1. Archives nationales.

IX

M. DE COURSON AU CONTRÔLEUR GÉNÉRAL DESMARETZ [1].

A Bordeaux, le 6 décembre 1710.

Monsieur,

J'ai l'honneur de vous renvoyer le mémoire de M. le duc de Saint-Simon. La permission que demandent ses fermiers de vendre leurs grains chez eux seroit très préjudiciable au bien public. Ce n'est qu'un prétexte pour autoriser tous les manèges qui ont été faits pour faire augmenter le prix des blés. Je n'empêche point qu'ils n'en vendent des petites parties dans les villages qui sont à portée d'eux; ils ont tous la facilité d'en envoyer à Bordeaux, par la rivière, une aussi grosse quantité qu'ils veulent; mais, s'il leur étoit permis de vendre dans leurs greniers, on verroit bientôt tous les marchés déserts, il s'en feroit des magasins considérables, et les particuliers qui les auroient achetés seroient les maîtres d'y mettre le prix et de n'en vendre que la quantité qu'ils voudroient. Vous connoissez mieux que moi les inconvénients qui en pourroient arriver. Je crois devoir encore vous observer que la plus grande partie des grains de ce pays-là est entre les mains des fermiers de M. le duc de Saint-Simon. Je suis avec respect, Monsieur, votre très humble et très obéissant serviteur.

DE LAMOIGNON DE COURSON.

X

LA DUCHESSE DE SAINT-SIMON A M. DE LA GARDE [2].

[Avril 1711.]

La crainte, Monsieur, d'importuner M. Desmaretz dans ses impor-

---

1. Archives nationales.
2. *Ibidem.*

tantes affaires, jointe à l'assiduité que je suis obligée d'avoir auprès de Mme la duchesse de Berry, qui m'empêche d'aller aux heures qu'il donne au public, me fait avoir recours à vous sur les offres obligeantes que vous m'avez faites, et que vous avez déjà mises en pratique, dont je vous fais mille remerciements, pour vous demander réponses de M. Desmaretz du placet et du mémoire que je vous envoie. J'y joins encore celui que vous m'avez renvoyé, qui regarde ce qui est dû à M. de Saint-Simon pour le droit des Anglois. Je crois qu'une de mes lettres, pour lui demander le payement de l'année qui est échue, ne feroit aussi que l'importuner, et que, vous me voulant bien faire le plaisir de lui demander de ma part, en l'assurant que ce n'est que discrétion qui fait que je ne lui vais point demander de vive voix ou par écrit, fera qu'il me l'accordera de même. J'ai un extrême besoin qu'il me donne un ordre pour me faire toucher cette somme, comme aussi le remboursement des bois que l'on nous a coupés à Saint-Simon pour le service du Roi, et qui nous ont fait grand tort, car l'on ne nous a pas laissé les arbres nécessaires pour faire les réparations de la terre, et l'on a abattu ceux aussi que l'on conservoit pour les meules de moulin. Ainsi il me paroît qu'il est juste de nous payer la petite somme à quoi ils ont été évalués. Mandez-moi, je vous prie, si vous croyez toujours nécessaire que je parle ou que j'écrive au ministre pour tout ce que je vous mande là.

M. l'abbé Capet m'apporte la lettre que vous lui avez écrite; il certifie qu'il a servi Mme la duchesse de Berry en qualité de chapelain ordinaire, dont le Roi l'a gratifié depuis son mariage. Il lui est dû, depuis le 1er juillet 1710 jusqu'au 1er avril 1711, trois quartiers, à raison de cent livres par quartier et trois livres par jour pour sa nourriture, comme sont payés les chapelains de Madame, à ce que l'on m'a dit. Vous pourriez prendre la peine de vous en informer si l'on m'a rapporté juste; il ne reste plus que lui à payer de la maison, de ceux qui ont servi devant l'établissement de la maison de Mme la duchesse de Berry. Je vous serai aussi, Monsieur, fort obligée de lui faire expédier une ordonnance, après que vous en aurez reçu l'ordre de M. Desmaretz. Soyez persuadé que vous ne pouvez faire plaisir à personne qui en ressente une plus vive reconnoissance que

La duchesse DE SAINT-SIMON.

XI

LA DUCHESSE DE SAINT-SIMON A M. LEFEBVRE [1].

A Paris, ce 29 mai [1711].

Je vous aurois, Monsieur, une véritable obligation, si vous voulicz bien, dimanche, en travaillant avec M. Desmaretz, le faire ressouvenir de vous dire de me payer neuf mois de mes appointements, comme il l'a promis plusieurs fois à M. de Saint-Simon. Je vous envoie un petit mémoire que je viens de faire; je ne sais si vous le trouverez bien. Sans le malheur des temps et la dépense extraordinaire que j'ai été obligée de faire par ma charge, qui m'a fait manger d'avance l'année d'appointements, je ne vous importunerois pas tant. Cette dépense, sur laquelle je n'avois pas compté l'année dernière, me dérange infiniment, joint à d'autres malheurs arrivés dans nos terres, ce qui fait que je n'en suis point payée. Ainsi, Monsieur, vous me ferez un très sensible plaisir de tirer cet ordre de M. Desmaretz; soyez persuadé que vous n'en pouvez faire à personne qui le ressente plus vivement et qui en ait, Monsieur, une plus parfaite reconnoissance que

La duchesse DE SAINT-SIMON.

J'ai été nommée dame d'honneur le 15 juin, je n'ai prêté serment que le 9 ou 10 de juillet; ainsi je ne sais de quand doivent courir mes appointements. Mme la duchesse de Berry fut mariée le 6 juillet. Le Roi a accordé à Mme la duchesse de Saint-Simon, pour ses appointements de dame d'honneur de Mme la duchesse de Berry, les mêmes qu'à Mme la duchesse du Lude : 21,554 livres. Elle a demandé à M. Desmaretz la grâce de lui faire payer neuf mois échus le dernier mars 1711. Ainsi, c'est 16,150^l 10^s, étant mise sur l'état de la maison de Mme la duchesse de Berry, au 1er avril 1711, pour 16,554 livres, et le Roi ayant la bonté de lui donner pour le surplus 5,000 livres de pension, comme à Mme la duchesse du Lude.

1. Archives nationales.

M. le duc de Saint-Simon a mandé aujourd'hui à Mme la duchesse de Saint-Simon que M. Desmaretz lui avoit dit qu'il travailleroit cette semaine avec M. Lefebvre, et lui a promis de lui dire de payer les neuf mois des appointements échus au 1er d'avril à Mme de Saint-Simon. Elle prie instamment M. Lefebvre d'en faire ressouvenir M. Desmaretz. Elle lui en sera infiniment obligée; il ne peut lui faire un plus sensible plaisir.

XII

LA DUCHESSE DE SAINT-SIMON A M. DE LA GARDE [1].

A Marly, ce 4 juin [1711].

Dans la nécessité pressante où je me trouve, Monsieur, d'obtenir un ordre de M. Desmaretz pour toucher de l'argent, ne pouvant partir pour Fontainebleau, quoique je sois obligée d'y suivre Mme la duchesse de Berry, vous voulez bien que je m'adresse à vous pour vous demander de m'en faire expédier un sur M. Lefebvre. J'ai donné plusieurs mémoires à M. Desmaretz, qu'il lui a renvoyés, dont je vous envoie des copies que j'avois gardées; mais il ne lui a point mandé de me donner d'argent. Comme le temps du départ approche beaucoup, je vous serai infiniment obligée de me l'envoyer, après que vous lui aurez fait signer. Soyez persuadé, Monsieur, que j'en aurai une véritable reconnoissance.

La duchesse DE SAINT-SIMON.

Si vous vouliez bien aussi faire signer un ordre pour que Mlle d'Avaise et ces cinq autres femmes de chambre de Mme la duchesse de Berry, ainsi que le valet de garde-robe ordinaire et un garçon de chambre, touchent une demi-année ou les neuf mois de leurs appointements que le Roi veut bien leur payer, cela éviteroit bien des importunités à M. Desmaretz, car ils n'ont pas tous un sol pour partir, et ils iront tous le prier de leur faire donner de l'argent. Leur somme est très

1. Archives nationales.

modique; ils ont, ainsi que moi, les certificats de MM. Nointel et Gruyn comme ils sont employés sur les états qu'ils ont entre leurs mains. Je ne vous envoie pour moi, Monsieur, que les copies des certificats de ces Messieurs : l'on m'a dit qu'il falloit que je ne les remisse qu'entre les mains de M. Lefebvre, lorsqu'il me donnera de l'argent, comme je l'espère, étant dû d'ailleurs à M. de Saint-Simon des sommes très considérables, dont il ne peut rien toucher, quoique M. Desmaretz lui promette depuis longtemps de le faire payer au moins de quelques choses.

XIII

LA DUCHESSE DE SAINT-SIMON A M. [DE LA GARDE][1].

[Juillet 1711.]

Vous avez exécuté si obligeamment, Monsieur, la prière que je vous ai faite au sujet de l'ordre pour le payement de mes appointements, que j'ai recours à vous pour obtenir de M. Desmaretz celui pour ceux de Mlle d'Avaise, dont les intérêts me touchent et me sont aussi chers que les miens. Je vous envoie les mémoires et certificats nécessaires. Je vous serai aussi obligée en cette seconde occasion que du plaisir que vous m'avez déjà fait, dont je vous remercie; et soyez persuadé, Monsieur, de la véritable reconnoissance que j'en ai.

La duchesse DE SAINT-SIMON.

XIV

LA DUCHESSE DE SAINT-SIMON A M. DE LA GARDE[2].

[1711.]

J'ai demandé, Monsieur, à Mme la duchesse de Berry son agrément

---

1. Archives nationales.
2. *Ibidem.*

pour le sieur le Maire, pour la charge d'huissier ordinaire de sa chambre. Elle lui a accordé. Il a déjà l'honneur d'avoir une autre charge dans sa maison. C'est un fort honnête homme, pour lequel je m'intéresse. Je vous serai, Monsieur, très sensiblement obligée de lui faire tous les plaisirs qui dépendront de vous dans cette occasion. Soyez persuadé de ma reconnoissance, et que vous n'en pouvez faire à personne qui le ressente plus vivement que

La duchesse DE SAINT-SIMON.

XV

MÉMOIRE POUR LE DUC DE SAINT-SIMON [1].

[Mai 1712.]

La nomination des jurats de la ville de Blaye ayant été contestée à M. le duc de Saint-Simon, gouverneur de ladite ville, il prouva son droit si clairement que, par arrêt du conseil d'État rendu, Sa Majesté y étant, le 16 août 1700, le Roi a ordonné qu'à l'avenir il sera fait chaque année, dans l'assemblée du corps de ville, une liste de dix sujets au moins, les plus propres pour remplir ces places, laquelle sera envoyée audit sieur gouverneur, suivant l'usage, pour en nommer deux ; voulant Sa Majesté que sa nomination soit enregistrée dans les registres de l'hôtel de ville, pour que ceux qu'il aura ainsi nommés fassent les fonctions de jurats et soient reconnus en cette qualité, après avoir prêté le serment en la manière accoutumée ; et, en cas qu'il arrivât quelque contestation dans l'assemblée du corps de ville, au sujet de l'élection de ceux qui seront à mettre dans ladite liste, les parties se pourvoiront à Sa Majesté, laquelle s'est

1. Archives nationales.

réservé à cet effet la connoissance, et icelle interdite au parlement de Bordeaux et à toutes autres Cours et juges.

Cet arrêt a été exécuté jusques à présent sans opposition ni contradiction de personne ; mais, le Roi ayant créé en titre d'office deux offices de jurats alternatifs et triennaux dans les villes du Royaume, avec pouvoir au traitant de commettre telle personne qu'il jugeroit à propos jusques à ce que ces charges fussent remplies, le traitant de ces offices voulut, en 1710, commettre des particuliers pour en faire les fonctions ; M. le duc de Saint-Simon s'y opposa et fit connoître lors à M. Desmaretz que la prétention de ce traitant étoit insoutenable et ne pouvoit avoir lieu dans la ville de Blaye, comme étant contraire à l'usage observé de temps immémorial et à l'arrêt du Conseil qui donne le droit à M. le duc de Saint-Simon de nommer tous les ans les jurats de ladite ville : dont M. Desmaretz a été si persuadé, qu'en ladite année 1710 il ordonna au traitant de ne point faire d'établissement de jurats dans ladite ville.

. le duc de Saint-Simon avoit lieu d'espérer qu'après des ordres si précis de M. Desmaretz, que le traitant ne feroit plus de nouvelles tentatives pour raison de ce. Cependant il a été averti que, depuis peu de jours, ce traitant vouloit commettre deux sujets pour faire les fonctions de jurats alternatifs dans ladite ville de Blaye. M. le duc de Saint-Simon supplie M. Desmaretz d'arrêter les suites de cette nouvelle contravention à la volonté de Sa Majesté si nettement expliquée par son arrêt du conseil d'État du 16 août 1700, et aux ordres de M. Desmaretz ; ce faisant, ordonner que ledit arrêt du Conseil sera exécuté selon sa forme et teneur, et que défenses seront faites à ce traitant et à tous autres de commettre aucune personne pour exercer les offices de jurats dans ladite ville de Blaye.

XVI

LA DUCHESSE (CHARLOTTE) DE SAINT-SIMON A M. LE COUSTURIER [1].

Ce dimanche 20 mai [1713].

Toutes vos honnêtetés dans toutes les affaires qui me regardent, Monsieur, me font adresser à vous en toute confiance, pour vous dire que je viens de parler à M. Desmaretz pour le prier de terminer enfin l'affaire du taillon de Blaye, dont vous avez toutes les pièces. Il veut encore écrire une fois à M. de Courson très fortement, pour lui demander son avis. Il m'a dit de vous mander de l'en faire ressouvenir pour écrire le premier ordinaire, et, le temps passé qui [2] devra avoir la réponse, si elle n'est point arrivée, il rapportera mon affaire au Conseil. Il y a plus de dix-huit mois qu'elle ne finit point, par ne pouvoir tirer l'avis de l'intendant : ce qui me fait un tort très considérable. Remarquez, je vous prie, la date de la lettre de M. Desmaretz, afin que je le puisse presser pour finir. J'ai encore à vous prier de me faire savoir comment il faut que je fasse pour savoir ce que M. Desmaretz fera avec M. de Bercy au sujet d'une diminution que je demande du don gratuit qu'on me demande à Ruffec, qui est exorbitant. J'ai déjà donné plusieurs mémoires et requêtes à M. de Bercy, dont je n'ai pu avoir la réponse, et l'on poursuit mes habitants ; ils ont des garnisons qui les ruinent. Vous me ferez, Monsieur, un très sensible plaisir de m'informer de ce que j'aurai à faire pour la suivre, et je vous en serai, ainsi que de tous les autres que vous m'avez déjà faits, très véritablement et sensiblement obligée.

La duchesse DE SAINT-SIMON.

Mme la duchesse de Saint-Simon supplie M. Desmaretz d'avoir la bonté de se souvenir qu'il y a plus de deux ans qu'elle lui a présenté une requête sous le nom des propriétaires des terres qui composent les marais desséchés de la comtau de Blaye, du nombre desquels M. le duc de Saint-Simon est un des principaux, par laquelle ils

---

1. Archives nationales.— En tête est écrit. « A M. Cousturier. Savoir si M. de Courson a fait réponse; en cas qu'il ne l'ait pas fait, le presser par une nouvelle lettre. »

2. Il y a bien ainsi *qui* pour *qu'il*.

supplioient très humblement Sa Majesté d'avoir la bonté de les décharger, leurs fermiers et métayers, de l'excédent de quatre sols de taille par journal de terre desdits marais, réglé par arrêt du Conseil du 19 septembre 1684, comme aussi de décharger leurs fermiers du taillon, ensemble du douzième du prix de leurs fermes et des autres charges nouvellement imposées sur lesdits marais, comme étant contraires à l'arrêt du Conseil du 19 septembre 1684, l'intention du Roi ayant été de ne charger les terres de ces marais nouvellement défrichés, pour toutes charges, que de quatre sols par chacun journal de terres. Les raisons sont expliquées par ledit arrêt. En effet il n'est pas possible aux propriétaires et fermiers de supporter les charges nouvellement imposées sur ces terres, étant obligés de faire tous les ans des dépenses excessives et indispensables pour entretenir et conserver lesdits marais, sans lesquelles ils seroient inondés et deviendroient infructueux au Roi et au public. C'est ce qui a obligé ces propriétaires de supplier très humblement Sa Majesté d'avoir la bonté de leur accorder la décharge qu'ils demandent. M. Desmaretz a rapporté, il y a plus de dix-huit mois, leur requête au Conseil. Il a trouvé leur demande bonne et équitable, mais il a desiré, avant de donner sa décision en leur faveur, d'avoir l'avis de M. de Courson, intendant à Bordeaux, à qui il a renvoyé la requête dès le mois de janvier 1712, sans que depuis on ait pu obtenir son avis, quoique Mme la duchesse de Saint-Simon lui en ait écrit plusieurs fois. Ce retardement cause un préjudice considérable à M. le duc de Saint-Simon et à tous les autres propriétaires de ces marais. C'est pourquoi M. Desmaretz est très humblement supplié de rapporter au Conseil la requête desdits propriétaires. Ils lui en seront très obligés.

XVII

LA DUCHESSE DE SAINT-SIMON
AU CONTRÔLEUR GÉNÉRAL DESMARETZ [1].

16 mars [1715].

Étant malade à Paris, Monsieur, et n'espérant pas que ma santé me

---

1. Archives nationales.

permette d'avoir de quelque temps l'honneur de vous voir à Versailles, vous voulez bien que je vous demande la grâce de me faire expédier un arrêt pour le renouvellement du don du revenu du domaine de Blaye, conformément au précédent arrêt, que je joins à cette lettre. Je vous en serai, Monsieur, infiniment obligée, et d'être persuadé que personne ne vous honore, Monsieur, plus parfaitement que

La duchesse DE SAINT-SIMON.

XVIII

LA DUCHESSE DE SAINT-SIMON A [M. LE COUSTURIER][1].

A Marly, ce 3 juillet [1715].

Ayant été prier M. Desmaretz, Monsieur, de me faire payer une ordonnance de deux mille deux cents livres, il m'a dit qu'il falloit que je m'adressasse à vous et que je vous envoyasse copie de l'arrêt en vertu duquel cette petite somme m'est due ; qu'il signera mardi l'ordonnance. Comme je n'entends rien à toutes ces sortes d'affaires, je vous supplie d'en prendre soin pour moi, comme vous avez bien voulu faire en d'autres occasions que je n'oublie point. Je vous demande encore la grâce, Monsieur, de m'expédier promptement ce qui dépendra de vous. Je compte partir dans huit jours, pour aller faire un voyage : je n'ai pas un sol, je rassemble ce que je puis toucher d'argent, j'ai besoin de cette petite somme. Je vous serai très sensiblement obligée de toutes vos bontés, et j'en ai, je vous assure, toute la reconnoissance possible.

La duchesse DE SAINT-SIMON.

1. Bibliothèque nationale. Communication de M. Moranvillé.

XIX

LA DUCHESSE DE SAINT-SIMON
AU CONTRÔLEUR GÉNÉRAL DESMARETZ [1].

Ce 3 septembre [1715].

La peine que j'ai, Monsieur, à vous aller distraire de vos affaires, surtout dans un temps comme celui-ci, pour vous importuner des miennes, m'en cause une si grande, qu'il faut que je vous avoue qu'il faut être aussi pressé et ne savoir pas où prendre un sol pour vivre, pour m'obliger à vous demander la grâce de me faire payer les petites sommes portées par les trois mémoires ci-joints. C'est la nécessité qui me force. Vous me ferez un très sensible plaisir, ne pouvant rien toucher de ce qui nous est dû. D'ailleurs je vous serai, Monsieur, très sensiblement obligée si vous voulez bien me faire savoir si je peux espérer que vous donnerez vos ordres, et de croire que personne ne vous honore plus parfaitement que

La duchesse DE SAINT-SIMON.

XX

SAINT-SIMON A CLAIRAMBAULT [2].

A Paris, ce premier mai 1716.

J'arrive de la campagne, Monsieur, et je meurs d'impatience d'avoir un moment pour vous aller embrasser et me réjouir avec vous. Je vais envoyer à Vincennes pour la permission que vous desirez. Je serai toujours très aise de profiter de toutes les occasions qui se pré-

---

1. Archives nationales.
2. Bibliothèque nationale.

senteront de vous témoigner, Monsieur, l'estime et l'amitié ancienne avec laquelle je suis très parfaitement à vous.

Le duc DE SAINT-SIMON.

XXI

SAINT-SIMON AU CHEVALIER DE DAMPIERRE [1].

Ce mardi, au soir. [Juillet 1716.]

Présentement, Monsieur, que vous êtes hors d'alarmes; ce n'est plus être importun de vous dire que les miennes ont été bien vives, et ma joie présentement bien grande, de vous supplier de vouloir bien le dire à Monsieur le Duc, et de lui faire trouver bon que je ne lui rende point en cette occasion ce que mon cœur feroit en toute autre, parce que je vous avoue que je crains peut-être trop la petite vérole, que ni moi ni personne de ma famille n'a eue. Cette même raison me fait vous prier de ne me point faire de réponse. Soyez persuadé, s'il vous plaît, Monsieur, que personne ne vous est plus parfaitement dévoué que moi.

Le duc DE SAINT-SIMON.

RÉPONSE.

Ce seroit un reproche, Monsieur, que j'aurois à me faire, si je commettois aux soins du public celui de vous informer de la tranquillité où nous sommes sur l'état de Monsieur le Duc, dont la santé est aussi bonne qu'elle le peut être. J'ai eu l'honneur de rendre compte à S. A. S., sur-le-champ, de votre attention et de votre juste crainte du

---

1. Bibliothèque nationale.

mauvais air. Elle doit être dissipée par le soin que je prends de passer ma lettre sur le feu et de la parfumer dehors et dedans. L'assurance que vous me donnez de m'être parfaitement dévoué me touche trop, Monsieur, pour ne pas vous assurer que personne ne vous l'est plus que moi.

Le chevalier DE DAMPIERRE.

XXII

NOTE POUR LE CÉRÉMONIAL A OBSERVER PAR Mme LA DUCHESSE DE VILLARS [1].

22-23 janvier 1720.

Le Roi, voulant donner à Mme la duchesse de Villars des marques de l'estime particulière que Sa Majesté a pour sa personne, l'a nommée pour accompagner Mme la princesse de Modène jusqu'à Gênes, et Elle souhaite qu'elle se conduise ainsi qu'il sera dit ci-après.

La duchesse sera dans le fond du carrosse de la princesse, à côté d'elle.

Elle donnera les ordres aux écuyers et autres officiers du Roi qui suivront la princesse, après en avoir auparavant conféré avec elle [2].

Après que les députés des villes et des Compagnies auront harangué et fait les présents ordinaires à la princesse, ils iront, en sortant de son appartement, dans celui de la duchesse, pour la saluer, et lui feront des présents.

Le logement de la princesse étant marqué, on marquera celui de la duchesse le plus près et le plus commode [3] qu'il se pourra [4].

La duchesse aura un fauteuil égal à celui de la princesse, partout [5].

---

1. Archives nationales. — En tête est écrit : « Ce mémoire est corrigé de la main de M. le duc de Saint-Simon. »
2. Le dernier membre de phrase, depuis « après en avoir », a été biffé.
3. « Commode » est en interligne, au-dessus de « conforme », biffé.
4. Ici sont biffés les mots : « à celui de la princesse ».
5. « Partout » a été ajouté après coup.

Si la princesse a un cadenas, un couvert marqué, un verre couvert, ou une serviette sous son couvert, la duchesse aura un cadenas pareil, un couvert marqué, un verre couvert, et une serviette sous son couvert.

La duchesse sera à côté de la princesse à table, à sa gauche, et sera servie par un officier de la même espèce que celui qui servira la princesse.

La duchesse lavera avec la princesse, si elle lave.

La duchesse aura place sur le tapis de pied de la princesse, à côté d'elle [1], aura un carreau égal à celui de la princesse, et sera sous le même dais, dans les endroits où il y en aura.

La queue de la duchesse sera portée en présence de la princesse, et de la même façon que la sienne.

La duchesse prendra la main sur le vice-légat d'Avignon et sur les nonces, ne la cédera à aucun cardinal ni à aucun prince souverain, s'il n'est tête couronnée. Les princes d'Italie qui ne disputent rien aux grands d'Espagne ne feront pas apparemment plus de difficulté envers la duchesse. Si cependant ils vouloient en agir autrement, ladite dame n'en verra aucun : ce qu'elle observera aussi avec Mme d'Hanover, au cas qu'elle se trouvât à Gênes.

Après avoir remis la princesse entre les mains du prince de Modène, elle se retirera dans une autre maison, où le prince de Modène ira lui rendre visite. S'il la prie à manger, la princesse sera à table dans le milieu, la duchesse à droite et le prince à gauche [2].

La princesse, avant son départ, viendra la remercier chez elle à Gênes.

En rentrant dans les galères pour revenir en France, elle sera saluée du canon, comme aussi en sortant des galères. Les villes et places où elle passera lui feront de même des salves d'artillerie, et des civilités comme en venant [3].

Les carrosses du Roi la reconduiront à Paris, et elle aura une table servie.

Les dames qui accompagnent la princesse n'auront que des tabourets devant elle, et tout le reste différent d'elle, etc.

---

1. Les mots : « à côté d'elle » ont été ajoutés en interligne.
2. En marge de ce paragraphe est écrit : « Prendre garde que S. A. R. n'a rien à ordonner au prince de Modène, ni autres étrangers ; mais seulement à la duchesse de ne leur pas céder. *Idem* de Mme des Ursins, si elle venoit voir la princesse, la duchesse étant avec elle. »
3. Les mots : « et des civilités comme en venant » ont été ajoutés après coup.

Il en faut glisser un mot légèrement, de peur de confusion exprès et de surprise [1].

XXIII

SAINT-SIMON AU MARÉCHAL DUC DE BERWICK [2].

9 septembre 1720.

..... Son Altesse Royale vous estime et vous considère. Elle a un très grand besoin de celui qui commande, et vous êtes le seul en situation de commander une armée, s'il arrive une guerre : d'où je conclus que, si vous voulez bien joindre la fermeté angloise et la hauteur d'un général nécessaire au respect et à l'attachement, en écrivant à Son Altesse Royale, vous parerez cette dispute et l'éteindrez dès sa naissance. Mais il ne faut pas vous flatter de n'avoir qu'une ou deux lettres à écrire à Son Altesse Royale.....

M. le maréchal de Villeroy, malgré les nuages passés, fait à peu près ce qu'il veut avec Son Altesse Royale, et lui-même fait aussi à peu près tout ce que M. de Luxembourg desire de lui. Ce secours vous seroit d'un grand usage. A mon égard, croyez, Monsieur, que je vous dis vrai quand je vous assure que je serai celui de tous qui ferai le moins d'impression sur Son Altesse Royale; elle ne me craint en rien, et est trop accoutumée à moi. La facilité d'accès me donnera lieu, à la vérité, plus qu'à un autre, de lui bien expliquer vos raisons; mais encore une fois, avec elle, il faut une autre protection que la bonté et les éclaircissements.....

Le duc DE SAINT-SIMON.

1. Les deux derniers paragraphes ont été ajoutés après coup.
2. Extrait donné dans le catalogue du cabinet A. Martin, en 1842.

XXIV

SAINT-SIMON AU MARÉCHAL DUC DE BERWICK [1].

De Paris, 22 septembre 1720.

On me mande, Monsieur, que M². l'archevêque de Bordeaux vous dispute la préséance au Parlement. Je n'entre point en ce qui la peut former entre lui et le gouverneur, ou le commandant de la province, en cette qualité; mais vous, étant pair de France, c'est chose qui ne peut être mise en question. Je puis avoir l'honneur de vous en assurer. Les séances de tous les Parlements en fournissent des exemples sans nombre en notre faveur, et cela ne peut être contesté. Faites-moi toujours la justice d'être persuadé, Monsieur, que personne ne vous honore plus que je fais, et n'est plus parfaitement votre très humble et très obéissant serviteur.

Le duc DE SAINT-SIMON.

M. le duc de Berwick, pair et maréchal de France, à Bordeaux.

XXV

SAINT-SIMON AU CARDINAL DUBOIS [2].

D'Orléans, ce 24 octobre 1721,
à cinq heures du matin.

Je reçus, en partant d'ici, l'honneur de la lettre de

[1]. Original communiqué par M. Ferdinand Moreau.
[2]. Copie communiquée à M. Chéruel par M. Jules Desnoyers, membre de l'Institut. Cette lettre et les deux suivantes ont été publiées par M. Chéruel, en 1876, à la suite de sa *Notice sur la vie et les Mémoires du duc de Saint-Simon*; nous avons revu le texte de la seconde et de la troisième sur la publication des *Papiers inédits du duc de Saint-Simon; lettres et dépêches de l'ambassade d'Espagne*, par M. Ed. Drumont, 1880.

Votre Éminence, avec les deux lettres de Son Altesse Royale au prince des Asturies et les deux copies d'icelles, qui ne diffèrent que sur le cérémonial. Je n'oublierai rien pour faire passer, sans rien forcer, celle qui convient la plus à la dignité de Son Altesse Royale, et je desirerois avoir autant d'adresse pour exécuter à votre gré tout ce que vous me prescrirez, que j'ai d'empressement de marquer à Votre Éminence combien je lui suis parfaitement attaché.

Le duc DE SAINT-SIMON.

XXVI

SAINT-SIMON AU RÉGENT [1].

De Madrid, ce 24 novembre 1721.

C'est seulement, Monseigneur, pour ne me pas laisser oublier personnellement à Votre Altesse Royale et n'être pas étouffé [2] dans son esprit sous le poids de l'ambassade, et me donner l'honneur de lui écrire autrement qu'en ambassadeur. C'est à ce titre de particulier et de serviteur que j'aurai l'honneur de dire à Votre Altesse Royale qu'elle se peut vanter d'avoir choisi pour le Roi la plus jolie maîtresse de l'Europe, et qu'elle doit prendre pour vrai tout ce qu'elle verra de l'Infante dans ma dépêche à Sa Majesté. A vous parler net, ce *voyage de Lerma* [3] me désespère; mais il faut faire bonne mine à mauvais jeu. J'en tirerai au moins ce parti qu'ayant dix-sept jours à ne

---
1. Copie communiquée à M. Chéruel par M. J. Desnoyers.
2. La copie porte *touffé*, et, ensuite, *sous le pieds*, pour *sous le poids*.
3. Ces mots sont soulignés dans le manuscrit.

pouvoir approcher de Leurs Majestés Catholiques, qui seront tout ce temps en route avec une très légère suite, par la difficulté extrême des logements, je me donnerai carrière à satisfaire ici ma curiosité, où je n'ai encore vu chose quelconque, et aux maisons royales voisines, à Tolède et à l'Escurial, et je serai à Lerma à l'arrivée de la cour. N'y laissez pas, s'il vous plaît, m'y[1] morfondre la tête, ni après pourrir votre serviteur, qui vous aime mieux que tous les oignons d'Espagne, et qui, pour parler plus sérieusement, est à Votre Altesse Royale avec le respect et le dévouement le plus entier.

Le duc DE SAINT-SIMON.

XXVII

SAINT-SIMON AU RÉGENT[2].

De Madrid, 28 novembre 1721.

Je ne puis laisser partir ce courrier, Monseigneur, sans vous importuner de mon griffonnage et dire à Votre Altesse Royale que je crois qu'elle eût été passablement aise de voir *Son Excellence Trepudiante*[3] *disputer les menuets à chaque fois*[4], et bien plus encore les contredanses, et y être retourné et reviré comme un ballon; mais le roi d'Espagne, et la reine surtout, le vouloient ainsi, sur les

---

1. Il y a *m'y* dans la copie. Faut-il lire *s'y*, ou, au commencement de la phrase: *ne m'y?* M Drumont a imprimé: *ny morfondre*.
2. Copie communiquée à M. Chéruel par M. J. Desnoyers.
3. Probablement du latin *tripudiare*, danser.
4. Ces mots sont soulignés dans le manuscrit.

beaux contes de Mme de Robecque; et que ne fait-on pas pour plaire, et pour se mettre à l'abri des rhumes une bonne fois pour toutes, jusqu'à s'exposer à la pleurésie avec trois cents livres de dorures sur le corps? J'aurai l'honneur de vous dire que je suis presque mort de courses, de compliments, de veilles, d'attentions et d'écritures, et que, si vous ne me guérissez et ne me rappeliez [1] incontinent après, Votre Altesse Royale perdra un *serviteur très fidèle, et le décan de ses serviteurs* [2]. J'ai eu une étrange inquiétude de mon fils, qui a été mal. Dieu merci, il est sans fièvre depuis quelques jours, mais je ne l'appris que par un exprès qui arriva hier au soir. Je ne laisserai pas cependant d'abréger mes curiosités, pour le voir un peu avant l'arrivée de cette cour à Lerma. Vos bontés, Monseigneur, pardonneront ce détail à l'homme du monde qui vous est le plus respectueusement, et, s'il osoit dire, le plus [3] attaché.

Le duc DE SAINT-SIMON.

XXVIII

PROTESTATION DES DUCS ET PAIRS A L'OCCASION DU SACRE [4].

Novembre 1722.

Par-devant les conseillers du Roi notaires gardes-notes au Châtelet de Paris soussignés, furent présents en leurs personnes Messeigneurs :

---

1. Le texte porte bien ainsi : *rappeliez*.
2. Ces mots sont soulignés dans le manuscrit.
3. *Sic* dans le manuscrit. L'original porte : *éperdument*, biffé et non remplacé.
4. Bibliothèque nationale. — Une note en tête dit que la protestation « n'a point eu lieu. »

Charles-Philippe d'Albert, duc de Luynes, pair de France, rue Saint-Dominique ;

Louis, duc de Saint-Simon, gouverneur de Blaye et de Senlis, grand d'Espagne, rue Saint-Dominique, faubourg Saint-Germain, paroisse Saint-Sulpice ;

Armand de Béthune, duc de Charost, gouverneur de la personne du Roi, capitaine des gardes du corps de Sa Majesté, lieutenant général de Picardie, gouverneur de Calais ;

Paul-Hippolyte de Beauvillier, duc de Saint-Aignan, gouverneur du Havre-de-Grâce ;

Bernard-François Potier, duc de Tresmes, premier gentilhomme de la chambre, gouverneur de cette ville ;

Louis-Auguste d'Albert d'Ailly et de Pecquigny, duc de Chaulnes, capitaine-lieutenant des chevau-légers de la garde du Roi ;

Tous pairs de France ;

Lesquels, tous assemblés en l'hôtel de   [1], nous ont exposé que les différentes atteintes qui ont été données aux rangs, droits, honneurs, prérogatives et prééminences de leur dignité de pair de France à la cérémonie du sacre de Sa Majesté et en conséquence d'icelle, au mois d'octobre dernier, sont d'une nature à ne pouvoir être détaillées que dans un acte particulier, qu'ils feront à ces effet lorsqu'ils jugeront qu'il sera convenable de le faire, mais que cependant on pourroit regarder leur silence comme une espèce de consentement de leur part et d'approbation de tout ce qui s'est passé dans cette cérémonie et à l'occasion d'icelle, quoique ce silence ne soit qu'une suite du respect inviolable qu'ils auront toute leur vie pour Sa Majesté et pour les dispositions qui ont été faites sous ses ordres. Pour prévenir un pareil inconvénient et empêcher, autant qu'il peut dépendre d'eux, que ces différentes atteintes données aux prééminences de leur dignité ne soient tirées à conséquence au préjudice de leurs droits et de leurs prérogatives, lesdits seigneurs, stipulant tant pour eux que pour leurs confrères absents, ont déclaré et déclarent qu'ils protestent en général et en particulier contre tout ce qui s'est fait à ladite cérémonie du sacre de Sa Majesté faite à Reims au mois d'octobre dernier, et à l'occasion d'icelle, au préjudice des droits, honneurs, prérogatives, dignités et prééminences de la pairie de France et des usages qui y ont été jusqu'à présent inviolablement observés dans les cérémonies des sacres ; voulant que cette

---

1. Ce blanc est au manuscrit.

protestation ainsi générale ait la même force que s'ils protestoient en particulier contre chaque atteinte donnée aux prérogatives de la pairie de France, et se réservant le droit de détailler en temps et lieu les principaux chefs de leur présente protestation, et en particulier ceux qui concernent l'assistance, la convocation et la séance des pairs de France au sacre, l'habillement des pairs représentant les anciens pairs, les honneurs des offrandes, l'assistance et séance à la table des pairs ecclésiastiques, et généralement toutes les innovations qu'on a voulu introduire à la cérémonie du sacre de Sa Majesté.

De toutes lesquelles protestations, tant générales que spéciales, lesdits seigneurs ducs et pairs de France, en adhérant, en tant que besoin seroit, aux autres protestations déjà faites ou à faire par les autres pairs de France leurs confrères, si aucunes y a, nous ont demandé acte.

XXIX

SAINT-SIMON AU CONTRÔLEUR GÉNÉRAL DODUN [1].

Meudon, 21 octobre 1723.

Je reçois, Monsieur, avec beaucoup de reconnoissance le souvenir très obligeant que vous me faites la grâce de me témoigner en faveur de M. le Gras du Luart, et de celle encore que vous me faites de me l'apprendre. J'espère que vous serez également content de la probité et de la capacité, et qu'il fera valoir ces deux qualités par son attachement pour vous, Monsieur, et que vous ne douterez pas du mien, très véritable.

Le duc DE SAINT-SIMON.

S'il n'étoit point indécent de mêler une très humble et

---

1. Cabinet de M. de L.... Vente du 15 juin 1878. — Au bas est écrit 25 octobre 1723. A M. Clautrier le fils. »

très vive prière à un très sensible remerciement, je vous conjurerois, Monsieur, de finir le plus favorablement qu'il se pourra l'affaire de M. d'Ambrun, mestre de camp réformé au régiment de cavalerie de mon fils aîné, et celle de son beau-père, qui sont actuellement devant vous.

XXX

LE COMTE DE MAUREPAS A LA DUCHESSE DE SAINT-SIMON[1].

14 mars 1724.

L'officier du guet qui a conduit à Joux M. de Saint-Simon, Madame, a présenté le mémoire de ses frais, qui ne peuvent être modiques, tant par la longueur du chemin que par les précautions qu'il a été obligé de prendre. Je crois que vous ne trouverez pas à propos, dans le temps que Mme la marquise de Saint-Simon présente des mémoires au Roi à ce sujet et répand ses plaintes dans le public, qu'on demandât à Sa Majesté le payement de cette dépense. Je vous prie de dire à M. l'abbé de Saint-Simon qu'il ait la bonté d'envoyer chercher ledit le Roux, pour la finir avec lui. Je vous envoie son mémoire, qui me paroît juste, et j'ai l'honneur, etc.

XXXI

LE COMTE DE MAUREPAS A LA DUCHESSE DE SAINT-SIMON[2].

1er mai 1724.

Aussitôt que j'ai appris l'évasion du frère de Saint-Simon, Madame,

1. Archives nationales.
2. *Ibidem.*

j'en ai rendu compte à Son Altesse Sérénissime, et j'ai écrit à Duval de le faire chercher et arrêter à Paris, s'il y paroît. Mais je doute, s'il a autant d'esprit qu'on le dit, qu'il risque d'y venir. Il sentira que les idées qu'il pouvoit avoir d'obtenir sa liberté ne sont plus de mise après avoir enfreint les ordres du Roi, et cette seule réflexion vous doit tranquilliser sur des menaces que le chagrin de la prison excite, et que la peur d'y retourner retient. Au reste, c'est assez, Madame, que je vous voie attentive, pour ne rien négliger en cette occasion. Vous connoissez le tendre et respectueux attachement avec lequel j'ai l'honneur, etc.

XXXII

SAINT-SIMON A L'ÉVÊQUE DE FRÉJUS[1].

25 juillet 1725.

.... Au milieu des profusions de Strasbourg et de Chantilly, on vit en Normandie d'herbes des champs. Je parle en secret et en confidence à un François, à un évêque, à un ministre, et au seul homme qui paroisse avoir part à l'amitié et à la confiance du Roi, et qui lui parle tête à tête, du Roi qui ne l'est qu'autant qu'il a un royaume et des sujets, qui est d'un âge à en pouvoir sentir la conséquence, et qui, pour être le premier roi de l'Europe, ne peut être un grand roi s'il ne l'est que de gueux de toutes conditions, et si son royaume se tourne en un vaste hôpital de mourants et de désespérés, à qui on prend tout chaque année en pleine paix.....

---

1. Ce fragment d'une lettre dont l'original doit se trouver au Dépôt des affaires étrangères, a été publié dans l'*Histoire de la Régence* (tome II, p. 218, note 1), par Lémontey, qui ajoute à la suite : « Saint-Simon finit par dire qu'avec deux cent mille livres de rente, sa femme ne pourra aller aux eaux sans vendre ses nippes. »

XXXIII

LE COMTE DE MAUREPAS À SAINT-SIMON[1].

25 mars 1726

Le chevalier d'Espoy présente fréquemment des placets au Roi, Monsieur, et écrit continuellement à Son Altesse Sérénissime, qui me les renvoie, pour demander d'être reçu pensionnaire à l'abbaye de la Trappe, et prétend qu'il n'y trouve d'opposition que par vous. Je suis persuadé que vous en avez de bonnes raisons ; mais je vous prie de m'aider à défaire Son Altesse Sérénissime de ses importunités et à lui faire réponse décisive, telle que vous la jugerez à propos. Vous connoissez, Monsieur, le respectueux attachement avec lequel j'ai l'honneur, etc.

XXXIV

LE COMTE DE MAUREPAS À SAINT-SIMON[2].

28 avril 1727.

J'ai proposé à M. le cardinal de Fleury, Monsieur, les lettres patentes que vous desirez, suivant le projet que vous m'avez adressé ; mais je n'ai pu le déterminer, à cause de la différence qui se trouve avec celles qui ont été ci-devant accordées en pareil cas. Il a remis à nous en expliquer à mon retour. Vous jugez bien, Monsieur, que ce sera de ma part de la manière qui pourra mieux vous convenir, connoissant les sentiments dans lesquels, etc.

1. Archives nationales.
2. *Ibidem.*

XXXV

ADHÉSION DE SAINT-SIMON A LA PROTESTATION DES DUCS ET PAIRS CONTRE LES PRINCES DU SANG [1].

14 janvier 1728.

.... Et le quatorzième jour de janvier mil sept cent vingt-huit, avant midi, est comparu par-devant les notaires à Paris soussignés très haut et très puissant seigneur Mgr Louis, duc de Saint-Simon, pair de France, nommé chevalier des ordres du Roi, comte de Rasse, grand d'Espagne de la première classe, gouverneur des ville, citadelle et comté de Blaye, grand bailli et gouverneur de Senlis, capitaine de Pont-Sainte-Maxence, vidame de Chartres, marquis de Ruffec, demeurant à Paris, en son hôtel, rue Saint-Dominique, quartier Saint-Germain, paroisse Saint-Sulpice ; lequel, après avoir pris communication, et que lecture lui a été présentement faite par Desplasses, l'un desdits notaires soussignés, l'autre présent, de l'acte de protestation des autres pairs, que mondit seigneur duc de Saint-Simon a dit avoir bien entendu, a adhéré audit acte, réitérant lesdites protestations contre le rang attribué à MM. Charles de Lorraine et Louis de Lorraine, prince de Pons, dans la nomination à l'ordre du Saint-Esprit du 2 février 1724. Ensemble, a protesté et proteste contre le rang attribué dans ladite nomination à M. le duc de Villars-Brancas, depuis l'enregistrement de son duché au parlement d'Aix, en 1628 ; comme aussi contre tous autres rangs donnés dans ledit Ordre qui pourroient être contraires aux droits, honneurs et prérogatives des pairs de France, et en particulier à la préséance qu'ils ont et doivent avoir sur tous autres immédiatement après les princes du sang. Dont et de quoi mondit seigneur duc de Saint-Simon a requis et demandé acte aux notaires soussignés, qui lui ont octroyé le présent.

1. Bibliothèque nationale. — Cette pièce fait suite à la minute corrigée de la protestation de 1722 reproduite plus haut, n° XXVIII.

XXXVI

PROTESTATION DE SAINT-SIMON AU SUJET DES RANGS
DANS L'ORDRE DU SAINT-ESPRIT [1].

31 janvier 1728.

Aujourd'hui, samedi trente-unième et dernier jour de janvier 1728, dix heures du matin, au mandement de très haut et très puissant seigneur Mgr Louis, duc de Saint-Simon, pair de France, nommé et proposé chevalier des ordres du Roi, comte de Rasse, grand d'Espagne de la première classe, gouverneur des ville, citadelle et comté de Blaye, grand bailli et gouverneur de Senlis, capitaine du Pont-Sainte-Maxence, vidame de Chartres, marquis de Ruffec, demeurant à Paris, en son hôtel, rue Saint-Dominique, quartier Saint-Germain-des-Prés, paroisse Saint-Sulpice, les conseillers du Roi notaires au Châtelet de Paris soussignés se sont transportés en l'hôtel de mondit seigneur duc de Saint-Simon; où étant et parlant à mondit seigneur, il a dit et déclaré que, quoiqu'il soit établi dans l'ordre du Saint-Esprit que les ducs et pairs de France et les grands d'Espagne soient conduits et aient pour parrains deux autres ducs et pairs de France, ou grands d'Espagne, lorsqu'ils vont recevoir le collier de l'Ordre des mains du Roi; que l'observation de cet usage est si constante, qu'à la promotion de 1705, M. le maréchal duc de Harcourt, qui devoit marcher avec M. le maréchal d'Estrées, grand d'Espagne, n'ayant pu assister à la cérémonie, à cause d'une indisposition qui lui survint, le feu roi, de glorieuse mémoire, décida que M. le maréchal d'Estrées marcheroit seul, ayant pour parrains deux autres ducs, et aima mieux interrompre l'ordre établi entre les chevaliers de marcher deux à deux, que de lui donner pour compagnon un autre chevalier qui ne fût pas duc ou grand d'Espagne; cependant il apprend que, dans la cérémonie qui se doit faire le 2 du mois de février prochain, fête de la Chandeleur, pour la réception des chevaliers nommés le 1er du présent mois de janvier, il a été dit que M. le maréchal de Roquelaure, aussi nommé chevalier, marcheroit avec lui, quoique ledit sieur

1. Archives nationales.

maréchal n'ait aucunes lettres de duché enregistrées et qu'il ne doive avoir rang dans l'Ordre qu'avec les autres gentilshommes ; et ce sous prétexte qu'à la dernière promotion de 1724, on l'avoit ainsi observé, et fait marcher des chevaliers gentilshommes avec M. le duc de Tallard. Et mondit seigneur duc de Saint-Simon, craignant que ces deux exemples ne soient tirés à conséquence pour en former une espèce d'usage, quoiqu'ils soient contraires à tout ce qui s'est pratiqué jusqu'à présent dans de pareilles cérémonies dudit ordre du Saint-Esprit, a cru devoir faire ses protestations contre un tel abus ; comme de fait il proteste, en la meilleure forme qu'il le peut faire, contre ce qui se doit passer ledit jour de la Chandeleur prochain, lorsqu'en allant recevoir le collier des mains du Roi, et ayant pour parrains deux autres chevaliers, ducs et pairs, ledit sieur maréchal de Roquelaure marchera avec lui.

Dont et de quoi mondit seigneur duc de Saint-Simon a requis et demandé acte auxdits notaires soussignés, qui lui ont octroyé le présent, pour lui servir et valoir en temps et lieu ce que de raison.

Ce fut fait et passé et octroyé en l'hôtel de mondit seigneur duc de Saint-Simon ci-devant déclaré, les jour, an et heure susdits ; et a signé la minute des présentes, demeurée à Desplasses, l'un desdits notaires soussignés.

JUDDE.   DESPLASSES.

XXXVII

SAINT-SIMON AU GARDE DES SCEAUX CHAUVELIN [1].

Paris, 20 mars 1728.

Je crois, Monsieur, devoir à l'honneur de votre amitié la copie ci-jointe de la lettre que j'écris à M. le cardinal de Fleury, sur la *perfide bombe* qui me *tombe sur la tête*, et qui, dans un pays ordinaire, déshonoreroit à tel point celui qui l'a jetée, que, quelque grand qu'il soit, personne ne voudroit plus lui parler. Je ne répéterai rien

---

1. Cabinet de feu M. Rathery.

de ce qui est dans cette copie ; ce que je desirerois par-dessus tout, c'est que M. le Cardinal lût ma lettre entière au Roi, et, puisque la pierre en est jetée et que le mémoire est public, qu'il le lui lût aussi : il y apprendroit bien des choses qu'il ignore, et qu'il seroit bien bon qu'il sût. Au moins il verroit combien ce mémoire étoit fait uniquement pour Son Altesse Royale, et l'infamie qu'il y a de le publier, et l'inutilité par rapport à l'affaire des princesses. On m'a apporté ce matin ce mémoire ; je l'avois entièrement oublié, et j'en ai pensé tomber de mon haut. Je trouve incomparable l'ignorance de ceux qui veulent usurper, entreprendre, décider, et qui ne l'entendent pas, et inconcevable l'idée répandue de trouver le mémoire fou en ne l'entendant point, et moi fou d'y parler ainsi à Son Altesse Royale. C'est que ces Messieurs et ces Dames ne connoissent ni mon style, ni celui de deux hommes vivant ensemble depuis quarante ans dans la dernière intimité et liberté, à qui j'en ai bien dit d'autres sur lui-même et sur l'État, et que ces gens-là ont apparemment oublié que c'est à lui seul que je l'ai donné, et que, s'il l'a gardé, et que M. son fils juge à propos de le répandre, ou Monsieur le Duc, car ce ne peut être que l'un des deux qui l'ait trouvé dans les papiers de Son Altesse Royale, ce n'est pas moi, en vérité, qui le leur fais faire, mais c'est le monde, qui est plein de folie ; et plus fou que lui est celui qui prétend mieux de lui. Comme je n'en attends ni n'en prétends, que je me répute mort il y a longtemps, et notre dignité éteinte, on fera tout le bruit qu'on voudra, sans que je m'en mette en peine pour moi, mais très affligé pour la mémoire de Son Altesse Royale. Au bout du compte, tous les faits sont vrais et bien aisés à constater à qui en doutera et s'en voudra bien donner la peine. Si le mémoire avoit dû paroître, vous jugez bien qu'en conservant les faits, il eût été plus mesuré. Cette aventure me fait souvenir de celle qui a brouillé sans ressource les intimes de Monsieur de Cambray avec Monsieur de la Trappe. Monsieur de Meaux le consulta sur son livre, comme son ami intime et en dernière confidence. Sur ce pied-là, Monsieur de la Trappe ne se mesura point, et lui manda tout net que, si Monsieur de Cambray avoit raison, il falloit brûler l'Évangile et se plaindre de Jésus-Christ, qui n'étoit venu au monde que pour nous tromper. Monsieur de Meaux, ravi de cette réponse, la montra à Mme de Maintenon, qui en fut si aise qu'elle fit imprimer la lettre. Voilà les amis de Monsieur de Cambray en furie, et Monsieur de Cambray encore plus, et Monsieur de la Trappe fort fâché. Ils lui firent faire des reproches horribles; il répondit qu'autre chose étoit d'écrire à son ami, en confiance, une lettre qui ne le doit jamais passer, autre chose d'écrire ce qui doit être publié ; que, s'il avoit cru que sa lettre dût l'être, il auroit été du même avis, mais avec des expressions les plus mesurées qu'il eût pu employer; et qu'il ne pouvoit répondre de la perfidie qui lui avoit été faite. Voilà, Monsieur, ma réponse à ceux qui ne sont pas contents de mon mémoire et à ceux qui trouvent mauvais que j'y parle si net à Son Altesse Royale. Pour les ignorants qui ne l'entendent pas, qu'ils aillent à l'école, et puis on leur répondra.

Vous me ferez un grand plaisir de mettre M. le Cardinal, si vous le pouvez, en propos de ma lettre et du Roi, là-dessus, et que je puisse savoir comment cela aura été reçu et ce que vous en pensez vous-même. Au demeurant, je ne l'avoue pas tel qu'il court, parce qu'il y a trop longtemps que cela m'a passé de l'esprit pour m'en souvenir bien précisément, et que j'y ai remarqué des fautes d'écriture très malignes pour ôter le sens ou en donner un tout différent, comme, par exemple, de mon père, *qui étoit alors gouverneur de Blaye*, dit le mémoire, au lieu de mettre : *en son gouvernement de Blaye*, ce qui l'empêcha d'être au sacre, et non pas la qualité simple de gouverneur de Blaye ; comme encore la *Cène* où M. de Montausier est cité, et on ne sait, au lieu de *Cène*, ce que veut dire le mémoire ; comme encore, sur feu M. de Châteauneuf, le mémoire dit : les *prétentions* tout court, au lieu des *protestations sur les registres de l'Ordre*. Or, ces fautes d'écriture, qui sont malignes, me font soupçonner d'autres changements.

Vous voyez, Monsieur, avec quelle confiance j'en use ; mais une amitié telle que la vôtre permet tout.

Le duc DE SAINT-SIMON.

Il y a encore une autre belle et friponne faute. Ce mémoire met : *mettre M. d'Uzès en premier pair représentant*, au lieu de *dernier*. Veulent-ils faire accroire que je proposasse que M. d'Uzès précédât feu Son Altesse Royale et tous les princes du sang? Cela s'appelle extravaguer à force de malice [1].

XXXVIII

RÉPONSE BRIÈVE AU MÉMOIRE DE M. DE SAINT-SIMON [2].

[1728.]

L'orgueil déplacé et la fâcheuse vanité de MM. les ducs et pairs

---

1. Les passages que critique Saint-Simon se trouvent pourtant textuellement dans l'original écrit de sa main qui est conservé aux Archives nationales, et dont le texte a été publié, en 1875, dans notre tome XIX, p. 368 et suivantes. La première correction seulement se trouve dans le texte édité par M. Faugère, tome IV des *Écrits inédits de Saint-Simon*.

2. Bibliothèque nationale. Nous reproduisons textuellement le titre. — Le mémoire de Saint-Simon, comme on vient de le dire, a été publié dans le tome XIX, p. 368-376, d'après l'original autographe. Outre les copies indiquées à cette occasion (p. 368, note) et celle dont M. Faugère s'est servi, il s'en trouve une autre dans le portefeuille Lancelot, *Ducs et pairs*, n° 26, qui porte une note ainsi conçue : « Ce mémoire a été rendu public par Mlle de Charolois, au mois de mars 1728. » Un exemplaire conservé aux Archives nationales, carton K 1249, liasse 4, porte cette note : « Ce mémoire a paru au mois de mars 1728, par le moyen de Mademoiselle de Bourbon, princesse du sang, à qui il avoit été communiqué par M. le duc d'Orléans. On prétend qu'il vient de M. le duc de Saint-Simon, qui le donna en 1722 à feu M. le duc d'Orléans. »

leur font depuis longtemps offenser les princes du sang, attaquer les princes légitimés, insulter la noblesse, brusquer le Parlement, empiéter sur tout, et n'être contents de rien, pas même des distinctions qui leur ont été accordées par les Rois.

La dernière scène qui vient de se passer à la cour, et qu'ils ont suscitée, a fait paroître un mémoire que M. de Saint-Simon a eu le front de présenter à Son Altesse Royale feu M. le duc d'Orléans, avant le sacre du Roi, au nom des ducs.

Ce mémoire développe trop clairement leurs idées et leur ambition, pour qu'on puisse le laisser répandre impunément sans réponse.

Il est inutile que M. de Saint-Simon le désavoue: son laconisme sec, dur, bouillant et inconsidéré lui ressemble trop, pour que l'on puisse s'y méprendre; son style ne peut être imité par personne; c'est à lui seul qu'il appartient.

De répondre à tout le mémoire article par article, ce ne seroit jamais fait. Il sera plus court et plus simple de saper les fondements de la fastueuse élévation des pairs d'aujourd'hui. C'est leur rendre service de les éclaircir et les instruire sur ce qu'il faut supposer qu'ils ignorent.

Si on veut les en croire, ils représentent et sont au lieu des anciens pairs de France. Cette frivole prétention nous oblige à considérer quels étoient les premiers pairs.

Nous trouvons des ducs de Bourgogne, de Normandie, Guyenne, des comtes de Flandres, de Toulouse et de Champagne; nous voyons des rois revêtus de ces dignités; ce sont des souverains puissants en paix et en guerre; nous les avons vus plus d'une fois faire trembler leur suzerain.

Sont-ce là ces pairs auxquels ceux-ci se comparent? Que l'on consulte l'historien Mézeray sur cette prétendue parité. Voici ce qu'il en pense : *Il y a bien moins de proportion*, dit-il, *entre le moindre des pygmées et le colosse de Rhodes, qu'il n'y en a entre les anciens pairs et les pairs modernes*. Apparemment que M. de Saint-Simon, qui cite si fréquemment l'histoire pour ce qui peut être avantageux au corps des ducs, n'a jamais réfléchi sur ce passage, qui en effet est humiliant.

Voici encore quelque faits d'histoire qui sont aussi importants que décisifs.

Lorsque les rois de France eurent réuni à leur couronne une partie des souverainetés des anciens pairs, d'autres princes souverains, vassaux de la couronne, crurent honorer leurs États par le titre de cette dignité : un duc de Bretagne obtint le titre de pair de France;

les princes du sang royal desirèrent cette même dignité représentative, et plusieurs l'obtinrent.

François Ier, à son avènement à la couronne, érigea le comté d'Angoulême en duché-pairie en faveur de sa mère Louise de Savoie. S'il érigea d'autres pairies, ce fut en faveur des princes puînés de sa maison souveraine.

Henri II en usa de même, et crut qu'Anne de Montmorency, si grand par sa naissance et par ses alliances, si puissant par ses biens, si illustre par ses services et son mérite, connétable, grand maître, etc., pourroit mériter un pareil honneur.

Charles IX répandit cette grâce avec moins de circonspection. Il ne fit d'abord que des ducs; mais bientôt après il ajouta la pairie, et c'est par lui que cette grâce a commencé d'être accordée à la noblesse.

Henri III la profana en faveur de ses passions favorites.

Henri IV conquit une partie de son royaume par l'épée, et acquit l'autre avec des grâces extorquées par des rebelles sujets. Il crut que, pour épargner le sang et le bien de ceux qui lui étoient fidèles, il pourroit, par des abolitions de crimes et par des apparentes distinctions, faire mettre bas les armes à des perfides. Plusieurs, flattés de la grandeur de mode (j'entends la pairie), pour l'obtenir, se soumirent à ses lois.

Pendant la régence de Marie de Médicis et sous le règne de Louis XIII, on répandit les mêmes grâces sur les personnes que l'on craignoit. La faveur en fit plusieurs. Le ministre, politique pour son maître, fut ambitieux pour lui-même, et fit mettre cette dignité dans sa maison.

Anne d'Autriche imita exactement le gouvernement précédent, et son ministre en usa de même pour lui.

Au commencement du règne de Louis XIV, l'état de pair devint une récompense de fidélité pour les personnes qui possédoient les grandes charges de la couronne; et depuis, de temps en temps, il honora les services rendus par un pareil bienfait.

Chacun de ces cinq règnes a vu que la beauté, la volupté ou l'inclination ont formé de pareilles grandeurs.

L'auteur du mémoire ne doit la sienne qu'au tonnerre, dont le maître avoit grand'peur, et le page aucune; cette fatale occasion fut celle de sa fortune et de son élévation. Peut-être cependant que, prévenu et flatté par le petit cartouche qui est au bas de l'arbre généalogique de la maison de France donné par Thuret, il se croit descendu des anciens comtes de Vermandois; en ce cas, il pourroit disputer avec une maison souveraine de l'Europe les prétentions chimériques à la couronne de France, et il pourroit s'assurer d'un pareil succès.

Pour réduire à l'exactitude l'état des pairs modernes, c'est le droit de faire les importants à la cour et d'y voir leurs femmes assises; c'est de siéger au Parlement, pour rendre la justice en qualité de conseillers honoraires, sans jamais pouvoir y présider; c'est enfin de se trouver à d'autres cérémonies, lors seulement qu'ils y seront appelés, mais jamais de droit.

Voilà réellement à quoi seul se peut et se doit fixer la définition de leur état.

Les Rois sont, sans contredit, les maîtres des grandeurs, des élévations et des distinctions qu'il leur plaira d'accorder dans leurs États aux uns préférablement aux autres; mais est-il du bon sens de vouloir présumer que, lorsqu'ils ont bien voulu accorder ces distinctions, c'étoit pour les laisser étendre aussi loin que l'amour-propre et la vanité des particuliers qui en sont honorés le voudroient porter? Croira-t-on que les rois laissent jamais confondre en aucune façon les princes de leur sang avec des particuliers que, par grâce, ils ont décorés de dignités permanentes? Osera-t-on s'imaginer que les Rois se sont liés de façon qu'il ne leur soit plus loisible de donner à qui ils jugeront à propos le droit de précéder les pairs modernes?

Ces trois paradoxes sont du dernier absurde; c'est néanmoins sur eux que roule le dernier mémoire de M. de Saint-Simon. C'est de là que naissent les plaintes, les reproches, les injures et les menaces qui en font le tissu. Le détail en seroit ennuyeux; il suffira de rappeler ce qu'il dit sur les princes du sang : qu'ils ont fait autant d'entreprises sur les ducs qu'ils en ont trouvé d'occasion. Il ne les nombre pas, à la vérité; mais un pitoyable mémoire, répandu dans le public après l'autre, vient à son secours : il est de l'édition ducale, et rempli des sentiments du corps des pairs. L'éditeur a calculé les entreprises et usurpations, et les monte exactement à quatre-vingt-trois ou quatre-vingt-quatre, depuis quatre ans et demi, et au nombre de cent cinquante-quatre depuis la mort du feu roi. Quelle étrange façon de parler! Quelles monstrueuses expressions! Quelle téméraire audace! L'État entier seroit en danger d'être bouleversé, si le pouvoir et le mérite de MM. les ducs égaloient leur ambition et leur vanité insupportable; mais, heureusement, Dieu y a pourvu. C'est vénérer, c'est honorer le Roi que de rendre aux princes de son sang les plus profonds respects; et de même, c'est au Roi à qui l'on manque lorsqu'on contredit la prééminence distinguée attachée à l'état de prince du sang.

Revenons un moment au terme burlesque d'*entreprise* employé tant de fois dans le mémoire de M. de Saint-Simon. C'est apparemment pour exprimer que les princes du sang ont voulu affaiblir ou contredire les droits prétendus des pairs.

Si l'on veut les examiner attentivement, on trouvera qu'une faveur singulière accordée à un vieillard devient un privilège exclusif en faveur de leur corps entier; une tentative hasardée et non réprimée dans le commencement est réputée un usage constant et permanent; un abus s'appelle un droit incontestable : en un mot, on leur fera toujours injure dès qu'on ne permettra pas une libre carrière à leurs prétentions.

Il est impossible que, dans un grand corps, tous les membres pensent uniformément : les esprits inquiets, imaginatifs, turbulents, entraînent aisément les foibles génies. Le nombre de ces derniers est toujours grand. Ainsi ce qu'il peut y avoir, dans ce corps, de gens prudents, raisonnables et modérés, ne seront point écoutés; ils se trouveront obligés de laisser faire ce qu'ils ne peuvent empêcher.

MM. les ducs et pairs ne reviendront-ils jamais à eux? Ne feront-ils jamais attention que la véritable grandeur ne peut naître que de deux sources? La parfaite vertu forme l'une; mais elle est personnelle et ne laisse de droit à l'héritier que l'imitation du modèle. La seconde vient du droit de commander aux autres, et doit avoir son origine dans l'antiquité la plus reculée. On ne peut jamais admettre une troisième source, si ce n'est celle des grandeurs factices, arbitraires, frêles, fausses, imposantes au vulgaire, dont le sage n'est point ébloui, parce qu'il refuse ses yeux et son attention au prestige, si ce n'est pour le reconnoître.

Voyons donc d'où la plus grande partie des pairs ont puisé leur grandeur. Qu'ils se prêtent un moment à la vérité : ils verront que c'est à cette troisième source qu'ils doivent leur ivresse et leur soif démesurée. Ceux mêmes d'entre eux qui jouissent actuellement de la grandeur acquise par leur vertu, n'auront garde de désavouer ma distinction : elle est trop flatteuse pour eux.

Sur ces principes très solides et très vrais, qui est-ce qui ne dira pas comme moi au corps des ducs et pairs :

1° Vous, Messieurs, que la vertu, les services et le mérite ont élevés à cette grandeur, jouissez du fruit de vos travaux; nous y applaudissons.

2° Vous dont les ancêtres ont obtenu pareilles dignités par leurs grands services, songez à les imiter; ne nous vantez point leurs actions, nous les savons; montrez-nous ce que vous êtes capables de faire, méritez-en la continuation en vos personnes.

3° Vous que la beauté, la faveur ou le hasard fortuné de vos parents a placés si haut, ne vous trompez point : vous êtes obligés à restitution; du moins, vous êtes dans l'obligation d'acheter par votre mérite et par vos services cette grandeur ci-devant mal acquise.

4° Pour vous dont l'origine de la pairie est marquée au coin de la rébellion, que n'êtes-vous pas obligé[1] de faire pour effacer de nos esprits le principe de votre élévation ?

Revenons à M. de Saint-Simon. Il prétend que l'état de pair donne le droit de précéder la noblesse en toutes assemblées, *même au bal du Palais-Royal*. L'extension de cette prérogative est assurément des plus plaisantes, et c'est y répondre suffisamment que de la faire remarquer. Parlons sérieusement. A-t-il fait réflexion que, pour précéder dignement la noblesse, il faut lui être supérieur en essence, en mérite, en courage et en vertu ? Si la pudeur pouvoit avoir lieu dans les hommes et qu'ils pussent se rendre justice, combien peu en verroit-on oser se mettre au-dessus des autres ? Seroit-ce cette pudeur qui empêche tant de gens de paroître à la guerre ? N'est-ce point la vanité, qui leur rend insupportable la nécessité d'obéir à des officiers généraux, simples gentilshommes ? En effet cela dégraderoit leurs éminentissimes dignités. Peut-être est-ce aussi la honte de ne pouvoir leur disputer le pas de l'honneur.

On croiroit avec raison que MM. les ducs et pairs ont oublié leur premier état, qui est d'avoir été anciennement gentilshommes. On pardonnera cet oubli, ou plutôt cette ignorance, à quelqu'un d'entre eux ; mais la plus grande partie n'est pas excusable de ne se pas ressouvenir que François Ier et Henri IV se faisoient un honneur d'affirmer les choses les plus graves *par leur foi de gentilhomme*. C'est en effet le premier, le plus ancien et le plus honorable des titres. Le gentilhomme ancien l'est, pour ainsi dire, par la grâce de Dieu, puisqu'on ne peut trouver son origine. Le duc n'est duc que par la grâce du Roi : un parchemin l'a fait duc ; un autre parchemin pourra un jour le détruire. En étoit-il ainsi des anciens pairs ? Non, car ils l'étoient par la grâce de Dieu.

1. *Sic*, au manuscrit.

XXXIX

LE COMTE DE MAUREPAS A SAINT-SIMON[1].

23 mars 1728.

J'ai examiné le projet de vos lettres patentes, Monsieur, et, pour prévenir toutes difficultés, je les ai communiquées à M. le Chancelier, qui estime qu'ayant des exemples de pareille substitution, on doit passer celle que vous proposez. Mais il est, sur l'exécution, d'un sentiment qui mérite vos réflexions : c'est que ces lettres ne seront considérées que comme permission d'une substitution à faire ; qu'indépendamment de l'enregistrement que vous en ferez faire avant de pouvoir substituer, il vous faudra, après la substitution, de nouvelles lettres qui l'approuvent et qui dérogent aux ordonnances, comme s'il n'y avoit pas été dérogé par les premières. Ainsi, double cérémonie : en sorte qu'il croit que vous feriez mieux de faire dès à présent votre substitution en vertu du brevet qui vous autorise à jouir en France de l'effet des décrets du roi d'Espagne, et prendre sur ce tout des lettres patentes qui approuvent et confirment le tout, avec les dérogations requises. Si vous donnez dans ce sentiment, je vous renverrai les copies que vous m'avez laissées. J'ai l'honneur d'être, dans les sentiments respectueux que vous me connoissez, etc.

XL

LE COMTE DE MAUREPAS A LA DUCHESSE DE SAINT-SIMON[2].

20 avril 1728.

J'ai l'honneur de vous renvoyer, Madame, le brevet de M. le duc de

1. Archives nationales.
2. *Ibidem.*

Saint-Simon, que j'ai réformé en sorte qu'il est à présent de 13,563ˡ 6· 8ᵈ, au lieu de 12,000ˡ. Vous me rendrez justice si vous êtes persuadée de la vivacité que j'aurai toujours pour ce qui pourra vous intéresser, et du respectueux attachement avec lequel, etc.

XLI

LE COMTE DE MAUREPAS A SAINT-SIMON[1].

26 août 1730.

Toutes les affaires auxquelles vous prenez part, Monsieur, sont toujours essentielles pour moi, et je n'ai point négligé celle du sieur de Champville, cordelier, auquel j'ai fait rendre les papiers dont il avoit été trouvé saisi lorsqu'il fut arrêté ici, il y a environ un an, en habit séculier. Quoique ce soit un très mauvais sujet, il n'en étoit pas moins juste de lui rendre les papiers en vertu desquels il prétend réclamer contre ses vœux. Je l'ai fait au surplus avertir de se retirer d'ici, où sa présence me paroît très peu nécessaire. Vous connoissez, Monsieur, à quel point j'ai l'honneur d'être, etc.

XLII

LE COMTE DE MAUREPAS A LA DUCHESSE DE SAINT-SIMON[2].

A Versailles, le 16 août 1742.

J'ai, Madame, donné ordre qu'on s'informât dans les bureaux de

1. Archives nationales.
2. *Ibidem.*

M. Amelot de ce qui avoit été fait sur la lettre que vous lui avez écrite à l'occasion de la nommée Madeleine Cayet, religionnaire. Celui qui est chargé de ce détail est pour quelques jours absent; ainsi, je n'aurai ces éclaircissements que dans l'autre semaine. Mais je puis, dès aujourd'hui, avoir l'honneur de vous dire qu'il n'est point nécessaire, pour mettre cette fille dans un couvent, qu'elle signe un placet par lequel elle demande à s'y retirer; il suffit qu'elle soit élevée dans la religion prétendue réformée, et qu'elle ne paroisse pas disposée à se faire instruire, pour qu'on la fasse mettre dans un couvent; mais la plus grande difficulté est le payement de la pension : à moins que M. le marquis de Muy ne la fasse payer sur les revenus de la régie, il ne sera pas possible d'y pourvoir autrement, et c'est en ce cas à Messieurs les évêques à lui proposer le payement des pensions des filles qu'ils croient devoir être mises dans des couvents pour être instruites. On en paye beaucoup sur les revenus de la régie. Je crois encore, Madame, devoir vous observer que, ces pensions étant modiques, il faudroit choisir un couvent dans une ville voisine, où les pensions sont moins chères qu'à Rouen. D'ailleurs, il en coûteroit beaucoup pour y faire conduire cette fille. Je vous supplie d'être toujours persuadée de tout le respect avec lequel j'ai l'honneur, etc.

XLIII

SAINT-SIMON A L'ÉVÊQUE DE METZ[1].

Paris, 17 juin 1743.

Il lui donne des nouvelles de l'armée. On est dans l'étonnement du prompt repassage du Mein..... L'Empereur a failli être fait prisonnier par l'absence de M. de Broglie. Madame la Duchesse est morte hier; M. le prince de Conti, qui lui a rendu des services infinis, en est fort touché..... Il n'a voulu aller à Orly ni à Angervilliers.

Je vois approcher de bien près les horribles moments de revoir ce lieu si funeste. Je les diffère comme un

---

1. Analyse et fragment donnés dans le catalogue des autographes de M. de Trémont, en 1852.

enfant, et toutes fois je comprends que le séjour m'en sera salutaire, et qu'une fois précipité dans cet abîme, ma douleur y trouvera mieux son compte qu'ici...

XLIV

M. DE TORCY [AU DUC DE SAINT-SIMON][1].

A Croissy, le 1er octobre 1745.

Je ne nierai pas, Monsieur, que la matière ne soit belle et les événements intéressants. Elle mériteroit d'être mise en œuvre par un meilleur ouvrier; mais je perdrois trop à contredire l'approbation dont l'honore un censeur aussi respectable que vous, et que je respecte autant que je suis, Monsieur, votre très humble et très obéissant serviteur.

TORCY.

XLV

SAINT-SIMON AU NOTAIRE DELALEU [2].

Paris, 3 juillet 1746.

Je vous avoue, Monsieur, que je ne puis plus soutenir

---

1. Bibliothèque nationale. — Au haut de la page, de la main du procureur général Joly de Fleury, est écrit : « J'ai prêté (?) l'ouvrage à M. de Saint-Simon le dernier mai 1747. »
2. Cabinet B. Fillon.

l'état et le visage de tous mes domestiques, ni mettre l'ordre assuré que je voudrois à leur exact payement. Il faut leur payer leurs gages; qu'ils les touchent par une main ou par une autre, il ne m'en coûtera ni plus ni moins. Ils desirent, pour l'être, n'avoir affaire qu'à vous, et je le desire autant qu'eux, pour qu'ils soient payés exactement, et n'avoir plus cette vraie désolation. Je vous prie donc d'en vouloir bien désormais prendre la peine en retenant par an, sur mon fait, le montant du total de ces gages, et ce sera autant de débarrassé pour celui qui étoit chargé de ce soin. Je vous en serai véritablement obligé, Monsieur, et d'être bien persuadé que je sens très parfaitement tout ce que vous voulez bien faire pour nos affaires.

Le duc DE SAINT-SIMON.

XLVI

SAINT-SIMON AU PROCUREUR GÉNÉRAL JOLY DE FLEURY [1].

La Ferté, 24 octobre 1747.

Mme Briçonnet, qui a passé quelques jours ici en famille, s'en allant demain à Paris, je l'ai priée, Monsieur, de vouloir vous remettre ce paquet en main propre, sans qu'elle sache ce qu'il contient. Cette commodité sûre nous fera plaisir à tous trois : à elle, parce que je sais, il y a longtemps, qu'elle meurt d'envie de vous voir entre deux yeux; à vous, parce que vous recevrez les prémices de ce que je vous ai promis, qui est ce qu'on a pu copier

---

1. Bibliothèque nationale. — De l'envoi annoncé, qui devait être composé de mémoires sur la guerre d'Espagne et sur la Constitution, il ne reste que le titre, inscrit sur un feuillet de garde.

jusqu'à cette heure, et j'aurai soin de vous faire tenir le reste peu à peu, par les occasions que je pourrai trouver; à moi, par le plaisir que j'ai de vous donner chose qui vous sera agréable, et de payer ainsi quelque peu les vacations que vous voulez bien accorder pour cette fondation dont vous trouvez bon qu'on vous rende compte. Ces filles n'ont point de lettres patentes; c'est ce qui fait beaucoup d'embarras. Notre enfant d'évêque a la petite vérole et s'en secoue comme un enfant qu'il est. Pour parler plus sérieusement, je suis touché au dernier point du temps et de la conduite que vous voulez bien donner à cette affaire, et parfaitement, Monsieur, votre très humble et très obéissant serviteur.

Le duc DE SAINT-SIMON.

M. le Procureur général père.

XLVII

SAINT-SIMON A UN INCONNU [1].

[1747?]

J'ai demandé à M. de Torcy l'éclaircissement de ce qu'il dit en parlant du maréchal d'Huxelles, qui, tout détrompé qu'il devoit être que les Hollandois pussent vouloir la paix après ce qu'il avoit essuyé d'eux si continuellement à Gertruydenberg, vouloit qu'on revînt à eux en laissant

---

1. Bibliothèque nationale. — En tête est écrit : « Copié sur l'original de la main de M. le duc de Saint-Simon au pied de toute cette relation qu'il m'a confiée, et qui étoit toute écrite de sa main; mais ma copie de la relation l'a été sur un original que M. le marquis de Torcy m'avoit confié. »

l'Angleterre, et auroit fait revenir son sentiment là-dessus au Roi. M. de Torcy, toujours mesuré, m'a dit simplement les faits. Le maréchal écrivit à Desmaretz, son ami, lors revenu sur l'eau, contrôleur général des finances et ministre d'État, et lui étala toutes ses raisons sur cette préférence. Desmaretz et Torcy étoient enfants du frère et de la sœur, et avoient toujours été fort liés durant la disgrâce de Desmaretz et depuis son retour. Il envoya à Torcy la lettre du maréchal d'Huxelles, de laquelle il ne fut point touché. Torcy, qui alloit au bien, fit au maréchal d'Huxelles une ample dépêche pour lui bien expliquer les raisons de la conduite qu'on avoit prise, l'opposition décidée contre toute paix de ceux qui gouvernoient la république de Hollande, et l'impossibilité de parvenir à la conclure sans détacher l'Angleterre des alliés. Le maréchal ne se tint point battu. Il écrivit au maréchal de Villeroy toutes ses raisons, en style de zélé pour le service du Roi et pour la paix, et ajouta, dans cette lettre, qui étoit ostensible au Roi, que la conduite qu'on avoit prise ne venoit que de la précipitation personnelle de Torcy, mal content du voyage qu'il avoit fait en Hollande, où il n'avoit pu réussir à la paix. Villeroy, ami d'Huxelles et bien aise d'une occasion de parler au Roi de l'affaire, lui lut la lettre qu'il avoit reçue du maréchal d'Huxelles. Le Roi en parla à Torcy, sans être affecté des raisons du maréchal, et dit franchement à Torcy que le maréchal d'Huxelles attribuoit sa négociation avec l'Angleterre pour la paix à la précipitation avec laquelle il étoit revenu de Hollande. Torcy, sans s'émouvoir, répondit au Roi que, pour ce qui le regardoit, lui personnellement, il n'avoit eu sujet que de se louer de toutes les honnêtetés et marques de considération qu'il avoit reçues du Pensionnaire et de tous ceux avec qui il avoit conféré à la Haye; mais qu'à l'égard de Sa Majesté, il étoit vrai qu'il avoit été sensiblement piqué, et qu'il l'étoit encore, de leurs desseins et de leur conduite. Le Roi sourit, et ne fut pas le moins du monde ébranlé de la lettre du maréchal d'Huxelles, ni de ce que lui avoit dit le maréchal de Villeroy. J'ajoute de moi, par la connoissance que j'ai eu occasion d'avoir du maréchal d'Huxelles, surtout pendant la Régence, que je ne doute pas que la jalousie le fit agir en cette occasion. La négociation d'Angleterre ne se faisoit et ne se savoit qu'en gros à Utrecht, où il étoit oisif et entièrement dans l'ignorance de ce qui se traitoit. Si elle avoit passé aux Hollandois, elle ne pouvoit être qu'entre ses mains. C'est, à ce que je pense, la source unique d'un sentiment aussi contredit par toute raison, et moins excusable dans le maréchal d'Huxelles qu'en personne, après ce qu'il en avoit éprouvé à Gertruydenberg.

J'ai demandé aussi à M. de Torcy la raison de la protection si ardente de la reine Anne en faveur de Monsieur de Savoie; il m'a dit qu'il n'avoit pu la découvrir; qu'il est vrai que le vicomte de Bolingbroke avoit été soupçonné d'en avoir eu de l'argent, mais sans me témoigner de le croire.

XLVII

LE COMTE DE MAUREPAS A SAINT-SIMON [1].

23 janvier 1747.

Lorsque j'ai reçu, Monsieur, la lettre que vous m'avez fait l'honneur de m'écrire, la place de commissaire des classes à Blaye, vacante par la mort du sieur le Roy, étoit déjà remplie. D'ailleurs, le sieur du Dezert n'étant plus dans la marine, il m'eût été difficile, sans porter atteinte à la règle constamment observée, de lui procurer une place où l'on ne parvient qu'en passant successivement par les grades infé-

1. Papiers Maurepas.

rieurs. Vous connoissez trop bien le désir que j'ai de faire réussir tout ce qui me paroît vous intéresser, pour ne pas compter sur mon empressement, lorsque le succès peut dépendre de moi.

Il est vrai qu'il faut nécessairement attendre à se voir pour raisonner un peu sur les nouveautés ; mais votre goût constant pour la campagne ne me met pas souvent à portée du plaisir que j'y trouverois. Soyez toujours persuadé, je vous supplie, de l'attachement inviolable avec lequel j'ai l'honneur d'être, etc.

XLIX

LE COMTE DE MAUREPAS A SAINT-SIMON [1].

A Versailles, le 8 mars 1747.

J'ai, Monsieur, reçu la requête que vous m'avez fait l'honneur de m'adresser à l'effet d'obtenir un renouvellement de surséance. J'en ferai le rapport au premier conseil. Je vous supplie cependant d'être persuadé de l'attachement très parfait avec lequel, etc.

L

LE COMTE DE MAUREPAS A SAINT-SIMON. [2]

19 mai 1747.

J'ai l'honneur de vous faire réponse, Monsieur, en sortant de mon travail avec le Roi, à qui je viens de rendre compte des raisons qui vous empêchent de vous trouver à la cérémonie de la Pentecôte, que

---

1. Archives nationales.
2. Papiers Maurepas.

Sa Majesté trouve très légitimes. Je l'ai même informée que je vous avois vu à Paris, et que vous m'aviez entretenu de la situation de vos affaires, qui vous obligeoient de rester presque toujours à la campagne : en sorte, Monsieur, que Sa Majesté m'a paru très persuadée que ce n'est nullement négligence si elle ne vous voit pas aux convocations de l'Ordre, et vous pouvez être tranquille. J'ignorois l'indisposition qui vous est survenue, et je l'apprends avec bien du chagrin. Je me flatte que vous n'en doutez pas, et que vous êtes aussi persuadé de l'intérêt sincère que je prends à votre santé, que de l'attachement inviolable avec lequel j'ai l'honneur d'être, etc.

LI

LE COMTE DE MAUREPAS A SAINT-SIMON [1].

10 avril 1748.

Voici, Monsieur, un nouveau mémoire sur les objections que le sieur Auvray a faites sur la procuration qui vous avoit été proposée; je l'ai examiné avec toute l'attention possible, et mon sentiment est entièrement conforme aux réflexions qu'il contient, en choisissant, des deux partis que l'on propose sur la procuration, celui de n'y point énoncer les réserves de meubles, etc.

Le projet de procuration que je joins ici ne stipule point ces objets, dont vous n'auriez pas moins la jouissance que s'ils y étoient exprimés, et cette tournure n'effarouche point les créanciers. Je crois, Monsieur, que vous en jugerez de même; pour moi, plus je pense à cet arrangement, plus je me confirme qu'il n'y en a point de meilleur et de plus propre à vous tranquilliser. Vous savez si je desire que vous soyez content, et je me flatte que vous êtes convaincu de l'attachement inviolable avec lequel j'ai l'honneur d'être, etc.

1. Papiers Maurepas.

LII

LE COMTE DE MAUREPAS A M. DUFORT, INTENDANT DES POSTES[1].

6 juillet 1748.

M. le Procureur général, Monsieur, m'envoie dans ce moment un mémoire de la veuve Hatey, ci-devant directrice de la poste de Brezolles, qui représente la triste situation où elle se trouve par la saisie qui vient de lui être faite de ses meubles, faute de pouvoir payer la somme de onze cents francs dont elle est reliquataire à la ferme des postes. Cette même somme lui est due par M. le duc de Saint-Simon pour ports de lettres, et lui sera certainement payée; mais ce ne peut être dans ce moment-ci, l'arrangement des affaires de M. de Saint-Simon, dont je me mêle conjointement avec M. le Procureur général, n'étant point encore fini, quoique prêt à l'être d'un instant à l'autre. Cette femme me paroît si fort à plaindre, et la circonstance dans laquelle elle se trouve est si peu de sa faute, que j'ai cru devoir vous en écrire pour vous engager, s'il est possible, à lui obtenir un délai, pendant lequel on tâchera de lui faire payer ce qui lui est dû par M. le duc de Saint-Simon. Comme le recouvrement en est sûr, vous trouverez peut-être que ce sera, pour la forme, le meilleur moyen d'être payé d'elle. Je vous serai très obligé si vous voulez bien lui procurer cette facilité. Vous connoissez, Monsieur, les sentiments avec lesquels je suis plus parfaitement à vous que personne du monde.

LIII

CONTRAT PASSÉ ENTRE SAINT-SIMON ET SES CRÉANCIERS[2].

[Juillet-août 1748.]

Par-devant les conseillers du Roi notaires à Paris, soussignés,

---

1. Papiers Maurepas.
2. Archives nationales.

furent présents : très haut et très puissant seigneur Mgr Louis, duc de Saint-Simon, pair de France, comte de Rasse, grand d'Espagne de la première classe, chevalier des ordres du Roi, gouverneur pour Sa Majesté des ville, citadelle et comté de Blaye, grand bailli et gouverneur de Senlis, capitaine du Pont-Sainte-Maxence, vidame de Chartres, marquis de Ruffec, comte de la Ferté-Vidame, baron des baronnies d'Aysie, Empuré, Martreuil et Verrières, seigneur du Vitrezay, du Marais de Saint-Simon en Guyenne et autres terres, demeurant à Paris, en son hôtel, rue du Cherche-Midi, quartier Saint-Germain-des-Prés, paroisse Saint-Sulpice, d'une part;

Et très haut et très puissant seigneur Mgr Armand-Jean de Saint-Simon, duc de Ruffec, pair de France, comte de Rasse, grand d'Espagne de la première classe, chevalier de l'ordre royal et militaire de Saint-Louis, maréchal des camps et armées du Roi, demeurant à Paris, en son hôtel, rue de Bourbon, quartier Saint-Germain-des-Prés, paroisse Saint-Sulpice; — Mre Anne-Jean-Baptiste Goislard, conseiller du Roi en sa cour de Parlement, demeurant cloître Notre-Dame, paroisse Saint-Jean-le-Rond; — Mre Louis-Alexandre Gagnat, chevalier, baron de Longny, conseiller du Roi en ses conseils, maître des requêtes ordinaire de son hôtel, demeurant rue des Saints-Pères, quartier Saint-Germain-des-Prés, paroisse Saint-Sulpice, stipulant et se faisant fort de Mre Pierre Gagnat de Saint-Andiol de la Couronne, chevalier, baron de Longny, son père; — Me Jean-Baptiste Griffon, avocat au Parlement, demeurant à Paris, rue Serpente, paroisse Saint-Séverin, ayant droit par transport de Dame Marie-Gabrielle Caron, veuve de Me François Dubois, commissaire-enquêteur et examinateur au Châtelet de Paris; — Sr Augustin Brillon Duperon, conseiller secrétaire du Roi, maison, couronne de France, et de ses finances, conservateur des hypothèques, demeurant rue Barre-du-Bec, paroisse Saint-Merry; — Sr François Bouron, maître chandelier à Paris, y demeurant rue Saint-Jacques, paroisse Saint-Benoît; — Sr Robert-Georges Dubuy, maître tapissier à Paris, y demeurant rue des Cordeliers, paroisse Saint-Côme; — Sr Laurent Regnault fils, l'un des vingt-cinq marchands de vin du Roi, demeurant rue des Juifs, paroisse Saint-Gervais; — Sr François Midy, marchand orfèvre à Paris, y demeurant pont Notre-Dame, même paroisse, au nom et comme procureur de Jean-Michel de Fayard, écuyer du Périgord, ancien garde du corps du Roi, capitaine commandant les quatre compagnies détachées de l'hôtel royal des Invalides en garnison en la ville de Lorient, fondé de sa procuration passée devant Leguevel et la Fargue, notaires royaux ès cour et sénéchaussée d'Hennebond établis à Lorient, le 29 avril dernier, dont l'original, contrôlé le lendemain et légalisé le 2 mai suivant, est demeuré annexé à la minute des présentes, après avoir été, dudit sieur Midy, certifié véritable et paraphé en présence des notaires soussignés ; — Sʳ Charles-Claude Brion, bourgeois de Paris, y demeurant rue Saint-Honoré, paroisse Saint-Eustache ; — Sʳˢ Jacques Musnier et Louis Martel, marchands drapiers associés, à Paris, y demeurant rue Saint-Honoré, paroisse Saint-Germain-l'Auxerrois ; — Étienne-Vincent Delaleu, écuyer, conseiller secrétaire du Roi, maison, couronne de France, et de ses finances, demeurant rue Neuve-des-Bons-Enfants, paroisse Saint-Eustache ; — Sʳ Claude Pia, marchand apothicaire à Paris, y demeurant rue des Boucheries, paroisse Saint-Sulpice ; — Dame Edmée Milon, veuve du sieur Gilles-François Boulduc, apothicaire du Roi, demeurant susdite rue des Boucheries, paroisse Saint-Sulpice ; — Dame Pauline Béguin, veuve de Charles Dugué, écuyer, demeurante à Paris, rue des Moulins, paroisse Saint-Roch ; — Sʳ René Marsollier, Nau et Cⁱᵉ, demeurant à Paris, rue de la Lingerie, paroisse Saint-Eustache ; — Sʳ Pierre Leclerc, maître grainetier, à Paris, y demeurant rue des Canettes, paroisse Saint-Sulpice ; — Sʳ Jacques-Pierre Hubert, maître charron à Paris, y demeurant rue de Grenelle, paroisse Saint-Sulpice ; — Sʳ Philippe Tavernier, maître serrurier en ressorts, demeurant susdite paroisse, rue Princesse ; — Sʳ François-Antoine Gundereaux, ébéniste à Paris, y demeurant susdite rue Princesse et paroisse Saint-Sulpice ; — Sʳ Antoine Thion, horloger à Paris, y demeurant quai Peletier, paroisse Saint-Gervais ; — Sʳ Alexis Leclerc, marchand bourgeois de Paris, y demeurant rue du Roule, paroisse Saint-Germain-l'Auxerrois ; — Dame Jeanne-Catherine-Angélique de Lossandière, veuve de Mʳᵉ Pierre-Benoit Morel, président de la Cour des aides, seigneur de [1] et autres lieux, demeurante rue des Blancs-Manteaux, paroisse Saint-Jean-en-Grève ; — Sʳ Claude Guyot, marchand de laine à Paris, y demeurant rue des Lombards, paroisse Saint-Jacques-de-la-Boucherie ; — Demoiselle Jeanne-Marie Ansault, veuve de Laurent Regnault, marchand de vin privilégié du Roi, demeurante à Paris, rue Vieille-du-Temple, paroisse Saint-Gervais ; — Mʳᵉ Ferdinand de Rambach, seigneur baron de Dawe les Flawion et Authey, chevalier de l'ordre royal militaire de Saint-Louis, brigadier des armées du Roi, colonel du régiment de Saxe-Allemand, demeurant à Paris, rue du Gros-Chenet, paroisse Saint-Eustache ; — Sʳ Antoine-Claude Boucher, marchand brodeur, demeurant rue Saint-Honoré, paroisse Saint-Ger-

---

1. Ce blanc est au manuscrit.

main-l'Auxerrois; — Sʳ Pierre de la Ruelle, marchand de grains à Paris, y demeurant rue de la Mortellerie, paroisse Saint-Gervais; — Sʳ Gilbert Quidy, maître tailleur d'habits à Paris, y demeurant rue des Cordeliers, paroisse Saint-Côme; — Jean-François Watellier, fourrier des écuries de Mˡˡᵉ [de] la Roche-sur-Yon, demeurant quai des Théatins, paroisse Saint-Sulpice, stipulant pour la veuve Beaudoin, sa belle-mère; — Sʳ Charles Dastes, maître chirurgien à Paris, y demeurant rue du Bac, faubourg Saint-Germain, paroisse Saint-Sulpice; — Sʳ Philippe Bonvoisin, maître maréchal à Paris, y demeurant rue Guénegaud, paroisse Saint-Sulpice, tuteur des enfants mineurs de défunt Laurent Bonvoisin; — Sʳ Jean-François Lafontaine, marchand sellier à Paris, y demeurant rue Neuve-des-Petits-Champs, paroisse Saint-Roch, ayant droit du sieur François Lafontaine, son frère, marchand de drap; — Sʳ Jean Deshayes, marchand tapissier à Paris, y demeurant rue de la Verrerie, paroisse Saint-Jean-en-Grève; — Dame Louise-Charlotte Lefèvre de Bournonville, veuve de Mʳᵉ Alexandre Martineau, conseiller du Roi, maître ordinaire en sa Chambre des comptes, demeurante à Paris, rue d'Enfer, paroisse Saint-Jacques-du-Haut-Pas; — Sʳ André Guenifoy, bourgeois de Paris, y demeurant rue Sainte-Croix-de-la-Bretonnerie, paroisse Saint-Paul, ayant droit par transport de ladite dame Martineau, et encore comme procureur des dames abbesse et religieuses de l'abbaye royale de Saint-Amand de Rouen, fondé de leur procuration passée devant Lemoyne et son confrère, notaires à Rouen, le 25 juillet 1748, dont l'original, dûment contrôlé et légalisé le lendemain, est demeuré annexé à la minute des présentes, après avoir été dudit sieur Guenifoy certifié véritable et paraphé en présence des notaires soussignés; — Mʳᵉ Antoine-François de Vandeuil de Languedoc, chevalier de l'ordre royal et militaire de Saint-Louis, demeurant ordinairement à Versailles, étant ce jour à Paris; — Sʳ Louis Gautier, marchand bourgeois de Paris, y demeurant rue Beaurepaire, paroisse Saint-Sauveur; — Sʳ Philippe-Alexis Ruffier, marchand mercier à Paris, y demeurant rue Dauphine, paroisse Saint-André-des-Arts; — Sʳ Nicolas-Pierre Durand, marchand chapelier à Paris, y demeurant même rue et paroisse; — Sʳ Michel Paquot, marchand à Paris, y demeurant grande rue de Taranne, paroisse Saint-Sulpice; — Sʳ [1] Levieil, vitrier, demeurant rue du Bac, susdite paroisse Saint-Sulpice; — Sʳ Claude Ballin, premier orfèvre du Roi, demeurant galeries du Louvre, paroisse Saint-Germain-l'Auxerrois; — Damoiselle Louise Rolland, femme sé-

---

1. Le prénom est resté en blanc dans le manuscrit.

parée quant aux biens d'Antoine Dufour, elle marchande de poisson à Paris, y demeurante rue Christine, paroisse Saint-André-des-Arts; — Élisabeth Louvet, veuve de Martin Camus, blanchisseur, demeurante ordinairement à Vanvres, étant ce jour à Paris; — Sʳ Charles Girost, boulanger à Paris, y demeurant rue Saint-Dominique, paroisse Saint-Sulpice; — très haut et très puissant seigneur Mᵍʳ Guy-Auguste de Rohan-Chabot, comte de Chabot, lieutenant général des armées du Roi, demeurant en son hôtel, place Royale, paroisse Saint-Paul; — Pierre Lejeune, gazetier, demeurant rue des Boucheries, paroisse Saint-Sulpice; — Mᵉ Guillaume Citton, procureur au Parlement, à cause de damoiselle Justine Béguin, son épouse, autorisé à faire le recouvrement des dettes de la succession de Pierre Béguin, écuyer, conseiller secrétaire de Roi, oncle d'elle, demeurant rue et paroisse Saint-Germain-l'Auxerrois; — Sʳ Daniel-Joseph Ménidrien, marchand mercier à Paris, y demeurant rue Saint-Honoré, paroisse Saint-Germain-l'Auxerrois; — Joseph Vidal, maître chaudronnier, demeurant rue des Boucheries, paroisse Saint-Sulpice; — Françoise Maurice, veuve d'André-François Huet, dit Duperay, marchand de grains, demeurante à Saint-Germain-en-Laye, étant ce jour à Paris; — Mʳᵉ Pierre-Bernard Viel, prêtre, demeurant rue de Seine, paroisse Saint-Sulpice; — Sʳ Jean Germain, maître serrurier à Versailles, y demeurant ordinairement, étant ce jour à Paris, — et Catherine Deshayes, fille majeure, demeurante à l'hôtel de Saint-Simon, rue du Cherche-Midi, paroisse Saint-Sulpice, d'autre part;

Lesquels, sur ce que ledit seigneur duc de Saint-Simon a représenté que, pour faire cesser le dérangement qui subsiste actuellement dans les affaires de sa maison, causé par les dettes et charges dont il est chargé, tant du chef de feu Mᵍʳ le duc de Saint-Simon, son père, et de feu Mᵐᵉ la duchesse douairière, que celles qu'il a contractées, soit seul, soit solidairement avec feu Mᵐᵉ la duchesse de Saint-Simon, son épouse, son unique objet a toujours été de procurer à ses créanciers le payement des sommes qui leur sont dues, tant en principaux qu'arrérages, intérêts et frais;

Que, pour y parvenir, il s'étoit déterminé à mettre en vente les biens patrimoniaux, ainsi que ceux qu'il possède à titre d'engagement à Blaye, la baronnie de Verrières en Berry, et un grand terrain qu'il possède en cette ville, sis au coin des rues de Bellechasse et de l'Université, ainsi que les bois de haute futaie de son parc et forêt de la Ferté-Vidame, et bois taillis et extraordinaires indépendants des coupes réglées;

Mais que, les circonstances du temps présent n'étant pas favorables pour les ventes des biens-fonds et bois de haute futaie, mondit seigneur duc de Saint-Simon a fait proposer à sesdits créanciers, pour leur donner toutes les sûretés convenables en attendant que ces ventes puissent s'effectuer, d'abandonner à sesdits créanciers tous les revenus des biens ci-après énoncés jusqu'au parfait payement desdits créanciers, lesquels biens et revenus consistent :

1° Dans les terres, marais et rentes que ledit seigneur possède à Blaye et ès environs, soit patrimonialement, soit par engagement, en ce non compris ceux dont il jouit à titre de gouverneur, comme donataire de jouissance de Sa Majesté, lesquels biens patrimoniaux ou à titre d'engagement produisent, suivant les baux, environ   42,000 liv.

2° Les revenus de la terre et marquisat de Ruffec, bois et forges en dépendants, produisant de revenu environ vingt-trois mille six cent cinquante-huit livres, ci.   23,658

3° Le comté de Rasse, ci-devant fief de Saint-Louis de la Rochelle, composant aujourd'hui la nouvelle ville, et la portion appartenante à mondit seigneur dans les lods et ventes de l'ancienne ville ; le tout affermé sept mille trois cent cinquante-trois livres, dont le prix ne sera tiré que pour six mille trois cent cinquante-cinq livres pendant dix années, du premier juillet 1746, et cinq mille trois cent cinquante-cinq livres pendant les dix années suivantes, attendu les délégations faites aux Pères de l'Oratoire pendant ledit temps pour éteindre un procès considérable au sujet dudit comté de Rasse, qui duroit depuis l'année 1648, lesquels Pères de l'Oratoire ne peuvent être mis au rang des autres créanciers, parce que, faute d'entière exécution de la transaction, le procès recommenceroit, ci.   6,355

4° Les revenus de la terre et comté de la Ferté-Vidame, droits seigneuriaux en dépendants, bois taillis et coupes réglées, produisant année commune trente-deux mille livres, et outre ce les coupes des taillis du parc qui, jusqu'à présent, n'ont point été en coupes réglées, ci.   32,000

5° Les revenus du duché pairie de Saint-Simon, circonstances et dépendances, affermés pour dix-huit ans, qui ont commencé au premier janvier 1745, moyennant dix mille livres pendant les six premières années, et douze mille livres pendant chacune des douze dernières, lesquels revenus ne sont employés ici que pour dix mille livres, ci.   10,000

A reporter :   114,013 liv.

Report : 114,013 liv.

6° Les revenus de la baronnie de Verrières en Berry, affermés trois mille cinq cents livres, ci. 3,500

7° La terre de Buy en Bourbonnois, affermée quinze cents livres, ci. 1,500

8° Les terres et seigneuries de Champvallon et Pontchevron, affermées huit cents livres, ci. 800

9° Les loyers d'un terrain sis à Paris, rue de Bellechasse et de l'Université, contenant environ dix-sept cents toises, loué au sieur Messager quatorze cents livres, ci. . 1,400

121,213 liv

Au moyen duquel abandon, mondit seigneur duc de Saint-Simon réserve pour sa subsistance et dépense de sa maison les appointements de ses gouvernements de Blaye et de Senlis, biens à Blaye affectés au gouvernement, et revenus fixes et casuels audit Blaye dont il jouit à titre de donataire de Sa Majesté pour la jouissance, comme gouverneur, le droit des Anglois dépendant dudit gouvernement de Blaye, la pension de trois mille livres comme chevalier du Saint-Esprit, et deux mille six cent quatre-vingt-dix-neuf livres dont il a droit de jouir sur la tête et pendant la vie de Mgr le duc de Ruffec, son fils; à la charge de supporter les retenues de dixième, capitation, quatre deniers pour livre, dixième sur le revenu des biens affectés au gouvernement de Blaye, réparations, entretiens et fonds pour l'entretien des marais, pour ce qui concerne lesdits biens seulement; à la charge en outre, au moyen de ladite réserve, de se charger d'acquitter les dix mille livres de rentes dues tant par lui que par feu Mme la duchesse de Saint-Simon, son épouse, à Mme la princesse de Chimay, leur fille, pour sa dot, suivant son contrat de mariage, laquelle, au moyen de ce, ne sera plus au nombre des créanciers de mondit seigneur, tant que ces présentes auront lieu.

Plus, mondit seigneur duc de Saint-Simon auroit proposé auxdits sieurs et dames créanciers de s'obliger à vendre à la première occasion favorable qui se présenteroit, et lorsque lui ou lesdits créanciers trouveroient des acquéreurs à des prix raisonnables, justes et proportionnés aux revenus et valeurs des biens ci-après énoncés, savoir :

1° Tous les terres, prés, marais, cens, rentes et domaines que mondit seigneur possède, soit patrimonialement, soit par engagement, à Blaye et ès environs;

2° La terre et baronnie de Verrières en Berry, bois, cens et rentes, circonstances et dépendances, sans aucune exception ni réserve;

3° Ledit terrain et chantier, sis en cette ville, rues de l'Université et de Bellechasse, contenant environ dix-sept cents toises;

Pour le prix provenant desdites ventes être distribué par ordre d'hypothèque entre lesdits créanciers; observant que les biens ci-dessus énoncés sont les seuls biens-fonds dont ledit seigneur duc de Saint-Simon puisse disposer (à l'exception de sa maison et hôtel à Versailles, qui ne produit aucun revenu et dont il desire se conserver la jouissance sa vie durant, en demeurant chargé du dixième, boues et lanternes, réparations et entretiens), attendu que les duché-pairie de Saint-Simon et comté de Rasse, ainsi que les terres de Champvallon, sont substitués; que le comté de la Ferté-Vidame est assuré pour la propriété à feu Mgr le duc de Ruffec et à Mlle de Ruffec, qui le représente, et le marquisat de Ruffec à Mgr le duc de Ruffec d'aujourd'hui, en faveur et par les contrats de mariage desdits seigneurs ducs de Ruffec, sous la réserve néanmoins des bois dudit comté de la Ferté-Vidame, réservés à mondit seigneur duc de Saint-Simon pour en disposer pendant l'usufruit qu'il s'est réservé desdites terres, et dont va être ci-après parlé;

Plus, d'abandonner dès à présent auxdits créanciers tous les bois de haute futaie qui sont sur ladite terre et comté de la Ferté-Vidame, tant dans le parc que dans la forêt et ailleurs, et de consentir que lesdits créanciers en fassent faire les ventes et exploitations, soit en totalité, soit divisément ou séparément, en une ou plusieurs années, en la présence de mondit seigneur duc de Saint-Simon ou de son fondé de procuration, ou l'un d'eux dûment appelé, aux prix, charges, clauses et conditions les plus avantageux que faire se pourra, pour le prix qui proviendra desdites ventes et exploitations être pareillement distribué auxdits créanciers par ordre d'hypothèque;

Plus, d'abandonner auxdits sieurs et dames créanciers dès à présent tous les bois taillis qui sont sur ladite terre et comté de la Ferté-Vidame, tant dans le parc que dans la forêt et ailleurs, qui ne sont point en coupes réglées, et qui ne font point partie des revenus de ladite terre de la Ferté-Vidame ci-dessus abandonnés auxdits créanciers, pour, par lesdits sieurs et dames créanciers, les vendre ou les faire couper en une ou plusieurs coupes, et le prix qui proviendra desdites ventes et coupes extraordinaires de taillis être distribué entre lesdits créanciers au sol la livre; dans laquelle contribution les créanciers par contrats de constitution, soit viagers, soit perpétuels, n'entreront que pour les arrérages qui se trouveront leur être dus et échus au premier octobre 1748, attendu qu'ils seront payés des arrérages qui écherront à compter dudit jour, à l'avenir, sur les revenus abandonnés;

Que les loyers, fermages, arrérages de rentes, revenus, prix de ventes de bois taillis ordinaires et extraordinaires, bois de haute futaie, même le prix des ventes des biens-fonds et immeubles, seront touchés et reçus par Me Delaleu, l'un des notaires soussignés, que mondit seigneur nomme et propose pour séquestre, à l'effet de toucher et recevoir le tout sur ses quittances et en rendre compte.

Sur lesquelles propositions lesdits sieurs et dames créanciers ayant réfléchi et reconnu qu'il est de leur intérêt d'accepter les offres faites par mondit seigneur duc de Saint-Simon, lesdites parties sont convenues et demeurées d'accord de ce qui suit.

C'est à savoir que mondit seigneur duc de Saint-Simon a, par ces présentes, quitté, délaissé et abandonné à tous lesdits sieurs et dames créanciers (ce accepté par ceux qui sont ici présents, tant pour eux que pour les absents) tous les revenus des biens, bois taillis, domaines, rentes ci-dessus exprimés, dus et échus, et qui écherront à l'avenir, à compter du premier octobre prochain, pour être le tout touché et perçu des débiteurs et redevables par ledit Me Delaleu et sur ses quittances, et être les deniers en provenants par lui employés aux payements ci-après convenus, savoir : au payement des charges réelles desdites terres et terrain, réparations et entretiens des bâtiments, domaines, canaux et écluses des marais, dixième, deux sols pour livre, cas fortuits, ports et remises d'argent des terres à Paris, gages des officiers, receveurs et gardes desdites terres, honoraires des juges, frais de procédures civiles et criminelles, ainsi que les frais d'homologation du présent contrat.

Après, le séquestre payera auxdits créanciers de mondit seigneur le duc de Saint-Simon les arrérages des rentes viagères et perpétuelles qui, à compter dudit jour premier octobre prochain, écherront à l'avenir, et ce de demi-année en demi-année; auxquels créanciers le séquestre retiendra le dixième et les deux sols pour livre, tant qu'ils auront lieu.

Le notaire séquestre retiendra pour ses honoraires, par chacun an, tant qu'il fera la perception desdits revenus, la somme de quinze cents livres, pour les soins qu'il prendra pour le recouvrement et distribution d'iceux;

Plus, celle de cinq cents livres pour ses ports de lettres, voitures et autres dépenses que la correspondance dans les terres lui occasionnera, et, pour la première année, la somme de huit cents livres pour honoraires du présent contrat, lesquelles sommes lui seront allouées dans la dépense du compte qu'il rendra.

A l'effet de laquelle perception desdits revenus, mondit seigneur duc de Saint-Simon a mis et subrogé lesdits sieurs et dames créanciers en tous ses droits, privilèges et hypothèques, et a promis de les aider de toutes les pièces et titres qui leur seront nécessaires, à toute réquisition, à peine, bien entendu, que les appointements desdits gouvernements, biens et jouissances y affectés et en dépendants, pension de l'Ordre et rente viagère réservés à mondit seigneur pour sa subsistance, ci-dessus énoncés, aux charges et conditions y exprimées, ne sont et ne seront point compris au présent abandon.

Plus, mondit seigneur duc de Saint-Simon consent de vendre aux premières occasions favorables qui se présenteront, et lorsque lui ou lesdits sieurs créanciers trouveront des acquéreurs à des prix et conditions justes, raisonnables et proportionnés à la valeur des biens, lesdits biens, terres, marais, domaines, cens, rentes de Blaye, tant patrimoniaux que par engagement, soit audit Blaye, soit aux environs ; plus, ladite terre et baronnie de Verrières, et bois, circonstances et dépendances ; plus, ledit terrain et place de Bellechasse, sis au coin des rues de Bellechasse et de l'Université ; lesquelles ventes seront faites par mondit seigneur ou son fondé de procuration en présence des directeurs ou syndics desdits créanciers qui seront ci-après nommés et convenus, pour être le prix desdites ventes touché et remis audit M⁰ Delaleu, et être distribué aux créanciers privilégiés et hypothécaires, par ordre de privilège et hypothèque ; s'obligeant mondit seigneur de remettre, lors desdites ventes, les titres de propriété aux acquéreurs.

Plus, mondit seigneur duc de Saint-Simon cède, quitte et abandonne audits sieurs et dames créanciers, ce acceptant ceux présents, tant pour eux que pour les absents, la coupe de tous les bois de haute futaie qui sont sur ladite terre de la Ferté-Vidame, tant dans le parc que dans la forêt et ailleurs, pour être les ventes ou exploitations des coupes desdits bois faites par lesdits sieurs syndics ou directeurs desdits créanciers et ledit M⁰ Delaleu, notaire séquestre, en la présence et du consentement de mondit seigneur ou de son fondé de procuration, ou eux dûment appelés ; lesquelles ventes et adjudications ou coupes pourront être faites, soit en général, soit divisément ou séparément, en une ou plusieurs coupes ou ventes ou adjudications, et les temps de vuidanges et exploitations réglés et convenus par lesdits syndics ou directeurs, conjointement avec mondit seigneur ; pour le prix qui proviendra desdites ventes, adjudications ou exploitations être remis audit notaire séquestre, et par lui touché sur ses quittances, et pour ensuite être distribué entre les créanciers, par ordre d'hypothèque et privilège.

Plus, mondit seigneur duc de Saint-Simon cède, quitte et abandonne auxdits créanciers, ce acceptant comme dessus, la coupe de tous les bois taillis qui sont sur ladite terre de la Ferté-Vidame, tant dans le parc que dans la forêt et ailleurs, qui ne sont point en coupe réglée et ne font point partie des revenus de ladite terre de la Ferté ci-dessus abandonnés auxdits créanciers, pour, par lesdits sieurs syndics ou directeurs desdits créanciers, les revendre ou les faire couper en une ou plusieurs coupes, et les faire débiter, s'il y échet, le tout en la présence de mondit seigneur duc de Saint-Simon ou de son fondé de procuration, ou eux dûment appelés ; et le prix qui proviendra desdites reventes et coupes de taillis extraordinaires être remis audit notaire séquestre et par lui touché sur ses quittances, et être distribué entre tous lesdits créanciers au sol la livre ; dans laquelle contribution les créanciers par constitutions, soit viagères, soit perpétuelles, n'entreront que pour les arrérages qui se trouveront leur être dus et échus audit jour premier octobre 1748, attendu qu'ils seront payés des arrérages qui écherront à compter dudit jour, à l'avenir, sur les revenus abandonnés.

Plus, mondit seigneur duc de Saint-Simon cède, quitte et abandonne auxdits sieurs et dames créanciers, ce acceptant comme dessus, tous les revenus dus et échus, et qui écherront jusqu'audit jour premier octobre prochain, desdits biens et terres ci-dessus abandonnés, à quelque somme que le tout puisse monter, sous la réserve des vingt mille livres ci-après mentionnées.

Il ne sera point question de distribuer les revenus dus et échus et qui écherront jusqu'audit jour premier octobre 1748, quoique abandonnés auxdits créanciers, afin de mettre par ce moyen le séquestre en état de payer auxdits créanciers par contrats de constitutions les arrérages de leurs rentes viagères et perpétuelles qui écherront à compter du premier octobre 1748 ; ce qu'il ne pourroit faire, s'il n'avoit cette avance, attendu que les fermiers sont toujours en retard, quelque attention qu'on y ait.

S'il arrivoit même, par l'insolvabilité de quelques fermiers, ou réparations imprévues, que le séquestre ne reçût pas d'une année à l'autre, à compter du premier octobre prochain, tout ce qu'il conviendroit pour payer les charges desdites terres et la totalité desdites rentes viagères et perpétuelles auxdits créanciers et les frais du séquestre, ledit séquestre, dans lesdits cas, est et demeure autorisé à prendre tout ce qui s'en défaudra sur le prix de la vente des taillis extraordinaires, sauf à remettre dans la masse desdits bois taillis les revenus, lorsqu'ils rentreront au séquestre ;

Que, nonobstant le présent abandon, mondit seigneur duc de Saint-Simon conservera le droit de nomination et présentation aux bénéfices dépendants desdites terres, ainsi que la nomination et présentation des offices de judicature, gardes-chasses, bois et plaines, à condition néanmoins que, dans le cas où, pour les offices de judicature, il seroit payé des finances, le prix desdites finances fera partie des biens et revenus casuels abandonnés par ces présentes ;

Comme aussi que mondit seigneur fera tous déprix et ensaisinements, donnera toutes saisines et modérations de droits seigneuriaux ou d'indemnité, pourvu que lesdites modérations n'excèdent pas moitié des droits fixés par les coutumes, le prix desquels droits seigneuriaux et casuels est compris au présent abandon ;

Que le notaire séquestre rendra ses comptes de recette et de dépense dans le courant des mois de novembre ou de décembre de chaque année, à mondit seigneur duc de Saint-Simon ou à son fondé de procuration, en présence desdits sieurs syndics ou directeurs desdits créanciers et conseil ci-après nommés ; et, sur ce qui restera entre les mains dudit séquestre de fonds (charges, rentes viagères et perpétuelles et frais ci-dessus désignés acquittés), par chaque année, de ce qu'il aura reçu des revenus pendant le courant de l'année commencée audit jour premier octobre 1748 et qui finira le dernier septembre 1749, soit qu'il ait reçu des revenus de l'année dans laquelle il rendra compte, ou des antérieurs, le surplus sera employé à payer les créanciers des sommes modiques au-dessous de mille livres, à commencer par la plus petite somme en remontant, jusqu'à celle de mille livres, en donnant toujours la préférence pour ce qui sera dû aux domestiques de mondit seigneur ; pour quoi sera fait un état de cette répartition annuelle et de ce restant de revenu par mondit seigneur duc de Saint-Simon ou son fondé de procuration, et par les syndics ou directeurs ci-après nommés ;

Que, sur les revenus dus et échus et qui écherront jusqu'audit jour premier octobre prochain, et sur les premiers deniers qui en proviendront, il en sera rendu par ledit notaire séquestre à mondit seigneur duc de Saint-Simon la somme de vingt mille livres qu'il s'est ci-dessus réservée pour sa subsistance et dépense courante, attendu que les revenus à lui réservés ne commenceront à être payés qu'au mois d'octobre prochain ;

Que le séquestre ne pourra être garant d'aucune chose, ni de l'insolvabilité des débiteurs, locataires, fermiers, censitaires et autres redevables, non plus que des tares et diminutions d'espèces qui pourront survenir sur celles qui se trouveroient entre ses mains ;

Que les baux à faire desdites terres et revenus abandonnés seront passés en conséquence de délibérations du conseil, en présence dudit seigneur duc de Saint-Simon ou son fondé de procuration, ou eux dûment appelés, par les dits sieurs syndics ou directeurs, ou leurs fondés de procurations spéciales ;

Qu'il sera incessamment fait et arrêté dans le conseil la liquidation de chaque créance desdits créanciers, qui seront tenus de représenter leurs titres et pièces pour y parvenir ; laquelle liquidation servira lors des répartitions qui seront à faire par la suite, et, icelle une fois faite, arrêtée et approuvée par mondit seigneur duc de Saint-Simon ou son fondé de procuration, et par lesdits syndics ou directeurs, si mondit seigneur fait d'autres dettes nouvelles, les nouveaux créanciers feront valoir leurs droits sur les revenus qu'il s'est réservés, non compris au présent abandon, sans pouvoir préjudicier ni retarder l'entière exécution des conventions portées par le présent contrat.

En considération desquelles et de l'abandon fait par ledit seigneur duc de Saint-Simon des bois taillis qui sont dans le parc et hors du parc de la Ferté-Vidame, les créanciers qui ont obtenu des sentences de condamnation consentent que les payements qui leur seront faits soient d'abord imputés sur les sommes principales.

Pour faciliter l'exécution du présent contrat, lesdits sieurs et dames créanciers comparants, tant pour eux que pour les absents, ont fait et donné pleine et entière main-levée de toutes les saisies réelles et mobilières, oppositions et empêchements qui peuvent avoir été faits et formés à leurs requêtes entre les mains des locataires, fermiers, débiteurs et redevables de mondit seigneur duc de Saint-Simon, dont ils consentent les nullité et radiation de tous registres où elles pourroient être registrées ; quoi faisant par les commissaires aux saisies réelles, ils en seront bien et valablement déchargés. Même ceux qui ont des transports et délégations pour le payement des arrérages de leurs rentes sur lesdits loyers, fermages et revenus ci-dessus abandonnés, s'en sont désistés et désistent par ces présentes, ainsi que des significations qui en ont pu être faites, consentent que le tout soit et demeure nul, comme non fait, et en déchargent tous ceux qu'il appartiendra, tant que le présent contrat aura son effet ; pendant lequel temps seulement ils consentent que lesdits locataires, fermiers et débiteurs, payeurs des rentes et autres débiteurs, à quelque titre que ce soit, payent entre les mains dudit notaire séquestre tous lesdits loyers, fermages, arrérages et autres revenus fixes et casuels, prix de vente et exploitations des bois, prix de ventes de biens-fonds et autres sommes telles qu'elles puissent être, nonobstant lesdites délégations faites en leur faveur, et qu'ils se réservent de faire valoir lorsque le présent abandon cessera d'avoir lieu, de même et ainsi qu'ils étoient en droit de faire avant ces présentes, et sans, par eux ni les autres créanciers hypothécaires, déroger aux hypothèques à eux acquis et résultant des titres de leurs créances, dans lesquels ils entendent demeurer conservés, sans novation ni dérogation, soit contre ledit seigneur duc de Saint-Simon, soit contre les héritiers de feu Mme la duchesse de Saint-Simon.

A été convenu néanmoins que la délégation faite au profit des Pères de l'Oratoire continuera d'avoir lieu à leur profit sur les revenus du comté de Rasse, pour les causes, dans les termes et de la manière portés dans la transaction passée entre eux devant Delaleu, l'un des notaires soussignés, et son confrère, le quatre août mil sept cent quarante-six.

Au moyen des présentes, et de leur pleine et entière exécution, lesdits créanciers ont promis surseoir à toutes demandes, de quelques natures qu'elles soient, et à toutes procédures contre mondit seigneur duc de Saint-Simon.

En conséquence desquels abandonnements ci-dessus, les sieurs et dames créanciers se sont unis et s'unissent pour ne composer qu'un seul et même corps de créanciers, et ont nommé pour syndics et directeurs de leurs droits et actions les personnes de mondit sieur Goislard, conseiller au Parlement, de mondit sieur de la Couronne, et, en son absence, de M. de Longny, maître des requêtes, son fils, et dudit Me Griffon, avocat au Parlement; qui, en cette qualité, prendront le soin et la direction des biens et revenus ci-dessus abandonnés, auxquels ils donnent pouvoir de diriger tous leurs droits, créances et prétentions, et de faire compter les débiteurs, locataires et fermiers de mondit seigneur duc de Saint-Simon, faire toutes les poursuites qu'ils trouveront convenables pour accélérer ledit recouvrement, et de passer tous les baux, contrats de vente et autres actes nécessaires; le tout de l'avis et conseil de MM. Visinier et Lherminier, anciens avocats au Parlement, que mondit seigneur duc de Saint-Simon et lesdits créanciers ont nommés conseil de ladite direction; lesquels sieurs Goislard, de Longny et Griffon ont accepté lesdites charges de syndics et directeurs, à condition de s'en pouvoir départir quand bon leur semblera, et qu'ils ne seront garants ni responsables en leurs noms d'aucuns événements.

Le conseil de la direction se tiendra dans la maison dudit M⁰ Visinier, avocat, deux fois par mois.

Les syndics et directeurs convoqueront, quand les affaires le requerront, telles assemblées qu'ils jugeront à propos, en la maison dudit M⁰ Visinier, et ce qui aura été arrêté par lesdits deux avocats et lesdits directeurs vaudra et sera exécuté comme si tous lesdits créanciers l'avoient signé et arrêté. Les délibérations seront rédigées et reçues par ledit M⁰ Delaleu, notaire, qui en tiendra registre.

Mondit seigneur duc de Saint-Simon et lesdits sieurs et dames créanciers nomment pour procureur de ladite direction M⁰ Gillet, procureur au Parlement, demeurant rue des Noyers.

Mondit seigneur duc de Saint-Simon et lesdits sieurs et dames créanciers ont nommé pour notaire séquestre desdits biens et revenus ci-dessus abandonnés M⁰ Delaleu, l'un des notaires soussignés.

Et pour faire homologuer le présent contrat partout où besoin sera, aux frais et dépens de mondit seigneur duc de Saint-Simon (lesquels frais seront néanmoins payés par ledit M⁰ Delaleu sur les revenus qui lui resteront à titre de séquestre), toutes les parties ont donné les pouvoirs nécessaires et ont fait et constitué leur procureur le porteur, donnant pouvoir, promettant, obligeant, renonçant, etc.

Fait et passé à Paris, à l'égard desdits seigneurs duc de Saint-Simon, duc de Ruffec, comte de Chabot, en leursdits hôtels, et des autres parties en leursdites demeures et ès études, les 9, 10, 15, 16, 18, 19, 20, 23, 24, 26, 28 et 29 juillet ; 2, 5, 6, 7, 10, 13, 14, 27 et 28 août, avant et après midi ; le tout, de l'année 1748. Et ont signé, excepté ladite Louise Rolland, femme Dufour, et ladite veuve le Camus, qui ont déclaré ne le savoir, de ce enquises, ainsi qu'il est dit en la minute des présentes.

Suit la teneur des autres annexes[1].

LIV

LE COMTE DE MAUREPAS AU PROCUREUR GÉNÉRAL JOLY DE FLEURY[2].

15 août 1748.

Je ne suis pas surpris, Monsieur, des difficultés que vous trouvez avec Mᵐᵉ de Ruffec : j'en avois essuyé autant ; cela m'a même brouillé

---

1. Nous croyons qu'il n'y a pas lieu de reproduire ces annexes.
2. Papiers Maurepas.

avec elle, par la suite de la déraison et de l'opiniâtreté que vous y
avez trouvées vous-même, et que tout autre y trouvera. Je vois bien qu'il
n'en faut plus rien espérer, puisque vous n'en êtes pas venu à bout,
même par la voie de Pothouin, qui étoit sans doute la meilleure.
Je ne sache plus à vous indiquer, après celle-là, que celle du bailli de
M. de Saint-Simon, que je crois le véritable conseil de Mme de Ruffec ;
mais je ne sais s'il sera bien plus facile d'en venir à bout, ni par qui
on pourroit lui en faire parler. Quant à moi, je suis tout à fait inutile
à cet égard et hors de portée, ne l'ayant pas revue depuis la scène
que j'ai eue avec elle à cette occasion, où je ne pus jamais lui faire
sentir l'indécence du procédé et le danger du procès. Je crois pourtant que ce sera une extrémité à laquelle il en faudra venir, lorsqu'on
se sera assuré des créanciers. Vous connoissez, etc.

LV

REQUÊTE DE SAINT-SIMON AUX COMMISSAIRES DU CONSEIL[1].

[Septembre 1748.]

Mre Louis, duc de Saint-Simon, pair de France, comte
de Rasse, grand d'Espagne de la première classe, chevalier des ordres du Roi, expose que, pour parvenir au
payement de ses dettes et de celles de ses père et mère,
il auroit, par acte passé devant Me Delaleu et son confrère, notaires à Paris, le 9 juillet 1748 et jours suivants,
quitté, délaissé et abandonné à ses créanciers les revenus
de tous ses biens et terres exprimés audit contrat, aux
charges, clauses et conditions y portées, ensemble les bois
taillis extraordinaires et de haute futaie dépendant du
comté de la Ferté-Vidame ; que, le contrat étant signé de
plusieurs des créanciers de l'exposant, il se seroit pourvu,
conjointement avec les syndics et directeurs de ses créanciers nommés par le contrat, au conseil d'État de Sa Majesté, et auroient obtenu arrêt le 31 août 1748, par lequel

1. Archives nationales. — Pièce publiée par M. Armand Baschet dans
Le duc de Saint-Simon, p. 19-21.

Sa Majesté, étant en son Conseil, a évoqué à soi et à son Conseil toutes les contestations nées et à naître entre ledit sieur duc de Saint-Simon et ses créanciers, en quelques tribunaux qu'elles soient pendantes ou puissent être portées, tant au sujet de la liquidation des dettes dudit sieur duc de Saint-Simon, que de l'homologation du contrat passé entre lui et ses créanciers le 9 juillet 1748 et jours suivants, et icelles circonstances et dépendances renvoyées par-devant vous, Messieurs, pour les juger définitivement et en dernier ressort, sur simples mémoires et sans significations.

Et d'autant qu'il est de l'intérêt, non seulement dudit sieur duc de Saint-Simon, mais même de tous les créanciers, que ledit contrat du 9 juillet soit homologué incessamment, pour être exécuté en tout son contenu selon sa forme et teneur, ledit sieur duc de Saint-Simon a été conseillé de se pourvoir par-devant vous, Messieurs, par la présente requête.

Ce considéré, Messieurs, il vous plaise ordonner que ledit contrat dudit jour 9 juillet 1748 et jours suivants sera homologué avec ceux desdits créanciers qui l'ont signé, pour être exécuté selon sa forme et teneur, et qu'à l'égard de ceux qui ne l'ont pas signé, la présente requête leur sera communiquée, pour fournir des réponses dans le délai du règlement, sur simples mémoires et sans significations, conformement audit arrêt du 31 août dernier; sinon, qu'il sera fait droit. Et ferez justice.

Louis, duc de Saint-Simon.

LVI

LE COMTE DE MAUREPAS AU PROCUREUR GÉNÉRAL JOLY DE FLEURY [1].

6 octobre 1748.

Je comprends bien, Monsieur, la nécessité qu'il y a que ceux des créanciers de M. de Saint-Simon qui ont des délégations en donnent tout leur désistement, et en même temps qu'il n'est pas aisé de l'obtenir d'eux et de leur persuader que cela n'est nullement contre leurs intérêts. Je parlerai volontiers, et du mieux qui me sera possible, au P. Vassal, ainsi qu'à MM. Bernard et Molé, s'ils viennent à Fontainebleau, quoique je sois très persuadé qu'à l'égard des deux derniers je ne dois pas me flatter de faire sur leur esprit l'impression que doit faire ce que vous leur direz et l'opinion qu'ils ont sûrement de vos avis. On ne peut être plus sincèrement que je le suis, etc.

LVII

LE COMTE DE MAUREPAS A SAINT-SIMON [2].

13 octobre 1748.

On fait ici une question, Monsieur, que je ne crois pas qui en soit une; cependant j'ai recours à votre mémoire pour lever le doute qu'il pourroit y avoir. Il s'agit du deuil que l'on va prendre pour la princesse Dorothée : Madame la Dauphine drape, et Mme la duchesse de Brancas met en question si elle doit draper, le Roi ne drapant pas, et M. le duc de Brancas ne drapant pas non plus.

Le cas de feu Mme la duchesse de Saint-Simon, à la mort de Mme la duchesse de Berry, me paroissant pareil dans toutes les circonstances,

---

1. Papiers Maurepas.
2. Papiers Maurepas.

je vous supplie de me mettre en état d'attester au Roi la vérité de ce qui s'est passé dans cette occasion.

Je me flatte que vous ne doutez pas de l'intérêt que je prends toujours à votre santé, ni du desir que j'ai d'en apprendre de bonnes nouvelles. J'espère que vous voudrez bien m'en donner, et être persuadé de l'attachement inviolable avec lequel j'ai l'honneur d'être, etc.

LVIII

LE COMTE DE MAUREPAS AU PROCUREUR GÉNÉRAL JOLY DE FLEURY[1].

30 octobre 1748.

S'il y a, Monsieur, quelque expédient à trouver par rapport à la capitation de M. le duc de Saint-Simon, je pense que ce ne peut être qu'en parlant au receveur de la capitation chargé de cette partie, et il y a lieu de croire qu'en lui faisant connoître la situation des affaires de M. de Saint-Simon, et les arrangements qu'on veut prendre pour payer cet article, il ne se refuseroit pas à donner des facilités. Vous connoissez les sentiments avec lesquels je suis, etc.

LIX

LE COMTE DE MAUREPAS A M. TRUDAINE, INTENDANT DES FINANCES[2].

13 novembre 1748.

Vous n'ignorez peut-être pas, Monsieur, que M. le duc de Saint-Simon prend des arrangements avec ses créanciers pour tâcher de

1. Papiers Maurepas.
2. Papiers Maurepas.

réparer le désordre dans lequel toutes ses affaires se sont trouvées. M. le Procureur général s'est bien voulu charger, conjointement avec moi, d'en chercher et d'en faire réussir les moyens : ce qui ne se fera pas sans beaucoup de difficultés et de peines. Comme il n'y a rien à négliger dans une pareille circonstance, on a découvert qu'il est dû par le Roi à M. le duc de Saint-Simon vingt-huit années d'arrérages d'une rente sur le domaine, qui montent ensemble à la somme de 1,680 livres, ainsi que vous le trouverez détaillé par le mémoire que je joins ici. Vous contribueriez infiniment aux arrangements dont il est question, si vous vouliez, après vous être fait rendre compte de la légitimité de cette demande, engager M. le Contrôleur général à ordonner que cette somme fût payée à M. le duc de Saint-Simon, ou même seulement reçue en payement par le receveur de la capitation à compte d'une somme de 3,340 livres que ce receveur demande à M. le duc de Saint-Simon, et pour le payement de laquelle il a fait faire des saisies qui suspendent l'exécution des arrangements que l'on avoit pris avec les autres créanciers. Vous connoissez les sentiments avec lesquels j'ai l'honneur d'être, etc.

LETTRES DE SAINT-SIMON

A MM. GUALTERIO

1727-1742 [1]

A M. LE DUC DE CUMIA.

Paris, 20 janvier 1727.

Monsieur,

Je reçois avec beaucoup de reconnoissance tout ce qu'il plaît à Votre Excellence de me témoigner sur le voyage de M. son fils en ce pays-ci. Les bontés et l'amitié très particulière dont M. le cardinal Gualterio m'honore depuis bien des années me seront un garant bien sûr de mon desir de mériter le même honneur de Votre Excellence, et étoit pour moi une raison bien essentielle de rechercher ici M. son neveu et de m'intéresser au succès de son voyage. Mais je dois dire avec vérité à Votre Excellence que ce qui a commencé en moi et dans tous les autres amis et serviteurs de Son Excellence en sa considération, a continué et s'est achevé par celle d'un neveu si accompli, et dont la sagesse, l'esprit, la modestie et toute la conduite ont été telles, que la surprise et l'admiration en demeureront longtemps en

---

1. Copies prises sur les autographes appartenant au Musée britannique.

ce pays-ci, ainsi que le regret d'en être sitôt privé. Tout cela, joint à toutes les grâces de la plus aimable jeunesse et à la maturité d'un âge avancé, lui a donné un éclat qui donne les plus grandes espérances de sa fortune, à laquelle tout le monde s'intéresse ici très véritablement. Je félicite donc avec joie et avec assurance Votre Excellence d'avoir un fils si accompli, et je me réjouis avec moi-même qu'il me donne cette occasion de témoigner à Votre Excellence combien je suis sensible à l'honneur qu'elle me fait, dévoué à son nom, et impatient de pouvoir lui persuader à quel point je suis, Monsieur, de Votre Excellence le très humble et très obéissant serviteur.

Le duc DE SAINT-SIMON.

A M. L'ABBÉ GUALTERIO.

La Ferté, 12 septembre 1728.

Si je ne réponds pas toujours bien exactement, Monsieur, à l'honneur de vos lettres, elles ne m'en font pas moins de plaisir, auquel je suis toujours très sensible; mais vous êtes sur le grand théâtre de l'Europe, au pays des nouvelles, des affaires et des curiosités, et moi dans ma campagne, qui ne produit rien digne d'être mandé, où je compte de rester encore deux mois. Je voudrois avoir pu m'expliquer plus intelligiblement sur ce que vous desirez savoir, et il me sembloit y avoir fait de mon mieux. On ne peut, de si loin, dire tout ce que l'on voudroit. Il me paroît que vous ne desiriez pas que ce que l'on disoit s'exécutât à l'égard de quelqu'un de vos amis, et que je vous mandois que mon opinion étoit que cela auroit lieu. Je ne puis vous en dire davantage, ni même si j'ai raison de le penser ainsi du fond de mes bois ; mais je ne laisse pas d'y persister.

Il est difficile de croire que le Pape, à son âge, résiste à toutes les fonctions pénibles qu'il entreprend. Je le crois même assez mal à son aise de faire d'ordinaire tout ce qu'il ne veut pas et rien de tout ce qu'il voudroit, et de ce qui, avec raison, lui paroît le meilleur. Il l'éprouve sur les choses de France, que plus de fermeté à s'en faire croire dans sa propre cour auroit finies, et qui sont montées au point qu'il y a bien à craindre pour les suites. Celles de Portugal sont bien d'un autre genre, et bien surprenantes ; il semble qu'il n'en arrive plus guère de celles qui sont dans l'ordinaire accoutumé.

J'aurois un grand desir d'apprendre quelque avancement pour vous dans votre cour, parce qu'il n'y a personne qui s'y intéresse davantage, Monsieur, ni qui vous honore plus parfaitement que je fais.

Le duc DE SAINT-SIMON.

A M. L'ABBÉ GUALTERIO [1].

La Ferté, dernier septembre 1728.

Je vois, Monsieur, par l'honneur de votre lettre du 9 de ce mois, que votre délicatesse a été peinée de ce que j'ai écrit à M. Fouquet sur les lettres que j'ai écrites à feu M. le Cardinal votre oncle. Je vous rends mille très humbles grâces de me le mander franchement, parce que cela me donne le moyen de ne vous rien laisser sur le cœur, chose qui me seroit d'autant plus amère que

[1]. Cette lettre est la seule que M. Armand Baschet ait publiée dans son mémoire sur *le Duc de Saint-Simon et le cardinal Gualterio* (1878), notre confrère ayant bien voulu nous réserver la primeur du reste de cette correspondance.

j'espère n'y jamais donner d'occasion, et que je rechercherai toujours avec empressement toutes celles qui vous pourront marquer combien je desirerai toujours que vous soyez content de moi. C'est aussi par délicatesse que je me suis adressé à M. Fouquet, pour ne vous point renouveler une douleur telle que celle de la perte d'un tel oncle, et laisser agir le temps sur cela, sans obstacle de ma part. Voilà le vrai au naturel, que je vous supplie de recevoir pour tel, parce qu'il n'y a point eu d'autre motif. Un mot qui se dit pour prendre vos ordres sur cela coule et passe; une lettre se lit, on y répond, l'impression est plus longue et plus profonde : c'est ce que j'aurois voulu éviter. Pour revenir à la chose, tout ce qu'il vous plaira. C'étoit un commerce que l'estime et l'amitié avoient rendu continuel, et que ma vénération pour la probité, pour la franchise, pour le cœur entièrement excellent et tout françois, et pour la profonde capacité de M. le Cardinal votre oncle, avoit rendu très étroit et très confident. Outre que mes lettres ne valent point, par elles-mêmes, d'être gardées, il échappe beaucoup de choses en écrivant en toute confiance, qui ne sont que pour être lues, et tout aussitôt brûlées; beaucoup plus quand ce commerce ne peut plus avoir lieu, et que celui à qui ces lettres ont été écrites n'est plus, par un grand malheur pour ceux qui demeurent et qui lui ont été aussi parfaitement attachés que moi. C'est donc à vous, Monsieur, à faire là-dessus ce que vous croirez devoir faire, ou de les brûler, ou de les ensevelir dans un éternel oubli, mais un oubli sûr et certain, par les raisons que je viens de vous dire; et à moi, à vous remercier encore de m'avoir écrit franchement, parce que je serois au désespoir de vous causer la moindre peine, et que vous pussiez avoir le plus léger ombrage sur la façon pleine et entière, Monsieur, dont je vous honorerai toujours avec le plus véritable dévouement.

Le duc DE SAINT-SIMON.

A M. L'ABBÉ GUALTERIO.

La Ferté, 11 novembre 1728.

Vous aurez su, Monsieur, que le Roi a eu la petite vérole, qu'elle est si heureusement sortie qu'elle fut prise pour de simples boutons, qu'il fut en cet état dix heures à la chasse avec la pluie sur le corps, et que la protection de Dieu a été telle sur sa personne et sur le Royaume, que cette méprise, qui auroit tué tout autre, ne lui a fait aucun mal, et n'a servi qu'à le préserver des remèdes, qui, en ce pays-ci, sont devenus fort violents pour ce mal, et qu'on n'a pas eu le temps de proposer. Dieu l'a donc guéri, sans presque nul autre secours; et si la petite vérole a été très réelle, et telle qu'elle le peut préserver d'y retomber. Nous en eûmes ici toute l'alarme, et, quoiqu'il y ait trente-huit lieues d'ici à Fontainebleau, je partis aussitôt en poste. J'eus l'honneur et le plaisir de voir Sa Majesté, en arrivant, dans ce bon état, gai, parlant, et comme s'il n'étoit au lit que pour se reposer; je lui ai fait quatre jours ma cour, pendant lesquels l'honneur de votre lettre du 2 est arrivé ici. Je me réjouis de vos amusements du Corgnolo, et même de l'assiduité avec laquelle Sa Sainteté vous tient aux fonctions ecclésiastiques. Je desire fort qu'elle y joigne bientôt les politiques, malgré votre âge et votre modestie, qui ne vous en rend que plus digne, et que je puisse vous témoigner, Monsieur, au moins par ma joie, tout le dévouement avec lequel je vous honorerai toujours.

Le duc DE SAINT-SIMON.

A M. L'ABBÉ GUALTERIO.

La Ferté, 18 novembre 1728.

Mille remerciements, Monsieur, du *gazettin* de Rome, qui est curieux et qui pourroit être bien commenté. Je comprends le goût du Corgnolo et le déplaisir de n'y avoir que de la pluie. Notre climat est, pour cette année, plus heureux, et j'en jouis ici tout à mon aise. Je vous crois maintenant rendu aux cérémonies et aux fonctions de Rome. Je souhaite que vous les souteniez avec autant de santé que le Pape. Je ne vous y desire pas tant de goût qu'il en a, mais beaucoup qu'il vous donne lieu d'en prendre pour ce à quoi il n'en a guère, et, qu'il me vienne des occasions de vous témoigner, Monsieur, tout le dévouement avec lequel je vous honore parfaitement.

Le duc DE SAINT-SIMON.

A M. L'ABBÉ GUALTERIO.

La Ferté, 4 février 1729.

Un voyage que j'ai été obligé de faire à Paris et à la cour, Monsieur, d'où je ne suis arrivé qu'hier au soir, et pendant lequel j'ai été sans cesse dans un mouvement à ne me pouvoir reconnoître, m'a ôté tout moyen de répondre à ce que vous m'avez fait l'honneur de m'écrire et à la confiance dont je suis fort flatté ; et je le fais au premier moment que je le puis.

Je sens tout l'embarras de la chose et toute la délicatesse du sentiment. Parmi mon voyage, je l'ai bien et mûrement pesé, et, tout bien examiné, je crois notre cour dans l'impossibilité de récompenser votre maison du titre, peut-être dans l'embarras de la récompenser du fief utile, et celle d'Espagne encore plus. Celle d'Espagne se gouverne si diversement, qu'on ne peut juger de ses sentiments. Pour la nôtre, je la tiens trop juste pour trouver mauvais que votre maison se conserve ce qui lui est acquis, même par sa protection, mais dont elle ne peut récompenser le sacrifice que vous lui en feriez. Ainsi c'est à vous-même à vous décider entre une perte volontaire, que le bon gré que notre cour vous en saura ne réparera point, et la conservation d'un bien utile et d'un titre honorable, dont elle ne peut ni vous blâmer, ni vous savoir aucun mauvais gré. C'est, à mon avis, en quoi tout cela consiste, et que les plus longs raisonnements n'éclairciroient pas davantage.

Vous me pardonnerez si je suis court à répondre dans la fatigue d'une course d'où je ne fais qu'arriver, et qui me donne à faire beaucoup de choses demeurées en arrière. Soyez persuadé, s'il vous plaît, que cette brèveté ne prend rien sur la maturité de la réflexion, ni sur la vivacité de l'intérêt que je prendrai toujours à votre maison et à votre personne, que j'honore, Monsieur, avec les desirs les plus véritables et les plus empressés de ce qui peut vous être utile et avantageux.

Le duc DE SAINT-SIMON.

Je vous rends de très humbles grâces de la lettre et nouvelles du 23 janvier, et ne manquerai pas, Monsieur, à m'acquitter de ce que vous desirez dès que j'en serai à portée.

A M. L'ABBÉ GUALTERIO.

Paris, dernier avril 1729.

Une fâcheuse maladie de M*me* de Saint-Simon, dont elle

commence à se rétablir, et beaucoup d'affaires qui me sont survenues m'ont empêché, Monsieur, de vous faire mes remerciements. Vous êtes maintenant sans pape, et en loisir de respirer un peu des continuelles fonctions, que je crois bien fatigantes et bien ennuyeuses, et auxquelles il est surprenant qu'un homme de cet âge puisse résister et s'y plaire. Tant que cela sera ainsi, ce sera signe d'une force et d'une santé durable, et qui donnera loisir au sacré collège de penser longuement et mûrement au successeur. Je ne pense pas qu'ils concourent à un religieux ni à un homme qui n'ait jamais vu les pays étrangers ni ouï parler d'affaires, ni encore qui aime tant et si inutilement à voyager. Notre cour chasse et travaille à Compiègne. Il faut en espérer la paix, et ne se point lasser dans cette espérance. La mienne sera toujours pour vous, Monsieur, très intéressée pour les emplois qui peuvent vous convenir, et pour pouvoir vous témoigner combien véritablement je vous honore.

Le duc DE SAINT-SIMON.

Vous m'avez oublié pour un almanach de Rome, et je suis jaloux de M. le duc de Berwick, à qui vous en avez envoyé un.

A M. L'ABBÉ GUALTERIO.

La Ferté, 12 juin 1729.

J'ai reçu, Monsieur, l'honneur de votre lettre et les nouvelles y jointes dans un mouvement de voyage qu'il faut bien faire de temps en temps à la cour, et qui m'a empêché d'y répondre plus tôt, quoique j'y sois toujours fort sensible. Nos nouvelles ici ne sont pas plus intéressantes que les vôtres. Les dévotions de Bénévent, les mouvements des Bénéventins, l'épuisement de la Chambre apostolique sont en spectacle à l'Italie. Les féeries de Séville, les voyages de Leurs Majestés Catholiques, le silence sur les galions, les ténèbres sur l'avancement des affaires générales, tiennent toute l'Europe en suspens et le négoce des Indes fort en presse. Parmi tout cela, chacun attend, espère, se lasse, et la scène change toujours pour quelques particuliers. M. Bentivoglio a la grandesse à bon marché. Le chapeau de M. Bichi sera plus cher. Notre nouvel archevêque de Paris remplacera avec peine un prédécesseur qui, sans parler de tout le reste, a donné trois millions aux pauvres, depuis qu'il a été nommé à cette place jusqu'à sa mort. Trois chapeaux vacants ne contenteront guère de gens. Je ne pense encore qu'à des prélatures et à des charges qui y frayent le chemin, et que je vous desire avec passion, Monsieur, par tout le dévouement avec lequel je vous honore.

Le duc DE SAINT-SIMON.

A M. L'ABBÉ GUALTERIO.

La Ferté, 23 juin 1729.

Je n'aurois pas manqué, Monsieur, de vous faire mes remerciements de l'almanach de Rome, si je l'avois reçu plus tôt qu'à présent, et je m'en acquitte doublement, et pour celui-ci qui m'est parvenu, et pour celui que vous me destinâtes dès la fin de janvier, et dont je n'ai pas ouï parler jusqu'à présent que vous me faites la grâce de me le mander, très sensible à cette attention obligeante, et non moins à la friponnerie de qui me l'a volé en supprimant en même temps l'honneur de votre lettre, que je n'ai point reçue.

Je ne suis point surpris que M. le cardinal de Noailles

soit regretté à Rome, parce que les grandes vertus, et les plus aimables, et qui trouvent par là le plus de traverses et d'agitations, trouvent enfin justice quand elles ont disparu de ce monde. Tout son diocèse est accablé de sa perte; j'en suis en mon particulier très touché, quoiqu'il y ait longtemps qu'il n'eût plus rien de vivant que le corps; mais il a fait un si grand et si saint usage de son âme et de son esprit, tant qu'il les a possédés, qu'on ne peut s'accoutumer à la privation de l'étui même qui les contenoit. Il a donné pendant sa vie trois millions aux pauvres, quoiqu'il n'eût que son archevêché, et qu'il vécût même magnifiquement aux occasions qui l'exigeoient; mais, hors de là, tout étoit fort épargné, et donné aussitôt. Ainsi, avec d'extrêmes regrets en ce monde, il s'est acquis en l'autre de grandes richesses, et qui seront éternelles. Il étoit grand-oncle de ma belle-fille, avoit fait son mariage, leur avoit donné la bénédiction nuptiale et le festin, et c'est la dernière cérémonie qu'il ait faite; et il me faisoit l'honneur de m'aimer depuis bien des années.

Le retour du Pape n'animera guère la capitale du monde chrétien. Il ne fera que changer le théâtre des cérémonies ecclésiastiques, où il est infatigable, et où il va recommencer à vous fatiguer tous. Cependant les pauvres nonces se morfondent bien, et, avec eux, tout ce qui entrevoit, dans ce mouvement, des changements des nonciatures; et c'est ce qui m'en donne le plus d'impatience par mes desirs pour vous, Monsieur, et l'attachement avec lequel je vous honore.

Le duc DE SAINT-SIMON.

A M. L'ABBÉ GUALTERIO.

La Ferté, 1er août 1729.

Toujours ravi, Monsieur, de recevoir de vos nouvelles.

Quelque stériles que soient celles de votre cour, elle ne laisse pas de faire des canonisations et des leçons de bréviaire qui en pourront produire, et des refus de *gratis*, en même temps qu'elle capitule sur M. Bichi, qu'elle fera enfin cardinal, et qu'elle récompense magnifiquement le roi de Sardaigne de sa fermeté avec elle sur tous chapitres. Nous ne verrons pas, je pense, si tôt de pape religieux après celui-ci, et qui n'ait passé par aucun ministère. En attendant, les pauvres nonces se morfondent bien, et il ne se fait aucun mouvement que dans les premières charges du palais. Le Santa-Maria fait faire des fortunes pour parvenir à la sienne. Je voudrois bien voir quelque jointure qui vous avançât avant la fin d'un pontificat qui peut durer encore, et un conclave qui a la mine d'être difficile et long. Agréez, Monsieur, mes desirs sincères, ne pouvant ce que je voudrois pour vous témoigner tout mon sincère dévouement.

Le duc DE SAINT-SIMON.

A M. L'ABBÉ GUALTERIO.

La Ferté, 29 août 1729.

Toujours mille remerciements, Monsieur, de l'honneur de vos lettres et des nouvelles qui les accompagnent. S'il ne se faisoit à Rome que des cardinaux, et point de nouveaux saints, je pense que cela seroit beaucoup mieux, et même le Bichi, tout étrange qu'il sera après s'être chargé d'un nouveau tribut en ce genre pour le roi de Sardaigne. Le cardinal Borghèse et M. Acquaviva doivent beaucoup à M. Santa-Maria, qui les pousse à la pourpre pour s'y élever, et qui se moquera bien après des pasquinades. Les pauvres nonces pourront bien se morfondre assez pour mourir prélats, au peu de chapeaux qui vaquent et aux sujets qui leur seront encore préférés. En attendant, ils voient conclure la paix et le passage de D. Carlos en Italie sans y avoir de part et sans s'en consoler, comme leur maître, par des fonctions ecclésiastiques, ni espérer de tirer beaucoup de l'épuisement de la Chambre apostolique. Il faut que les prières de ces Messieurs-là ne soient guère bonnes, puisque la volonté et la santé du Pape demeurent les mêmes. Il y a lieu de craindre que celles du grand-duc seront meilleures, et que son futur successeur n'essuie bien de la tribulation avant de l'être. Il faut jouir, en attendant, de la tranquillité que cela va procurer. Je voudrois bien que la vôtre fût troublée par des emplois dignes de vous, et que vous fussiez bien persuadé, Monsieur, de tout l'empressement des desirs avec lesquels je vous honore.

Le duc DE SAINT-SIMON.

À M. L'ABBÉ GUALTERIO.

La Ferté, 18 septembre 1729.

Toujours ravi, Monsieur, d'apprendre de vos nouvelles; le monde en fournit peu, et, comme c'est signe de paix, je pense que c'est tant mieux. Pour votre tranquillité domestique, je pense que vous pouvez en être en repos. Les peuples ne savent que souffrir et crier, et c'est bien le moins que ceux qui les font crier le souffrent. Quand ce bon pape-ci mourra, ce sera un saint en paradis, plus certain que quelques-uns de ceux qu'il y croit mettre, et dont il laisse faire de si belles légendes; et les Romains prendront grand'part en son bonheur éternel. Je pense que son successeur sera choisi moins ecclésiastique et plus prince, moins moine et plus évêque, et que les fonctions et les cérémonies auront moins de cours. Ce sera un temps moins mort, qu'il faut attendre, et que votre âge vous permet d'attendre. Aussi le mien ne me laisse que des souhaits pour vous, Monsieur, toujours bien véritables par les sentiments avec lesquels je vous honore parfaitement.

Le duc DE SAINT-SIMON.

Mille grâces de la lettre que vous m'avez envoyée; j'en joins ici la réponse.

A M. L'ABBÉ GUALTERIO.

La Ferté, 12 novembre 1729.

Vous avez grande raison, Monsieur, d'user de votre belle campagne et de vous y reposer, et d'y reprendre des forces pour l'ennui des fonctions de la ville, qui ne présente, sous ce pontificat, que des dévotions extérieures, qui nourrissent peu l'esprit, et encore moins le cœur, qui peinent fort le corps, prennent tout le temps, ne forment personne à rien, et laissent tout en vide, et même en confusion. Quand il finira, il ne sera regretté de personne, si ce n'est de quelques espérances trompées de Bénéventins non encore promus ou enrichis. Parmi tout cela, le roi de Sardaigne ayant eu tout ce qu'il pouvoit désirer sur la nomination des bénéfices de son État et sur le traitement de roi, poussé jusqu'à lui donner un chapeau et trouver bon qu'un cardinal fasse ses affaires à Rome, je ne puis comprendre ce qu'il peut avoir encore à désirer d'assez considérable pour que le sacré collège en soit alarmé, et que, cela étant, il puisse se proposer de l'obtenir d'un pape si vieux, si foible et si simple. Je suis curieux encore d'apprendre quel peut être l'objet de l'envoi à Rome de tous les cardinaux impériaux avant qu'il soit mention de conclave, et qu'il semble aussi que leur venue soit desirée par le Pape. Voilà deux points qui doivent donner de l'attention à ceux qui sont sur le théâtre, et de l'amusement au parterre, parce que tout y amuse et qu'on n'y a que cela à faire. Le vice-roi de Naples n'y va pas de main morte, et c'est ainsi qu'il en faut user quand on veut n'être pas moqué. C'est un fruit de l'exactitude de la douane à ouvrir tout, et du peu de compte qui a été fait de l'ouverture de ce paquet du vice-roi de Sicile à l'Empereur. Nous sommes bien meilleures gens que lui à l'égard de Rome; mais tout le monde ne nous ressemble pas, et cet exemple là-dessus ne tentera pas les autres puissances.

Voilà l'hiver et le vilain temps venus. Je pousserai pourtant encore mon séjour ici, pour le moins, le reste de ce mois, où je me plais bien plus que partout ailleurs, même en tout temps. Où que je sois, Monsieur, vous avez toujours en moi un serviteur très assuré et qui vous honore infiniment, et qui, bien qu'inutile, desireroit fort vous en donner des marques.

Le duc DE SAINT-SIMON.

A M. L'ABBÉ GUALTERIO.

Paris, 26 décembre 1729.

Je vous rends mille grâces, Monsieur, de la part que vous me faites la grâce de me donner des nouvelles des fêtes de Rome, dont je crois que la dépense n'est pas médiocre et que les spectacles auront été beaux. Le bon goût de M. le cardinal de Polignac y aura brillé sur tous les autres. Nous avons ici plus de maladies que de divertissements : ce sont des rhumes, dont peu meurent, mais qui sont universels. Mais tout a son cours et son temps. Voici celui où j'espère que [vous] voudrez bien m'envoyer l'almanach de Rome, et de vous renouveler tous mes desirs pour ce renouvellement d'année. Elle vous seroit fort heureuse, Monsieur, s'ils étoient satisfaits, et à moi beaucoup aussi, si j'y pouvois trouver lieu de vous témoigner tout le dévouement avec lequel je vous honore.

Le duc DE SAINT-SIMON.

A M. LE DUC DE CUMIA.

Paris, 26 décembre 1729.

Je rends à Votre Excellence de très humbles grâces de l'honneur de son souvenir et de ses bontés à l'occasion de ce renouvellement d'année. Je la supplie d'être bien persuadée que mes desirs seront toujours très ardents pour tout ce qui lui pourra être utile et agréable, et qu'on ne peut être avec plus de passion que je suis, Monsieur, de Votre Excellence le très humble et très obéissant serviteur.

Le duc DE SAINT-SIMON.

A M. LE DUC GUALTERIO.

Paris, 5 janvier 1730.

Monsieur,

Je reçois avec beaucoup de reconnoissance les marques de vos bontés en ce renouvellement d'année. Je supplie Votre Excellence d'être persuadée que mes vœux pour elle sont et seront toujours très ardents, et que je m'estimerois heureux de trouver des occasions effectives de pouvoir lui témoigner combien véritablement je suis, Monsieur, de Votre Excellence le très humble et très obéissant serviteur.

Le duc DE SAINT-SIMON.

A M. L'ABBÉ GUALTERIO.

Paris, 20 février 1730.

Je ne pouvois, Monsieur, recevoir de vous une plus agréable nouvelle que la part que vous me voulez bien donner des grâces que vous venez de recevoir; je vous en remercie et je m'en conjouis avec vous de tout mon cœur. Le Pape enfin reconnoît votre mérite, et commence à vous mettre en chemin. Je souhaite qu'il soit court jusqu'aux grands emplois, et que vous continuiez en vous ceux de M. le Cardinal votre oncle, avec la même réputation, et encore plus de fortune. Le Pape peut encore vivre assez pour vous laisser en meilleur train. Ce sera à son successeur à faire pour vous les grandes choses.

On seroit bien dupe en Italie, où on n'est pas sujet à l'être, si on y prenoit pour des semblants les préparatifs de l'Empereur et le change du dedans de l'Empire à l'Italie. Il est maître dans l'un et veut l'être de plus en plus dans l'autre. Quelque parti que prenne le grand-duc, je le trouve bien à plaindre, et son pauvre État, et nous aussi, si nous entrons en guerre pour des garnisons, ou suisses ou espagnoles, sans avoir rien du tout à défendre ni à prétendre pour nous. Il se répand fort qu'on veut fortement en Espagne un chapeau pour M. Patiño, c'est-à-dire qu'on en veut faire un premier ministre, et que M. le cardinal Alberoni, ni M. le duc de Ripperda ne les en ont pas corrigés. Mais il y a bien peu de chapeaux vacants, bien des nonces très pressés à faire, et l'Empereur peu d'humeur de donner les mains à une promotion de cette sorte. Il a tant de cardinaux à lui, que je ne crois pas qu'un de plus à lui faire le tentât de consentir à cette fortune pour M. Patiño. Mais l'Espagne tire sur le temps de la partialité que le Pape témoigne pour l'Empereur en lui accordant cinq ans de prolongation des décimes ecclésiastiques d'Allemagne, qui est tout ce qu'il pourroit faire sur une grande irruption de Turcs.

Je vous rends mille grâces très humbles du petit almanach de Rome, qui me fait un extrême plaisir, et vous supplie, Monsieur, de vouloir être bien parfaitement persuadé qu'il ne se peut rien ajouter au dévouement avec lequel je vous honore.

Le duc DE SAINT-SIMON.

Mille grâces aussi du petit *gazettin*, qui fait toujours plaisir.

A M. L'ABBÉ GUALTERIO.

Paris, 10 mars 1730.

Vous avez déjà vu M. le chevalier de Saint-Simon à Rome, et j'ai, Monsieur, bien des remerciements à vous faire de tout ce qu'il y a trouvé auprès de vous. M. l'abbé de Saint-Simon a eu l'honneur de vous voir ici. Tous deux vont à Rome et ne doivent pas se présenter à vous les mains vides, et sans quelque chose de plus de moi que des compliments. Je me flatte qu'ils vous sont tout recommandés, et je le compte avec confiance et beaucoup de reconnoissance.

Quel regret toujours, mais surtout dans les conjonctures

importantes, qu'un homme tel qu'étoit M. le cardinal Gualterio! Mais les regrets ne rendent personne, quelque justes qu'ils soient, et ce conclave le fera bien sentir. Il faut espérer du moins que, fatigués des derniers papes, ils en prendront un qui ait quelque bon sens et qui, dans la conjoncture présente, sente quelle est la puissance de l'Empereur, de manière à ne la pas augmenter. C'est ce qui est possible si l'élection se brusque, et ce qui le deviendra beaucoup moins si on tarde et si on laisse grossir les impériaux présents à Rome de ceux qui y vont arriver, et si on donne le temps aux instructions de Vienne. Ce qui n'est que trop vrai, c'est que jamais le spirituel ni le temporel n'ont guère eu plus de besoin qu'à présent d'un pape dont la sainteté et la capacité ne s'altèrent pas l'une l'autre et concourent également au double et vrai bien de l'Église. S'il est tel, des particuliers comme vous y trouveront aussi leur compte et leur fortune particulière, que vous ne ferez jamais si prompte et si grande que je ne vous la souhaite, Monsieur, par tous les sentiments avec lesquels je vous honore parfaitement.

Le duc DE SAINT-SIMON.

A M. L'ABBÉ GUALTERIO.

Paris, 20 mars 1730.

Je vous rends, Monsieur, mille et mille grâces de l'honneur de votre lettre du 2, et des nouvelles qui l'accompagnent. Elles sont toutes si curieuses, et le temps est si intéressant, que, si je ne craignois d'être importun, je vous supplierois de ne m'en pas laisser manquer pendant le conclave et les premiers temps de l'exaltation, et avec étendue, car tous les détails apprennent plus que souvent ils ne semblent valoir. Tout cela annonce un long conclave; et, dans la vérité, le pillage a été tellement poussé, et avec tant d'impudence et de hauteur, que je suis surpris encore que les choses n'aient pas été portées plus loin.

Nous ne savons encore ici si nous aurons la guerre ou la paix. L'Espagne veut fort la première et s'y prépare en toutes façons. Nous desirons fort l'autre, et les Anglois, bien à leur aise en l'un ou l'autre cas, font leur cour à nos dépens à l'Espagne. L'Empereur, assurément, ne sera pas pris au dépourvu, et, si l'évènement de Moscou et les affaires de Perse ne changent rien aux secours qu'il en attend par les traités, ce sera pour lui un bonheur dont j'aurai peine à me consoler. Nous sommes dans une saison qui forcera bientôt les secrets des cabinets à paroître en évidence, puisqu'il n'y a guère plus de temps jusqu'à celui d'entrer en Italie, et ce sera l'époque qui commencera à les développer. La mort de votre second pape, je veux dire le général des jésuites, donneroit bien du spectacle à Rome, et même à l'Europe, dans tout autre temps que celui d'un conclave, mais qui ne laisse pas de conserver sa même curiosité.

Nous venons de changer de contrôleur général. Personne ne connoît le nouveau. Il n'a guère que quarante ans et a fait deux petites intendances; il est fils du fameux Orry, si connu en Espagne du temps de Mme des Ursins. Le contrôleur général qui quitte emporte une grande réputation de probité et de droiture, et succombe au malheur d'avoir une femme et un beau-frère qui n'a pas la même réputation, et qu'il a eu la foiblesse de laisser faire. Il en porte toute la peine, et ce beau-frère aucune. Ainsi va le monde.

Conservez bien votre santé, Monsieur, parmi toutes ces maladies de Rome et les choses qui agitent ce grand théâtre, et soyez bien persuadé que personne n'y prend plus de part que moi et ne vous honore davantage.

Le duc DE SAINT-SIMON.

A M. L'ABBÉ GUALTERIO.

Paris, 1ᵉʳ mai 1730.

Je vous fais, Monsieur, bien des remerciements de votre complaisance à vouloir bien m'informer des nouvelles de ce qui se passe à Rome, et encore bien plus de vos bontés pour MM. de Saint-Simon, auxquelles eux et moi sommes infiniment sensibles.

Je vois que ce conclave sera long, et je vois avec peine qu'on y commence à traiter si tôt des meilleurs sujets tels qu'Imperiali et Falconieri, qu'il est à craindre que, continuant à en mettre d'autres bons sur le tapis avant le temps, il n'en arrive enfin comme au dernier conclave, excepté qu'il n'y en a guère de si saint à élire que le feu pape, mais dont la sainteté a été pour lui seul, et les inconvénients infinis pour les autres. Les frayeurs de son Coscia ont diverti les indifférents, et n'ont pas suffi aux intéressés. Mais il n'est guère de gens et de choses qui ne trouvent des protections, et celle de la calotte rouge en est une bien sûre, surtout dans le centre de son empire.

Nous avons ici bien des conseils et des conférences. La saison devient pressante et favorable aux curieux de voir à quoi les choses iront. Il paroît qu'on est plus pressé et plus pressant en Espagne que prêts; et en effet un tel dessein demande bien des choses en état à la fois. Le Rhin ne peut guère être tranquille, si l'Italie ne l'est. On sait bien quand on commence; mais les suites et la fin ne peuvent être que bien ignorées, et cependant les mariages de Brandebourg et d'Hanovre viendront bien à point pour mettre ces derniers États à couvert de l'orage, qui n'en sera que plus gros ailleurs. Mais ce n'est plus la peine de raisonner quand on est prêt à voir. Je me réjouis que les maladies, si universelles partout, ne vous aient point attaqué, et vous souhaite, Monsieur, tout ce qu'on peut vous desirer en vous honorant parfaitement.

Le duc DE SAINT-SIMON.

A M. L'ABBÉ GUALTERIO

Paris, 5 juin 1730.

Je vous rends toujours mille grâces, Monsieur, des nouvelles que vous voulez bien me donner du premier théâtre du monde, et dans son temps le plus curieux. Je vois que la fête de la Pentecôte n'a pas procuré la descente du Saint-Esprit sur le conclave, et qu'il n'est pas prêt à finir, ni peut-être même à bien finir. La division des frères Albani devient un étrange spectacle. L'Église se souviendra longtemps du pontificat de leur oncle et de ses suites, qui deviennent plus funestes qu'on ne pense, et qui n'attirent pas la béné[di]ction de Dieu sur les neveux. A parler franchement, je ne sais où la cour d'Espagne a été prendre le cardinal Bentivoglio ; il faut de l'expérience, du flegme et de l'acquit de plus d'une sorte pour exercer dignement et utilement la protection d'une grande couronne ; et, dans sa nonciature ici et depuis dans sa légation, il a paru qu'il avoit besoin de mûrir. Il paroît que les sujets de la plus grande espérance et réputation sont tous mis sur les rangs et aussitôt coulés à fond, les uns après les autres, et que plus le temps s'allonge, et moins on voit d'issue. Il faut espérer aux chaleurs et aux incommodités, mais craindre aussi qu'elles ne bombardent tout d'un coup quelque pape semblable au dernier, qui dut son exaltation aux mêmes choses. Voilà de grandes déférences pour Turin et pour Lisbonne, et des leçons dont d'autres cours, plus considérables de tout temps, devroient bien savoir profiter. Si le sacré collège admet la dépendance nécessaire des cardinaux napolitains, milanois, et de celui qui a le secret de l'Empereur, il n'y aura plus de pape que de sa main et de sa dépendance : ce qui peut avoir d'étranges suites en tout genre, et qui est une servitude bien différente des justes égards qu'il a eus pour ces couronnes dans tous les conclaves. Nous sommes ici dans les mêmes ténèbres, entre la paix et la guerre. La saison s'avance cependant, et l'Empereur prend à son aise toutes les mesures qu'il peut en Italie et sur le Rhin, et toutes celles qui lui conviennent en Allemagne. J'attends avec une double impatience la guérison de Mme la duchesse de Lauzun, ma belle-sœur, pour m'en aller à La Ferté, où, comme partout ailleurs, je vous honorerai, Monsieur, avec tout le dévouement possible.

Le duc DE SAINT-SIMON.

A M. L'ABBÉ GUALTERIO.

La Ferté, 6 juillet 1730.

Bien des remerciements très humbles, Monsieur, de l'honneur et du plaisir de vos nouvelles, qui, déjà curieuses par elles-mêmes pendant un conclave, le deviennent au double par le procédé et la durée de celui-ci. L'Église, qui se souviendra longtemps de Clément XI, ne se souviendra peut-être guère moins de la division de ses deux neveux. Nous aurons un pape tel qu'il plaira à l'Empereur, dont le manège ne peut être plus délicat, plus adroit, ni plus dangereux, puisque, sans encourir le mauvais gré des exclusions, il les multiplie sur tous ceux dont il ne veut point, et finira ainsi par celui qui lui plaira. En attendant, voilà l'élite du sacré collège par terre, et même une élite nombreuse: après quoi on ne sait plus qui desirer, ni espérer. Si, parmi tout cela, nous avons un pape tel que le vrai spirituel et le vrai temporel le demandent dans les conjonctures présentes de l'un et de l'autre, il ne faudra plus douter que le Saint-Esprit ne daigne au moins quelquefois faire lui-même l'élection, et que Dieu n'ait permis tous ces scandales pour en tirer sa gloire. Vous n'attendez pas des nouvelles de cette solitude; les vôtres en sont et plus gratuites et plus agréables, et ma reconnoissance d'autant plus empressée, Monsieur, à vous témoigner mon attachement.

Le duc DE SAINT-SIMON.

A M. L'ABBÉ GUALTERIO.

La Ferté, 13 juillet 1730.

Toujours mille remerciements très humbles de vos nouvelles, qui sont curieuses, et le seront d'ici à du temps, et me font grand plaisir à recevoir. Il faut avouer en même temps qu'elles ne sont pas édifiantes, et que les suites en peuvent être des plus funestes. De cette solitude, je ne pourrois vous mander que le temps plus qu'horrible et persévérant qu'il y fait; j'aime donc mieux finir tout court en vous suppliant, Monsieur, d'être bien persuadé de tout le sincère attachement avec lequel je vous honore.

Le duc DE SAINT-SIMON.

A M. L'ABBÉ GUALTERIO.

La Ferté, 29 juillet 1730.

Voici enfin, Monsieur, et contre toute attente, un grand

pape, et dont la pleine et sainte réputation promet tout. Je désire passionnément qu'il ait été des amis particuliers de feu M. le Cardinal votre oncle, et qu'il vous le marque en prenant soin de votre fortune. C'est maintenant, qu'il va y avoir un vrai et sage gouvernement, qu'il faut commencer à la faire. Personne, Monsieur, ne vous en souhaite une plus entière que je fais et ne vous honore davantage.

Le duc DE SAINT-SIMON.

Vous me permettez de joindre ici ce mot pour M. d'Eleutheropolis.

A M. L'ABBÉ GUALTERIO.

La Ferté, 9 septembre 1730.

Je ne fais presque, Monsieur, qu'arriver avec Mme de Saint-Simon d'un voyage de quinze jours, que l'inquiétude de sa santé m'a fait faire, et qui est, Dieu merci, bien rétablie. Cela m'a fait trouver bien des lettres ici, ce qui me prive du plaisir de m'étendre avec vous et me restreint au remerciement très humble de vos bontés et de vos nouvelles, qui me font toujours un grand plaisir. J'en aurai un très véritable quand je vous verrai en quelque bon chemin, et que je pourrai vous témoigner Monsieur, combien parfaitement je vous honore.

Le duc DE SAINT-SIMON.

J'use, Monsieur, de la liberté que vous me donnez d'envoyer la lettre ci-jointe sous votre enveloppe.

A M. L'ABBÉ GUALTERIO.

Paris, 5 octobre 1730.

Je reçois toujours de vos nouvelles, Monsieur, avec bien du plaisir et de la reconnoissance, et je vois avec plaisir un beau commencement de pontificat. S'il est assez instruit de votre intérieur pour s'y bien conduire, il marquera bientôt le cas qu'il fait de la paix et son mépris pour les boute-feu et les brouillons qui, sous de beaux propos, ne songent qu'à leur fortune et à être chefs d'un parti dominant qui ne peut subsister que par la continuation du trouble et de la persécution; et ce sentiment doit être ajouté à celui de la juste dérision avec laquelle cette question dont vous me parlez a été reçue. Pour le roi de Sardaigne, je trouve la nature humaine confondue en sa personne, et je ne connois point d'exemple d'un si éclatant et si surprenant renversement d'un esprit qui a toujours fait, avec raison, l'attention de toute l'Europe. Ce sera une grande gloire au Pape s'il peut pacifier l'Europe au point où elle en est sur l'Italie, et une grande source de bénédictions. J'aurois un vrai regret à M. Aldobrandin, que j'ai fort connu en Espagne, et qui y est fort honoré. Je veux espérer que ces mouvements de promotions différents vous ouvriront enfin une route, que je vous souhaite prompte et glorieuse, Monsieur, par le dévouement avec lequel je vous honore parfaitement.

Le duc DE SAINT-SIMON.

[A M. L'ABBÉ GUALTERIO[1].]

Paris, 20 mai 1731.

Je vous rends mille grâces, Monsieur, de l'honneur de votre souvenir, et je m'en serois acquitté plus tôt, si j'avois reçu la lettre dont vous me parlez, qui, apparemment, aura été perdue. Vous voilà donc en pleine fonction, et pour quelque temps encore sans chef, car il y a bien loin de Séville à Ferrare, en mettant entre deux le petit séjour à Rome que M. le cardinal Aldobrandin ne pourra éviter. Je vous trouve heureux d'être avec lui, au moins s'il est tel que je l'ai vu en Espagne : de la douceur, de la politesse, de la gaieté, et bien de l'esprit. J'étois ravi de le voir souvent, et, quand vous l'aurez à Ferrare, je vous prierai de le faire souvenir de moi.

Le traité de Vienne est fort bon pour l'Empereur, pour les Anglois, et en particulier pour le roi George; mais il ne paroît bon que pour eux. Il y a là des conditions bien dures, et même bien incertaines, pour l'Espagne. Si la duchesse de Parme accouche d'un fils, l'Espagne donneroit gros, réel et présent, pour un futur éloigné et bien contingent. Cependant le desir de la Reine est si marqué, que je ne m'étonne pas que l'on en abuse, et son crédit tel, jusqu'à présent, qu'il n'est rien d'extrême qu'on ne hasarde dessus. Quelquefois pourtant il arrive qu'on se repent d'avoir tenu la bride trop haute, et qu'on se lasse aussi d'être mené trop loin. Parmi tout cela, il paroît que les Turcs se lassent de la guerre de Perse et de ne la point faire aux chrétiens, et qu'ils pourront à la fin s'en faire croire. Le remède seroit fâcheux; mais il en pourroit devenir un.

Rien n'est plus vrai qu'on ne pend que les petits voleurs, et que les grands ne sont jamais punis. C'est ce

1. Cette lettre ne porte pas de nom de destinataire.

que l'exemple des cardinaux Coscia et Fini va authentiquement confirmer, car je vois que le sacré collège veut respecter leur pourpre, et que l'Empereur, pour montrer son influence et son pouvoir, les protégera. Comme les gens et les délits sont loin d'ici, il faut en regarder paisiblement les suites; il est pourtant bien vrai que l'impunité sera d'un grand scandale et d'un pernicieux exemple. Mais, à ce propos, ai-je rêvé, ou est-il vrai que le cardinal Ruffo soit mort? et comment est-il arrivé que le cardinal Imperiali soit demeuré chef d'ordre des prêtres et ait laissé passer dans l'ordre des évêques le cardinal Pico, qui est après lui?

Conservez-vous bien cet été, Monsieur, dans ce mauvais air de Ferrare, et soyez bien persuadé, s'il vous plaît, que personne ne le desire plus que moi, et ne vous honore davantage.

Le duc DE SAINT-SIMON.

A M. LE DUC DE CUMIA.

Paris, 7 janvier 1732.

Monsieur,

Je reçois avec beaucoup de reconnoissance le renouvellement des bontés de Votre Excellence avec ce renouvellement d'année. Elles me sont précieuses par tant de raisons, que je la supplie d'être persuadée que j'y suis infiniment sensible, et que je forme des vœux également ardents et sincères pour tout ce qui peut être de l'avantage et de la satisfaction de Votre Excellence et de toute sa maison. Je m'estimerois très heureux si je pouvois avoir occasion de lui rendre mes très humbles services et de témoigner à Votre Excellence combien je l'honore parfaitement, et l'attachement avec lequel je suis, Monsieur, de Votre Excellence le très humble et très obéissant serviteur.

Le duc DE SAINT-SIMON.

A M. LE DUC DE CUMIA.

Paris, 9 janvier 1733.

Monsieur,

Je reçois avec toute la reconnoissance possible ce que Votre Excellence me fait la grâce de me mander en ce renouvellement d'année. Je la supplie de compter sur mes vœux très sincères, et d'être persuadée qu'on ne peut être avec plus de desir et de vérité que je suis, Monsieur, votre très humble et très obéissant serviteur.

Le duc DE SAINT-SIMON.

[A M. LE DUC DE CUMIA[1].]

Paris, 27 décembre 1733.

Monsieur,

Je reçois avec beaucoup de reconnoissance les bontés de Votre Excellence à l'occasion des fêtes et du renouvellement de l'année. Mes desirs très véritables pour tout ce qui lui peut être avantageux et agréable seront toujours les mêmes et les plus sincères, ainsi que la passion

---

1. Cette lettre ne porte pas de nom de destinataire.

que j'aurai toujours de lui témoigner combien parfaitement je suis, Monsieur, de Votre Excellence le très humble et très obéissant serviteur.

Le duc DE SAINT-SIMON.

A M. LE DUC DE CUMIA.

Paris, 11 janvier 1735.

Monsieur,

Je reçois avec beaucoup de reconnoissance l'honneur du souvenir de Votre Excellence en ce renouvellement d'année. Je la supplie d'être persuadée de tous mes desirs pour tout ce qui lui peut être le plus agréable, de mes souhaits d'y pouvoir contribuer, et de la passion avec laquelle je suis, Monsieur, votre très humble et très obéissant serviteur.

Le duc DE SAINT-SIMON.

A M. GUALTERIO, GOUVERNEUR DE SPOLETE.

La Ferté, 3 juillet 1735.

Je vous crois, Monsieur, présentement établi dans votre nouveau gouvernement. En venant ici, je vis à Versailles M. le cardinal de Rohan, et nous parlâmes fort de vous tous deux. Il me parut fort de vos amis, et nous convînmes aisément combien la vice-légation d'Avignon seroit desirable. Il faut voir ce que deviendra celui qui l'a, et si les nonces pourront avoir des places avec la promotion des couronnes. Tout cela n'est que desirs.

Mon crédit seroit bien le vôtre, si j'en avois; mais je ne puis me piquer d'avoir ce que je n'ai point, mais bien de desirer et de tenir les yeux ouverts, parce qu'il peut arriver que celui qui peut le moins peut quelquefois par hasard quelque chose.

Voici un grand changement de scène en Italie, et en Allemagne même, si nous y savions marcher sur les talons des Impériaux, et laisser les Espagnols et les Piémontois à garder l'Italie et à faire tomber Mantoue. Si nous manquons un si grand coup, et qui est en nos mains, quelle faute et quelle délivrance pour l'Empereur! Je doute que cette inondation de Russes qu'il appelle à son secours, et à qui il apprend les routes de l'Allemagne, plaise fort aux princes de l'Empire. Ces barbares, qui ne le sont plus guère, sont une autre puissance que n'étoit la Suède sous le grand Gustave. Que ne fit point ce prince, et ses capitaines après sa mort, sous sa fille mineure, et à quels longs abois ne se virent point l'Empereur et l'Empire! J'ai peine à croire qu'ils ne se repentent pas à loisir de cette introduction des Russes, et que ces peuples ne leur soient redevables, après la Suède, d'une grandeur qui leur deviendra étrangement pesante. Mais on songe au présent, et peu à l'avenir, quand on se sent pressé. Maintenant il faut voir ce que deviendra le démêlé ridicule du Portugal, si promptement appuyé de l'Angleterre, et si cette dernière couronne se déclarera et entraînera la Hollande. MM. Walpole y font bien de leur mieux, et ne se sont guère mécomptés jusqu'à cette heure. Voilà le temps ou jamais, que l'Empereur est chassé d'Italie, sa haquenée refusée, et Don Carlos prêt à être couronné, et apparemment à être reconnu du Pape, puisqu'à Naples il admet ses nominations, et que tout lui est soumis, et là, et en Sicile. Voilà de quoi politiquer en tout pays, et un succès bien complet, pourvu qu'il dure; mais, pour cela, il faut que les Deux-Siciles donnent le rang et que la souveraineté de Toscane et de Parme fournissent la nourriture et l'entretien.

Puisque votre âge a soutenu votre santé dans l'air de Ferrare, je ne doute point qu'elle ne soit parfaite à Spolete. Je vous y souhaite toute satisfaction, et courte durée pour mieux, en homme qui vous honore, Monsieur, avec un véritable attachement.

Le duc DE SAINT-SIMON.

[A M. LE DUC DE CUMIA[1].]

Paris, 3 janvier 1736.

Monsieur,

Je reçois toujours avec beaucoup de reconnoissance les marques de la continuation des bontés de Votre Excellence, et je m'estimerois cette année heureuse, si elle me pouvoit procurer les occasions de lui témoigner combien je l'honore et combien parfaitement je suis, Monsieur, de Votre Excellence le très humble et très obéissant serviteur.

Le duc DE SAINT-SIMON.

A M. L'ABBÉ GUALTERIO, A ROME.

La Ferté, 2 septembre 1736.

Je me réjouis, Monsieur, que vous ayez terminé votre commission de Bénévent, et je souhaite fort qu'elle vous ait fait connoître de manière à ne vous laisser pas longtemps dans de petits postes. Je crois qu'il se faut aussi

---

1. Cette lettre ne porte pas de nom de destinataire.

réjouir avec vous de ce que vous voilà enfin au moment de vous voir délivrés de la guerre à vos portes, et des fâcheux passages et séjours chez vous de ceux qui l'y faisoient. Reste à finir une sotte querelle de peuple et de déserteurs. Le Portugal a montré un exemple qui doit faire tenir ferme à l'Espagne sur les réparations qu'elle doit desirer, et personne ne croira que le Capitole n'obéisse aveuglément en cela au Vatican, comme il fait en toutes autres choses. En vérité, le plus tôt est le mieux, et, si cela s'étoit fait plus promptement et de meilleure grâce, on n'auroit peut-être pas donné loisir d'en prendre occasion de vouloir enfin être maître chez soi pour les bénéfices et pour les choses temporelles qui s'entraînent par un coloris de religion. Pour la Pologne, j'ai peine à croire que, l'ayant quittée au roi Auguste comme nous avons fait, nous vous mettions bien sérieusement en colère pour une nomination d'un évêché de plus ou de moins. Il eût été difficile de ne pas trouver mauvaise la précipitation dont il a été usé à cet égard; mais la chose est faite, et la conséquence est légère.

Il n'en est pas de même de l'entreprise de l'examen du nouveau bréviaire de Paris, fait par le premier prélat du royaume, avec toutes sortes de soins, de précautions et d'application. Le P. Lallemand, très dangereux jésuite, qui trouve mauvais tout ce que sa société ne fait pas, s'est mis en tête de faire repentir Monsieur de Paris de ne l'y avoir pas employée, c'est-à-dire de ne l'en avoir pas chargée. Il a fait de sourdes assemblées chez l'archevêque de Cambray, qui ne voit que par leurs yeux et qui ne fait que ce qu'ils lui font faire, comme un enfant qu'il est et qu'il sera à tout âge. La cabale s'est formée là, et puis a éclaté. Il y a trente ans que l'affaire de la Constitution dure, avec la protection de nos rois la plus vive et la plus infatigable, sans y avoir rien avancé que par voie de fait et d'autorité; et je pense qu'intérieurement Rome voudroit bien ne l'avoir jamais donnée à tout ce qui s'y est passé. Je la crois trop sage pour se rembarquer dans une nouvelle affaire qui ne trouveroit pas la même protection, et de se prêter à l'intérêt des jésuites d'exciter des orages, et d'en substituer un nouveau à celui de la Constitution, qui est bien usé. Quels que soient nos évêques, je doute qu'ils s'accommodassent d'être traités comme le sont ceux des pays d'Inquisition, et en simples grands vicaires sacrés d'un évêque unique et universel pour une certaine portion de son diocèse, qui est tout le monde chrétien. A cela, je n'y prends ni n'y mets, mais je vois ce qui se passe, et je ne puis m'empêcher de gémir de cet ancien levain qui trouble l'Église et les États pour des intérêts purement particuliers, qui prennent des riens pour prétexte, avec lesquels ils dupent hardiment et impunément ce qu'il y a de plus grand et de plus sacré, et s'en moquent. Mais je m'aperçois que je fais trop le politique; et voilà la liberté d'être sans conséquence et de ne se mêler de rien que de cultiver ses livres et ses arbres. C'est aussi ce que je fais uniquement dans cette solitude, d'où, comme de tout autre lieu, je vous honore, Monsieur, avec un très sincère attachement.

Le duc DE SAINT-SIMON.

Je suis ravi de ce que vous me mandez de la santé du Pape, qui m'avoit alarmé, sans être connu de lui; mais je ne crois pas que l'Église en puisse avoir un meilleur, ni une âme plus de grand seigneur, ni une tête plus de grand prince.

A M. LE DUC DE CUMIA.

Paris, 30 décembre 1736.

Monsieur,

On ne peut recevoir avec plus de reconnoissance que

je fais tout ce que Votre Excellence me fait l'honneur de me mander sur ce renouvellement d'année. Je la supplie d'être persuadée que rien ne me seroit plus cher que d'y trouver des occasions de lui témoigner, et à toute sa famille, combien je l'honore, et suis parfaitement, Monsieur, votre très humble et très obéissant serviteur.

Le duc DE SAINT-SIMON.

A M. L'ABBÉ GUALTERIO.

Paris, 7 janvier 1737.

Mille très humbles remerciements, Monsieur, de tout ce que vous voulez bien me dire en ce renouvellement d'année. Vous connoissez mes desirs pour vous, qui seront toujours les mêmes, et qui ne font que s'accroître en impatience. Quoique tout semble être pour les compatriotes, la commission de Bénévent doit vous distinguer, et tous les soins que la mortalité des bestiaux vous donne, quoique communs à plusieurs, vous doivent faire espérer qu'on songera à vous pour des choses plus considérables.

Vous touchez à des temps tranquilles ; mais cette tranquillité aura aussi ses épines. L'Empereur, plus maître et plus arrondi que jamais en Italie, le lui fera sentir, et à Rome plus qu'ailleurs, et l'âge du Pape produira bientôt des changements qui influeront sur tous les particuliers. Cette cour naissante et chancelante de Naples aura et donnera aussi ses embarras. Au sortir de tant et de si pesantes affaires, celle d'Espagne, non contente de celle qu'elle s'est si légèrement faite avec le Portugal, et qui ne fait que grossir, en embrasse d'autres avec Rome assez de gaieté de cœur, dont je ne vois pas trop les issues. Les entreprises à temps et pied à pied, quand on en veut faire, ont d'ordinaire plus de succès que tant de vastes et de concurrentes. Je pense que nous nous éloignerons de cet exemple et que nous allons songer à goûter le repos, et au rétablissement des peuples. Il paroît que les évacuations sont instantes partout, et que nous n'aurons plus qu'à être spectateurs tranquilles de la guerre du Turc avec la Russie, l'Empereur, et peut-être les Vénitiens, qu'on soupçonne que le comte de Traun a débauchés à son passage. Ils sont, sans comparaison, les plus foibles, et j'ai peur qu'ils ne se trouvent guère bien de ce triumvirat, qui semble pour eux une société léonine.

Ce pays-ci, pour le présent, ne fournit aucune nouvelle. Ce n'en sauroit être une pour vous, Monsieur, que notre attachement à tous pour vous, et les sentiments avec lesquels je vous honore.

Le duc DE SAINT-SIMON.

A M. L'ABBÉ GUALTERIO.

Paris, 5 mai 1737.

Les rhumes qui infestent l'Italie, et même toute l'Europe, m'ont empêché, Monsieur, de répondre plus tôt à l'honneur de votre lettre. Paris en est encore fort attaqué; l'Angleterre en a beaucoup souffert, et, en deux mois, il est mort quinze mille personnes à Madrid. C'est un fléau général, dont il faut espérer que la belle saison va délivrer.

Ce sera un grand bien que la fin des mécontentements entre les cours de Rome, de Madrid et de Naples, et il me semble que les deux dernières ont eu tant d'occasions d'être contentes de la première, pendant la guerre, qu'il y a eu lieu d'être surpris de ces brouilleries. Leur nature même n'est pas aisée à ajuster, quand on fait tant que de les remuer. Il est naturel à des rois de vouloir être maîtres chez eux, et de ne vouloir pas dépendre d'une juridiction étrangère et lui voir donner chez soi des grâces considérables et très fréquentes; et les conséquences de cela sont infinies. D'autre part, la puissance qui en est en longue possession souffre impatiemment de s'y voir troublée, et encore plus qu'on veuille compter avec elle et remonter à des sources qui, entre deux particuliers, ne lui seroient pas favorables. Elle ne veut rien perdre ni diminuer, et l'autre ne veut pas avoir entrepris son soulagement en vain. Le temps coule, on se fatigue, on veut finir, et le comment dure encore longtemps. Voilà l'Espagne en paix avec le Portugal et avec tous ses anciens ennemis. Il me semble qu'elle ne doit plus songer qu'à un gouvernement sage, qui répare ses finances et ses forces et qui la mette en état de ne manquer aucune des conjonctures qui lui pourront faciliter le recouvrement de ce que la force ou une étrange complaisance ont acquis aux Anglois à ses dépens. Ces derniers ont à présent bien des affaires chez eux, par le discrédit de leur banque et la découverte de son peu de fonds, si disproportionné à ses charges. C'est le plus grand coup qui leur peut être porté, et qui ne le leur a été que par eux-mêmes. La Hollande, dont les riches particuliers y ont presque tous confié leurs fonds, en sentira le contre-coup, et ce grand vol qu'ont pris ces puissances maritimes en souffrira longtemps, si on sait profiter de leur situation et s'affranchir, pour le commerce, qui a fait leur grandeur, et pour les autres affaires, de cette espèce de dictature dont elles se sont mises en possession sur toute l'Europe depuis 1688. Il en faut maintenant craindre une autre de l'union de l'Empereur et de la Czarine. Il est dur de souhaiter en faveur des Turcs; il est pourtant vrai que, si leur foiblesse et leur épuisement est tel qu'on le dit, ils risquent tout pour la restitution d'une place, et qu'ils peuvent mettre par leur défaite un poids et sur eux et sur l'Europe, qu'ils ne pourront porter, et que toute l'Europe aura peine à éviter, et qui en changera tout le système. La vie des mo-

narques et la révolution de leurs cours apportent souvent
bien des mutations qui renversent ces raisonnements
généraux; mais ces derniers ont d'autant plus de force
que les monarques sont d'âge à vivre longtemps, et leurs
cours de consistance à durer pour le moins autant
qu'eux. Il faut donc attendre tranquillement les décrets
de la Providence. C'est, sur tous, le partage des particuliers qui n'ont à se mêler de rien. Je vous la souhaite,
Monsieur, favorable en santé et en fortune, avec tout le
sincère attachement que vous me connoissez pour vous.

Le duc DE SAINT-SIMON.

A M. LE DUC DE CUMIA.

Paris, 6 janvier 1738.

Monsieur,

C'est toujours avec un nouveau plaisir et beaucoup de
reconnoissance que je reçois les marques de la continuation de l'honneur de votre amitié en ce renouvellement d'année. Je me l'estimerois fort heureuse, si elle
me fournissoit occasion de témoigner à Votre Excellence
tous mes desirs par mes services, et combien parfaitement
je suis, Monsieur, votre très humble et très obéissant
serviteur.

Le duc DE SAINT-SIMON.

A M. L'ABBÉ GUALTERIO.

Paris, 15 juin 1738.

J'apprends, Monsieur, que vous passez à Malte pour y

être inquisiteur. C'est le premier pas des nonciatures et de la fortune. Il y a longtemps que je vous desirois dans cette route, et j'ai impatience de savoir par vous-même la certitude de ce qui m'en a été dit.

En ce cas, je vous demanderai si vous voudrez bien me faire la grâce de vous présenter pour demander au grand maître la première commanderie qui vaquera dans le prieuré de France pour le bailli de Saint-Simon, à qui elle est promise pour ses services de général des galères de la Religion, et je me hasarde d'autant plus volontiers à cette prière, que MM. Serbelloni et Stoppani ont eu ordre de Rome de le protéger au nom de Sa Sainteté. Ce pays-ci ne produit aucune nouvelle. Force orages, et pluies continuelles partout. M. le cardinal de Fleury semble avoir repris sa première santé, et vit en conséquence pour sa table, son travail et toutes ses fonctions. La paix à négocier entre les chrétiens et les Turcs l'occupe fort. L'affaire de Berg et de Juliers, plus voisine et très épineuse, ne doit pas lui donner moins de soins. Il paroît que ceux qu'il s'est donnés pour la tranquillité de Genève ont réussi, et que ceux qu'il a pris pour celle de Gênes sont sur le point de leur succès. Reste à finir l'affaire des limites de l'Empereur et du roi de Sardaigne, et surtout de sceller et publier l'instrument de la paix, qui, bien que faite et exécutée depuis longtemps, a besoin de ce dernier degré pour sa parfaite solidité.

Parmi tant d'entreprises de guerres de subsides que l'Espagne a continuellement soutenues, et au milieu de tout ce qui l'agite maintenant avec l'Angleterre, il y a lieu de s'étonner de toutes les dépenses qu'elle fait pour la splendeur et le mariage du roi des Deux-Siciles. Il me semble qu'il auroit fallu accoutumer le monde à lui voir faire une dépense proportionnée à son état, et que ce prince aura bien à en rabattre lorsque ces secours domestiques lui manqueront par le cours de la nature, quelque éloignés qu'on en puisse espérer les temps. On dit merveilles de la nouvelle reine. Il y a si près de là à

Malte, que je veux me flatter de vous y voir nonce dans quelque temps, et, de là, venir ici ou passer en Espagne. J'aimerois mieux le premier pour moi, et l'autre pour vous. Ce ne sera jamais, Monsieur, si promptement que je le desire, par tout l'attachement avec lequel je vous honore parfaitement.

Le duc DE SAINT-SIMON.

A M. LE DUC GUALTERIO.

Paris, 4 janvier 1739.

Monsieur,

Je reçois toujours avec beaucoup de reconnoissance l'honneur du souvenir de Votre Excellence en ce renouvellement d'année. Je vous supplie d'être bien persuadé de tous mes desirs pour Votre Excellence, et de mon empressement à lui témoigner qu'on ne peut être plus parfaitement que je suis, Monsieur, votre très humble et très obéissant serviteur.

Le duc DE SAINT-SIMON.

A M. L'ABBÉ GUALTERIO.

Paris, 20 avril 1739.

Quelques accès de fièvre, dont je suis présentement délivré, m'ont empêché, Monsieur, de vous féliciter plus tôt sur votre nouvelle destination, et vous rendre Mille grâces des offres obligeantes que vous voulez bien m'y faire. J'y compte si véritablement, que vous trouverez ci-joint un court mémoire qui vous instruira de ce qui regarde le bailli de Saint-Simon, et la copie fidèle des lettres des grands maîtres passé et régnant, dont j'ai vu les originaux, tellement que j'espère que vous ne trouverez pas de difficulté pour ce dont il s'agit dès qu'il y aura vacance. Vous savez, Monsieur, que j'ai toujours regardé Monsieur de Metz et le bailli de Saint-Simon, son frère, comme mes enfants : c'est tout vous dire. Aussi n'allongerai-je pas ma très humble recommandation.

Je vous regarde maintenant comme désembourbé, hors de l'ingrate route des gouvernements, et dans celle des nonciatures. Je souhaite fort que vous reveniez bientôt en terre ferme, et que vous veniez ici. Il faut encore quelques années pour y atteindre; mais vous réussirez si bien partout, que j'espère qu'elles seront abrégées.

En vous rendant mille grâces des nouvelles de Rome. Celles d'ici ne sont ni plus abondantes, ni plus intéressantes. L'âge de l'électeur palatin, la santé de l'Impératrice et la campagne que les Turcs vont ouvrir partout les rendront bientôt plus curieuses. Je vous souhaite, Monsieur, bien de la santé, et à moi des occasions de vous pouvoir témoigner avec combien de dévouement et de vérité je vous honore parfaitement.

Le duc DE SAINT-SIMON.

A M. L'ABBÉ GUALTERIO, INQUISITEUR A MALTE.

Paris, 8 janvier 1740.

Je suis très sensible, Monsieur, à vos bontés en ce renouvellement d'année, et rempli, en même temps, de desirs pour vous en un changement de pontificat qui ne sauroit être éloigné. Vous savez l'intérêt tendre que je prends à vous voir avancer dans la carrière que vous méritez de remplir jusqu'au bout. Nous avons ici un nonce dont je vois l'âge avec espérance, et qui me donne celle de vous voir lui succéder.

Je ne comprends point que vous n'ayez point reçu ma réponse et mes remerciements ; ne doutez point au moins de mon exactitude à répondre, et à mériter vos bontés, Monsieur, par tous les sentiments avec lesquels je vous honore parfaitement.

Le duc DE SAINT-SIMON.

A M. LE DUC GUALTERIO.

Paris, 8 janvier 1740.

Monsieur,

Je reçois avec une très sensible reconnoissance les témoignages de vos bontés en ce renouvellement d'année. Je supplie Votre Excellence de vouloir être bien persuadée de tous mes desirs pour elle et pour tous les siens, et de mon empressement à lui rendre mes services et à la persuader qu'on ne peut être plus parfaitement que je suis, Monsieur, de Votre Excellence le très humble et très obéissant serviteur.

Le duc DE SAINT-SIMON.

A M. L'ABBÉ GUALTERIO, INQUISITEUR A MALTE.

Paris, 29 mai 1740.

J'ai différé, Monsieur, à vous remercier très humblement de la part que vous m'avez fait l'honneur de prendre à la perte de M. le prince de Chimay, parce qu'une plus sensible, de Mme la duchesse de Lauzun, ma belle-sœur, m'en a empêché. Je vous supplie de n'en être pas moins persuadé de ma reconnoissance, et de mes vœux pour l'exaltation d'un pape qui ajoute à toutes les qualités nécessaires à cette première place du monde chrétien celle de connoître votre mérite, d'aimer votre personne et votre maison, et de vous avancer autant et aussi promptement que je le desire par les sentiments qui m'attachent à vous, Monsieur, et qui me font vous honorer parfaitement.

Le duc DE SAINT-SIMON.

A M. L'ABBÉ GUALTERIO, INQUISITEUR A MALTE.

La Ferté, 26 mars 1742.

Je ne fais, Monsieur, que recevoir l'honneur de votre lettre sur le renouvellement de l'année. Je ne comprends pas comment elle a pu être retardée si longtemps. Je n'en suis pas moins touché de vos bontés. Je vous supplie, Monsieur, d'être toujours bien persuadé de tous mes desirs de vous voir bientôt sur un plus grand théâtre, et de pouvoir vous témoigner les sentiments sincères avec lesquels je vous honore parfaitement.

Le duc DE SAINT-SIMON.

A M. L'ABBÉ GUALTERIO, INQUISITEUR A MALTE.

La Ferté, 27 décembre 1742.

On ne peut être plus sensible que je le suis, Monsieur, à un souvenir aussi précieux que le vôtre, ni desirer plus ardemment que je fais en ce renouvellement d'année tout ce qui vous peut être agréable. J'attends avec impatience quelque mouvement à Rome qui vous fasse repasser la mer et vous approche des places que je ne vous verrai jamais assez tôt à mon gré, Monsieur, par les sentiments avec lesquels je vous honore parfaitement.

Le duc DE SAINT-SIMON.

ACTES RELATIFS

A

SAINT-SIMON

ACTES D'ONDOIEMENT ET DE BAPTÊME DE SAINT-SIMON [1].

Le 16ᵉ de janvier 1675, a été ondoyé, par permission expresse de Mgr l'archevêque, le fils de haut et puissant seigneur Messire Claude, duc de Saint-Simon, pair de France, chevalier des ordres du Roi et gouverneur des ville, château et comté de Blaye, et de dame Charlotte de l'Aubespine, sa femme. Ledit enfant est né cejourd'hui.

Le duc DE SAINT-SIMON.

Louis de Saint-Simon, fils de haut et puissant seigneur Messire Claude, duc de Saint-Simon, pair de France, chevalier des ordres du Roi, gouverneur des ville, château et comté de Blaye, vidame de Chartres, seigneur de la Ferté-Renault et autres lieux, et de dame Charlotte de l'Aubespine, sa femme, né le 16ᵉ janvier 1675, ayant été baptisé à la maison le susdit jour et an que dessus, par permission de Monseigneur l'archevêque de Paris, par Messieurs de Saint-Sulpice, suivant

---

1. L'acte d'ondoiement a été relevé par feu M. Gallien sur le registre paroissial de l'église Saint-Sulpice de Paris, aujourd'hui détruit. — L'acte de baptême est transcrit d'après le registre paroissial de l'église Saint-Julien de Versailles.

le certificat de Monsieur le curé de ladite paroisse du 8e juin 1677, les cérémonies du baptême lui ont été suppléées cejourd'hui, 29e du présent mois de juin 1677, par Monseigneur l'éminentissime cardinal de Bouillon, grand aumônier de France, dans la chapelle du château de Versailles. Les parrain et marraine ont été Leurs Majestés, qui ont bien voulu signer. Le tout fait en présence de moi sousnommé, supérieur de la congrégation de la Mission de Versailles et curé dudit lieu.

LOUIS. MARIE-THÉRÈSE. Le duc DE SAINT-SIMON.
CHARLOTTE DE L'AUBESPINE.
N. THIBAULT.

CONTRAT DE MARIAGE DE SAINT-SIMON [1].

7 avril 1695.

Par-devant les conseillers du Roi notaires au Châtelet de Paris soussignés furent présents :

Très haut et très puissant seigneur Monseigneur Louis, duc de Saint-Simon, pair de France, mestre de camp d'un régiment de cavalerie, gouverneur pour Sa Majesté des ville et citadelle et comté de Blaye, grand bailli et gouverneur de Senlis, Pont Sainte-Maxence et château de Fécamp, vidame de Chartres, seigneur châtelain de la Ferté-Ernauld et de Beaussart, du Vitrezay, du Marais de Saint-Simon et comtau de Blaye, du fief de Saint-Louis en la ville de la Rochelle, et autres lieux, fils de défunt très haut et très puissant seigneur Monseigneur Claude, duc de Saint-Simon, pair de France, chevalier des ordres du Roi et gouverneur pour Sa Majesté desdites ville et citadelle et comté de Blaye, et de très haute et très puissante dame Madame Charlotte de l'Aubespine, marquise de Ruffec, baronne d'Ayzie, Empuré, Martreuil et Verrières, dame de Chermé, du fief des Aires, et autres lieux, jadis son épouse, à présent sa veuve; émancipé d'âge, assisté de l'autorité de Me Claude-François Chérier, procureur en Parlement, son curateur aux causes, à ce présent; ledit seigneur

---

1. Copie prise et collationnée sur la minute originale, chez Me Démonts notaire à Paris, successeur médiat de Carnot.

duc de Saint-Simon demeurant en son hôtel, avec ladite dame sa mère, rue Saint-Père, paroisse Saint-Sulpice, pour lui et en son nom, d'une part;

Et très haut et très puissant seigneur Monseigneur Guy de Durfort, chevalier des ordres du Roi, maréchal de France, duc de Quintin, capitaine des gardes du corps de Sa Majesté, gouverneur de Lorraine et Barrois, comte de Lorge, vicomte de Pommerit, seigneur d'Avaugour, Quintin-au-Guéméné, Gommenech, Beauregard, l'Hermitage et autres lieux, et très haute et très puissante dame Madame Geneviève de Frémont, son épouse, de lui autorisée à l'effet des présentes, demeurant en leur hôtel, rue Neuve-Saint-Augustin, paroisse Saint-Roch, stipulant pour Damoiselle Marie-Gabrielle de Durfort de Lorge, leur fille aînée, à ce présente, et de son consentement, pour elle et en son nom, d'autre part.

Lesquelles parties, de l'agrément et permission de très haut, très puissant, très illustre et très magnanime prince Louis, par la grâce de Dieu roi de France et de Navarre; très haut, très puissant et très illustre prince Louis, dauphin de France, fils unique du Roi; très haut, très puissant et très illustre prince Louis de France, duc de Bourgogne; très haut, très puissant et très excellent prince Philippe de France, duc d'Anjou; très haut, très puissant et très excellent prince Charles de France, duc de Berry; très haut, très puissant et très excellent prince Philippe, fils de France, frère unique du Roi, duc d'Orléans, de Valois, de Chartres et de Nemours; très haute, très puissante et très excellente princesse Charlotte-Élisabeth de Bavière, comtesse Palatine, son épouse; très haut, très puissant et très excellent prince Philippe d'Orléans, duc de Chartres, premier prince du sang, et très haute, très puissante et très excellente princesse Françoise-Marie de Bourbon, légitimée de France, son épouse; très haute, très puissante et très excellente princesse Élisabeth-Charlotte d'Orléans; très haute, très puissante et très excellente princesse Marguerite-Louise d'Orléans, épouse de très haut, très puissant et très excellent prince Côme de Médicis, troisième du nom, grand-duc de Toscane; très haute, très puissante et très excellente princesse Élisabeth d'Orléans, veuve de très haut et très puissant prince Louis-Joseph de Lorraine, duc de Guise, pair de France; très haut, très puissant et très sérénissime prince Henri-Jules de Bourbon, prince de Condé, prince du sang, pair et grand maître de France, gouverneur de Bourgogne et de Bresse, cousin paternel dudit seigneur futur époux; très haut et très puissant prince Louis de Bourbon, duc de Bourbonnois, prince du sang, pair et grand maître de France, gouverneur de Bourgogne et de Bresse en survivance de Mgr le prince de

Condé, son père, aussi cousin paternel dudit seigneur futur époux, et très haute et très puissante princesse Louise-Françoise de Bourbon, légitimée de France, son épouse; très haute et très puissante princesse Marie-Anne de Bourbon, légitimée de France, veuve de très haut et très puissant prince Louis de Bourbon, prince de Conti, prince du sang, aussi cousin paternel dudit seigneur futur époux; très haut et très puissant prince François-Louis de Bourbon, prince de Conti et de la Roche-sur-Yon, prince du sang, aussi cousin paternel dudit seigneur futur époux; très haut et très puissant prince Louis-Auguste de Bourbon, légitimé de France, prince souverain de Dombes, duc du Maine, d'Aumale, comte d'Eu, pair et grand maître de l'artillerie de France, gouverneur et lieutenant général pour Sa Majesté en ses provinces du haut et bas Languedoc, colonel général des Suisses et Grisons, aussi cousin paternel à cause de Mme la duchesse du Maine, son épouse, fille dudit seigneur prince de Condé; et très haut et très puissant prince Louis-Alexandre de Bourbon, légitimé de France, comte de Toulouse, duc de Damville, pair et grand amiral de France, gouverneur de Bretagne;

Et encore en la présence et du consentement de haut et puissant seigneur Eustache-Titus, marquis de Saint-Simon, capitaine au régiment des gardes de Sa Majesté, cousin; haut et puissant seigneur Mre Louis, comte de Mailly, seigneur de Rubempré et autres lieux, mestre de camp général des dragons de France, maréchal des camps et armées de Sa Majesté, cousin dudit seigneur futur époux; haute et puissante dame Marie-Anne de l'Aubespine, veuve de haut et puissant seigneur Mre Louis d'Harlay, marquis de Champvallon, tante dudit seigneur futur époux;

Et, de la part de ladite damoiselle future épouse, de Mre Nicolas de Frémont, conseiller du Roi en ses conseils, grand audiencier de France, et Dame Damond, son épouse, de lui autorisée, aïeul et aïeule maternels; haut et puissant seigneur Mre Guy de Durfort, duc de Quintin, frère; Damoiselle Geneviève de Durfort, sœur; très haut et très puissant seigneur Mgr Jacques-Henri de Durfort, duc de Duras, maréchal de France, capitaine des gardes du corps et chevalier des trois ordres du Roi, gouverneur et lieutenant général pour Sa Majesté du comté de Bourgogne et des ville et citadelle de Besançon, oncle paternel; Mre Nicolas de Frémont, seigneur d'Auneuil, marquis de Rosay, conseiller du Roi en ses conseils, maître des requêtes ordinaire de son hôtel, oncle maternel; Dame Anne Aubourg, épouse de Mre Michel Damond, ci-devant contrôleur général de la chancellerie de France, trésorier général du marc d'or et des parties casuelles de Sa Majesté, tante maternelle; très haut et très puissant seigneur Jacques-Henri de

Durfort, duc de Duras, mestre de camp d'un régiment de cavalerie, cousin germain, et très haute et très puissante dame Dame Louise-Madeleine Eschalard de la Marck, son épouse; très haut et très puissant seigneur Paul-Jules Mazarini, duc de la Meilleraye, gouverneur du Port-Louis, cousin germain paternel à cause de très haute et très puissante Dame de Durfort de Duras, son épouse; haut et puissant seigneur Mre François de la Rochefoucauld de Roye, comte de Roucy, chevalier de l'ordre de Saint-Louis, capitaine-lieutenant des gendarmes écossois du Roi et brigadier des armées de Sa Majesté, cousin germain paternel, et haute et puissante dame Catherine d'Arpajon, son épouse; haut et puissant seigneur Charles de la Rochefoucauld de Roye, marquis de Blanzac, aussi cousin germain paternel, et haute et puissante dame Dame Marie d'Aloigny de Rochefort, son épouse; haut et puissant seigneur Mre Barthélemy de la Rochefoucauld de Roye, aussi cousin germain paternel; Mre Louis-Alexandre Croiset, conseiller du Roi en ses conseils, président en la quatrième chambre des enquêtes du Parlement, cousin paternel; très haut et très puissant prince Charles de Rohan, prince de Guémené, duc de Montbazon, pair de France, et très haute et très puissante princesse Charlotte-Élisabeth de Cochefilet, cousins maternels; très haut et très puissant seigneur Mre Armand-Jean du Plessis, duc de Richelieu et de Fronsac, pair de France, et Dame Anne-Marguerite d'Acigné, son épouse, cousin maternel; très haut et très puissant seigneur Mre Paul de Beauvillier, duc de Saint-Aignan, pair de France, chevalier des ordres du Roi, premier gentilhomme de sa chambre, chef du conseil des finances de Sa Majesté, gouverneur de mesdits seigneurs les ducs de Bourgogne, d'Anjou et de Berry, et très haute et très puissante dame Dame Henriette-Louise Colbert, son épouse, amis;

Ont reconnu et confessé avoir fait et passé entre elles de bonne foi le traité de mariage qui ensuit.

C'est à savoir que ledit seigneur maréchal duc de Lorge et ladite dame son épouse ont promis donner ladite damoiselle Marie-Gabrielle de Durfort de Lorge, leur fille, de son consentement, audit seigneur duc de Saint-Simon, qui l'a promis prendre pour sa femme et légitime épouse en face de notre mère sainte Église et sous les licences d'icelle, le plus tôt que faire se pourra, et dès que l'une des parties en requerra l'autre.

Lesdits seigneur et damoiselle futurs époux seront unis et communs en tous biens meubles et conquêts immeubles qu'ils pourront faire pendant leur mariage, en quelques lieux et sous quelques coutumes que lesdits conquêts soient assis, nonobstant le changement de leur domicile, se soumettant pour ce regard à la coutume de Paris, et dérogeant à toutes les autres coutumes contraires.

Ne seront néanmoins tenus des dettes l'un de l'autre, créées avant leur futur mariage; mais, si aucunes y a, elles seront payées et acquittées par celui ou celle du côté duquel elles procéderont, sans que l'autre ni ses biens en soient tenus.

En faveur duquel mariage, lesdits seigneur et dame père et mère de ladite damoiselle future épouse promettent solidairement lui donner en avancement d'hoirie de leurs successions futures la somme de quatre cent mille livres, savoir : quatre-vingt-deux mille livres en argent comptant, la veille des épousailles; deux cent dix-huit mille livres en rentes constituées sur l'hôtel de cette ville de Paris, au denier dix-huit, sur les aides et gabelles, sans garantie des faits du prince; et cent mille livres que lesdits seigneur et dame duc et duchesse de Lorge promettent aussi solidairement lui payer en deniers ou effets de la succession dudit sieur de Frémont, bons et exigibles incontinent après le décès dudit sieur de Frémont, et cependant lesdits seigneur et dame père et mère de ladite damoiselle future épouse payeront l'intérêt desdites cent mille livres à raison du denier vingt; sans qu'au moyen de ladite dot ladite damoiselle future épouse soit exclue des successions desdits seigneur et dame ses père et mère, et autres, auxquelles elle demeure expressément réservée en faveur et considération dudit futur mariage; de laquelle somme de quatre cent mille livres en entrera en la future communauté la somme de cent mille livres, et le surplus, ensemble tout ce qui écherra à ladite damoiselle future épouse, soit en directe ou en collatérale, tant en meubles qu'immeubles, par succession, donation, ou autrement, lui tiendra lieu de propres, et aux siens, de son côté et ligne; et cette stipulation vaudra emploi de cejourd'hui.

La dot de ladite damoiselle future épouse sera employée, pour plus grande sûreté, pendant sa minorité, en présence desdits seigneur et dame ses père et mère, en acquisition de fonds, ou au payement des plus anciennes dettes hypothécaires dudit seigneur futur époux et de Madame sa mère, avec déclaration et subrogation au profit de ladite damoiselle future épouse.

Ledit seigneur futur époux a doué et doue ladite damoiselle future épouse de dix mille livres de rente de douaire préfixe, lequel sera réduit à huit mille livres de rente, si, lors de la dissolution dudit mariage, il y a des enfants, à prendre sur tous les biens meubles et immeubles quelconques, présents et à venir, dudit seigneur futur époux, qui en sont et demeurent chargés; duquel douaire ladite damoiselle future épouse demeurera saisie du jour du décès dudit seigneur futur époux, sans en faire demande en justice; lequel douaire sera rachetable sur le pied du denier vingt, et le fonds demeurera propre aux enfants dudit mariage, suivant la coutume de Paris.

Ledit survivant desdits seigneur et damoiselle futurs époux aura et prendra, par préciput et avant partage, tels des biens meubles de la communauté qu'il voudra, pour la prisée de l'inventaire et sans crue, jusqu'à la somme de trente mille livres, ou ladite somme en deniers comptants, au choix et option dudit survivant.

Ladite damoiselle future épouse, survivant ledit seigneur son futur époux, aura pour son habitation, pendant sa viduité, le château de la Ferté, meublé de meubles convenables à sa qualité, si mieux elle n'aime prendre, au lieu de ladite habitation et meubles, la somme de deux mille livres par chacun an, ce qu'elle sera tenue d'opter dans les premiers six mois qui suivront la dissolution dudit mariage.

Ladite dame mère dudit seigneur futur époux le marie aux biens et droits qui lui sont acquis, tant par la donation universelle qui lui a été faite entre-vifs par feu M. le duc de Saint-Simon, son père, que par le legs universel à lui fait par feu Mme la duchesse de Brissac, sa sœur consanguine. Et outre, en faveur dudit mariage, ladite dame mère dudit seigneur futur époux lui donne dès à présent la propriété de tous les biens immeubles à elle appartenant, et le quitte et décharge de toutes les sommes qu'il lui doit, tant par contrats de constitutions qu'autrement, se réservant seulement la faculté de vendre, si bon lui semble, les bois taillis qui sont en la forêt de Ruffec, même ceux de haute futaie qui sont et seront sur le retour, et de disposer par testament ou entre-vifs de la somme de soixante mille livres, avec l'usufruit et jouissance sa vie durant de ses terres de Ruffec et de Verrières, greffe des affirmations du bailliage de Pontaudemer, et rentes constituées à elle dues sur les greffes de Bourges, ensemble des douze mille cinq cents livres de rente qui lui sont dues, tant pour son douaire et habitation, que pour l'usufruit de la somme de cinquante mille livres portée par son contrat de mariage, aussi à elle due par ledit seigneur son fils, lequel se charge de payer les sommes qu'elle peut devoir de reste du prix dudit marquisat de Ruffec, soit aux créanciers de défunte dame Éléonore de Volvire, sa mère, ou autres, aux droits et privilèges desquels ledit seigneur son fils, faisant lesdits payements, sera et demeurera subrogé, même ladite damoiselle future épouse pour les deniers de sa dot qui pourront y être employés, sans que néanmoins l'effet desdites subrogations puisse être exercé contre ladite dame duchesse de Saint-Simon, de son vivant. Et au cas que lesdites dettes se trouvassent excéder les sommes que ledit seigneur futur époux doit présentement à ladite dame sa mère par contrats de constitutions et sentences, arrérages et intérêts d'icelles, ladite dame sa mère s'obligera de payer audit seigneur son fils, ou déduire, pendant sa vie, sur les arrérages de son douaire, l'intérêt dudit excédent.

Est aussi convenu que, si ledit seigneur futur époux décédoit sans enfants, ou ses enfants sans enfants, avant ladite dame sa mère, elle rentrera de plain droit en la propriété des choses par elle données, sans néanmoins que cette stipulation de retour puisse empêcher ladite damoiselle future épouse de se pourvoir sur la propriété desdits biens pour la restitution de sa dot, pour son douaire, préciput et habitation, ce qu'elle ne pourra faire contre ladite dame mère de son vivant, mais seulement après son décès : à quoi lesdits biens donnés par ladite dame duchesse de Saint-Simon demeureront affectés et hypothéqués, et non à d'autres dettes que ledit seigneur futur époux pourroit contracter ci-après, sauf l'indemnité de ladite dame duchesse et de ses héritiers sur les biens dudit seigneur son fils, aux conditions susdites.

Sera permis à ladite damoiselle future épouse et aux enfants qui naitront dudit futur mariage d'accepter la communauté ou d'y renoncer, et, y renonçant, de reprendre franchement et quittement tout ce qu'elle y aura apporté, même ladite damoiselle future épouse ses douaire et préciput et habitation, sans charges d'aucunes dettes de ladite communauté, dont elle sera acquittée par ledit seigneur futur époux, encore qu'elle y fût obligée ; et, pour l'indemnité, ensemble pour toutes les clauses et conventions du présent contrat, il y aura hypothèque sur les biens dudit seigneur futur époux de cejourd'hui. Auront aussi lesdits seigneur et dame père et mère de ladite damoiselle future épouse la même faculté de reprendre la dot de ladite damoiselle future épouse ; et audit cas laisseront pour frais de noces dudit seigneur futur époux la somme de quarante mille livres.

Si le décès de ladite damoiselle future épouse arrive, sans enfants, avant celui dudit seigneur futur époux, il aura trois ans pour restituer la dot qui ne se trouvera plus en nature, à la charge d'en payer l'intérêt au denier vingt ; et néanmoins, à l'égard des rentes sur la ville faisant partie de ladite dot de ladite damoiselle future épouse, il est convenu que ledit seigneur futur époux les pourra transporter aux plus anciens créanciers de sa maison ou autres postérieurs qui seront agréés par ledit seigneur maréchal ou ladite dame son épouse, qu'il autorise à cet effet, en faisant lesdites cessions et transports sans garantie des faits du prince, en présence et du consentement dudit seigneur maréchal ou de ladite dame, autorisée comme dit est, et faisant subroger ladite damoiselle future épouse par lesdits créanciers acquéreurs desdites rentes en leurs droits, hypothèques et privilèges, en délivrant audit seigneur maréchal ou à ladite dame son épouse expédition des quittances et copies collationnées des pièces dudit emploi; auquel cas, ladite damoiselle future épouse, ses enfants et héritiers collatéraux, même lesdits seigneur et dame ses père et mère, demeureront créanciers de la maison de Saint-Simon jusqu'à la concurrence du fonds des rentes transportées sur la ville, sans en pouvoir demander le remboursement, si ce n'est aux héritiers collatéraux dudit seigneur futur époux, excepté ladite dame duchesse de Saint-Simon, sa mère, de son vivant et tant qu'elle demeurera en viduité, si elle est héritière dudit seigneur duc son fils, en fournissant à ladite damoiselle future épouse, ou ceux exerçant ses droits, les grosses des contrats des constitutions acquittées du fonds desdites rentes, les quittances de subrogation et les autres pièces nécessaires pour l'établir valablement.

Tout ce qui écherra audit seigneur futur époux, soit en directe ou collatérale, tant en meubles qu'immeubles, par succession, donation, ou autrement, lui sera propre, et aux siens, de son côté et ligne, même les meubles et effets mobiliers qui lui appartiendront au jour de la bénédiction nuptiale, dont a été fait un bref état ou inventaire, qui est demeuré attaché à la présente minute, préalablement paraphé des parties, et, à leur réquisition, des notaires soussignés; le contenu auquel état ledit seigneur futur époux, assisté de l'autorité dudit Chérier, son curateur, certifie véritable.

Ledit seigneur futur époux ameublira et portera en ladite future communauté la somme de soixante-quinze mille livres, qui seront premièrement pris sur les effets mobiliers dudit seigneur futur époux, tant en meubles meublants que autres, en ce qui sera justifié en avoir été actuellement touché.

Si, pendant ledit mariage, il est remboursé quelques rentes ou aliéné quelques immeubles appartenant à l'un ou à l'autre des conjoints, ils seront remployés ou repris sur la communauté, même ceux de la damoiselle future épouse sur les propres dudit seigneur futur époux, en cas d'insuffisance des biens de la communauté; et sera l'action de reprise et remploi réputée propre à celui à qui lesdits immeubles appartiendront, et aux siens de son côté et ligne.

Et pour faire insinuer ces présentes au greffe des insinuations du Châtelet de Paris et partout ailleurs où il appartiendra, les parties ont fait et constitué leur procureur le porteur des présentes, auquel elles en donnent pouvoir, et d'en requérir acte.

Car ainsi le tout a été convenu et accordé entre les parties. Promettant, etc.; obligeant, etc.; chacun à son égard renonçant, etc.

Fait et passé, à savoir : par Sa Majesté, en son château de Versailles, ainsi que par Monseigneur le Dauphin, Monsieur le duc de Bourgogne, Monsieur le duc d'Anjou, Monsieur le duc de Berry, Monsieur, Madame, Monsieur le duc de Chartres, Madame la duchesse de Chartres, Mademoiselle, Madame la Grande-Duchesse, Madame de Guise, Monsieur le duc de Bourbon, Madame la duchesse de Bourbon, Madame la Princesse douairière, Monsieur le duc du Maine, Monsieur l'Amiral, M. le duc de Duras, M. le duc de Beauvillier et Mme son épouse; et par Madame la Grande-Duchesse, Monsieur le Prince, Monsieur le prince de Conti, M. le prince de Guémené, Mme son épouse, M. le duc de Richelieu et Mme son épouse, à Paris; et par les parties et autres assistants, en l'hôtel dudit seigneur maréchal duc de Lorge, en ladite rue Neuve-Saint-Augustin, l'an mille six cent quatre-vingt-quinze, le septième jour d'avril.

Suivent les signatures :

LOUIS.
Louis.
Louis.
Philippe.
Charles.
Philippe.
Élisabeth-Charlotte.
Philippe d'Orléans.
M.-Françoise de Bourbon.
Élisabeth-Charlotte d'Orléans.
Marguerite-Louise d'Orléans.   Isabelle d'Orléans
H.-J. de Bourbon.   Louis de Bourbon.
                        L.-F. de Bourbon.

François-Louis de Bourbon.
             Marie-Anne de Bourbon, L. de France
     Louis-Auguste de Bourbon, L. F.
     Louis-Alexandre de Bourbon.
     Louis duc de St-Simon.
       Charlotte de l'Aubespine, duchesse de Saint-Simon.
       St-Simon.
       Guy de Durfort.   Mailly.
         G. de Frémont, ma^{lle} duchesse de Lorge.
Le prince de Guémené.

ADDITION AUX LETTRES, MÉMOIRES, ETC.

Charlotte de Cochefillet de Vaucellas, princesse de Guéméné[1].
  Marie-Gabriele de Durfort.   De Frémont.
    G. Damond.   De Frémont d'Auneuil.
                            Chérier.

  Marie-Anne de l'Aubespine.
Henriette-Louise Colbert, duchesse de Saint-Aignan.
  A. Aubourg. Armand-Jean du Plessis de Richelieu.
  Bignon.   Anne-Marguerite d'Acigné, duchesse de Richelieu.
  Jacques-Henry de Durfort, duc de Duras.
  G. de Durfort.   Le comte de Roucy.
  Guy de Durfort.   Paul-Jules Mazarin.
  Paul de Beauvillier, duc de Saint-Aignan.
  Henry de Durfort, duc de Duras.
  Louise de la Marck.   Catherine d'Arpajon.
    Le Roy.   Carnot.
  Charles de Roye de la Rochefoucauld.
  Marie de Rochefort.
  Barthélemy de Roye de la Rochefoucauld.
      Croiset[2].

ACTE DE MARIAGE[3].

Du 8 avril 1695.

Très haut et très puissant seigneur Monseigneur Louis, duc de Saint-Simon, pair de France, mestre de camp d'un régiment de cavalerie, gouverneur pour Sa Majesté des ville, citadelle et comté de Blaye, bailli et gouverneur de Senlis, Pont-Sainte-Maxence et château de Fécamp, vidame de Chartres, seigneur et châtelain de la Ferté-Arnault

---

1. Le prince et la princesse de Guéméné ont intercalé ici leurs signatures après coup, ainsi que, cinq lignes plus loin, la duchesse de Saint-Aignan (Beauvillier).
2. Les quatre dernières signatures ont été apposées sur le recto de la page resté blanc, après que les deux notaires ont eu signé au bas du verso précédent, qui est entièrement rempli.
3. Texte relevé par feu MM. Gallien et Jal sur le registre paroissial de l'église Saint-Roch, à Paris, aujourd'hui détruit. Nous corrigeons quelques erreurs dans la lecture des noms de lieux.

et de Beaussart, du Vitrezay, du Marais de Saint-Simon et comtau de Blaye, du fief de Saint-Louis en la ville de la Rochelle, et autres lieux, fils de défunt très haut et très puissant seigneur Monseigneur Claude, en son vivant duc de Saint-Simon, pair de France, chevalier des ordres du Roi, ayant les mêmes gouvernements et qualités susdites, et de très haute et très puissante dame Mme Charlotte de l'Aubespine, marquise de Ruffec, baronne des baronnies d'Ayzie, Empuré, Martreuil et Verrières, dame de Chermé, du fief des Aires et autres lieux, veuve de mondit seigneur duc de Saint-Simon, ses père et mère, âgé de vingt ans, demeurant en son hôtel, rue des Saints-Pères, paroisse Saint-Sulpice, d'une part; et Mlle Marie-Gabrielle de Durfort de Lorge, âgée de dix-sept ans, fille de très haut et très puissant seigneur Monseigneur Guy de Durfort, chevalier des ordres, maréchal de France, général des armées de Sa Majesté sur le Rhin, duc de Quintin, capitaine des gardes du corps du Roi, gouverneur de la Lorraine et Barrois, comte de Lorge, vicomte de Pommerit, seigneur d'Avaugour, Quintin-au-Guémené, Gommenech, Beauregard, l'Hermitage et autres lieux, et de très haute et très puissante dame Mme Geneviève de Frémont, ses père et mère, demeurant à l'hôtel de Lorge, rue Neuve-Saint-Augustin, en cette paroisse, d'autre part; après la publication de deux bans dans l'une et l'autre paroisse desdits, dispense de troisième accordée par Monseigneur l'archevêque de Paris, et du temps prohibé, avec permission de les fiancer et marier en même jour et dans la chapelle dudit hôtel de Lorge, signée : François, archevêque de Paris, et plus bas, Villebault, scellée des armes de l'archevêché, dûment insinuée par Battelier, en date du jour d'hier; ont été fiancés et épousés en face d'Église, sans aucune opposition. Présents : ladite dame Charlotte de l'Aubespine, duchesse de Saint-Simon, mère dudit seigneur; Messire Eustache-Titus de Saint-Simon, capitaine au régiment des gardes de Sa Majesté, demeurant rue de Beaune, paroisse Saint-Sulpice; Messire Louis de Mailly, mestre de camp général des dragons de France, cousin dudit seigneur; Me Claude-François Chérier, procureur en Parlement, son curateur aux causes; Messire Guillaume le Vasseur, abbé commendataire de l'abbaye de Notre-Dame d'Aubepierre, ordre de Cîteaux; René de Gogué, écuyer, sieur de Saint-Jean, et François de Cléran, écuyer, amis dudit seigneur; Mgr le maréchal de Lorge et Mme Geneviève de Frémont, père et mère de ladite dame épouse; Dame Geneviève Damond, épouse de M. Frémont, conseiller du Roi en ses conseils, gardien du Trésor royal de Sa Majesté, aïeuls; Messire de Frémont, seigneur d'Auneuil, conseiller du Roi en ses conseils, maître des requêtes ordinaires de son hôtel, oncle de ladite dame; Dame Aubourg, épouse

ADDITION AUX LETTRES, MÉMOIRES, ETC.

de Messire Damond, conseiller du Roi, trésorier de ses parties casuelles, et plusieurs autres; du grand matin.

Louis duc DE SAINT-SIMON.   D. COIGNET, curé de Saint-Roch.
MARIE-GABRIELE DE DURFORT.
CHARLOTTE DE L'AUBESPINE, duchesse DE SAINT-SIMON.
GUY DE DURFORT.
G. DE FRÉMONT, ma{}^{lle} duchesse DE LORGE.
G. DAMOND.
MARIE-ANNE DE L'AUBESPINE.
DE FRÉMONT D'AUNEUIL.
GUY DE DURFORT.   SAINT-SIMON.
G. DE DURFORT.   MAILLY.
HENRY DE DURFORT, duc DE DURAS.
Le comte DE ROUCY.
CHÉRIER.
            PAUL-JULES MAZARIN.
    AUBOURG.
CHARLES DE ROYE DE LA ROCHEFOUCAULD.
BARTHÉLEMY DE ROYE DE LA ROCHEFOUCAULD.
L'abbé LEVASSEUR.   RENÉ DE GOGUÉ SAINT-JEAN.
            FRANÇOIS DE CLÉRAN.

INFORMATION POUR LA RÉCEPTION DE SAINT-SIMON EN LA DIGNITÉ DE PAIR DE FRANCE [1].

31 janvier 1702.

Information d'office à la requête du procureur général du Roi, faite par nous, Thomas Dreux, conseiller du Roi en la grande chambre de sa cour de Parlement, des vie, mœurs, conversation, religion catholique, apostolique et romaine, fidélité au service du Roi, valeur et expérience au fait des armes de M{}^{re} Louis, duc de Saint-Simon, gouverneur des ville, citadelle et comté de Blaye et de Senlis, poursuivant sa réception en la dignité de pair de France.

1. Archives nationales.

Du 31 janvier 1702.

M⁰ Joachin de la Chétardye, prêtre, bachelier en théologie, curé de Saint-Sulpice, âgé de soixante et quatre ans, après avoir mis la main *ad pectus*,

A dit que M. le duc de Saint-Simon, paroissien de ladite église, y fait les exercices de la religion catholique, apostolique et romaine, avec beaucoup de piété et édification; qu'il sait qu'il se confesse et communie aux fêtes solennelles, et nommément qu'il s'est acquitté de son devoir pascal à la dernière fête de Pâques; qu'il a toute la sagesse et toute la vertu que l'on peut desirer dans une personne de sa naissance et de sa dignité.

Jo. DE LA CHÉTARDYE,
curé de Saint-Sulpice.

M⁺⁰ Charles-Honoré d'Albert, duc de Luynes et de Chevreuse et de Chaulnes, pair de France, chevalier des ordres du Roi, gouverneur et lieutenant général pour Sa Majesté de la province de Guyenne, âgé de cinquante-cinq ans, après serment, etc.,

A dit qu'il connoît particulièrement M. le duc de Saint-Simon dès sa première jeunesse, qu'il l'a toujours vu très appliqué à ses devoirs, très assidu auprès de la personne du Roi, très attaché à son service dans la dernière guerre, où il s'est distingué, tant au siège de Namur, sous les yeux de Sa Majesté, que dans les autres occasions; qu'enfin il sait, avec tous ceux qui le connoissent, qu'il est très digne par ses qualités personnelles, aussi bien que par son illustre naissance, de succéder à Monsieur son père dans la dignité de duc et pair de France, et d'être reçu en cette qualité au Parlement.

CHARLES-HONORÉ D'ALBERT, duc DE CHEVREUSE.

M⁺⁰ Paul de Beauvillier, duc de Saint-Aignan, pair de France, comte de Buzançois, grand d'Espagne, chevalier des ordres du Roi, premier gentilhomme de sa chambre, chef du conseil royal des finances, ministre d'État, premier gentilhomme de la chambre de Monseigneur le duc de Bourgogne, maître de sa garde-robe, ci-devant son gouverneur, gouverneur de Monseigneur le duc de Berry, surintendant de sa maison, premier gentilhomme de sa chambre, gouverneur et lieutenant général pour le Roi du Havre-de-Grâce et pays en dépendants, ci-devant gouverneur du roi catholique, surintendant de sa maison et premier gentilhomme de sa chambre, âgé de cinquante-trois ans, après serment, etc.,

A dit que M. le duc de Saint-Simon a toutes les qualités nécessaires pour succéder à la dignité de pair de France, héréditaire à sa maison; qu'il joint à une haute naissance et à beaucoup de sagesse toute l'attention possible à ses devoirs; que, dans la dernière guerre, il a servi les six dernières campagnes, et qu'il s'y est distingué dans toutes les occasions, et surtout à la bataille de Nerwinde.

PAUL DE BEAUVILLIER, duc DE SAINT-AIGNAN.

Mre Claude, comte de Choiseul, maréchal de France, chevalier des ordres du Roi, général de ses armées, gouverneur de la ville de Saint-Omer et commandant à Langres, âgé de soixante et neuf ans,

A dit que M. le duc de Saint-Simon remplit très dignement le rang qu'il tient dans le Royaume; que, lors de la dernière guerre, où lui, déposant, avoit l'honneur de commander l'armée du Roi en Allemagne, il l'a toujours vu servir très assidûment à la tête de son régiment de cavalerie, et que son mérite et sa piété sont si connus, que le témoignage qu'il en rend ne peut rien ajouter à ce que tout le monde en sait.

Le maréchal DE CHOISEUL.

Fait par nous, conseiller et commissaire susdit,

DREUX.

BREVET D'AFFAIRES POUR SAINT-SIMON [1].

Aujourd'hui, 16 février 1717, le Roi étant à Paris, voulant témoigner au sieur duc de Saint-Simon, pair de France, l'estime qu'il fait de sa personne, et lui marquer l'étroite confiance qu'il prend en son affection et en sa fidélité, et jugeant ne pouvoir mieux faire que d'approcher le plus près de sa personne celui que feu Mgr le

---

1. Archives nationales.

Dauphin, son père, avoit honoré de sa confiance la plus particulière et distingué jusqu'à vouloir l'entretenir familièrement à toutes heures et lui communiquer les affaires les plus importantes et les plus secrètes, Sa Majesté, de l'avis de M. le duc d'Orléans, régent, lui a permis et permet d'entrer librement et à toutes les heures qu'il voudra en tous les lieux de sa maison où Sa Majesté pourra être, même pendant ses plus secrètes affaires, de la même manière et aux mêmes heures qu'entrent les premiers gentilshommes de sa chambre; déclare, veut et entend que les portes lui en soient ouvertes sans difficulté; ordonne aux huissiers de son antichambre, de sa chambre et de son cabinet, et à tous autres officiers qu'il appartiendra, de lui en laisser la libre entrée sans y porter aucun empêchement. M'ayant à cet effet Sa Majesté commandé d'en expédier audit sieur duc de Saint-Simon le présent brevet, qu'elle a voulu signer de sa main et être contresigné par moi, son conseiller, etc.

TITRES RELATIFS A LA GRANDESSE
DE SAINT-SIMON[1]

CERTIFICAT DE COUVERTURE POUR LE MARQUIS DE RUFFEC, FILS DE SAINT-SIMON[2].

14 juin 1722.

Don Claude de la Roche, premier valet de chambre du Roi notre seigneur, de son Conseil, et son secrétaire de la chambre secrète:
Je certifie que le Roi notre seigneur, que Dieu conserve! ayant assigné l'heure de midi de dimanche, 1er de février de cette année, pour que l'excellentissime seigneur don Armand-Jean de Saint-Simon, marquis de Ruffec, colonel d'un régiment de cavalerie de Sa Majesté très chrétienne, exécutât la fonction de se couvrir en qualité de grand d'Espagne, et Sa Majesté étant dans son palais et château royal de Madrid, debout et couvert, dans la pièce marquée pour cette fonction, et avec l'assistance des excellentissimes seigneurs marquis de Villena, comte de Saint-Estevan de Gormaz, duc de Liria, marquis de Santa-Cruz, duc de Popoli, duc de Bobenaz, duc de la Mirandole, duc de Medinaceli, duc de Bournonville, et autres, le susdit excellentissime seigneur Armand-Jean, marquis de Ruffec, fut par moi appelé, conduit par l'excellentissime seigneur duc del Arco, son parrain, à la même pièce où étoit Sa Majesté. Et aussitôt qu'il eut fait les trois révérences, Sa Majesté lui commanda, en présence de tous, de se couvrir, et l'excellentissime seigneur don Armand-Jean de Saint-Simon, marquis de Ruffec, se couvrit selon et pendant le même temps que le font les grands de première classe, ayant auparavant précédé toutes

---

1. Ces pièces sont tirées de l'Appendice de la généalogie de la maison de Saint-Simon imprimée à Madrid en 1808, dont un exemplaire a été donné au Cabinet des titres de la Bibliothèque nationale, et du carton des Archives nationales coté M 536.

2. Bibliothèque nationale. — « Certificacion de haberse cubierto el marques de Ruffec, como grande de España de primera clase. »

les cérémonies d'honneur qui ont accoutumé de se pratiquer en semblable cas.

Et pour que cela compte où il conviendra, je donne le présent en cette royale maison de Balsain, le 14ᵉ jour du mois de juin de l'an 1722. — Mʳ Claudio de la Roche; et scellé.

Nous, don Joachim-Ignace de Barrenechea, chevalier de l'ordre de Calatrava, du Conseil de Sa Majesté Catholique, maître d'hôtel de la Reine, seigneur des villes de Galdacano et Mallavia, ambassadeur extraordinaire et plénipotentiaire d'Espagne au congrès de Soissons :

Certifions et rendons témoignage que la présente traduction françoise du certificat donné dans la royale résidence de Balsain, le 14ᵉ juin 1722, par don Claude de la Roche, secrétaire de la chambre du Roi notre maître, de la couverture de M. le marquis de Ruffec, qui fut célébrée le 1ᵉʳ jour de février de la susdite année, pour grand d'Espagne de la première classe, a été bien et fidèlement exécutée, et qu'elle est conforme à son original. Fait à Paris, le 10ᵉ juin de l'année mil sept cent vingt-neuf. Signé : don Joachim-Ignace de Barrenechea; et à côté est son sceau.

Je soussigné, Jean-Gabriel de la Porte, écuyer, sieur du Theil, premier commis de Mᵉʳ Chauvelin, garde des sceaux de France, ministre et secrétaire d'État pour les affaires étrangères :

Certifie que la signature ci-dessus est celle de Son Excellence M. de Barrenechea, l'un des ambassadeurs extraordinaires et plénipotentiaires du roi catholique au congrès de Soissons. En foi de quoi j'ai signé le présent, à Paris, le 15 juin 1729.

LA PORTE DU THEIL.

LETTRES DE GRANDESSE POUR SAINT-SIMON.

18 juin 1723.

Despacho de la grandeza de primera clase, concedida por la Magestad del señor don Felipe Quinto al excelentissimo señor duque de San Simon, par de Francia y embaxador extraordinario del rey christianísimo.

Don Felipe, por la gracia de Dios rey de Castilla, de Leon, de Aragon, de las dos Sicilias, de Jerusalen, de Navarra, de Granada, de

Toledo, de Valencia, de Galicia, de Mallorca, de Sevilla, de Cerdeña, de Córdoba, de Córcega, de Murcia, de Jaen, de las Algarbes, de Algecira, de Gibraltar, de las islas de Canarias, de las Indias orientales y occidentales, islas y tierra firme del Mar Oceano, archiduque de Austria, duque de Borgoña, de Bravante, de Milan, conde de Abspurg, de Flandes, Tirol y Barcelona, señor de Vizcaya y de Molina, etc., etc.

Por quanto atendiendo á la ilustre calidad y relevantes meritos de vos, el duque de San Simon, par de Francia y embaxador extraordinario del rey christianísimo, mi muy caro y muy amado hermano y sobrino, y teniendo consideracion á que fuisteis elegido por aquel monarca para ajustar y capitular conmigo y mis comisarios su casamiento con la infanta doña Maria-Ana-Victoria, mi muy cara y muy amada hija, y que habeis asistido al del serenisimo príncipe don Luís, mi muy caro y muy amado hijo primogénito heredero, con la serenisima princesa doña Isabel-Luisa de Orleans, mi muy cara y muy amada prima, en lo qual obrasteis con la prudencia y zelo correspondiente al tratado y al sincéro ánimo que ambas coronas tienen de conservar la estrecha union que persuaden los vinculos de la sangre, la felicidad de Europa y el aumento de la religion católica;

Y atendiendo asímismo á la confianza y cordialidad que vos, el dicho duque de San Simon, debisteis al serenísimo duque de Borgoña, mi muy caro y muy amado hermano, y hoy os conserva el duque de Orleans, mi muy caro y muy amado tio; y á que los servicios y circunstancias vuestras os hacian digno acreedor de la gratitud de ambas coronas; tuve por bien de expresaros la mia, concediendoos por decreto de veinte y dos de enero del año próximo pasado la grandeza de España para vuestra persona, con facultad de trasladarla y cederla á don Juan-Armand de San Simon, marques de Ruffec, vuestro hijo secundo; y porque habiendola y a vos cedido en el referido marques de Ruffec, y este usado las prerogativas de grande, restaba solamente restablecar y perpetuar esta gracia en su posteridad, fué mi real ánimo que vos, el expresado duque de San Simon, pudieseis elegir el título de duque, marques ó conde, y ponerle y situarle sobre la tierra ó lugar que adquiriesedes dentro de mis dominios, fundando de ella, y de la dignidad que sobre ella eligieseis, un mayorazgo perpétuo, condicionado á vuestra voluntad, para que, segun las clausulas y llamamientos de él, le poseyesen vuestros descendientes legítimos, varones y hembras, con la dicha dignidad que eligiesedes, y las prerogativas, preeminencias y exenciones de que gozan y deben gozar los grandes de mis reynos, sin que les faltase cosa alguna para siempre jamas;

y que la referida grandeza fuese y debiese ser de la primera clase, y que en todo tiempo se hubiese de estimar y tener por tal, con todas las prerogativas que tienen y tuvieren los grandes de mis reynos de la expresada primera clase. Pero, habiéndoseme representado últimamente por vos, el referido duque de San Simon, la imposibilidad de hallar y adquirir tierra ó lugar dentro de mis dominios sobre que fundar la expresada grandeza, suplicándome que esta sea y se entienda como las que concedí á los duques de Beauviller y de Noaylles, por otro decreto señalado de mi real mano, de veinte y dos de mayo de este año, he venido en ello, para que, pasando vos la expresada grandeza al referido vuestro hijo, lo coloqueis en uno de vuestros feudos en Francia, con la dignitad que al vuestro dicho hijo quisiere sobre aquel feudo concederle el rey christianísimo, mi sobrino. En conseqüencia de todo lo referido, y para que tenga entero y cumplido efecto, por la presente, aprobando, como apruebo, la translacion y cession que vos, el expresado duque de San Simon, habeis hecho en el referido marques de Ruffec, vuestro hijo segundo, de la mencionada grandeza de primera clase de estos mis reynos, que os concedí por el citado decreto de veinte y dos de enero del año próximo pasado, para que sea firme, estable y valedero perpetuamente para siempre jamas, y para que de vuestra persona y ascendientes que de á la posteridad perpetua memoria, de mi proprio motu, cierta ciencia y poderio real absoluto de que en esta parte quiero usar y uso como Rey y señor natural, no reconociente superior en lo temporal, quiero y es mi voluntad que ahora, y de aqui en adelante, el dicho don Juan-Armand de San Simon, marques de Ruffec, y sus sucesores, cada uno en su tiempo, perpetuamente sea y sean grandes de España de primera clase, y que esta honra y grandeza se conserve en el referido vuestro hijo y los sucesores que fueren de ella, y que los unos y los otros gocen, y les sean guardadas todas las gracias, honras, antelaciones, preeminencias, prerogativas que han y gozan y pueden y deben haber y gozar, así por derecho y leyes de estos mis reynos como per costumbres antiguas y modernas de estos, los otros grandes de primera clase, y puedan traer, y traigan todas les insignas, y usar y exercer todas las ceremonias que por esta razon se pueden traer, usar y exercer; y el dicho marques de Ruffec, y los sucesores en esta grandeza, perpetuamante para siempre jamas, y sea y sean llamados, tenidos y reputados por tales grandes de primera clase de estos mis reynos, sin que para ello sea necessario otro mandamiento, licencia ni despacho mio, ni de los reyes mis sucesores. Y para que se verifique la referida grandeza de primera clase en los propios términos que me habeis representado vos, el referido duque de San Simon, os concedo y permito que, durante vuestra vida, ó al tiempo de vuestro fallecimiento, por vuestro testamento ú otro qualquier instrumento ó disposicion que hicieredes, podais colocar, y coloqueis la referida grandeza de primera clase que por esta mi carta os concedo, para el dicho vuestro hijo, en uno de vuestros feudos en Francia, con la dignidad que sobre él quisiere concederle el rey christianísimo, mi sobrino, de duque, conde ó marques, á que haya de ir unida la referida grandeza de primera clase, y en habiendo hecho la referida eleccion, y titulados duque, conde ó marques, recaiga y se verifique en el mencionado título la expresada grandeza de primera clase. Y por mas honrar la persona y casa de vos, el dicho duque de San Simon, os doy y concedo licencia y facultad para que podais fundar, y fundeis vinculo y mayorazgo de la dicha merced y grandeza de primera clase de estos mis reynos, en vuestra vida, ó al tiempo de vuestro fallecimiento, por vuestro testamento ó postrimera voluntad, ó por via de donacion entre vivos ó por causa de muerte, ó por otra manda ó instrumento, ú otra vuestra disposicion que quisieredes, en el dicho marques de Ruffec, vuestro hijo, y en los demas hijos ó hijas legítimos que al presente teneis ó en adelante tuvieredes, ó en los hermanos ó hermanas ó descendientes de los tales que os pareciere, y, á falta de ellos, en otras qualesquier personas, dendos vuestros ó extraños, que quisieredes, y por bien tuvieredes, segun y como, por la disposicion de vuestro testamento, mandas ú otras qualesquier escrituras, lo ordenaredes y dispusieredes á vuestra libre disposicion y voluntad, con los llamamientos, pactos, condiciones, exclusiones, prohibiciones, vínculos, gravamenes, modos, substituciones, estatutos, vehedamentos, sumisiones, penas, y otras cosas que quisieredes poner en la fondacion de la dicha dignidad y mayorazgo, que por vos fuere hecho, ordenado, y establecido, de qualquier manera, vigor, efecto y ministerio que sea ó ser pueda, para que, de allí adelante, la dicha merced y grandeza de primera clase de estos mis reynos, con el título de que se hiciere denominacion por el dicho rey christianísimo, mi sobrino, de duque, conde ó marques, como arriba se declara, sea habida y tenida por de mayorazgo, y como tal reputada, y despues de otorgada la dicha escritura de fundacion de mayorazgo, podais vos, el dicho duque de San Simon, si quisieredes, quitar, acrecentar y corregir, revocar y enmendar la dicha fundacion, y los vínculos y condiciones con que la hicieredes, en todo ó en parte, y deshacerlo y volverlo á hacer de nuevo, una y muchas veces, y cada cosa, y parte de ella, á vuestra libre disposicion y voluntad, que yo, por la presente, del dicho mi propio motu, cierta ciencia y poderio real absoluto, la apruebo, y he por firme, estable y valedero, y desde ahora lo he, por puesto en esta mi carta, como si aquí fuese incerto ó incorporado, y lo confirmo para ahora y para siempre jamas, segun y como, y con las condiciones, vínculos, firmezas, cláusulas y posturas, derogaciones, sumisiones, pactos y restituciones que en el dicho mayorazgo hecho por vos, el mencionado duque de San Simon, declarado y otorgado, pueden y serán puestos y contenidos, y suplo todos y qualesquier defectos, obstaculos é impédimentos, y otras cosas de hecho y de derecho, de forma, órden, substancia y solemnidad, que para validacion y corroboracion de esta mi carta, y de lo que por virtud de ella hicieredes y otorgaredes, y de cada cosa y parte de ello fuere hecho, y se requiere, y es necessario, y cumplidero de suplirse; y asímismo es mi voluntad que, en caso que el hijo, hija, hermano ó hermana, ó persona en quien así hicieredes é instituyeredes el dicho mayorazgo, ó los que adelante sucedieren en él, cometieren qualquier ó qualesquier delitos ó crimenes, por que deben perder el dicho mayorazgo, así por sentencia y disposicion de derecho, como por otra cosa, conforme á esto, no pueda ser perdido, ni se pierda, antes en tal caso venga por este mismo hecho á aquel ó á aquellos á quien por vuestra disposicion venia y pertinencia, si el delinqüente muriera sin cometer el tal delito, la hora antes que le cometiera, excepto si la tal persona ó personas cometieren delito de heregia, crimen *lesæ majestatis*, ó el pecado nefando, que, en qualquiera de estos casos, quiero que le hayan perdido y pierdan. Lo qual todo mando que así se haya y se cumpla, sin embargo de qualesquier leyes, fueros y derechos, usos y costumbres, pragmáticas sanciones de estos mis reynos y señorios, especiales y generales, hechas en cortes ó fuera de ellas, que en contrario de esto sean ó ser puedan, que yo, por esta mi carta, dispenso con todas y cada una de las dichas leyes, y las abrogo y derogo, caso y anulo, y doy por ningunas y de ningun valor ni efecto, que dando en su fuerza y vigor para en lo demas adelante; y por esta mi carta, ó su traslado, signado con autoridad de juez, encargo al serenísimo príncipe don Luis, mi muy caro y muy amado hijo, y mando á los infantes, prelados, duques, marqueses, condes, ricos hombres, priores de las ordenes, comendadores y subcomendadores, alcaydes de los castillos y casas fuertes y llanas, y á los del mi Consejo presidentes y oidores de mis audiencias, alcaldes, alguaciles de mi casa y corte, y chancellerias, y á todos los corregidores, asistentes, gobernadores, y otros qualesquier mis jueces, justicias, personas de qualquier estado, calidad, condicion y preeminencia que sean, mis vasalos, súbditos y naturales, así á los que ahora son como los que adelante fueren, y á cada uno y qualquiera de ellos, que al dicho marques de Ruffec, vuestro hijo, y á los que le sucedieren en esta merced y estado que eligieredes, sobre que haja de recaer la grandeza de primera clase que por esta mi carta concedo, hayan y tengan, acaten y respeten por tales grandes de primera clase de estos mi reynos; y á todos guarden, y hagan guardar todas las honras, mercedes, franquezas, libertades, exénciones, preeminencias, prerogativas y ceremonias que por la dicha dignidad y titulo de grande de primera clase debe haber y gozar el dicho marques de Ruffec, vuestro hijo, y le deben ser guardadas entera y cumplidamente.

Y si de esta merced vos, el dicho duque de San Simon, ó quelquiera de los sucesores en ella ahora, ó en qualquier tiempo, quisieredes ó quisieren mi carta de privilegio, y confirmacion, mando á mis concertadores y escribanos mayores de los privilegios y confirmaciones, y al mi mayordomo, chanciller y notario mayor, y á los otros oficiales que estan á la tabla de mis sellos, que os la den, libren, pasen y sellen la mas fuerte, firme y bastante que les pidieredes, y menester hubieredes; y os mando que, en haciendo la eleccion del feudo sobre que hubiere de recaer esta grandeza y nominacion del rey christianísimo, mi sobrino, de titulo de duque, conde ó marques, en que se haya de verificar, deis cuenta de ello en el mi Consejo de la Cámara, para que se note y prevenga en los libros de mi secretaría de ella, y en todo tiempo conste y dí este mi despacho se ha de tomar la razon en las contadurías generales de valores y distribucion de mi real hacienda, á que estan incorporados los libros del servicio de lanzas y registro general de mercedes, dentro de quatro meses primeros siguientes; y declaro que de esta merced no debeis el derecho de la media anata y lanzas, por haberos relevado de uno y otro per órden mia de nueve del corriente, pero todos los sucesores en esta grandeza han de satisfacer la media anata que debieren conforme á reglas del dicho derecho, y tambien la correspondiente al expresado servicio de lanzas. Dada en Balsain, á diez y ocho de junio de mil setecientos y veinte y tres. — Yo el Rey. — Yo don Francisco de Castejon, secretario del Rey nuestro señor, la hice escribir por su mandado. — Registrada: Salvador Narvaez. — Teniente de canciller mayor: Salvador Narvaez. — El marques de Miraval. — El marques de Aranda.— D. Pasqual de Villacampa.

V. M. hace merced al duque de San Simon de grandeza de primera clase de estos reynos perpetua, aprobando V. M. la traslacion que ha hecho de ella en el marques de Ruffec, su hijo segundo, en la forma y con las facultades que aquí se expresan.

Tomamos razon en las contadurías generales de valores y distribucion de la real hacienda. Madrid, diez y nueve de junio de mil setecientos y veinte y tres. — Pedro Medina Sorriba. — Ana Lopez Salzes.

Treinta reales vellon. Treinta reales vellon. Treinta reales.

PERMISSION POUR SAINT-SIMON DE RECEVOIR LA GRANDESSE[1].

2 avril 1724.

Aujourd'hui, 2 avril 1724, le Roi étant à Versailles, informé que, le roi d'Espagne voulant témoigner sa satisfaction du choix que le Roi avoit fait du sieur duc de Saint-Simon pour son ambassadeur extraordinaire à l'occasion du traité de mariage de Sa Majesté avec l'infante Marie-Anne-Victoire, et au sieur duc de Saint-Simon l'estime singulière qu'elle faisoit de sa personne, il lui auroit accordé la grandesse de la première classe, pour en jouir, et ses descendants, ainsi qu'il est plus au long expliqué dans ses brevets du 22 janvier 1722, 22 mai et 18 juin 1723; et Sa Majesté voulant, de sa part, marquer sa satisfaction des importants services que le sieur duc de Saint-Simon lui a rendus et à l'État, elle lui a permis et permet d'accepter ladite dignité de grand d'Espagne de la première classe, pour, par lui et ses descendants, jouir dans son royaume des honneurs et avantages qui y sont attachés; le relevant et dispensant à cet effet des empêchements qui pourront lui être opposés, tant à cause de ses dignités et emplois, qu'à cause des défenses générales faites à tous ses sujets d'accepter aucuns grades, charges, dignités et emplois qui peuvent leur être offerts par des princes étrangers. M'ayant Sa Majesté commandé d'en expédier audit sieur duc de Saint-Simon toutes lettres nécessaires, et cependant le présent brevet, qu'elle a, pour assurance de sa volonté, signé de sa main, et fait contresigner par moi, conseiller secrétaire d'État et de ses commandements et finances.

LOUIS.

PHÉLYPEAUX.

---

1. Bibliothèque nationale. — « Despacho del rey christianísimo del año de 1724, que permite al duque de San Simon ser grande de España. »

ÉRECTION DU FIEF DE SAINT-LOUIS DE LA ROCHELLE EN TITRE ET DIGNITÉ DE COMTÉ[1].

Mai 1724.

Louis, par la grâce de Dieu roi de France et de Navarre, à tous présents et à venir, salut. Notre très cher et très amé cousin Louis, duc de Saint-Simon, pair de France, grand d'Espagne de la première classe, gouverneur des ville, citadelle et comté de Blaye, grand bailli et gouverneur de Senlis, nous a représenté qu'après le siège qu'avoit soutenu pendant une année la ville de la Rochelle, le roi Louis XIII la réduisit à l'obéissance au mois d'octobre 1628, malgré les forces et les secours des Anglois, et qu'y ayant fait son entrée le 30 dudit mois, il voulut donner au sieur duc de Saint-Simon, père de notredit cousin, des marques éclatantes de l'estime dont il l'honoroit et de la satisfaction qu'il crut que méritoient l'attachement qu'avoit pour sa personne ledit sieur duc de Saint-Simon et les services qu'il avoit rendus en toutes occasions, et qu'il venoit de rendre dans la conquête d'une place aussi importante que l'étoit la Rochelle ; et pour cet effet le roi Louis XIII donna de son propre mouvement audit sieur duc de Saint-Simon, père de notredit cousin, toutes les terres, places et autres choses qui sont depuis le pied des terrasses, murs, remparts et corps de garde du dedans de l'ancienne ville jusqu'au talus des contrescarpes des derniers fossés étant hors les dernières et nouvelles fortifications, y compris la nouvelle ville, et les matériaux de toutes les tours, murs, postes, ponts, pavés, maisons, moulins, halles des canonniers, corps de gardes, tant dedans que dehors ladite ville, et autres bâtiments des fortifications qui étoient et seroient démolies, avec les grandes et petites rives ; et qu'après le brevet de don du 30 décembre de l'année 1628 et les lettres patentes qui furent expédiées pour son exécution au mois de janvier de l'année suivante, il fut accordé autres lettres le 2ᵉ janvier ensuivant, par lesquelles le roi Louis XIII érigea en fief, sous la dénomination du fief de Saint-Louis de la Rochelle, lesdites terres, places et autres choses mentionnées au brevet de don du 30 décembre 1628 et lettres patentes du mois de janvier et 2 juin 1629, et 7 octobre 1635. Notredit cousin, qui se trouve aujourd'hui propriétaire des terres, fief

1. Archives nationales.

et seigneurie de Saint-Louis de la Rochelle, et qui souhaiteroit en perpétuer la jouissance dans sa maison comme un précieux monument et un témoignage public que reçut autrefois son père de l'affection et de l'estime du roi Louis XIII, nous a supplié de vouloir ériger en sa faveur et en faveur de ses descendants lesdites terres, biens, fief et seigneurie en titre et dignité de comté, sous le nom de Rasse, que porte la quatrième branche de la maison de Saint-Simon, dont est descendu notre cousin. A ces causes, et voulant marquer à notredit cousin le duc de Saint-Simon la reconnoissance que méritent les services signalés qu'il a rendus et qu'il rend à notre État à l'exemple de ses aïeux, et la distinction qui est due à sa haute naissance, nous avons, de notre grâce spéciale, pleine puissance et autorité royale, créé, érigé et élevé, et, par ces présentes signées de notre main, créons, érigeons et élevons lesdits fief et seigneurie de Saint-Louis de la Rochelle, circonstances et dépendances, en titre, nom, prééminence et dignité de comté, sous la dénomination du comté de Rasse, pour être à l'avenir tenu et possédé auxdits nom, titre et dignité de comté par notre cousin le duc de Saint-Simon et ses enfants, postérité et descendants nés et à naître en légitime mariage, seigneurs et propriétaires desdits fief, seigneurie et comté. Voulons et nous plaît qu'ils puissent se dire, nommer et qualifier, et qu'ils soient nommés et qualifiés comtes de Rasse en tous actes, tant en jugement que dehors, et qu'ils jouissent des mêmes honneurs, droits, prérogatives, autorités, prééminences en fait de guerre, assemblées d'États et de noblesse, et autres avantages et privilèges dont jouissent ou doivent jouir les autres comtes de notre royaume, encore qu'ils ne soient ci particulièrement exprimés ; que tous vassaux, arrière-vassaux, justiciables et autres tenants, noblement ou en roture, des biens mouvants et dépendants dudit comté de Rasse les reconnoissent pour comtes, qu'ils fassent les foi et hommage, fournissent leurs aveux, déclarations et dénombrements, le cas y échéant, sous lesdits nom, titre et qualité de comtes [de] Rasse, sans toutefois aucun changement ni mutation de ressort et de mouvance, et sans que, pour raison de la présente érection, notredit cousin le duc de Saint-Simon, comte de Rasse, et ses enfants et descendants soient tenus envers nous, et leurs vassaux et tenanciers envers eux, à autres et plus grands droits et devoirs que ceux dont ils sont actuellement tenus, ni que nous puissions, ou les Rois nos successeurs, prétendre lesdits fief, seigneurie et comté, leurs circonstances et dépendances, être réunis à notre couronne, nonobstant tous édits, déclarations, ordonnances et règlements, et notamment l'édit du mois de juillet 1566, auxquels nous avons dérogé et dérogeons par ces présentes, pour ce regard seulement, et sans rien innover aux droits et devoirs qui pourroient être dus à d'autres qu'à nous, si aucuns y a; à la charge toutefois pour notredit cousin le duc de Saint-Simon, comte de Rasse, ses enfants et descendants, seigneurs et propriétaires desdits fief, seigneurie et comté, de relever de nous en une seule foi et hommage, et de nous payer, et aux Rois nos successeurs, les droits ordinaires et accoutumés, si aucuns sont dus pour raison de la dignité de comté, tant que lesdits fief et seigneurie s'en trouveront décorés.

Si donnons en mandement à nos amés et féaux conseillers les gens tenant notre cour de Parlement et Chambre de nos comptes de Paris, présidents-trésoriers de France et généraux de nos finances à la Rochelle, et à tous autres nos officiers et justiciers qu'il appartiendra, que ces présentes ils aient à faire registrer, et de leur contenu jouir et user notredit cousin le duc de Saint-Simon, comte de Rasse, et ses successeurs et descendants, pleinement, paisiblement et perpétuellement, cessant et faisant cesser tous troubles et empêchements, et nonobstant tous édits, déclarations, ordonnances, arrêts et règlements à ce contraires, auxquels, et aux dérogatoires des dérogatoires y contenus, nous avons dérogé et dérogeons par ces présentes, pour ce regard seulement et sans tirer à conséquence, sauf toutefois notre droit en autres choses, et l'autrui en tous cas. Tel est notre plaisir. Et afin que ce soit chose ferme et stable à toujours, nous avons fait mettre notre scel à cesdites présentes.

Donné à Versailles, au mois de mai, l'an de grâce mil sept cent vingt-quatre, et de notre règne le neuvième.

LOUIS.

CONTRAT DE SUBSTITUTION DU COMTÉ DE RASSE[1].

4 mai 1728.

Par-devant les conseillers du Roi notaires au Châtelet de Paris soussignés fut présent très haut et très puissant seigneur Mgr Louis, duc de Saint-Simon, pair de France, comte de Rasse, grand d'Espagne de la première classe, chevalier des ordres du Roi, gou-

---

1. Archives nationales.

verneur des ville, citadelle et comté de Blaye, grand bailli et gouverneur de Senlis, capitaine du Pont-Sainte-Maxence, vidame de Chartres, marquis de Ruffec, baron des baronnies d'Ayzie, Empuré, Martreuil et Verrières, seigneur des terres et châtellenies de la Ferté-Arnault et de Beaussart, du fief du Vitrezay, du Marais de Saint-Simon en Guyenne et autres lieux, demeurant à Paris, en son hôtel, rue Saint-Dominique, quartier Saint-Germain-des-Prés, paroisse Saint-Sulpice ;

Lequel desirant donner des marques de sa tendresse et bienveillance paternelle à très haut et très puissant seigneur M^{er} Jean-Armand de Saint-Simon, marquis de Ruffec, grand d'Espagne de la première classe et mestre de camp d'un régiment de cavalerie, son second fils, demeurant en l'hôtel de mondit seigneur duc de Saint-Simon, et reconnoître les respects et obéissances qu'il a toujours reçus de lui, et le mettre en état d'approcher de la sacrée personne du Roi avec une dignité qui ait du rapport à l'éclat de la maison dont il a l'honneur d'être descendu, mondit seigneur duc de Saint-Simon, s'étant, par le contrat de mariage de très haut et très puissant seigneur M^{er} Jacques-Louis de Saint-Simon, duc de Ruffec, pair de France, chevalier de la Toison d'or, vidame de Chartres, mestre de camp d'un régiment de cavalerie, fils aîné de mondit seigneur duc de Saint-Simon, passé par-devant Doyen l'aîné, l'un desdits notaires soussignés, et Me Baptiste, son confrère, qui en a la minute, le 26 mars et jours suivants 1727, réservé la liberté, nonobstant la déclaration de fils aîné et principal héritier faite audit seigneur duc de Ruffec, de donner audit seigneur marquis de Ruffec, son fils puîné, le comté de Rasse avec pareille substitution que celle faite par ledit contrat de mariage pour le duché et pairie de Saint-Simon, portant entre autres clauses que, si ledit seigneur duc de Ruffec, ou que ses descendants mâles issus de mâles de lui, venoit à manquer, et que ledit seigneur marquis de Ruffec, ou que ses descendants mâles, issus de mâles, les survécussent, ledit duché de Saint-Simon et sa pairie appartiendra à mondit seigneur marquis de Ruffec et à ses enfants mâles à naître en légitime mariage, graduellement et perpétuellement, à leurs enfants et descendants mâles issus de mâles, l'aîné desdits enfants mâles et ses enfants et descendants mâles, issus de mâles, préférés aux cadets dans chaque ligne, dans quelque cas et en quelque degré que ce puisse être ;

Mondit seigneur duc de Saint-Simon a, par ces présentes, donné et délaissé irrévocablement à mondit seigneur marquis de Ruffec ledit comté de Rasse, situé en la ville de la Rochelle, et toutes ses appartenances, dépendances, mouvant et relevant en plein fief, foi et hommage du Roi à cause de son château de la Rochelle, avec réserve, la

vie durant de mondit seigneur duc de Saint-Simon, de l'usufruit dudit
comté, de la réception des foi et hommage des vassaux, de tous profits
de fiefs, droits et revenus casuels, et de tous droits honorifiques dudit
comté de Rasse. Et d'autant que mondit seigneur duc de Saint-Simon
desire conserver à perpétuité à ses descendants mâles issus de mâles
ledit comté de Rasse, suivant la permission qu'il espère qu'il lui en
sera accordé par Sa Majesté, il veut et entend que ledit comté de
Rasse, avec ses appartenances et dépendances, demeure substitué,
comme il le substitue par ces présentes, graduellement et perpétuellement et à l'infini, aux enfants mâles qui naîtront en légitime mariage
dudit seigneur marquis de Ruffec, et à leurs descendants mâles issus
de mâles, à perpétuité, l'aîné toujours préféré au cadet, de ligne en
ligne; que ledit comté de Rasse passe du premier substitué aux autres
substitués sans pouvoir être sujet à aucunes dettes ni détraction de
quelques natures qu'elles puissent être, même de légitimes dots, douaires
et conventions matrimoniales; et ce dans tous les degrés de la présente
substitution. Et au cas que la ligne masculine dudit seigneur marquis de Ruffec vienne à manquer, ledit comté de Rasse appartiendra
audit seigneur duc de Ruffec, fils aîné de mondit seigneur duc de
Saint-Simon, ou à ses enfants mâles à naître en légitime mariage,
graduellement et perpétuellement, à leurs enfants et descendants
mâles issus de mâles, l'aîné desdits enfants mâles, ou ses enfants et
descendants mâles issus de mâles, préférés aux cadets dans chaque
ligne, dans quelque cas et en quelque degré que ce puisse être.

Mais, comme mondit seigneur duc de Saint-Simon a donné le duché-
pairie de Saint-Simon audit seigneur duc de Ruffec, son fils aîné, avec
pareille substitution, mondit seigneur duc de Saint-Simon déclare
expressément que son intention est qu'en quelque cas que ce soit ou
puisse être, ledit duché et pairie de Saint-Simon et ledit comté de
Rasse ne puissent appartenir à une même personne, sinon au cas et
pour le temps ci-après exprimé, et que si, au défaut dudit seigneur
marquis de Ruffec et de descendants mâles issus de mâles de lui,
ledit comté de Rasse passe en la personne dudit seigneur duc de
Ruffec et de ses descendants mâles issus de mâles, il y ait in-
compatibilité de le posséder conjointement avec ledit duché et pairie de Saint-Simon. Audit cas, ledit comté appartiendra audit seigneur
duc de Ruffec, ou à son aîné mâle et descendants mâles issus de
mâles, s'il n'a lors qu'un fils, et, s'il en a plus d'un, à son second fils,
préférant toujours l'aîné de ce second fils, et descendants mâles issus
de mâles, aux cadets, et ledit duché et pairie à son aîné mâle, l'ordre
de primogéniture gardé.

Si cependant ledit seigneur marquis de Ruffec ou ses descendants mâles issus de mâles venoient à manquer, et que ledit seigneur duc de Ruffec ou ses descendants mâles issus de mâles le survécussent, lesdits duché et pairie de Saint-Simon et comté de Rasse se trouveroient réunis nécessairement en la personne dudit seigneur duc de Ruffec, ou de l'un de ses descendants mâles issus de mâles ; mais cette double possession ne dureroit que jusqu'à ce qu'il y eût deux mâles, et pour lors ledit duché et pairie de Saint-Simon demeureroit audit seigneur duc de Ruffec, ou à l'aîné de ses descendants mâles issus de mâles, et ledit comté de Rasse passeroit et appartiendroit au puîné mâle et descendants mâles issus de mâles, et à l'aîné mâle dudit puîné, et descendants mâles issus de mâles, l'ordre de primogéniture toujours gardé, ainsi qu'il a été stipulé par le contrat de mariage dudit seigneur duc de Ruffec, auquel puîné ledit seigneur marquis de Ruffec, ou celui des descendants dudit seigneur duc de Ruffec qui se trouvera posséder en même temps le duché et pairie de Saint-Simon et le comté de Rasse, ne sera tenu de délaisser ledit comté de Rasse que lorsqu'il établira ledit puîné par mariage. Veut et entend mondit seigneur duc de Saint-Simon qu'en cas d'extinction des deux branches masculines ci-dessus déclarées, ledit comté de Rasse passe, aux mêmes titres, conditions, circonstances de substitution, en la personne de la fille aînée d'une des branches éteintes ci-dessus exprimées, préférant celle de la branche qui aura la dernière possédé ledit comté de Rasse, invitée d'épouser, autant que faire se pourra, avec permission du Roi, celui qui se trouvera lors l'aîné de la maison, nom et armes de Saint-Simon, sans toutefois que le défaut dudit mariage puisse faire obstacle ni empêcher ladite fille aînée de recueillir ladite substitution et d'être saisie dudit comté, tant pour elle que pour sa postérité masculine née en légitime mariage, toujours avec semblable substitution graduelle et perpétuelle que celle ci-devant établie en faveur desdits seigneurs duc et marquis de Ruffec ; sans néanmoins que la présente substitution puisse être recueillie par ceux qui se trouveront engagés dans les ordres sacrés ou dans quelque ordre religieux et militaire où il y ait des vœux de chasteté, et qui y auroient fait profession. Et même où il arriveroit que celui qui auroit recueilli contracteroit quelqu'un desdits engagements, il y aura lors ouverture à ladite substitution en faveur de celui qui se trouvera lors né l'aîné des mâles issus de mâles, sans toutefois que celui qui aura recueilli, et qui sera obligé de restituer à cause de son engagement, soit tenu de rendre la jouissance qu'il aura perçue avant son engagement.

Toutes lesquelles charges, clauses et réserves, conditions et prohibitions ci-devant exprimées ont été acceptées par ledit seigneur marquis de Ruffec, et sous toutes lesquelles conditions mondit seigneur duc de Saint-Simon a transporté audit seigneur marquis de Ruffec, et à ses descendants appelés à recueillir ladite substitution, tous droits de propriété, noms, raisons et actions rescindentes et rescisoires qu'il a audit comté de Rasse, ainsi donné et substitué, s'en dessaisissant à leur profit, sous les réserves ci-dessus, pour s'en saisir et mettre en possession ainsi qu'il appartiendra, suivant l'usage des lieux et observant les formalités requises. Reconnoissant mondit seigneur duc de Saint-Simon avoir en sa possession les titres de propriété dudit comté à cause dudit usufruit réservé; voulant qu'après son décès ils soient délivrés audit seigneur marquis de Ruffec, ou autre ayant droit à ladite substitution, avec promesse cependant d'en aider, si besoin est, toutes fois et quantes, en attendant ladite délivrance.

Et pour faire publier, insinuer et enregistrer ces présentes quand et où besoin sera, même pour se dévêtir et dessaisir dudit comté, et en consentir les vêtures et saisines au profit dudit seigneur marquis de Ruffec, et en prendre par lui possession par mises de fait ou autrement, mondit seigneur duc de Saint-Simon constitue son procureur le porteur des présentes, lui donnant pouvoir de faire pour raison de ce tout ce qui sera nécessaire, et d'en requérir acte. Promettant, etc.; obligeant chacun à son égard, etc.; renonçant, etc.

Fait et passé à Paris, en l'hôtel de mondit seigneur duc de Saint-Simon, l'an mil sept cent vingt-huit, le 4ᵉ jour de mai, après midi. Et ont Mʳˢ duc de Saint-Simon et marquis de Ruffec signé, avec lesdits notaires soussignés, la minute des présentes, demeurée audit Doyen l'aîné. Signé : de Rancy et Doyen, avec paraphes; et scellé lesdits jour et an.

Collationné à l'expédition en parchemin, à l'instant rendue, par les conseillers du Roi notaires à Paris soussignés, ce 19 mai 1728

Signé : DE RANCY et VATEL, avec paraphes.

Collationné par les conseillers du Roi notaires au Châtelet de Paris soussignés, ce 12 décembre 1765, sur pareille copie collationnée, représentée et rendue.

LETTRES PATENTES APPROUVANT LA SUBSTITUTION DE LA GRANDESSE ET DU COMTÉ DE RASSE [1].

Mai 1728.

Louis, par la grâce de Dieu roi de France et de Navarre, à tous présents et à venir, salut. La parfaite connoissance que nous avons du mérite, de la vertu, de la sagesse et de toutes les bonnes qualités de notre très cher et bien amé cousin Louis, duc de Saint-Simon, pair de France, comte de Rasse, chevalier de nos ordres, grand d'Espagne de la première classe, gouverneur de nos ville, citadelle, et comté de Blaye, grand bailli et gouverneur de Senlis, capitaine du Pont-Sainte-Maxence, vidame de Chartres, marquis de Ruffec, s'étant fait connoître de très bonne heure au feu roi notre très honoré seigneur et bisaïeul, qui lui fit faire ses premières armes au siège de Namur, en 1692, avec distinction, qu'il soutint par celle avec laquelle il se trouva l'année suivante à la bataille de Nerwinde, aux sièges de Huy et de Charleroy, et servit le reste de cette guerre, lui avoit acquis l'estime et les bonnes grâces de ce grand prince, qui le destina, dès l'année 1707, à l'ambassade extraordinaire de Rome, sans qu'il s'y attendît; et la confiance très particulière dont notre très honoré père le Dauphin l'a constamment honoré jusqu'à la fin de sa vie est un grand témoignage que ses bonnes qualités et sa capacité répondent pleinement à la grandeur de sa naissance et aux exemples que lui ont laissés son père et ses ancêtres dans une longue suite de siècles. Ces considérations nous le firent admettre en l'administration de notre État en 1715, aussitôt que nous parvînmes à la couronne, et il s'y est conduit avec tant de droiture, de désintéressement et de lumières, que nous l'estimâmes digne de notre plus grande confiance dans nos plus importantes affaires d'État, et qui, en même temps, touchoient le plus à notre personne. C'est ce qui nous le fit choisir, en 1721, pour l'envoyer notre ambassadeur extraordinaire en Espagne, et que, jugeant bien qu'il s'en acquitteroit avec tant de satisfaction du roi notre oncle, que ce prince desireroit peut-être lui en donner des marques, nous voulûmes bien, avant son départ, lui permettre de les accepter, si elles lui étoient offertes. En effet, la magnificence extra-

1. Bibliothèque nationale et Archives nationales.

ordinaire avec laquelle il parut à cette cour répondit pleinement à la grandeur et à l'éclat de la commission dont il étoit chargé, et il s'en acquitta d'une manière qui fut si agréable à nous, au roi catholique notre oncle, et à toute sa cour, qu'avec l'augmentation de notre estime, il acquit toute celle du même roi notre oncle et de ses principaux ministres, avec l'affection des plus considérables personnages, et jusqu'à celle des peuples, de sorte que le roi d'Espagne notre oncle non seulement lui témoigna toutes sortes de bontés personnelles et de distinctions très particulières, mais voulut encore l'en combler. Pour cet effet, non content de l'élever à la dignité première de ses royaumes, qui est la grandesse de la première classe, il y ajouta la grâce insolite de pouvoir choisir entre ses fils celui qui lui succéderoit en cette dignité, et, par une grâce aussi extraordinaire, il voulut encore que tous deux en jouissent en même temps. Notredit cousin accepta ces grâces suivant la permission que nous lui en avions donnée. Et comme, en signe d'amour et d'union réciproque, le feu roi, notre très honoré seigneur et bisaïeul, et ledit roi, notre oncle, à son avènement à la monarchie d'Espagne, étoient convenus de la réciprocité des rangs, préséances, honneurs, traitements, distinctions et prééminences dans les deux monarchies de France et d'Espagne, pour les ducs de France et les grands d'Espagne, et leurs femmes, notredit cousin choisit Armand-Jean de Saint-Simon, marquis de Ruffec, son second fils, qui fut installé le 1ᵉʳ février 1722 et fit sa couverture comme grand d'Espagne de la première classe, avec les cérémonies accoutumées, suivant le certificat expédié en la forme authentique et ordinaire.

Il fut aussi expédié à notredit cousin trois décrets, confirmatifs les uns des autres, des 22 janvier 1722, 22 mai 1723 et 18 juin de la même année, qui portent que notre oncle fait notredit cousin grand d'Espagne de la première classe, tant pour en jouir et être maintenu personnellement dans tous les rangs, préséances, honneurs, prééminences, cérémonies et prérogatives dont jouissent et peuvent jouir les autres grands d'Espagne de la première classe, soit par le droit et par les lois du royaume d'Espagne, soit par les coutumes anciennes et modernes, que pour faire passer ces mêmes grades, traitements et honneurs aux successeurs de notredit cousin dans sa famille, avec la faculté de la transmettre et céder audit Armand-Jean de Saint-Simon, marquis de Ruffec, son second fils, et aux successeurs de notredit cousin, comme aussi de placer ladite grandesse sur une de ses terres et fiefs situés en notre royaume, dont, ensemble de ladite dignité de grandesse de la première classe, il pourra faire donation, substitution et majorat perpétuel à sa volonté, afin que, suivant les clauses et conditions d'icelui, il fût possédé par ceux qui seront appelés à ladite substitution avec la dignité et les rangs, préséances, honneurs, prérogatives et prééminences dont jouissent et peuvent jouir les grands d'Espagne, ainsi qu'il est plus au long porté par lesdits décrets. Et comme nous desirons en toute occasion marquer combien nous sommes content des services importants que notredit cousin le duc de Saint-Simon nous a rendus, et faire connoître en même temps l'approbation que nous donnons à tout ce que notredit oncle a fait en sa faveur, nous ne nous sommes pas contenté de lui accorder, par notre brevet du 2 avril 1724, la permission d'accepter cette dignité en conséquence de celle que nous lui en avions dès auparavant accordée de bouche, et de le dispenser et relever de tous les empêchements qui pourroient lui être opposés à cet effet, tant à cause de sa dignité de duc et pair de France qu'à cause des défenses générales faites à tous nos sujets d'accepter aucuns grades, dignités, charges, offices et emplois qui peuvent leur être offerts par des princes étrangers : voulons encore lui accorder nos lettres, qui lui sont nécessaires pour jouir de cette grâce dans toute son étendue.

Pour ces causes et autres grandes considérations à ce nous mouvant, après avoir vu et examiné en notre Conseil lesdits trois décrets de notredit oncle le roi d'Espagne, notre brevet du 2 avril 1724, l'acte portant donation et substitution du comté de Rasse, passé par-devant notaires au Châtelet de Paris le 4 mai dernier, ci-attaché sous le contre-scel de notre chancellerie, de notre grâce spéciale, pleine puissance et autorité royale, nous avons, en tant que besoin est ou seroit, permis et accordé, et, par les présentes, signées de notre main, permettons et accordons à notredit cousin le duc de Saint-Simon d'accepter lesdits décrets nonobstant sadite dignité de duc et pair de France et les défenses générales qui sont faites à nos sujets de recevoir aucunes grâces, charges, dignités ou emplois qui peuvent leur être offerts par d'autres que par nous ; voulons et entendons que notredit cousin le duc de Saint-Simon et ledit Armand-Jean de Saint-Simon, son fils puîné, et ceux qui sont appelés à la substitution dudit comté de Rasse, mentionnées audit acte, que nous avons approuvé et approuvons pour être exécuté selon sa forme et teneur, soient reconnus grands d'Espagne de la première classe, qu'ils jouissent et soient maintenus dans tous les rangs, préséances, honneurs, prééminences, privilèges et avantages qui y sont attachés dans notredit royaume ; déclarons en outre que, conformément au dernier desdits décrets, il suffira, pour jouir des mêmes avantages, grâces et dignités par les successeurs de notredit cousin et dudit Armand-Jean de Saint-Simon, de prouver qu'ils sont appelés à la substitution dudit comté de Rasse, en sorte que ladite grandesse soit héréditaire et annexée audit comté en faveur de ceux de la maison de notredit cousin qui le posséderont en vertu de ladite substitution, ainsi qu'il est exprimé audit acte du 4 mai 1728. Voulons et ordonnons à cet effet que notredit cousin et ses successeurs audit comté de Rasse appelés à ladite substitution soient qualifiés et reconnus par tous nos sujets grands d'Espagne de la première classe, et que cette dignité et prérogative soit attachée audit comté, pour en faire jouir successivement, comme dit est, à perpétuité, tous les appelés à la substitution, laquelle aura son effet, comme dit est en l'acte d'icelle, nonobstant toutes lois, coutumes, ordonnances, et notamment celles d'Orléans et de Blois des années 1560 et 1566, qui bornent les substitutions à certains degrés, et à tous autres édits, déclarations, arrêts et règlements à ce contraires, auxquels, et aux dérogatoires des dérogatoires y contenus, nous avons dérogé et dérogeons par cesdites présentes, pour ce regard seulement, et sans tirer à conséquence. Si donnons en mandement à nos amés et féaux conseillers les gens tenant notre cour de Parlement et Chambre des comptes à Paris, trésoriers de France [et] généraux de nos finances à la Rochelle, et à tous autres nos officiers et justiciers qu'il appartiendra, que ces présentes et ledit acte de donation et substitution du 4 de ce mois ils aient à faire registrer, et de leur contenu jouir et user nosdits cousins le duc de Saint-Simon et marquis de Ruffec, et tous autres appelés à ladite substitution, pleinement, paisiblement et perpétuellement, cessant et faisant cesser tout trouble et empêchement contraire. Car tel est notre plaisir. Et afin que ce soit chose ferme et stable à toujours, nous avons fait mettre notre scel à cesdites présentes. Donné à Versailles au mois de mai, l'an de grâce 1728, et de notre règne le treizième.

Signé : LOUIS. Et plus bas : Par le Roi, PHÉLYPEAUX. — *Visa* : CHAUVELIN, et scellé du grand sceau de cire verte.

Ces lettres patentes furent enregistrées au parlement de Paris le 25 février 1730, et en la Chambre des comptes le 20 mai suivant. Les arrêts de registre sont en bonne forme au pouvoir de M. le marquis de Saint-Simon.

APPROBATION PAR LE ROI D'ESPAGNE DE LA CONSTITUTION ET DE LA SUBSTITUTION DU MAJORAT DE RASSE [1]

13 août 1733.

Don Philippe, par la grâce de Dieu roi de Castille, de Léon, d'Aragon, des Deux-Siciles, de Jérusalem, de Navarre, de Grenade, de Tolède, de Valence, de Galice, de Mayorque, de Séville, de Sardaigne, de Cordoue, de Corse, de Murcie, de Jaën, des deux Algarves, d'Algecire, de Gibraltar, des îles Canaries, des Indes orientales et occidentales, des îles et terres fermes de la mer Océane, archiduc d'Autriche, duc de Bourgogne, de Brabant et de Milan, comte d'Hapsbourg, de Flandres, Tyrol et Barcelone, seigneur de Biscaye et de Molina, etc. Comme, en attention de votre illustre qualité et de vos mérites relevés, duc de Saint-Simon, pair de France, qui avez été ambassadeur extraordinaire du roi très chrétien mon neveu à ma cour, où vous vous êtes acquitté de vos charges fort à ma satisfaction, par décret signé de ma main royale, du 22 janvier de l'an 1722, je vous ai fait grâce de la grandesse d'Espagne pour votre personne, avec faculté de la transmettre et céder à don Jean-Armand de Saint-Simon, marquis de Ruffec, votre second fils; et la lui ayant cédée, et celui-ci ayant usé des prééminences de tel grand, par un autre décret du 22 de mai de l'année 1723, j'ai consenti à ce que la susdite grandesse fût de première classe et perpétuelle, et à vous donner permission de pouvoir la placer sur un de vos fiefs en France, avec la dignité de duc, marquis ou comte que ledit roi très chrétien, mon neveu, voudroit vous accorder sur le même fief, et que vous puissiez fonder un majorat perpétuel de la même dignité. En vertu de quoi, approuvant, comme j'ai déjà approuvé, la transmission et cession que vous avez faite de ladite grandesse de première classe au susdit don Jean-Armand de Saint-Simon, marquis de Ruffec, votre second fils, par dépêche du 18 juin de la même année, je vous en ai donné le titre, pour que votredit second fils et ses successeurs soient tenus et réputés pour tels grands d'Espagne de première classe, et pour qu'ils jouissent perpétuellement des prééminences y attachées, avec ladite faculté de pouvoir la substituer et en fonder un majorat perpétuel d'icelle en sa faveur, et de ses enfants et descendants, toutes

---

1. Bibliothèque nationale. — « Diploma del año de 1733, concedido por la Magestad del rey don Felipe quinto al duque de San Simon, tocante á la grandeza de primera clase. »

fois que vous voudrez, et de tous autres qu'il vous plaira appeler à votre libre disposition et volonté, ayant au préalable fait choix du fief sur lequel il devra tomber, et ayant obtenu du roi très chrétien, mon neveu, la nomination de duc, comte ou marquis dont il devra porter le titre, à condition que, ces cas arrivant, vous en rendissiez compte en mon conseil de la chambre, pour en être fait note, insinuation dans les registres de la secrétairerie d'icelle, et qu'il en constate en tout temps, et avec autres qualités, conditions et prééminences énoncées en la susdite dépêche, comme plus amplement est contenu en icelle, à quoi je me réfère. Et maintenant que vous m'avez représenté qu'en conséquence de ce qui a été prévenu en ladite dépêche, vous en avez obtenu une autre dudit roi très chrétien, mon neveu, au mois de mai de l'an 1728, dont vous présentez copie autorisée, dans laquelle il vous permet de placer ladite grandesse et de fonder majorat d'icelle sur le comté de Rasse, ordonnant que le tout soit héréditaire en votre maison et descendance, et de votredit fils don Jean-Armand de Saint-Simon; et, en vertu de l'une et l'autre concession, vous avez fait, en forme authentique, fondation de majorat de ladite grandesse de première classe et dudit susdit comté de Rasse, par acte juridique du 4 dudit mois et an, duquel vous présentez aussi copie autorisée, dont le contenu est le suivant :

« Par-devant les conseillers du Roi notaires au Châtelet de Paris soussignés, fut présent très haut et très puissant seigneur don Louis, duc de Saint-Simon, pair de France, comte de Rasse, grand d'Espagne de première classe, chevalier des ordres du Roi, gouverneur des ville, citadelle et comté de Blaye, grand bailli et gouverneur de Senlis, capitaine du Pont-Sainte-Maxence, vidame de Chartres, marquis de Ruffec, baron des baronnies d'Aysie, Empuré, Martreuil et Verrières, seigneur des terres et châtellenies de la Ferté-Arnaud et de Beaussart, du fief de Vitrezay, de la lagune de Saint-Simon en Guyenne, et autres lieux, résidant en son hôtel à Paris, rue Saint-Dominique, faubourg Saint-Germain-des-Prés, paroisse Saint-Sulpice; lequel, désirant donner des marques de son affection et bienveillance paternelles à très haut et très puissant seigneur don Jean-Armand de Saint-Simon, marquis de Ruffec, grand d'Espagne de première classe et mestre de camp d'un régiment de cavalerie, son second fils, résidant audit hôtel, et lui témoigner aussi sa reconnoissance pour le respect et l'obéissance dont il ne s'est jamais écarté à son égard, en le rendant plus digne d'approcher immédiatement la personne sacrée du Roi par une dignité si relative aux lustres de la maison dont il descend, le susdit seigneur duc de Saint-Simon, par le contrat de mariage de très haut et très puissant seigneur don Jacques-Louis de Saint-Simon, duc de Ruffec, pair de France, chevalier de la Toison d'or, vidame de Chartres, mestre de camp de cavalerie, fils aîné du susdit seigneur duc de Saint-Simon, passé par-devant M° Doyen l'aîné, notaire, l'un des soussignés, et M° Baptiste, son confrère, qui en a la minute, les 26 mars et jours suivants de l'année 1727, nonobstant la déclaration de fils aîné et d'héritier faite en faveur dudit seigneur duc de Ruffec, il s'est réservé à lui-même la faculté de donner audit marquis de Ruffec, son second fils, le comté de Rasse, avec la même substitution que celle faite par le susdit contrat de mariage pour ce qui regarde ladite qualité de duc-pair de Saint-Simon, laquelle contient, entre autres clauses, que, si ledit duc de Ruffec, ou ses descendants par ligne masculine, venoit à manquer, et que ledit seigneur marquis de Ruffec, par la même ligne, ainsi que ses descendants, leur survécussent, ladite dignité de duc-pair de Saint-Simon devra appartenir audit marquis de Ruffec et à ses fils légitimes de légitime mariage, et aux fils et descendants de ceux-ci par ligne masculine, préférant l'aîné au cadet, préférant perpétuellement l'aîné entre les enfants mâles, et ses fils et descendants par ligne masculine, aux puînés, en quelque ligne, degré et événement qui puisse arriver; et le susdit duc de Saint-Simon, par ces présentes, donne et accorde irrévocablement audit marquis de Ruffec, qui l'accepte, le susdit comté de Rasse, situé en la ville de la Rochelle, avec toutes ses appartenances et mouvances en pleins fief, foi et hommage du Roi pour raison de son château de la Rochelle, se réservant ledit seigneur duc de Saint-Simon, sa vie durant, l'usufruit dudit comté, la réception de la foi et hommage des vassaux, tous les droits, fiefs et rentes casuelles, et autres droits honorifiques dudit comté de Rasse. Et comme ledit duc de Saint-Simon desire que ledit comté de Rasse soit perpétuellement conservé dans ses descendants mâles par ligne masculine, moyennant le congé et permission qu'il espère pour cela de Sa Majesté, son intention est que le susdit comté, avec ses appartenances et dépendances, demeure substitué, comme, par ces présentes, il le substitue, d'aîné en puîné, perpétuellement et à jamais, aux enfants mâles de légitime mariage dudit marquis de Ruffec et leurs descendants par ligne masculine, préférant toujours l'aîné au puîné, de ligne en ligne, et que ledit comté de Rasse passe du premier appelé au suivant, dans le degré le plus proche, sans qu'il puisse être sujet à aucune dette ni démembrement de quelque espèce que ce soit, même de dots, légitimes, aliments, ni conventions matrimoniales; et c'est à l'égard de chacun des possesseurs de la présente substitution.

Et en cas que la ligne masculine dudit marquis de Ruffec vienne à manquer, le susdit comté de Rasse devra appartenir au susdit duc de Ruffec, fils aîné du susdit duc de Saint-Simon, ou à ses enfants mâles nés de légitimes mariages, au degré susdit, perpétuellement, et à leurs enfants et descendants par ligne masculine, préférant toujours l'aîné desdits enfants mâles, ou ses enfants et ses descendants par ligne masculine, aux puînés, en chaque ligne et en tous degrés et événements que ce soit. Mais, ayant ledit duc de Saint-Simon fait donation du duché et dignité de pair de Saint-Simon en faveur du susdit duc de Ruffec, son fils aîné, avec la même substitution, il déclare expressément être son intention que ladite dignité de duc et pair de Saint-Simon et le comté de Rasse ne puissent, par aucun événement, être possédés par une même personne, si ce n'est dans le cas et dans le temps qui sera déclaré ci-après, et que si, au défaut dudit marquis de Ruffec et de ses descendants par ligne masculine, ledit comté de Rasse passe à la personne dudit duc de Ruffec ou de ses descendants par la même ligne, la possession en soit incompatible conjointement avec ledit duché et pairie de Saint-Simon : auquel cas ledit comté devra passer au susdit duc de Ruffec, ou à son fils aîné et à ses descendants par ligne masculine, s'il n'a qu'un fils ; mais, s'il en a plusieurs, il devra passer à son second fils, préférant toujours l'aîné de celui-ci, et de ses descendants par la même ligne, au puîné, observant immanquablement l'ordre de l'aînesse à l'égard de la dignité de duc et pair dans l'aîné. Que si cependant ledit marquis de Ruffec ou ses descendants par ligne masculine venoient à manquer, et que ledit duc de Ruffec, ou ses descendants par la même ligne, leur survécussent, et que ladite dignité de duc-pair de Saint-Simon et le comté de Rasse fussent réunis et incorporés en la possession de la personne du susdit duc de Ruffec ou de quelqu'un de ses descendants par ligne masculine, cette seconde possession ne devra durer que jusqu'à ce qu'il ait deux enfants mâles : auquel cas le susdit duc de Ruffec, ou l'aîné de ses descendants mâles, possédera ladite dignité de duc et pair, et ledit comté de Rasse passera au puîné en la même manière, et à l'aîné dudit puîné, et à ses descendants mâles, en gardant toujours l'ordre d'aînesse, comme il est stipulé dans ledit contrat de mariage dudit duc de Ruffec, dont le puîné marquis de Ruffec, ou celui des descendants du duc de Ruffec qui se trouvera possesseur en même temps de ladite dignité de duc-pair de Saint-Simon et du comté de Rasse, ne doit pas être obligé de céder ce comté jusqu'à ce qu'il ait établi en état de mariage ledit second fils. C'est aussi la volonté dudit seigneur duc de Saint-Simon qu'au cas que les deux lignes masculines susdites viennent à s'éteindre, le susdit comté de Rasse passe, avec les mêmes titres, conditions et circonstances de substitution, à la personne de la fille aînée de l'une des susdites lignes éteintes, en préférant celles de cette ligne qui aura possédé en dernier lieu ledit comté de Rasse, dont on fera, s'il est possible, le mariage, ayant pris précédemment l'agrément du Roi, avec l'aîné de la maison portant le nom et armes de Saint-Simon, sans que cependant, ledit mariage n'étant point fait, cela puisse empêcher que ladite demoiselle aînée ne puisse accepter la susdite substitution et entrer en possession dudit comté pour elle et pour sa postérité masculine de légitime mariage, toujours avec le même ordre de substitution établi en faveur desdits seigneurs duc et marquis de Ruffec, préférant perpétuellement l'aîné au puîné. Bien entendu que la présente substitution ne pourra s'ouvrir pour ceux qui se trouveront engagés dans les ordres sacrés, de religion ou militaires où l'on fait vœu de chasteté, et qui y aient fait profession : en vertu de quoi, s'il arrivoit que quelqu'un des possesseurs, après avoir accepté cette substitution, voulût entrer dans quelqu'un des ordres susdits, [il] pourra, en la cédant et renonçant en faveur de l'aîné descendant par ligne masculine, retenir ce qu'il aura perçu avant sa profession, sans être obligé de rien rendre. Toutes ces clauses, conditions, exclusions et réserves susdites ont été acceptées par ledit seigneur marquis de Ruffec, et, en conséquence de toutes icelles, ledit seigneur duc de Saint-Simon a transmis audit seigneur marquis de Ruffec, et à ses descendants appelés à ladite substitution, tous les droits de propriété, titres, raisons et actions rescisoires et qui détruisent les oppositions qu'on pourroit y faire, se dépossédant dudit comté de Rasse et de toutes les dépendances susdites en faveur dudit seigneur marquis de Ruffec, sous les réserves susmentionnées, pour qu'il en prenne possession comme il lui appartiendra suivant les us et coutumes des lieux. Et pour qu'on observe la formalité due, ledit seigneur duc de Saint-Simon reconnoissant que les titres de propriété du susdit comté doivent demeurer en son pouvoir pour raison de l'usufruit qu'il s'est réservé, sa volonté est qu'après son décès ils soient remis audit seigneur marquis de Ruffec, ou à ceux qui auront droit à sa succession; promettant nonobstant toute sa faveur et tout son secours, s'il est nécessaire, et la remise desdits titres toutes fois qu'il conviendra pour l'observation et l'accomplissement des choses susdites. En conformité de quoi, pour que cet acte de donation soit publié, fait savoir et enregistré quand et où il conviendra, et aussi pour se dénuer et déposséder dudit comté, et consentir à l'investiture et possession dudit seigneur marquis de Ruffec, le susdit seigneur duc de Saint-Simon nomme pour son procureur le porteur des présentes, auquel il donne tout pouvoir nécessaire pour cela. Chacun se promettant, s'obligeant et renonçant respectivement.

« Fait et passé à Paris, dans l'hôtel du duc de Saint-Simon, le 4 de mai, après midi, l'an 1728. Lesdits seigneurs duc de Saint-Simon et marquis de Ruffec ont signé avec les notaires, et la minute de cet acte est demeurée au pouvoir dudit Doyen l'aîné, notaire. Doyen et de Rancy. — Scellé ledit jour. — Enregistré, ouï le procureur général du Roi, pour que les impétrants et les autres qui seront appelés à la substitution susdite, comme par cedit acte, jouissent du contenu en icelui, et qu'il soit exécuté suivant sa forme et teneur, aux charges, clauses et conditions y mentionnées. Cependant on suppliera très humblement Sa Majesté de vouloir bien avoir égard aux conséquences de semblables dignités étrangères et leurs applications et affections à des terres situées dans le Royaume, suivant l'arrêt de ce jour, au parlement de Paris, ce 25 février 1730. Signé : Isabeau. — Enregistré en la Chambre des comptes, ouï le procureur général du Roi, pour que les impétrants et les autres appelés à la substitution dudit contrat jouissent de tout le contenu en icelui, et pour qu'il soit exécuté suivant sa forme et teneur, avec les charges, clauses, réserves et conditions y mentionnées et dans l'arrêt donné sur icelui le 20 mai 1730. Corrigé et signé : Ducornet. — Aujourd'hui, 20 de juillet 1731, à la requête de M° Jean Rossignol, le présent acte a été lu, publié à l'audience de la sénéchaussée de la Rochelle, et ensuite enregistré par moi, greffier soussigné, au greffe de ladite sénéchaussée. Signé : De la Font. R. XV f. — Collationné et trouvé conforme à l'original par moi soussigné, conseiller secrétaire du Roi, maison, couronne de France et de ses finances : Carpot. »

Me suppliant, parce qu'il manque seulement que ladite fondation de majorat ci-dessus insérée ait ma royale approbation pour son entière validité, de vouloir bien l'approuver, confirmer, et ordonner pour que, à cette fin, on vous délivre la dépêche nécessaire ; et le tout ayant été vu dans mondit conseil de la chambre, par décret du 3 du mois courant on vous l'a accordé comme vous le demandez, et on a résolu que le tout soit noté dans la secrétairerie et autres lieux qu'il conviendra. Et me conformant à cela, et parce que, dans ma secrétairerie de la chambre et état de Castille, de grâce et de justice, est noté et prévenu ce qu'il convient pour que le susdit don Jean-Armand de Saint-Simon, comte de Rasse, votre second fils, et ses successeurs suivant l'ordre en appellation de ladite fondation de

majorat ci-insérée, soient traités, eus et tenus pour grands d'Espagne
de première classe, avec le titre et nomination de tel comte de
Rasso que ledit roi très chrétien, mon neveu, leur a permis et approuvée en vertu de la cession faite par vous de cet état en sa faveur ;
par ces présentes, de mon propre mouvement, certaine science et
pouvoir royal absolu, dont je veux user et use en cette partie comme
roi et seigneur naturel ne reconnoissant point de supérieur dans le
temporel pour ce qui me regarde, j'approuve et confirme la fondation
de majorat susinsérée, en tout et partout comme en icelle, en chacune des choses et parties de la même est spécifié, contenu et déclaré,
pour qu'elle soit solide, permanente et valable perpétuellement et à
jamais, sans que le successeur et le possesseur à venir dudit majorat, grandesse d'Espagne de première classe et comté de Rasse
dont il est fondé puisse contrevenir à la disposition d'icelle d'aucune
manière, et je supplée à tous et quelconques défauts, obstacles et
empêchements de fait et de droit, de forme, de fonds, procédures et
solennités qu'il puisse y avoir eu et intervenu, y avoir et intervenir
en ladite fondation, et empêcher l'effet, exécution et accomplissement
de ce qui est disposé en icelle pour vous, le susdit duc de Saint-Simon,
parce que, nonobstant tout, il doit être solide, permanent et valable
en tout et partout, comme il est contenu et déclaré en ladite fondation, et en la forme et manière, et avec les conditions, substitutions,
charges, réserves, nominations, exclusions, vertus et solidités avec
quoi vous l'avez disposé, ordonné et établi en faveur dudit don Jean-
Armand de Saint-Simon, comte de Rasse, votre second fils, ses descendants et autres appelés, lesquels devront tenir le susdit comté et
grandesse de première classe y attachée et soutenue par des biens de
majorat inaliénables, indivisibles et imprescriptibles, sujets à restitution, selon et de la manière que par vous est fait et institué, avec
les clauses, soumissions, peines, règles, formes et conditions qui
sont énoncées en ladite fondation, pour que le tout soit observé et
gardé et mis à pure et due exécution. Aussi je donne et accorde
permission et faculté à vous, le susdit duc de Saint-Simon, pour qu'en
conséquence de celle que je vous ai accordée par la susdite dépêche
du 18 de juin 1723, vous puissiez, pendant votre vie ou au temps
de votre décès, toutes fois que vous voudrez, ajouter et corriger
ladite fondation de majorat quant à ses appellations pour après
le décès de votre second fils et des siens, avec les autres qualités,
conditions et charges que vous jugerez à propos, ce faisant une et
plusieurs fois à votre libre volonté et disposition, ou approuver et
ratifier ce qui est déjà disposé et ordonné en la fondation susinsérée,

passant à l'égard de l'un et de l'autre les actes que vous aviserez convenir; lesquels étant passés par vous, dès à présent pour lors et dès lors pour à présent, je les confirme et approuve aussi, et interpose à tous et chacun d'iceux mon autorité royale, et veux et ordonne que les uns et les autres vaillent et soient solides et suffisants perpétuellement et à jamais, comme s'ils étoient insérés ici mot pour mot; tout cela nonobstant toutes lois et pragmatiques de mes royaumes et seigneuries, lois, privilèges et droits et coutumes spéciaux et généraux, faits en États ou hors d'iceux, qui soient ou puissent y être contraires; car, quant à cela, et pour cette fois, je dispense en tout, et y déroge, l'abroge, casse et annule, et le donne pour nul et de nul effet, le laissant en sa vertu et valeur pour l'avenir, c'est-à-dire pour le surplus; et j'ordonne aux conseillers de mon Conseil, présidents et auditeurs de mes audiences et chancelleries, et à tous mes autres juges et justices de mesdits royaumes et seigneuries, qu'ils aient à garder et accomplir, faire garder et accomplir mes présentes lettres et contenu en icelles.

Donné à Saint-Ildephonse, ce 13 d'août 1733.

Moi, LE ROI.

Moi, don François de Castejan, secrétaire du roi notre maître, je l'ai fait écrire et apposer le sceau de son ordre.

Contresigné : don Antoine Romero; André Arponder, vice-chancelier major; don Antoine Romero; don François de Arriaza.

Approbation de la fondation de majorat que le duc de Saint-Simon a faite en faveur du comte de Rasse, son second fils, de la grandesse de première classe que Votre Majesté lui a accordée et permis de lui céder avec cette qualité, comme il est énoncé.

Je, soussigné, interprète du Roi en vertu du serment par moi prêté à Sa Majesté et du brevet par elle à moi accordé le 14 février 1759, certifie d'avoir fidèlement traduit de l'original espagnol, par moi paraphé, le contenu ci-dessus et des autres parts. A Paris, ce 12 juillet 1774. Signé : Bastera.

TESTAMENT PAR LEQUEL SAINT-SIMON RÈGLE LA TRANSMISSION DE LA GRANDESSE [1].

8 février 1751.

Par-devant les conseillers notaires du Roi à Paris soussignés fut présent très haut et très puissant seigneur Mgr Louis, duc de Saint-Simon, pair de France, comte de Rasse, grand d'Espagne de la première classe, chevalier des ordres du Roi, gouverneur des ville et citadelle et comté de Blaye, grand bailli et gouverneur de Senlis, capitaine de Pont-Sainte-Maxence, vidame de Chartres, marquis de Ruffec, baron des baronnies d'Aysie, Empuré, châtellenie de Beaussart, du fief de Vitrezay, du Marais de Saint-Simon en Guyenne, et autres lieux, demeurant à Paris, en son hôtel, rue de Grenelle, faubourg Saint-Germain, paroisse de Saint-Sulpice, trouvé par les notaires soussignés en un cabinet au premier étage ayant vue sur le jardin dudit hôtel, en bonne santé de corps et sain d'esprit, mémoire et entendement, ainsi qu'il est apparu auxdits notaires par ses discours et entretiens; lequel, considérant l'état actuel de sa famille, se voyant à la veille d'être privé de l'espérance qu'il avoit conçue de former deux branches, dont l'une eût été décorée du titre de duc et pair de France, et l'autre de la grandesse dont le titre lui a été ci-devant accordé par le roi d'Espagne et approuvé et confirmé par Sa Majesté très chrétienne; voulant au moins ledit seigneur conserver dans une des autres branches quelques vestiges de la décoration dont la bonté de ses maîtres a successivement honoré celle dont il est issu, et, le duché-pairie se trouvant éteint à la mort du duc de Ruffec, son fils, sans enfants mâles, il ne lui reste que la grandesse, dont le roi d'Espagne a bien voulu qu'il pût conserver le titre et le faire passer à ceux qu'il choisiroit; ledit seigneur duc de Saint-Simon, par forme de testament, fait les dispositions suivantes, qu'il a dictées et nommées auxdits notaires soussignés ainsi qu'il suit :

« Je déclare que, par les considérations ci-dessus, j'approuve et con-

---

1. Bibliothèque nationale. La minute originale de ce testament a péri en 1871 dans l'incendie de l'étude où elle était déposée. Il s'en trouve une copie partielle à la suite des preuves faites par les Saint-Simon Monbléru en 1769 et conservées au Cabinet des titres. Le texte entier est publié dans les pièces de la généalogie espagnole.

firme par ces présentes les transmission et cession que j'ai ci-devant faites de la grandesse d'Espagne à moi accordée par le roi catholique par décrets des 22 janvier 1722, 22 mai et 18 juin 1723;

« L'établissement que j'ai fait de ladite grandesse sur le comté de Rasse;

« La donation faite dudit comté et de la grandesse y jointe à mon second fils, lors marquis, et actuellement duc de Ruffec, par acte reçu par M⁰ Doyen, notaire à Paris, et son confrère, le 4 mai 1728;

« Les vocations et substitutions y portées, suivant les facultés qui m'en étoient accordées, tant par le roi d'Espagne suivant les brevets ci-devant datés, que par le Roi très chrétien suivant les lettres patentes du mois de mai 1728; le tout en ce qui n'y est pas dérogé par ces présentes;

« Et usant de la faculté qui m'est accordée par le décret du roi d'Espagne du 18 juin 1723, et par un autre du 13 août 1733, de pouvoir fonder et établir une substitution et majorat de ladite grandesse d'Espagne, de la corriger, révoquer, modifier, changer et augmenter quant aux appellations, après le décès de mondit fils et des siens, pendant ma vie et lors de mon décès, chaque fois et quand je le jugerai à propos, je veux et entends que, [si] mondit fils Jean-Armand de Saint-Simon, actuellement duc de Ruffec, pair de France, comte de Rasse, grand d'Espagne de la première classe, vient à décéder sans postérité mâle ou femelle, ou qu'ayant laissé des enfants, ils viennent tous à décéder sans enfants, et enfin que, si Mᵐᵉ de Valentinois, ma petite-fille, appelée, par ledit acte du 4 août 1724 à ladite substitution, vient à mourir sans laisser de postérité mâle, ou qu'après en avoir laissé, ils viennent à décéder sans postérité mâle, le comté de Rasse et ladite grandesse y jointe soient recueillis, en vertu de la présente nomination, vocation, donation et substitution que j'en fais par ces présentes, par Claude-Anne, vicomte de Saint-Simon, fils aîné de Louis-Gabriel, marquis de Saint-Simon, et par ses descendants mâles, l'ordre de primogéniture observé, et, en cas du décès dudit Claude-Anne, vicomte de Saint-Simon, sans enfants mâles, et des enfants qu'il auroit pu laisser, sans enfants mâles, ledit comté et majorat passe à Louis-Charles de Saint-Simon, second fils dudit Louis-Gabriel, marquis de Saint-Simon, et à ses enfants mâles, toujours le même ordre de primogéniture observé; et ainsi, successivement, à tous les enfants dudit Louis-Charles, marquis de Saint-Simon, au cas de décès des aînés sans enfants ou descendants mâles; chargeant celui desdits enfants dudit seigneur marquis de Saint-Simon, descendants ou autres ci-dessus appelés qui recueillera le comté de

Rasse, avec le titre de grand d'Espagne y joint, de payer à l'héritier du sang la valeur du comté de Rasse sur le pied de l'estimation qui en sera faite à raison du denier vingt-cinq du produit, conformément à ce qui est ordonné par la déclaration du Roi, du mois de mai 1711, pour le rachat des duchés-pairies. Bien entendu que les présentes donation et substitution ne pourront s'ouvrir, ainsi qu'il est porté par l'acte du 4 mai 1728 dont est ci-devant parlé, en faveur de ceux qui se trouveront dans les ordres sacrés de religion et militaires où l'on fait vœu de chasteté : de manière que, s'il arrivoit que quelqu'un des possesseurs ayant accepté et recueilli ladite substitution vînt ensuite à entrer en un des ordres sacrés ou de ceux où l'on fait vœu de chasteté, il sera dès lors tenu et obligé de céder et renoncer audit comté de Rasse et au titre y joint en faveur de celui qui sera le premier appelé à ladite substitution dans l'ordre ci-devant établi. Et en cas que tous les mâles de la branche ci-dessus viennent à défaillir, ou qu'il n'en restât que d'engagés dans des ordres sacrés ou dans ceux où l'on fait vœu de chasteté, ladite vocation et substitution, aux mêmes termes et conditions qu'elle est exprimée ci-dessus, passe de droit à la branche de Saint-Simon Sandricourt, pour y perpétuer la grandesse. Et qu'au cas que cette branche vînt aussi à manquer, ce qui feroit extinction de ma maison, la fille du dernier possesseur de la grandesse, ou, s'il n'y en avoit point, la plus proche parente du nom et armes de Saint-Simon qui se trouvera fille, recueille ladite substitution de préférence à toutes filles, sans exception, du nom et armes de Saint-Simon, qui se trouveront pour lors mariées. Bien entendu que, si, pour lors, il ne se trouvoit aucune fille du nom et armes de Saint-Simon mariée, la fille mariée la plus proche du dernier possesseur recueillera ladite substitution.

« Pour donner à ces présentes toute la force et validité qu'elles doivent avoir pour leur pleine et entière exécution, je supplie très humblement Sa Majesté de vouloir bien, en continuant les grâces qu'elle m'a déjà faites d'étendre les dispositions des lettres patentes du mois de mai 1728, d'en accorder de nouvelles qui approuvent et confirment le décret du roi d'Espagne du 13 août 1733, les dispositions contenues en mon présent testament, et déroger à toutes ordonnances contraires, notamment à celle du mois d'août 1747. J'ai d'autant lieu d'espérer cette grâce des bontés de Sa Majesté, qu'elle a bien voulu, par ses lettres patentes du mois de mai 1728, enregistrées au Parlement le 25 février 1730, et en la Chambre des comptes de Paris le 20 mai suivant, déclarer que son intention étoit que la substitution de ladite grandesse fût perpétuelle, et déroger à cet effet aux ordonnances d'Orléans et de Blois de 1560 et 1566, qui étoient les seules qui restreignoient alors l'étendue des substitutions, ainsi qu'a fait depuis l'ordonnance du mois d'août 1747. J'ai d'autant plus à cœur d'obtenir cette grâce, qu'elle sera accordée à ma maison dans un temps où il n'y restera que cette seule dignité pour marque des récompenses que Sa Majesté et les Rois ses prédécesseurs ont jugé mériter mes services et ceux de mes ancêtres.

« Je révoque tous autres testaments et autres dispositions testamentaires, même tous contrats entre vifs, que je pourrois avoir faits ou pourrois faire ci-après, en ce qui contrediroit seulement ces présentes, qui sortiront leur entier effet à moins d'une révocation expresse. »

Ce fut ainsi fait, dicté et nommé par mondit seigneur duc aux notaires soussignés, et relu à mondit seigneur par l'un desdits notaires, en présence de l'autre, que mondit seigneur a dit bien avoir entendu, et y persévérant, à Paris, dans ledit cabinet, l'an 1754, le 8e jour de février, sur le midi; et a signé avec lesdits notaires. Ainsi signé en la minute des présentes : « Louis, duc de Saint-Simon; le Verrier, et Dutartre, notaires, » avec paraphes.

A l'instant, mondit seigneur duc a déposé audit Me Dutartre le jeune, l'un des notaires soussignés, une copie collationnée par son excellence M. Barrenacha, ambassadeur extraordinaire de Sa Majesté catholique, dont la signature est certifiée par M. du Theil, premier commis des affaires étrangères, du décret dudit jour 18 juin 1723, et l'original en langue espagnole, de celui du 13 avril 1733; lesquelles deux pièces sont demeurées ci-attachées, après que mondit seigneur duc les a signées et paraphées en présence des notaires soussignés. Dont acte lesdits jour et an; et a signé ainsi en la minute des présentes : « Louis, duc de Saint-Simon; le Verrier, et Dutartre, notaires, » avec paraphes.

CONFIRMATION DE LA GRANDESSE [1].

Février 1766.

Louis, par la grâce de Dieu roi de France et de Navarre, à tous présents et à venir, salut. Nos chers et bien amés cousin et cousine Charles-Maurice Grimaldi de Monaco, comte de Valentinois, grand d'Espagne de la première classe, gouverneur pour nous des villes et citadelles de Saint-Lô, de Cherbourg, de Granville et des îles de Chausey, et lieutenant général en basse Normandie, et Marie-Christine-Chrétienne de Saint-Simon de Ruffec, son épouse, comtesse de Rasse, grande d'Espagne de la première classe, nous ont fait exposer que, par nos lettres patentes données à Versailles au mois de mai 1728, nous aurions permis que la grandesse d'Espagne de la première classe que possédoit feu notre très cher et bien amé cousin le duc de Saint-Simon fût affectée sur le comté de Rasse, qu'il auroit substitué, avec cette dignité, à ses descendants, suivant l'acte du 4 mai 1728, que nous avons approuvé et confirmé par les mêmes lettres; mais, comme, par l'arrêt d'enregistrement desdites lettres en notre Chambre des comptes à Paris, il auroit été dit qu'au cas que ladite substitution ait lieu en faveur des filles, elles seroient tenues, pour jouir dudit titre de grandesse d'Espagne de la première classe, de prendre de nouvelles lettres patentes, quoique, par nosdites lettres du mois de mai 1728, nous eussions expressément déclaré et voulu que tous les appelés à ladite substitution qui se trouveroient dans le cas de jouir de l'effet d'icelle n'eussent à l'avenir besoin d'aucune nouvelle confirmation de notre part; et en effet, depuis l'année 1754, qu'est décédé notre cousin Armand-Jean de Saint-Simon, duc de Ruffec, grand d'Espagne de la première classe, premier grevé de ladite substitution, nous aurions fait jouir nosdits cousin et cousine les comte et comtesse de Valentinois, comme ayant recueilli ladite substitution du comté de Rasse du chef de notredite cousine la comtesse de Valentinois, de tous les honneurs, titres, droits et prérogatives attachés à ladite grandesse d'Espagne de la première classe, laquelle est héréditaire et annexée audit comté de Rasse. A ces causes,

---

1. Bibliothèque nationale. — « Letras patentes del Rey christianisimo, que confirma la grandeza de primera clase al conde y a la condesa de Valentinois. »

de notre grâce spéciale, pleine puissance et autorité royale, nous avons, en tant que besoin est ou seroit, ordonné, et, par ces présentes, signées de notre main, ordonnons que nosdites lettres patentes données à Versailles, au mois de mai 1728 seront exécutées selon leur forme et teneur ; voulons et nous plaît que nosdits cousin et cousine le comte et la comtesse de Valentinois soient qualifiés et reconnus par tous nos sujets grands d'Espagne de la première classe, et qu'ils jouissent et soient maintenus dans tous les rangs, préséances, honneurs, prééminences, privilèges et avantages qui y sont attachés dans notre royaume, conformément à nos lettres patentes du mois de mai 1728. Si donnons en mandement à nos amés et féaux conseillers les gens tenant notre Chambre des comptes à Paris; et à tous autres nos officiers justiciers qu'il appartiendra, que ces présentes ils aient à faire registrer, et de leur contenu, ensemble aux autres lettres du mois de mai 1728, jouir et user nosdits cousin et cousine le comte et la comtesse de Valentinois pleinement, paisiblement et perpétuellement, ainsi que tous les autres appelés à ladite substitution dudit comté de Rasse, et qui se trouveront dans le cas de la recueillir, cessant et faisant cesser tous troubles et empêchements contraires. Car tel est notre plaisir. Et afin que ce soit chose ferme et stable à toujours, nous avons fait mettre notre scel à cesdites présentes, données à Versailles, au mois de février, l'an de grâce 1766, et de notre règne le cinquante-unième. Signé : LOUIS; et plus bas : *Visa*, LOUIS, et : Par le Roi, Phélypeaux.

Registrées à la Chambre des comptes, ouï le procureur général du Roi, pour être exécutées selon leur forme et teneur, et jouir, par lesdits impétrants et tous les appelés à la substitution dudit comté de Rasse, et qui se trouveront dans le cas de la recueillir, de l'effet et contenu en icelle et en celles du mois de mai 1728, registrées en la Chambre le 20 mai 1730, concernant la grandesse d'Espagne et la substitution dudit comté de Rasse, suivant et aux charges portées par l'arrêt sur ce fait le 19 mars 1766. Signé : Henry.

SÉPULTURE DU DUC ET DE LA DUCHESSE
DE SAINT-SIMON

ACTE DE DÉCÈS ET D'INHUMATION DE LA DUCHESSE DE SAINT-SIMON [1].

21 et 24 janvier 1743.

L'an mil sept cent quarante-trois, le lundi vingt et un janvier, est décédée très haute et très puissante dame Madame MARIE-GABRIEL (sic) DE DURFORT LORGE, épouse de très haut et très puissant seigneur Monseigneur LOUIS, duc DE SAINT-SIMON, pair de France, comte de Rasse, grand d'Espagne de la première classe, chevalier des ordres du Roi, gouverneur pour Sa Majesté de la ville, citadelle et comté de Blaye, gouverneur et grand bailli de Senlis, vidame de Chartres, marquis de Ruffec, comte de la Ferté-Vidame, baron des baronnies d'Aysie, Empuré, Martreuil et Verrières, seigneur du Vitrezay, du Marais de Saint-Simon en Guyenne, et autres terres, âgée de soixante-cinq ans ou environ, après avoir reçu le sacrement de l'extrême-onction par les mains de M^tre Jean-Charles Paris, prêtre, vicaire de ce lieu; et a été inhumée dans cette église avec les cérémonies accoutumées, ce jourd'hui jeudi, vingt-quatre de janvier du susdit an. Ladite inhumation s'est faite, de mon consentement, par M. de Vion, curé d'Aprés, diocèse d'Évreux, avec l'assistance des frères des Charités d'Aprés et d Senonches; en présence de M^tre François-Guillaume du Guay, curé des Ressuintes; de M^tre Vallou, curé de Boissy; de M^tre Louis-François Violot, curé de Brezolles; de M^tre Claude Bordes, chanoine régulier, prieur de Revercourt; de M^tre Jacques-François de Bouvigny, curé de Saint-Victeur; des sieurs Nicolas-Marie Auvray, intendant de Monseigneur le duc de Saint-Simon, et Jean-Jessé Auvray de Finville, son frère, qui ont signé avec nous [2] le présent acte.

---

1. Registres paroissiaux de la Ferté. Copie revue sur l'original. — Cet acte et celui du décès du duc (ci-après, p. 383), ont été publiés par M. E. Lefèvre, dans l'*Annuaire d'Eure-et-Loir pour* 1851, p. 197. Nous en avons fait collationner le texte sur les registres originaux.

2. C'est le curé du lieu qui parle. Il a signé à la suite des susnommés : N. S. DELAN, ch. rg., p^r curé de Lamblore et de la Ferté-Vidame.

ACTE DE DÉCÈS ET D'INHUMATION DU DUC DE SAINT-SIMON [1].

2 et 10 mars 1755.

L'an mil sept cent cinquante-cinq, le 10° jour du mois de mars. Est décédé en la paroisse de Saint-Sulpice de Paris, à l'âge de quatre-vingts ans et un mois ou environ, le 2 mars de la présente année, après avoir reçu les sacrements de la pénitence, du saint viatique du corps de Notre Seigneur Jésus-Christ et de l'extrême-onction, ayant toujours donné pendant le cours de sa vie des marques de piété, de religion, de charité, et ayant toujours été le père des pauvres, et même après sa mort, très haut et puissant seigneur Monseigneur LOUIS, le duc DE SAINT-SIMON, pair de France, grand d'Espagne de la première classe, chevalier des ordres du Roi, grand bailli et gouverneur de Senlis, capitaine du Pont-Saint-Maxence, seigneur du Vitrezay, de Saint-Simon en Guyenne, gouverneur de Blaye, vidame de Chartres, marquis de Ruffec, comte de la Ferté-Vidame, de Beaussart et autres lieux, seigneur de cette paroisse, veuf de haute et puissante dame MARIE-GABRIELLE DE DURFORT DE LORGE. Son corps a été déposé en la paroisse de Saint-Sulpice le 5 mars de la présente année, et a été apporté dans cette église par M**tre** Claude-Desiré Lallemand, prêtre, chapelain du collège de Bourgogne, aumônier de mondit seigneur le duc de Saint-Simon, paroisse de Saint-Côme de Paris, et a été inhumé dans le chœur de cette paroisse par moi, M**tre** Claude-Desiré Lallemand, prêtre de la paroisse de Saint-Côme de Paris, en présence et du consentement de M**tre** Gérard Duhan, desservant de cette paroisse. Ladite inhumation a été faite en présence de M. le curé de Boissy; de M**tre** du Guay, curé des Ressuintes; de Jacques Burel, curé de Réveillon; de M**tre** Louis Girard, vicaire de Lamblore; de M**tre** Léon-Louis Fontaine, desservant de Saint-Martin-le-Vieux-Verneuil, de ce diocèse; de M**tre** Allard de la Coudraye, procureur fiscal de ce comté; de M**tre** Jean-Jacques Léonard Talbot, capitaine des chasses dudit Monseigneur le duc de Saint-Simon; de M**tre** André Girot, greffier-contrôleur-notaire de ce comté, et de M**tre** Louis Pasquier, clerc minoré de cette paroisse; lesquels ont signé avec moi le présent acte [2].

---

1. Registres paroissiaux de la Ferté. Copie revue sur l'original.
2. Les signataires de l'acte sont : PITHON-COURT (*sic*), le fameux généalogiste, qui était curé de Boissy; puis, au lieu des autres curés nommés dans le procès-verbal, BOUVIGNY, curé de Saint-Victor, et ALLARD, curé de Morvilliers; à la suite, on lit le nom du procureur fiscal, les trois noms énumérés après le sien, et, tout à la fin, ceux des prêtres LALLEMAND et DUHAN.

INSCRIPTION FUNÉRAIRE DE SAINT-SIMON [1].

CY GÎT
LOUIS DUC DE SAINT-SIMON, PAIR
DE FRANCE, COMTE DE RASSE,
GRAND D'ESPAGNE DE LA
PREMIÈRE CLASSE, MARQUIS
DE RUFFEC, COMTE DE LA
FERTÉ-ARNAUD, VIDAME DE
CHARTRES, GOUVERNEUR DES
VILLE, CITADELLE ET COMTÉ
DE BLAYE, BAILLY ET GOUVERNEUR
DE SENLIS, CHEVALIER DES
ORDRES DU ROY, CY DEVANT
DU CONSEIL DE RÉGENCE DÈS
SON ÉTABLISSEMENT, DEPUIS
AMBASSADEUR EXTRAORDINAIRE
EN ESPAGNE, DÉCÉDÉ LE 2 MARS
1755, AGÉ DE 80 ANS OU ENVIRON.

Requiescat in pace.

---

[1]. Le texte de cette inscription, gravée sur une plaque de cuivre qui provient évidemment du cercueil de Saint-Simon, brisé et détruit pendant la Révolution, a été communiqué, en 1878, par M. Théodore Bustin, de Vieux-Condé (Nord), au ministère de l'Instruction publique, et est imprimé dans la *Revue des Sociétés savantes*, année 1878, 2ᵉ semestre, p. 288.

REMISE DES PAPIERS DE SAINT-SIMON AU DÉPÔT DES AFFAIRES ÉTRANGÈRES [1].

21-22 décembre 1760.

De par le Roi.

Sa Majesté, étant informée que les manuscrits trouvés chez M. le duc de Saint-Simon lors de son décès, la plupart desquels concernant le service du Roi et de l'État, ont été renfermés dans plusieurs caisses qui ont été laissées à la garde et possession du sieur Delaleu, notaire au Châtelet de Paris, ordonne que, sur la simple représentation du présent ordre et nonobstant toutes oppositions faites ou à faire, lesdites caisses et manuscrits, en l'état où ils sont, ensemble les clefs desdites caisses, seront remis au sieur le Dran, premier commis du Dépôt des affaires étrangères, et ce sur la simple reconnoissance qu'il en donnera. Enjoint aussi, à cet effet, au sieur Delaleu, notaire, et à tous autres dépositaires desdites caisses et manuscrits, de se conformer audit présent ordre : quoi faisant, ils en demeureront bien et valablement déchargés.

Fait à Versailles, le 21 décembre 1760.

LOUIS.

Le duc de Choiseul.

Je soussigné, premier commis au Dépôt des affaires étrangères, reconnois que M. Delaleu, notaire, en conséquence et pour satisfaire aux ordres du Roi de l'autre part, m'a remis cinq grandes caisses contenant les manuscrits de M. le duc de Saint-Simon, dont il avoit été chargé par la vacation du 2 juillet 1755 de l'inventaire dudit feu seigneur duc de Saint-Simon ; lesquelles cinq caisses il m'a remis ficelées de grosses cordes et garnies chacune de trois serrures ou cadenas ; les clefs desquelles serrures ou cadenas il m'a déclaré ne point avoir, et avoir été, par ladite vacation dudit jour 2 juillet 1755, remises, l'une entre les mains de M. Boudot, procureur au Châtelet, comme représentant M. Daguesseau de Fresnes, exécuteur du testament de M. le duc de Saint-Simon, une autre entre les mains du sieur Gauzen, comme représentant Mme la comtesse de Valentinois,

---

1. Cabinet B. Fillon.

seule présomptive héritière dudit seigneur duc de Saint-Simon, et la dernière entre les mains de Mᵉ Girardin, procureur au Châtelet et procureur plus ancien des créanciers dudit seigneur duc de Saint-Simon, opposants aux scellés. Desquelles cinq caisses nous déchargeons ledit M. Delaleu, et nous en chargeons en conséquence de l'ordre du Roi de l'autre part.

Fait à Paris, ce vingt-deux décembre mil sept cent soixante.

P. LE DRAN.

Je soussigné, procureur et chargé spécialement par Mᵐᵉ la comtesse de Valentinois à l'effet ci-après, reconnois que ç'a été de l'agrément, et même sur une réquisition de Mᵐᵉ D., que M. Delaleu, notaire à Paris, a, cejourd'hui, remis à M. le Dran, premier commis au Dépôt des affaires étrangères, en vertu d'un ordre du Roi du jour d'hier, les cinq grandes caisses contenant les manuscrits de feu M. le duc de Saint-Simon, dont il avoit été chargé en la vacation de son inventaire du 2 juillet 1755, en l'état où lesdites caisses lui ont été déposées. C'est pourquoi je promets pour Mᵐᵉ D., dont je me fais fort, dans le cas où mondit sieur Delaleu seroit, au préjudice dudit ordre, inquiété sur la remise desdites caisses, d'acquitter, garantir et indemniser mondit sieur Delaleu de tous événements et prétentions, envers et contre tous.

BOUDOT.

SUPPLÉMENT

I

SAINT-SIMON A CLAIRAMBAULT [1].

12 juin 1703.

M. de Pontchartrain m'a dit ce soir, Monsieur, que M. de Torcy lui avoit demandé de faire imprimer au Louvre les statuts de l'ordre du Saint-Esprit.... Vous m'avez dit qu'on en a les originaux, où les ducs sont nommés avant les princes, et vous savez qu'on les a falsifiés, et, sur iceux, fait jurer le Roi en son sacre.... Voyez, au nom de Dieu ! ce qu'il y faut faire, et, si l'abbé Bignon y peut faire quelque chose, mandez-moi comment il s'y faut prendre ; car je lui écrirai, et quitterai même tout pour aller à Paris, s'il le falloit. Je ne sais si l'impression est commencée.... Dieu veuille que je ne sonne pas cette fois un tocsin inutile !

Le duc DE SAINT-SIMON.

---

1. Cette pièce et celles qui y sont jointes ont été publiées par l'abbé Georgel, en 1771, dans sa *Réponse à un écrit anonyme intitulé* : MÉMOIRE SUR LES RANGS ET LES HONNEURS DE LA COUR. Les originaux ne se retrouvent plus dans les papiers de Clairambault.

CLAIRAMBAULT A SAINT-SIMON.

13 juin 1703.

Il est vrai, Monsieur, qu'on doit réimprimer les statuts et preuves de l'ordre du Saint-Esprit.... Dans ces réimpressions, on se sert ordinairement de la dernière impression, que l'on renouvelle. Cette dernière impression est fort différente des originaux qui sont entre les mains du grand trésorier; mais ces changements sont autorisés par les délibérations des Chapitres depuis plus de cent ans.

CLAIRAMBAULT A M. DE PONTCHARTRAIN.

13 juin 1703.

Monseigneur,

J'ai reçu ce matin une lettre de M. le duc de Saint-Simon.... Je connois sa vivacité.... Ce seroit une furieuse discussion d'entrer dans l'examen de la différence des statuts, et je crois que le Roi ne seroit pas de ce goût.

M. DE PONTCHARTRAIN A CLAIRAMBAULT.

Ce n'est point à M. de Saint-Simon à savoir ce que l'on veut faire à l'égard des statuts de l'Ordre.... Pressez l'impression. Je n'ai point à rendre compte à M. de Saint-Simon : est-il établi syndic des ducs ?...

LE DUC DE CHEVREUSE A SAINT-SIMON.

15 juin 1703.

Il n'est pas possible, Monsieur, d'ôter au public la connoissance d'une préséance actuellement existante, quoique abusive, et qu'il voit tous les jours. Aussi l'impression des statuts de l'ordre du Saint-Esprit aux galeries du Louvre n'y ajoutera rien de nouveau et de réel. Ces statuts sont d'ailleurs certainement approuvés par le Roi, et, pour dire plus, tout le monde sait que S. M., ses prédécesseurs et l'Ordre entier les ont exécutés, depuis plus de cent ans, comme leur unique règle. Il me paroît donc que le mieux est de laisser imprimer maintenant ces statuts, et d'y ajouter, par forme d'*Avis au lecteur*, qu'ils avoient été faits autrement dans l'institution..., qu'ils furent changés sept ans après, par des raisons des temps.... Après quoi, on mettra tout du long le statut qui nous regarde.... Ce sera le moyen.... de tourner en bien le mal que nous craignons.... En ce cas, vous aurez la bonté de le dire à M. de Clairambault, afin qu'il en dresse le projet.

SAINT-SIMON A CLAIRAMBAULT.

16 juin 1703.

Je vous envoie, Monsieur, la réponse que m'a faite M. de Chevreuse.... Je vous supplie de vouloir bien travailler à ce qui vous est demandé, parce qu'en cas de refus, cela vaut toujours mieux que rien.

CLAIRAMBAULT AU DUC DE CHEVREUSE.

7 juillet 1703.

Il paroît de conséquence de ne pas réveiller une querelle qui ne plairoit pas au Roi.... Il n'est pas aisé de mettre sur le papier ce qu'il peut y avoir pour et contre.... Je crois qu'il est de conséquence de ne pas mettre ce fait en dissertation dans le public, ni avec personne de ceux qui ne sont pas obligés au secret.

LE DUC DE CHEVREUSE A CLAIRAMBAULT.

13 juillet 1703.

Voilà, Monsieur, ce que je pense sur cette matière; si vous y trouvez quelques difficultés, je m'y rendrai. Au reste, le secret sera gardé pour le passé, hors à l'égard de M. le duc de Saint-Simon..., et, pour l'avenir, ni lui ni personne (hormis M. de Torcy) ne saura, si vous le souhaitez, que ce soit vous qui ayez fait la petite addition que je viens d'expliquer.

II

SAINT-SIMON AU PRINCE DE MONACO[1].

Ce 6 janvier 1705.

Ayant l'honneur, Monsieur, d'être dans une même affaire avec vous, qui est celle de M. de Luxembourg pour l'ancienneté de son duché de Piney, qu'il prétend femelle et de 1581, je crois devoir vous rendre compte de ce qui peut l'intéresser. La mort de Mᵐᵉ la duchesse d'Aiguillon vient de réveiller les prétentions que M. le marquis de Richelieu a de recueillir cette dignité ; il en a présenté des mémoires au Roi, qui ont été renvoyés à l'examen de M. le Chancelier et de M. le Premier Président, pour en dire leur avis. MM. les ducs de la Trémoïlle, de Sully, de la Rochefoucauld, de la Force et moi, avons trouvé tant de rapport entre ces deux questions, et, pour vous tout dire, la première si favorable en comparaison de celle-ci, que nous avons jugé indispensable de remettre aussi quelques mémoires à ces deux premiers magistrats, et de signer un pouvoir à un procureur pour s'opposer en notre nom, dès que l'affaire sera renvoyée au Parlement, à tout ce qui s'y pourroit poursuivre par M. le marquis de Richelieu. MM. les ducs de Rohan, de Choiseul et d'Aumont, qui, étant postérieurs à Aiguillon, qui est immédiatement après Valentinois, ont un intérêt personnel en cette extinction, ont joint leurs signatures aux nôtres, et il me paroît que cet exemple sera suivi, tant par les anciens que par

1. Copie prise sur l'autographe, par M. Gustave Saige, avec l'autorisation de S. A. S. le prince de Monaco.

les cadets d'Aiguillon : les premiers, par l'intérêt pressant de Piney ; les seconds, par le leur personnel ; et tous, par celui de restreindre l'immense extension des pairies femelles, qui, ne reconnoissant point de bornes, ouvrent la porte à une subversion totale de la transmission de nos dignités et aux prétentions nouvelles de bien des gens, auxquelles nous ne nous attendons point, et qui, si ceci avoit lieu, sortiroient de la noblesse quelques-uns de la haute, d'autres peut-être de la plus commune, et deviendroient les premiers et les plus anciens pairs. Outre ces raisons particulières et générales, vous en avez, Monsieur, une commune avec MM. de Brissac et de la Force, singulière pour vous trois, qui est la requête et les procédures faites en vos noms, contre M. le duc de Richelieu, sur les pairies femelles, qui furent l'objet de notre cédule évocatoire lors de la célèbre signification de mes lettres d'État : ce qui périroit de soi-même, si M. le marquis de Richelieu réussissoit. Nous espérons trouver, en cette occasion, en vous, la même union que vous nous avez toujours accordée, et que je désire plus que nu autre, puisque je vous honore, Monsieur, plus que personne du monde, et suis très véritablement votre très humble et très obéissant serviteur.

Le duc DE SAINT-SIMON.

III

SAINT-SIMON AU CONTRÔLEUR GÉNÉRAL DESMARETZ [1].

Ce samedi 29 avril [1706], à Versailles.

Je serai demain au soir, à sept heures, à Paris, Monsieur, et je reviendrai nécessairement coucher ici après-

---

1. Archives nationales.

demain. Si donc vous vouliez bien faire avertir le sieur de Praly de se trouver chez vous, à quelqu'heure que ce soit de ce peu de temps que je serai à Paris, tout me sera bon, pourvu que vous ayez agréable de me le mander, et nous expédierions cette petite, mais très commode affaire.

Personne au monde ne vous honore, Monsieur, et ne vous est plus assurément dévoué que

Le duc DE SAINT-SIMON.

IV

SAINT-SIMON A M. DE BAUTOT [1].

De Dampierre, ce 12° juillet 1707.

En passant hier par Versailles pour venir passer cette semaine en ce lieu, je crus, Monsieur, qu'il étoit à propos de parler à M. le Chancelier de ce que vous desirez, et il me promit d'en parler ce matin au Roi. Dans ce moment, M. le Chancelier me mande que S. M. accorde à Monsieur votre fils l'agrément de la charge de président à mortier, et j'en ai une joie d'autant plus sensible que, n'ayant que vingt-cinq ans d'âge et trois de service, et peu de présidents âgés dans le Parlement, cette affaire avoit quelque difficulté.

Vous me faites justice, Monsieur, de compter sur moi comme sur un homme très desireux de vous être bon à quelque chose, qui vous honore infiniment, et Madame la Procureuse générale, et qui ne perd point le souvenir de tout ce qu'il vous doit à l'un et à l'autre. Je vous en rends donc mil grâces, et je vous supplie tous les deux d'être bien persuadés, Monsieur, que je vous suis parfaitement dévoué.

Le duc DE SAINT-SIMON.

---

1. Archives du château de Quevillon. Publiée dans le livre de M. le comte Éd. de Barthélemy : *la Marquise d'Huxelles*.

Mme de Saint-Simon, qui est bien, me charge de vous témoigner sa joie et de vous faire à tous deux, et à Madame votre belle-fille, mil très humbles compliments ; j'y joins les miens à cette nouvelle présidente.

V

LE CHANCELIER DE PONTCHARTRAIN A SAINT-SIMON [1].

Versailles, mardi [1714].

J'aurois bien voulu pouvoir vous entretenir, Monsieur, un moment, ce matin ; mais ni le temps ni le lieu ne le permettoient pas. Je vous aurois dit fort au long que M. de la Roche-Guyon m'est venu trouver ce matin chez mon fils ; qu'il m'a expliqué amplement ses griefs contre l'édit, au nom de M. de la Rochefoucauld, avec son chancelier Prévost, et, me consultant sur ce qu'il avoit à faire, résolu cependant d'en porter ses plaintes au Roi et de lui en demander justice, je lui ai dit tout ce que j'ai cru lui pouvoir dire pour l'apaiser et pour lui faire connoître la justice de la décision du Roi, affirmant cependant que j'ignorois le procès prétendu pendant, mais avouant que je savois la question en général ; et je lui ai même cité ce qui s'est passé par le Roi même, sur M. de Bouillon et sur M. de la Meilleraye, pour lui faire voir que c'est le Roi qui a voulu juger la question cette fois-ci définitivement. Il a pris le tout *ad referendum* à M. de la Rochefoucauld, dont j'attends aujourd'hui une rude visite avec de grands mémoires. M. de la Roche-Guyon, pressé ou par mes honnêtetés ou par la force des raisons, m'a rejeté sur une question subordonnée, différenciant, sur mes principes, le duché d'avec la pairie, à l'exemple de M. de la Trémoïlle et de M. d'Uzès. Je ne me suis point ouvert, et je l'ai remis à une autre fois, comme je vous y remets aussi, car en voilà assez dit pour vous occuper. Brûlez cette lettre, avec ce qui peut vous rester des autres ; mais n'oubliez jamais tout ce que je vous suis, Monsieur.

PONTCHARTRAIN.

1. Autographe vendu par M. Eugène Charavay, le 24 février 1883.

VI

MÉMOIRE POUR LE DUC DE SAINT-SIMON [1].

[Février 1712.]

M. le duc de Saint-Simon ayant représenté à M. Desmaretz que toutes les paroisses de sa terre de la Ferté ont, de tout temps, été comprises sous le ressort de la subdélégation de Senonches, sans qu'aucunes aient été de celle de Verneuil, quoique voisines de cette ville, il a bien voulu que les choses demeurassent en cet état, et, nonobstant les deux surprises des deux frères Bretignières, subdélégués de Verneuil l'un après l'autre, et qui tous deux ont successivement fait comprendre plusieurs desdites paroisses en leurs provisions de subdélégués, lesdits Bretignières ont été obligés de rapporter leursdites provisions par l'autorité de M. le Chancelier et de M. Desmaretz, et d'en prendre de nouvelles, dans lesquelles lesdites paroisses ont été omises. Depuis, le sieur Bretignières, aujourd'hui subdélégué, n'ayant pas laissé de vexer lesdites paroisses par toutes sortes d'entreprises, M. Desmaretz, à qui M. le duc de Saint-Simon a eu recours contre une persécution si déclarée et si opiniâtre, lui a accordé un arrêt qui fait défense audit Bretignières de s'ingérer en quoi que ce puisse être desdites paroisses, etc. Cet arrêt a été envoyé à M. l'intendant d'Alençon et a tenu quelque temps ledit Bretignières en bride ; mais, présentement, il recommence à faire pis que jamais, et, M. le duc de Saint-Simon ayant demandé cet arrêt au sieur Boileau, subdélégué de Senonches, qui l'a entre les mains, ledit sieur Boileau a répondu qu'il ne le pouvoit faire sans un ordre de M. Desmaretz. M. le duc de Saint-Simon supplie donc très instamment M. Desmaretz d'ordonner au sieur Boileau de remettre ledit arrêt à M. le duc de Saint-Simon, auquel

1. Archives nationales.

il seroit très inutile et comme non existant, s'il ne l'avoit pour s'en servir à se garantir des persécutions infatigables d'un fripon que rien n'est capable d'arrêter et contre lequel M. le duc de Saint-Simon ne peut s'empêcher de demander très instamment justice à M. Desmaretz, puisque ni le droit de la chose, ni la possession continuelle, ni l'autorité du Contrôleur général, ni quoi que ce puisse être enfin n'est jusqu'à cette heure capable d'arrêter les injustices, les violences, les persécutions et les friponneries dudit Bretignières, qui s'est rendu si maître et si terrible, qu'il n'est personne dans le pays qui ose se défendre ni se plaindre, bien moins implorer le secours de la justice contre son oppression, dont on ne peut mieux juger que par ce qui en arrive à M. le duc de Saint-Simon et par ce que dessus [1].

VII

SAINT-SIMON A UN INCONNU [2].

Ce 11 novembre 1716.

J'ai lu, Monsieur, à S. A. R. la lettre que vous avez pris la peine de m'écrire, et j'ai vu avec plaisir, en cette occasion après plusieurs autres, combien vous et votre besogne lui est agréable. Elle approuve votre proposition,

---

1. Au haut est écrit, de la main du Contrôleur général : « Écrire à M. Boileau de m'envoyer l'arrêt mentionné dans ce mémoire. » Et au-dessous : « Fait le 24 février 1712. » A cette pièce sont joints un projet d'arrêt du Conseil préparé conformément au mémoire de Saint-Simon et une copie de l'arrêt précédemment rendu le 11 février 1711; le tout réuni dans l'analyse du premier mémoire par lequel, l'année précédente, Saint-Simon avait demandé un arrêt contre le subdélégué. L'analyse porte en marge, de la main de M. Desmaretz : « Excepter toutes les paroisses dépendant du bailliage et baronnie de Châteauneuf, » et la date : « 31 janvier 1711. »

2. Autographe vendu par M. Eugène Charavay, le 12 mai 1882.

et m'a chargé de vous mander de préparer une relation
si convenable. Elle ne vous fera pas moins d'honneur
qu'à lui, et me donnera une véritable satisfaction ; mais
je ne puis vous dissimuler la peine où je suis de voir
signer un traité sans l'autre, et c'est cela que j'appelle
tenter Dieu. Je raisonnerois une journée entière et ferois
un volume aisément, plein de raisons qui me paroissent
démonstratives pour mon sentiment. Pardonnez-moi cette
franchise, et n'en soyez que plus persuadé, Monsieur,
des sentiments sincères avec lesquels je vous aime et
honore.

S. S.

VIII

SAINT-SIMON AU MARÉCHAL DUC DE BERWICK [1].

Paris, 29 novembre 1720.

S. A. R., qui est bien convaincue de notre droit, Monsieur, et qui l'est de plus qu'il ne s'est agi que des lieutetenants généraux de la province, veut bien donner un arrêt. Je l'ai dit à M. de la Vrillière, en arrivant au Conseil, qui en prendra l'ordre de S. A. R., et, en sortant du Conseil, j'ai été chez M. le Chancelier, qui n'y trouve point de difficulté : de manière que je crois cette belle affaire à peu près finie. Mais ayez agréable de tenir le cas entièrement secret, pour ce que je ne compte jamais sur rien que je ne le tienne, et qu'il seroit infiniment fâcheux qu'on le sût, si, par hasard, après, l'arrêt ne venoit point.

Je ne m'étonne pas que M. l'archevêque de Bordeaux ne soit pas pressé de décision. Il sait avant nous le fonds

---

1. Copie prise sur l'autographe par M. A.-W. Thibaudeau.

de sa prétention, et voudroit la consolider par le temps et l'indécision, pour en faire après une question ; et c'est à quoi il faut couper court.

Comme le hasard fit que S. A. R. sut que vous me faisiez l'honneur de m'écrire là-dessus, et que je l'appris en recevant votre lettre, j'en profitai pour prier M. le Blanc de lire à S. A. R. la longue réponse que je vous y ai faite, et en même temps une autre à lui, remplie de raisons politiques de couper court à cette prétention : ce que M. le Blanc exécuta très bien en présence de Monsieur le Duc, qui appuya fort ce que je mandois.

On parle fort de faire plusieurs ducs. Autre bombe ! Si on commence, on ne cessera point ; et qui ne le sera pas ? Je compte avoir bientôt à vous apprendre l'expédition de l'arrêt, et à vous assurer de nouveau, Monsieur, de tout l'attachement avec lequel je vous honore et suis parfaitement votre très humble et très obéissant serviteur.

Le duc DE SAINT-SIMON.

M. le duc de Berwick.

IX

SAINT-SIMON AU CARDINAL DUBOIS [1].

De Couhé, 26 octobre 1721.

Je profite de la nécessité de faire repaître pour avoir l'honneur de dire à V. É. que j'ai rencontré sur le midi M. le duc d'Ossonne, à Vivonne, quatre lieues en deçà de Poitiers. Il achevoit d'entendre la grand'messe assez loin de la poste où sa chaise étoit dételée. J'ai défendu qu'on

---

1. Copie prise sur l'autographe par M. A.-W. Thibaudeau.

me changeât de chevaux jusqu'à ce que lui et sa suite fussent fournis des meilleurs, et j'ai été l'attendre à l'entrée de l'église, où force compliments et embrassades, et où je lui ai présenté ma jeunesse. Je l'ai accompagné à la poste, où, après les civilités sur les chevaux, dans lesquelles vous jugez bien que je n'ai été vaincu ni en paroles ni en effets, je l'ai suivi dans la chambre où son couvert étoit mis, et où je n'ai voulu être suivi de personne des miens. Aucun des siens ne s'y est présenté. Là, les compliments de joie et d'union ont redoublé, ainsi que les personnels ; mais ce qui me hâte de ne pas perdre l'ordinaire de Paris, qui passe ici aujourd'hui, c'est que ma surprise a été grande quand il m'a fait entendre qu'encore que la joie soit universelle en France, il y avoit des gens très affligés, et a ajouté, comme en confiance, et même en m'en demandant le secret, qu'on avoit tâché de retarder et d'effrayer sur la peste, jusque-là qu'une lettre de Paris avoit averti qu'il prît garde à ne pas entrer en certaines maisons de Paris même, parce que cette maladie y étoit, dont il n'avoit fait autre compte, ni ceux de sa cour qui l'avoient su, que de remarquer la malignité et le chagrin de ces personnes, qu'il ne m'a point désignées, et sur lesquelles aussi j'ai cru devoir témoigner plus de mépris que de curiosité. Il m'a parlé de la joie de L. M. C. et de toute l'Espagne, aussi fortement que tout ce qui s'en est déjà répandu et que vos nouvelles portent ; et, après qu'il a été servi, je me suis retiré sous prétexte de le laisser en liberté. Il m'a conduit à l'espagnole, au bas du degré, où nous avons pris congé, et, après les compliments ordinaires pour me voir monter en voiture, ce que je n'ai pas souffert, il m'a dit, et j'en ai été surpris, avoir écrit de Bayonne pour les passeports de ce qui m'appartient, gens et ballots, et ne pas douter qu'ils ne passent actuellement, s'ils ne le sont déjà. Il ne m'a rien dit d'ailleurs, ni de M. de Maulévrier, même à ce propos de passeports, ni moi à lui, seulement beaucoup d'offres de me servir des voitures qu'il a laissées à Bayonne. Je souhaite que vous approuviez la manière dont cette rencontre s'est passée, et que S. A. R. en soit contente. Je prends la liberté de supplier V. É. de la vouloir bien assurer de tout mon respect, et de l'être parfaitement elle-même de mon très sincère attachement.

Le duc DE SAINT-SIMON.

X

SAINT-SIMON A L'ÉVÊQUE DE FRÉJUS [1].

Paris, 25 juillet 1725.

On m'inquiète sur votre santé, Monsieur, de façon que je ne puis me passer de vous en demander des nouvelles, et par amitié tendre et sincère, et peut-être autant encore parce que cette santé devient plus nécessaire que jamais. Je suis ici parce que je ne puis être ailleurs. Il s'en faut bien qu'on mange à la Ferté du pain de pois tous les jours, ni son saoul, quand on en mange, et d'y être témoin d'une misère terrible même à entendre, et ne la pouvoir soulager. Il n'y a pas moyen. Il m'y est dû plus de trente mille livres sans en pouvoir tirer un sol. Je n'y ai pas un grain de blé; la marmite des pauvres y est renversée, qui avoit toujours été entretenue par Mme de Saint-Simon, les sœurs grises prêtes à revenir. Je commence à croire que mes foins resteront à faire. En un mot, jamais extrémité qui ait approché de celle-là. Ici, le pot est prêt à culbuter, et Mme de Saint-Simon n'ira prendre des eaux que par force

---

1. Copie prise sur l'autographe par M. A.-W. Thibaudeau. C'est l'original complet de la lettre dont un fragment seulement, connu par le livre de Lémontey, a été inséré ci-dessus, p. 247, n° XXXII.

et aux dépens de nos nippes, si nous en pouvons vendre du très peu que nous avons. Tout cela, Monsieur, sans faire le pauvre, ni penser à aucun secours, mais uniquement pour vous expliquer littéralement et sans grossir d'une ligne la situation présente, dans une profonde paix et parmi les profusions de Strasbourg et de Chantilly. Si j'en suis là sans folies, avec deux cent mille livres de rente, dont, à la vérité, le Roi prend beaucoup, vous pouvez juger de ceux qui en ont moins et du désespoir de tout le monde, qui s'augmente par les emprisonnements journels, qui n'ont jamais été semblables. Peut-être ne vous parle-t-on pas si franchement ; mais, sans parler de personne, ni sur personne, je crois en vérité vous devoir mander ces choses, et, après, les laisser aller à la volonté de Dieu, sans raisonnement, dont je ne suis point chargé, et sans réflexions, qui sont trop accablantes. Mais comptez que le pays dont je vous parle n'est pas le seul dans cette extrémité. Le marquis de Brancas me dit avant-hier avoir vu des lettres d'endroits de Normandie où on vit des herbes des champs : après quoi, jugez des maladies qui suivront. Quelque proche que soit une bonne récolte, il y a loin sans pain ni assistance aucune, et c'est ce défaut total d'assistance qui me fait le plus de frayeur, parce qu'outre la disette de vivres, qui diminuera à la moisson, rien ne prouve d'une manière plus évidente et plus complète la violence de la situation générale. De tout cela, Monsieur, je ne tire aucune conclusion. Je parle en secret et en confiance à un françois, à un évêque, à un ministre, et au seul homme qui paroisse avoir part à l'amitié et à la confiance du Roi, et qui lui parle tête à tête, du Roi qui ne l'est qu'autant qu'il a un royaume et des sujets, qui est d'âge à en pouvoir sentir la conséquence, et qui, pour être le premier roi de l'Europe, ne peut être un grand roi, s'il ne l'est que de gueux de toutes conditions et si son royaume se tourne en un vaste hôpital de mourants et de désespérés à qui on prend tout chaque année, et en pleine paix. Je vous le répète, Monsieur, je ne grossis rien ; je vous expose les choses plus au-dessous de ce qu'elles sont qu'à leur vrai niveau, et, sans consulter personne, je le fais pressé par la conscience, puisque j'en suis à portée avec vous. Personne ne saura que je l'ai fait. Tout ce que je vous demande, c'est uniquement de le recevoir sur ce pied-là, avec bonté, de ménager votre santé comme une ancre bien nécessaire, de sentir qu'elle l'est plus que vous n'avez fait, de brûler ma lettre, et d'être persuadé de l'attachement tendre et fidèle avec lequel je suis, Monsieur, votre très humble et très obéissant serviteur.

Le duc DE SAINT-SIMON.

M. l'év. de Fréjuls (sic), ministre d'État.

XI

SAINT-SIMON AU PRINCE DE MONACO [1].

La Ferté, 18 avril 1731.

Je reçois, Monsieur, l'avis que vous me faites l'honneur de me donner de la prétention de M. de Creuilly, qui compte apparemment être plus heureux que ne le fut en cela Monsieur votre père. Il a raison. Nous sommes au temps des prétentions les plus absurdes et les plus nouvelles en tout genre. Pour moi, qui suis d'âge et d'expérience à ne devoir plus songer qu'au repos, je me contenterai de vous envoyer le peu de lignes ci-jointes, qui ne sont même que de mémoire et écrites tout de suite et

---

1. Copie prise sur l'autographe par M. Gustave Saige, avec l'autorisation de S. A. S. le prince de Monaco.

sur-le-champ, et de vous supplier d'être persuadé, Monsieur, que je suis parfaitement votre très humble et très obéissant serviteur.

Le duc DE SAINT-SIMON.

M. le P. de Monaco.

XII

SAINT-SIMON AU CARDINAL DE FLEURY [1].

Paris, 18 février 1740.

Je rends mes très humbles grâces à V. É. de ce qu'elle a bien voulu faire à M. d'Angervilliers, et d'avoir bien voulu me le mander; je la supplie d'être persuadée de ma très sensible reconnoissance.

V. É., qui a fait le plus, achèvera sans doute le moins. Je n'ai qu'elle auprès du Roi. Je me flatte avec confiance que mon fils ni moi n'avons pas mérité sa disgrâce, ni démérité en rien de V. É. Il seroit bien malheureux pour lui et bien affligeant pour moi que la corde cassât sur lui, quand M. de la Feuillade, en disgrâce profonde et personnelle, dont il ne s'est jamais relevé du vivant du feu Roi, eut un logement au château lors et presque au moment de l'éloignement de M. Chamillart. Je conjure donc V. É. de faire que le Roi veuille bien ne pas nous traiter plus mal que n'a fait le feu roi vers ceux qui se sont trouvés en pareils cas, et d'être bien persuadée de tout mon attachement et de ma reconnoissance.

Le duc DE SAINT-SIMON.

A Son Ém. le cardinal Fleury.

---

1. Lettre publiée par M. le baron Kervyn de Lettenhove dans : *les Collections d'autographes de M. de Stassart.*

XIII

SAINT-SIMON A L'ÉVÊQUE DE METZ [1].

Paris, 17 juin 1743.

Vos reproches sont bien aimables, mon cher prélat, et j'en sens toute l'amitié, et la consolation que j'aurois d'être entre vous et M. et Mme de Laval. Mais tout quatrième me seroit difficile à porter, et le voyage peu décent cette cruelle année, outre que je ne vous crois point délivré du bruit des armes et de tout ce qui le suit dans le pays et le lieu où vous êtes. Je n'ai pu me résoudre à aller à Orly, même en n'y trouvant personne, quelques instance (sic) qu'ils m'en aient faites, ni même à Angervilliers, dont j'ai été infiniment pressé. Je vois approcher de bien près les horribles moments de revoir ce lieu si funeste. Je les diffère comme un enfant, et toutefois je comprends que le séjour m'en sera salutaire, et qu'une fois précipité dans cet abîme, ma douleur y trouvera mieux son compte qu'ici.

On y est dans l'étonnement du prompt passage du Mein, qui me persuade de la paix de l'Empereur abandonné et sans ressource. Il se dit ici que M. de Broglio, en se retirant, lui manda qu'il étoit dans un camp inattaquable, où il se maintiendroit; que, quelques heures après, il en partit avec précipitation; que l'Empereur, sur la confiance de ce mouvement, en avoit fait un où il avoit pensé être fait prisonnier par l'absence de M. de Broglio; qu'il s'en

---

[1]. Original autographe dans la collection Baylé, vendue le 23 juin 1834. C'est la lettre dont une analyse et cinq lignes ont été données ci-dessus, n° XLIII, p. 262, d'après le catalogue Trémont.

est plaint par un courrier très fortement, et a envoyé l'original de la lettre. Ce qui est certain, c'est que, le jour de la Fête-Dieu, M. de Grimbergue reçut un courrier de l'Empereur, qui le fit aller sur-le-champ à Versailles, et que, depuis ce moment, il paroît une grande consternation chez lui. Il se dit aussi que l'arrière-garde de Broglio a été mal menée. On ne dit pas un mot des courriers, et on n'apprend rien que par les lettres de l'armée, tard et par lambeaux. Si l'affaire d'Allemagne finit, vous jugez bien que la nôtre va bien commencer en deçà du Rhin et en Flandres, où il n'y [a] presque aucunes troupes et personne qui commande.

Le maréchal de Belle-Isle a été tâté à Bizy, pour succéder au maréchal de Broglio. Il est venu à Versailles s'excuser. Ce voyage, qui a été de quatre ou cinq jours, a été fort froid. Il y en a cinq ou six qu'il s'en est retourné. Il va enfin à Plombières dans un mois; mais je ne crois pas qu'il approche Metz de plus près. M. d'Egmont est mort. C'est une belle délivrance pour sa femme. Mme de Chevreuse, qui s'est blessée à Dampierre, où elle est encore, en est fort affligée.

Madame la Duchesse mourut enfin hier. Mme la princesse de Conti, qui lui a rendu des devoirs infinis, en est fort touchée, et personne autre que Lassay et quelques menus domestiques. On ne sait encore rien du testament. Elle communia à minuit, à la messe de sa chapelle, la nuit de la Pentecôte, et reçut le viatique en pompe, huit jours après, et parla aux assistants fort bien et courtement.

Le *sorcier* et les *saucissons* ne sont du tout point bien ensemble : c'est un fait certain, qui m'a fort surpris; mais l'extérieur est le même.

J'ai eu encore un accès de fièvre. Je fus copieusement purgé le lendemain, avec du sel. J'ai pris du quinquina, et je n'en ai pas ouï parler depuis. Le petit Rambures est mort à Rambures, où sa mère l'avoit mené. Mme de Fontenilles en est fort touchée; ils n'ont point d'autres garçons, et s'étoient fort attachés à celui-là, qui promettoit et avoit six ans et demi. Je vous embrasse bien tendrement, mon cher prélat, et Mme de Laval. Milles choses à M. de Laval.

S. S.

M. de Metz.

XIV

LE COMTE DE MAUREPAS A SAINT-SIMON [1].

1er juillet 1743.

Tout est fait, Monsieur, et, dès hier au soir, le Roi a donné la charge au fils de M. de Rochechouart. Je connois trop votre façon de penser pour ne pas être persuadé que vous approuverez une décision à laquelle vous avez vous-même donné lieu par vos procédés généreux. Vous connoissez trop mes sentiments pour douter que, dans d'autres circonstances, je n'eusse pas fait tout ce que je dois à l'attachement inviolable, etc.

XV

NOTE DE SAINT-SIMON [2].

[1747.]

M. de Torcy touche si légèrement, page 33, la contradiction intérieure de son voyage, qu'il n'est pas inutile d'ajouter ici ce qu'il m'en a dit. Il n'avoit jamais été le favori de Mme de Maintenon, parce qu'il avoit toujours évité d'en subir le dangereux joug en allant travailler chez elle. Il avoit accoutumé le Roi à porter tout ce qui le

---

1. Papiers Maurepas.
2 Fragment communiqué par M. Frédéric Masson, d'après l'autographe, à la *Revue rétrospective* de 1885, et faisant suite à notre numéro XLVII, ci-dessus, p. 265-267. Voyez l'Errata, p. 413.

regardoit au Conseil, comme avoient fait son père et son beau-père, et, s'il avoit quelque ordre à en prendre, ou quelque dépêche pressée à lui faire voir, à choisir par préférence les temps que S. M. étoit chez elle à ceux où elle se trouvoit chez Mme de Maintenon.

M. Chamillart étoit alors dans la plus grande intimité avec elle, et dans la plus grande faveur auprès du Roi. Successeur de MM. de Louvois et Barbezieux, il les vouloit imiter et croyoit de sa charge de se mêler de celles de ses confrères. Il avoit donc entretenu commerce dans les pays étrangers autant qu'il avoit pu, où on ne manque pas de gens obscurs avides d'entrer en affaires, quand on est ministre puissant et qu'on dispose des finances. Chamillart, peu versé dans les affaires, et beaucoup moins encore dans les étrangères, fut souvent amusé et trompé par ces donneurs de nouvelles et d'expériences, par les gens obscurs qui vouloient plaire et attraper quelque argent. Il en envoya quelques-uns, aussi obscurs et aussi incapables, et ne se rebuta point sur les mécomptes qu'il y trouva, jusqu'à y envoyer deux fois Helvétius, médecin hollandois établi à Paris, à qui on doit le remède de l'hypécacuanha pour les dissenteries (*sic*), et dont le fils est devenu médecin de réputation et premier médecin de la Reine.

Helvétius, sous prétexte d'aller voir son père, fut envoyé, à deux différentes fois, en Hollande, où on se moqua de lui et de Chamillart. Torcy y avoit aussi ses émissaires, qui, mieux choisis et mieux instruits que ceux de Chamillart, y tenoient des langages tout différents. Cette diversité faisoit un fort mauvais effet. Ils embarrassoient le peu de ceux qui étoient bien intentionnés à qui ils s'adressoient, et donnoient lieu aux autres de se moquer et de demander si les ministres qui les faisoient agir servoient deux différents maîtres.

Le parti que Torcy proposa au Roi, par les motifs qu'il explique si bien page 29, quoique si mesurément, et que le Roi approuva, piqua Chamillart, et, plus que lui, Mme de Maintenon, qui jugèrent que Torcy verroit clair en

Hollande et se rendroit maître de la négociation, et, en même temps, de toute la confiance du Roi dans toute la suite de l'affaire de la paix, dont Chamillart demeureroit exclus, et elle avec lui, qui n'en sauroit plus assez pour y influer par elle-même, et n'en apprendroit plus rien que par le Roi, ou par ce que Chamillart en entendroit dire au Conseil; de là, la jalousie et les brocards sur le voyage de Torcy.

XVI

SAINT-SIMON AU DUC DE RICHELIEU [1].

Paris, 9 août 1753.

Vous trouverez, Monsieur, ci-joint, le mémoire que vous m'avez demandé ; vous y joindrez les choses dont vous ou d'autres de nous se peuvent souvenir, et vous aurez la bonté de me renvoyer ce mémoire quand vous en aurez fait faire une copie, parce qu'il est de ma main et que je n'en ai point d'autres. Je vous l'envoie ainsi pour ne point perdre de temps, puisque vous lisez bien ma mauvaise écriture. Surtout, je compte sur le secret entier, non du mémoire, mais de l'auteur, et que ni duc, ni prince du sang ne puisse découvrir que je prenne aucune part en tout ce qui se passe.

Plus j'y réfléchis, et moins j'en espère. Ces princes du sang sont nos plus grands ennemis, qui se repaissent avidement de nos dépouilles, et qu'en toutes occasions, les plus indifférentes à eux, nous trouvons qui nous barrent sur tout et qui veulent que, vis-à-vis eux, tout soit égal à peuple. Aujourd'hui qu'ils croient pouvoir tirer quelque avantage de nous joindre avec eux, ils nous tournent, mais bien entendu que ce sera à leur mode, sans se départir de rien, ou de fort peu de chose, pour, en cette considération, nous faire abandonner le reste, en tirer

---

1. Copie prise sur l'autographe par M. A.-W. Thibaudeau.

preuve et droit, et, quelque temps après, nous refuser ce reste, et se moquer de nous. En effet, où est la sûreté avec des gens qui ne font que ce qui leur convient, impunément et sans ressource, et qui, d'avance, vous déclarent que le Roi ne peut rien chez eux ? Ils savent bien à qui ils ont affaire : témoin tout ce qui s'est passé, malgré les ordres du Roi, d'eux à M. le Dauphin.

Ceci, Monsieur, est le second tome de M. du Maine pour l'affaire du bonnet, avec cette différence que nous, voyant très bien l'intention de ce bâtard, nous n'osâmes jamais refuser jusqu'au bout ses prévenances, ses instances, la parole qu'il nous donnoit, et celle qu'il disoit avoir du Roi, des princes du sang, du Premier Président, sa créature, et par lui du Parlement, de peur de lui donner lieu de dire au Roi que nous étions si résolus de le perdre et de détruire ce que S. M. avoit fait en sa faveur dès que le Roi ne seroit plus, que nul avantage qu'il nous offroit ne pouvoit nous engager à lui avoir obligation et à nous départir de ce que nous méditions contre lui. Ce danger nous parut plus grand, plus certain, de plus grande suite que l'autre, et nous força de nous jeter dans l'autre péril, en le sentant parfaitement.

Ici au moins, il n'y a point de péril forcé comme à l'autre ; mais il y en a un évident, en conséquence duquel il faut se conduire, et n'être pas les dupes des jargons qu'on nous tient. Les princes du sang, qui, sous le règne présent, sentent leur force, et devant qui tout est aplani puisqu'ils nous ont tout ôté, comme le mémoire ci-joint le prouve, n'ont plus qu'un pas à faire, qui est de tirer de nous l'aveu et le consentement de ce dépouillement, pour nous empêcher d'y revenir jamais dans d'autres temps, en nous donnant à présent quelque satisfaction de bagatelle, qu'ils sauront bien nous ôter après.

Ainsi, Monsieur, un abîme ouvert sous nos pieds est de leur fournir aucun écrit, de quelque nature qu'il puisse être. Si c'est un mémoire qui contienne nos droits chez eux et nos raisons de les revendiquer, ils se prétendront reconnus par nous-mêmes juges en leur propre cause, et le conserveront comme un titre contre nous, produit et fait par nous-mêmes. Mais il y a un autre danger, c'est que, si cela leur convient, soit par eux, soit par M. le comte de Charolois, qui sûrement ne voudra pas céder une ligne dans la contradiction où ils sont avec lui et la hauteur effrénée dont il est, ils feront courir le mémoire et le rendront public, avec les ridicules et les huées qu'ils sauront y ajouter. Vous jugez bien comment ce mémoire sera reçu, de la disposition où on est pour les ducs : gens de qualité jaloux de ces différences, gens qui s'en prétendent et qui se feront un titre de crier avec les premiers, gens du Parlement et d'autres robes qui se croient de niveau à tous, ministres et valets intérieurs qui, dans le cabinet, nous accommoderont de toutes pièces ; et qui oseroit répondre que cela n'arriveroit pas ? Les princes du sang, qui vous ont dit qu'ils ne peuvent éviter de parler à M. de Charolois, mais pour ne se pas arrêter, s'il ne veut rien entendre, ne pourront lui refuser la communication du mémoire ; et alors il y a à parier mille contre un qu'il le rendra public pour leur faire dépit, et à nous tout le mal qui lui sera possible. Or, ce qui en résulteroit à notre égard est tel qu'il n'y a nulle comparaison entre l'essuyer ou perdre tout ce qui nous reste, outre que le bruit, les cris, les ridicules, les mépris et tout ce que la jalousie, l'audace appuyée, la licence et l'ignorance enfante, nous l'arracheroient bien sûrement. Souvenez-vous, s'il vous plaît, de ce soulèv[em]ent de la noblesse à la mort du Roi, contre les ducs, et presque pendant toute la Régence, dont le levain s'est si bien conservé.

Qui vous a dit encore que, dans ce cas de publicité du mémoire, on n'irritera pas le Roi contre les ducs, ou sur leurs prétentions, ou d'avoir agi sans sa participation pour des distinctions qui ne sont qu'une suite attachée à la dignité qu'il donne, et qu'on traite de les tenir d'autres que de lui ? Cela regarderoit également les princes du sang; mais ils sauront bien s'en secouer, tandis qu'ils nous laisseroient dans la nasse.

Si, contre toute sorte d'apparence, on pouvoit parvenir à quelque accord sans abandon de notre part, pour y revenir en d'autres temps à ce qui ne seroit pas obtenu en celui-ci, quelle sûreté pour la durée contre les ruses, les refuites, et le refus après de ce qui auroit été rendu!

Mais, Monsieur, prenez garde à l'adresse. Le point présent est le refus des princesses du sang, non des princes. Je suppose que les princes l'accordent : mais seront-ils les maîtres de la tête de Mme la duchesse d'Orléans et de la volonté des autres princesses du sang, dont pas une n'a de mari pour leur dire : « Je veux, » et le leur faire faire? Les princes du sang diront qu'ils n'en sont pas les maîtres, et se moqueront de nous.

La seule voie d'assurer un accord est de l'écrire et le signer. Je doute que les princes du sang s'y laissent amener par les raisons susdites; mais je suppose qu'ils y consentent : oseront-ils, ni nous aussi, aller jusque-là sans en parler au Roi? M. le comte de Charolois, à qui les autres princes du sang auront parlé, et qui s'y opposera, ira au Roi, criera dans le monde : il n'en faut pas tant pour nous arrêter et pour rompre tout, et la chose, rendue publique, aura l'effet qui est expliqué ci-dessus : nous n'aurons rien, et nous serons bafoués.

Je ne vois donc nul moyen d'accord stable sans écriture, et je vois l'écriture bien pis que de demeurer comme nous sommes, quelque dépouillés, anéantis que nous soyons. Ainsi le mémoire ci-joint n'est point fait pour être montré, surtout aux princes du sang, ni aucun autre, mais pour instruire votre mémoire et celle du peu d'entre nous à qui vous en voudrez parler, et vous fournir de raisons avec les princes du sang, parce que, puisqu'ils vous ont parlé et que la chose est engagée, on ne peut pas rester muet avec eux, mais toujours les laisser venir et ne faire que répondre, voir où cela peut aller, et, je crois, découdre et finir honnêtement. Je n'y vois point d'autre porte, nul moyen d'abandonner aucun article dit en mon mémoire, encore moins de les espérer tous, ni quelque accord qu'on peut faire de le rendre solide. Je termine une trop longue lettre par demander à genoux qu'on ne donne rien par écrit, même quand les princes du sang en donneroient pour s'en attirer un de nous et s'en avantager après. Comme je l'ai expliqué ci-dessus, il est bien important qu'on ne découvre point ces pourparlers : on nous en feroit sûrement un plat auprès du Roi ; et les plus cruelles gorges chaudes dans le monde. Je vous supplie de bien lire cette lettre, d'en tirer copie, si vous le voulez, et de me la renvoyer, parce qu'elle est de ma main, ou me la rapporter vous-même, parce que j'ai un autre chapitre pressé et important à traiter avec vous, qui n'est point celui-ci, et qui ne se peut écrire. Si je pouvois marcher, vous ne doutez pas que je ne vous demandasse une audience chez vous, par le respect et l'attachement avec lequel je suis, Monsieur, votre très humble et très obéissant serviteur.

Le duc DE SAINT-SIMON.

M. le d. de Richelieu.

Je vous supplie de mander précisément en deux mots la réception de ce paquet dès que vous l'aurez reçu, pour que je n'en sois pas en peine.

FIN

ERRATA

Page 214, note. Au lieu de : *banc*, lisez : *blanc*.

Page 248, titre du n° XXXV. Au lieu de : *princes du sang*, lisez : *princes lorrains*.

Page 265-267, n° XLVII. M. Frédéric Masson a publié dans la nouvelle *Revue rétrospective*, n° 15, février 1885, p. 49-54, deux notes inédites de Saint-Simon provenant d'une des copies manuscrites des *Mémoires de Torcy* qui sont entrées, avec les papiers du duc, au Dépôt des affaires étrangères. La première note est le document donné par nous sous le n° XLVII; mais le texte autographe retrouvé par M. Masson présente un certain nombre de variantes avec la copie retrouvée par nous dans les papiers Joly de Fleury. Il convient d'indiquer les principales : page 265, ligne 2, *passant* au lieu de *parlant*; page 266, ligne 1, *avoit* au lieu de *auroit*; ligne 6, *pour* au lieu de *sur*; ligne 16, *pour* avant *battu*; ligne 17, *zèle* au lieu de *zélé*; lignes 20 et 28, *pique* au lieu de *précipitation*; ligne 24, *du jour* à rétablir après *l'affaire*, et ligne 32, *les* avant *marques*; ligne 36, *et qu'ils s'étoient enivrés* au lieu de *et qu'il l'étoit encore*.

Nous avons reproduit dans le Supplément, sous le n° XV, p. 405, la seconde pièce de la *Revue rétrospective*.

Pages 267-269. Les pièces XLVIII, XLIX et L devraient précéder, comme ordre chronologique, les pièces XLVI et XLVII. De plus, la pièce XLVIII (23 janvier 1747) a été numérotée à tort XLVII.

Nous n'avons pas eu la faculté de prendre copie de deux lettres de Saint-Simon dont voici l'indication : 1° 27 septembre 1697, lettre de congratulation à Pomponne (catalogue de la vente Sotheby [Biencourt], mars 1883, n° 294); 2° 9 mars 1722, lettre à Gualterio (catalogue Guizot, 1875, n° 3841).

Dans un volume d'autographes divers achetés assez récemment par le ministère des Affaires étrangères et coté *France* 1876, nous avons trouvé les deux lettres qui suivent :

LA DUCHESSE DE SAINT-SIMON AU SIEUR MARSOLLIER.

Je reçois votre lettre, Monsieur. Il est fort juste de vous payer. Je vous suis même fort obligée du crédit que vous m'avez bien voulu faire jusqu'à présent. J'attends encore de votre amitié que vous me donnerez encore quelques (*sic*) temps, parce que je sais que je n'ai pas d'argent à Paris pour le présent. Je vais écrire au sieur Duquesnet, lorsqu'il en recevra, de vous donner des acomptes. C'est pour satisfaire à nos créanciers et pour les payer plus tôt que nous avons pris le parti de demeurer ici. Ainsi j'espère qu'ils voudront bien prendre un peu de patience, voyant notre bonne volonté et qu'il n'y a rien à perdre. On ne peut satisfaire tout le monde à la fois. Je vous en serai, Monsieur, sensiblement obligée.

La duchesse DE SAINT-SIMON.

M. Marsollier.

Adresse d'une autre main : « A Monsieur, Monsieur Marsollier, marchand-soyer, rue de la Lingerie, à l'Image Notre-Dame, à Paris. »

SAINT-SIMON A M. DE CULLEN.

La Ferté, 11 janvier 1748.

Plût à Dieu, Monsieur, être en situation de vous donner autres choses qu'une hure de sanglier pour vous [1] témoigner estime, confiance, reconnoissance et amitié ! Je désire au moins qu'elle soit bien bonne.

Le duc DE SAINT-SIMON.

M. de Cullen [2].

1. *Vous* est en interligne.
2. Le nom du destinataire est douteux.

TABLE DES DOCUMENTS
CONTENUS DANS CE VOLUME

                                                         Pages

Notice sur la maison de Saint-Simon, par Louis, duc de Saint-Simon. 1

Addition aux lettres, mémoires sur divers sujets, etc., de Saint-Simon.

   I. La duchesse (Charlotte) de Saint-Simon au contrôleur général le Peletier, 27 septembre 1685. 217
  II. La duchesse (Charlotte) de Saint-Simon au contrôleur général Pontchartrain, 30 juillet 1697. 218
 III. Saint-Simon aux maire et échevins de Senlis, 22 mars 1702. 220
 IV. Le comte de Pontchartrain à Saint-Simon, 26 août 1706. 221
  V. Saint-Simon au contrôleur général Chamillart [1706]. 222
 VI. Saint-Simon aux jurats de Blaye, 7 février 1710. . . . 222
VII. La duchesse de Saint-Simon, pour Mme de Malauza [octobre 1710]. 223
VIII. Mémoire pour le duc de Saint-Simon [novembre 1710]. 224
 IX. M. de Courson au contrôleur général Desmaretz, 6 décembre 1710. 225
  X. La duchesse de Saint-Simon à M. de la Garde [avril 1711]. 225
 XI. La duchesse de Saint-Simon à M. Lefebvre, 29 mai [1711]. 227
XII. La duchesse de Saint-Simon à M. de la Garde, 4 juin [1711]. 228

	Pages
XIII. La duchesse de Saint-Simon à M. [de la Garde] [juillet 1711]	229
XIV. La duchesse de Saint-Simon à M. de la Garde [1711].	229
XV. Mémoire pour le duc de Saint-Simon [mai 1712].	230
XVI. La duchesse (Charlotte) de Saint-Simon à M. le Cousturier, 20 mai [1713].	232
XVII. La duchesse de Saint-Simon au contrôleur général Desmaretz, 16 mars [1715].	233
XVIII. La duchesse de Saint-Simon à [M. le Cousturier], 3 juillet [1715].	234
XIX. La duchesse de Saint-Simon au contrôleur général Desmaretz, 3 septembre [1715].	235
XX. Saint-Simon à Clairambault, 1ᵉʳ mai 1716.	235
XXI. Saint-Simon au chevalier de Dampierre, et réponse [juillet 1716].	236
XXII. Note pour le cérémonial à observer par Mᵐᵉ la duchesse de Villars, 22-23 janvier 1720.	237
XXIII. Saint-Simon au maréchal duc de Berwick, 9 septembre 1720.	239
XXIV. Saint-Simon au maréchal duc de Berwick, 22 septembre 1720.	240
XXV. Saint-Simon au cardinal Dubois, 24 octobre 1721.	240
XXVI. Saint-Simon au Régent, 24 novembre 1721.	241
XXVII. Saint-Simon au Régent, 28 novembre 1721.	242
XXVIII. Protestation des ducs et pairs à l'occasion du sacre, novembre 1722.	243
XXIX. Saint-Simon au contrôleur général Dodun, 21 octobre 1723.	245
XXX. Le comte de Maurepas à la duchesse de Saint-Simon, 14 mars 1824.	246
XXXI. Le comte de Maurepas à la duchesse de Saint-Simon, 1ᵉʳ mai 1724.	246
XXXII. Saint-Simon à l'évêque de Fréjus, 25 juillet 1725.	274
XXXIII. Le comte de Maurepas à Saint-Simon, 25 mars 1726.	248
XXXIV. Le comte de Maurepas à Saint-Simon, 28 avril 1727.	248
XXXV. Adhésion de Saint-Simon à la protestation des ducs et pairs contre les princes lorrains, 14 janvier 1728.	249
XXXVI. Protestation de Saint-Simon au sujet des rangs dans l'ordre du Saint-Esprit, 31 janvier 1728.	250
XXXVII. Saint-Simon au garde des sceaux Chauvelin, 20 mars 1728.	251
XXXVIII. Réponse brève au mémoire de M. de Saint-Simon [1728].	254
XXXIX. Le comte de Maurepas à Saint-Simon, 23 mars 1728.	260

Pages

XL. Le comte de Maurepas à la duchesse de Saint-Simon, 20 avril 1728............ 260
XLI. Le comte de Maurepas à Saint-Simon, 26 août 1730. 261
XLII. Le comte de Maurepas à la duchesse de Saint-Simon, 16 août 1742............ 261
XLIII. Saint-Simon à l'évêque de Metz, 17 juin 1743..... 262
XLIV. M. de Torcy [au duc de Saint-Simon], 1ᵉʳ octobre 1745. 263
XLV. Saint-Simon au notaire Delaleu, 3 juillet 1746..... 263
XLVI. Saint-Simon au procureur général Joly de Fleury, 24 octobre 1747............ 264
XLVII. Saint-Simon à un inconnu [1747?]........ 265
XLVIII. Le comte de Maurepas à Saint-Simon, 23 janvier 1747. 267
XLIX. Le comte de Maurepas à Saint-Simon, 8 mars 1747.. 268
L. Le comte de Maurepas à Saint-Simon, 19 mai 1747... 268
LI. Le comte de Maurepas à Saint-Simon, 10 avril 1748.. 269
LII. Le comte de Maurepas à M. Dufort, intendant des postes, 6 juillet 1748............ 270
LIII. Contrat passé entre Saint-Simon et ses créanciers [juillet-août 1748]............ 270
LIV. Le comte de Maurepas au procureur général Joly de Fleury, 15 août 1748............ 284
LV. Requête de Saint-Simon aux commissaires du Conseil [septembre 1748]............ 285
LVI. Le comte de Maurepas au procureur général Joly de Fleury, 6 octobre 1748........... 287
LVII. Le comte de Maurepas à Saint-Simon, 13 octobre 1748. 287
LVIII. Le comte de Maurepas au procureur général Joly de Fleury, 30 octobre 1748........... 288
LIX. Le comte de Maurepas à M. Trudaine, intendant des finances, 13 novembre 1748........... 288

LETTRES DE SAINT-SIMON A MM. GUALTERIO, 1727-1742.

A M. le duc de Cumia, 20 janvier 1727......... 290
A M. l'abbé Gualterio, 12 septembre 1728........ 291
A M. l'abbé Gualterio, 30 septembre 1728........ 292
A M. l'abbé Gualterio, 11 novembre 1728........ 294
A M. l'abbé Gualterio, 18 novembre 1728........ 295
A M. l'abbé Gualterio, 4 février 1729.......... 295
A M. l'abbé Gualterio, 30 avril 1729........... 296
A M. l'abbé Gualterio, 12 juin 1729........... 297
A M. l'abbé Gualterio, 23 juin 1729........... 298
A M. l'abbé Gualterio, 1ᵉʳ août 1729........... 299
A M. l'abbé Gualterio, 29 août 1729........... 300
A M. l'abbé Gualterio, 18 septembre 1729........ 301

	Pages
A M. l'abbé Gualterio, 12 novembre 1729.	302
A M. l'abbé Gualterio, 26 décembre 1729.	303
A M. le duc de Cumia, 26 décembre 1729.	304
A M. le duc Gualterio, 5 janvier 1730.	304
A M. l'abbé Gualterio, 20 février 1730.	305
A M. l'abbé Gualterio, 10 mars 1730.	306
A M. l'abbé Gualterio, 20 mars 1730.	307
A M. l'abbé Gualterio, 1er mai 1730.	309
A M. l'abbé Gualterio, 5 juin 1730.	310
A M. l'abbé Gualterio, 6 juillet 1730.	311
A M. l'abbé Gualterio, 13 juillet 1730.	312
A M. l'abbé Gualterio, 29 juillet 1730.	312
A M. l'abbé Gualterio, 9 septembre 1730.	313
A M. l'abbé Gualterio, 5 octobre 1730.	314
[A M. l'abbé Gualterio], 20 mai 1731.	315
A M. le duc de Cumia, 7 janvier 1732.	316
A M. le duc de Cumia, 9 janvier 1733.	317
[A M. le duc de Cumia], 27 décembre 1733.	317
A M. le duc de Cumia, 11 janvier 1735.	318
A M. Gualterio, gouverneur de Spolète, 3 juillet 1735.	318
[A M. le duc de Cumia], 3 janvier 1736.	320
A M. l'abbé Gualterio, 2 septembre 1736.	320
A M. le duc de Cumia, 30 décembre 1736	322
A M. l'abbé Gualterio, 7 janvier 1737.	323
A M. l'abbé Gualterio, 5 mai 1737.	324
A M. le duc de Cumia, 6 janvier 1738.	326
A M. l'abbé Gualterio, 15 juin 1738.	326
A M. l'abbé Gualterio, 4 janvier 1739.	328
A M. l'abbé Gualterio, 20 avril 1739.	328
A M. l'abbé Gualterio, inquisiteur à Malte, 8 janvier 1740	329
A M. le duc Gualterio, 8 janvier 1740.	330
A M. l'abbé Gualterio, inquisiteur à Malte, 29 mai 1740.	331
A M. l'abbé Gualterio, inquisiteur à Malte, 26 mars 1742.	331
A M. l'abbé Gualterio, inquisiteur à Malte, 27 décembre 1742.	332

Actes relatifs à Saint-Simon.

Actes d'ondoiement et de baptême de Saint-Simon, 1675 et 1677.	333
Contrat de mariage de Saint-Simon, 7 avril 1695.	334
Acte de mariage, 8 avril 1695.	343
Information pour la réception de Saint-Simon en la dignité de pair de France, 31 janvier 1702.	345
Brevet d'affaires pour Saint Simon, 16 février 1717.	347

Pages

Titres relatifs à la grandesse de Saint-Simon.

Certificat de couverture pour le marquis de Ruffec, fils de Saint-Simon, 14 juin 1722. 349
Lettre de grandesse pour Saint-Simon, 18 juin 1723. 350
Permission pour Saint-Simon de recevoir la grandesse, 2 avril 1724. 356
Érection du fief de Saint-Louis de la Rochelle en titre et dignité de comté, mai 1724. 357
Contrat de substitution du comté de Rasse, 4 mai 1728. 359
Lettres patentes approuvant la substitution de la grandesse et du comté de Rasse, mai 1728. 364
Approbation par le roi d'Espagne de la constitution et de la substitution du majorat de Rasse, 13 août 1733. 368
Testament par lequel Saint-Simon règle la transmission de la grandesse, 8 février 1754. 376
Confirmation de la grandesse, février 1766. 380

Sépulture du duc et de la duchesse de Saint-Simon.

Acte de décès et d'inhumation de la duchesse de Saint-Simon, 24 janvier 1743. 382
Acte de décès et d'inhumation du duc de Saint-Simon, 10 mars 1755. 383
Inscription funéraire de Saint-Simon. 384
Remise des papiers de Saint-Simon au Dépôt des affaires étrangères, 21-22 décembre 1760. 385

Supplément.

I. Saint-Simon à Clairambault, 12 juin 1703. 387
   Clairambault à Saint-Simon, 13 juin 1703 388
   Clairambault à M. de Pontchartrain, 13 juin 1703. . . . 388
   M. de Pontchartrain à Clairambault. 388
   Le duc de Chevreuse à Saint-Simon, 15 juin 1703. . . . 388
   Saint-Simon à Clairambault, 16 juin 1703. 389
   Clairambault au duc de Chevreuse, 7 juillet 1703. . . . 389
   Le duc de Chevreuse à Clairambault, 13 juillet 1703 . . 389
II. Saint-Simon au prince de Monaco, 6 janvier 1705. 390
III. Saint-Simon au contrôleur général Desmaretz, 29 avril [1706]. 391
IV. Saint-Simon à M. de Bautot, 12 juillet 1707. 392
V. Le chancelier de Pontchartrain à Saint-Simon [1711] . . . 393
VI. Mémoire pour le duc de Saint-Simon [février 1712]. . . . 394
VII. Saint-Simon à un inconnu, 11 novembre 1716. 395
VIII. Saint-Simon au maréchal duc de Berwick, 29 novembre 1720. 396
IX. Saint-Simon au cardinal Dubois, 26 octobre 1721. 397

TABLE DES DOCUMENTS

	Pages
X. Saint-Simon à l'évêque de Fréjus, 25 juillet 1725.	399
XI. Saint-Simon au prince de Monaco, 18 avril 1731.	401
XII. Saint-Simon au cardinal de Fleury, 18 février 1740.	402
XIII. Saint-Simon à l'évêque de Metz, 17 juin 1743.	403
XIV. Le comte de Maurepas à Saint-Simon, 1er juillet 1743.	405
XV. Note de Saint-Simon [1747].	405
XVI. Saint-Simon au duc de Richelieu, 9 août 1753.	407
Errata.	413
Lettre de la duchesse de Saint-Simon au sieur Marsollier.	414
Lettre de Saint-Simon à M. de Cullen, 11 janvier 1748.	414

TABLE ALPHABÉTIQUE

DES

LETTRES, NOTICES ET PIÈCES

CONTENUES DANS CE VOLUME

A

ABBEVILLE (ville d'), 13.
ACQUAVIVA (M.), 300.
AGDE (ville d'), 29.
AIGUILLON (M.-M. de Vignerot, dame de Combalet, duchesse d'), 45, 46, 390.
AIGUILLON (le duc et la duchesse d'). Voy. Puylaurens.
AIGUILLON (duché d'), 390, 391.
AILLY (maison d'), 27.
AIRES (les), fief, 334.
AIX (parlement d'), 249.
AIX-LA-CHAPELLE (ville d'), 73.
ALBANI (les frères), 310, 311.
ALBERONI (le cardinal), 305.
ALDOBRANDIN (le cardinal), 314, 315.
ALENÇON (Charles de Valois II, comte d'), 12.
ALENÇON (François, duc d'), 22.
ALENÇON (Jean II, dit le Beau, duc d'), 24.
ALENÇON (ville d'), 222, 394.
ALGÉSIRAS (ville d'), 351, 368.
ALLEMAGNE, 21, 73, 84, 87, 306, 319, 347, 403.
ALOIGNY. Voy. Rochefort.
ALPES (les), 19, 51, 113.
ALSACE (province d'), 19, 70, 212.
AMBASSADEURS EXTRAORDINAIRES (hôtel des), 45.
AMBRUN (M. d'), 246.
AMELOT (Michel), 152, 153, 262.
AMERVAL (Nicolas d'), seigneur de Liancourt, et sa femme, 19.

AMERVAL (Marie d'), dame de Saint-Simon, 19.
AMIENS (ville d'), 16-18, 27.
AMILLY (Jean d') et sa femme, 22.
ANCRE (le maréchal d'), 18, 43, 44.
ANCRE (la maréchale d'), 43.
ANGERVILLIERS (N.-P. Bauyn d') et sa femme, 211, 212, 402.
ANGERVILLIERS (M.-J.-L. Bauyn d'), marquise de Ruffec, 212.
ANGERVILLIERS (château d'), 262, 403.
ANGLAIS (les), 12, 15, 24, 308, 315, 325, 357.
ANGLAIS (le droit des), à Blaye, 226, 276.
ANGLETERRE, 38, 133, 134, 207, 266, 267, 319, 324, 327.
ANGOULÊME (château d'), 83.
ANGOULÊME (duché-pairie d'), 256.
ANJOU (Philippe de France, duc d'), 63, 84, 335, 342.
ANJOU (province d'), 24, 70, 71.
ANNE D'AUTRICHE, reine de France, 29, 32, 34, 55, 58, 59, 60, 62, 68-70, 72, 73, 78, 79, 134, 181, 182, 186, 205, 256.
ANNE DE BEAUJEU, régente de France, 180.
ANNE DE BRETAGNE, reine de France, 17.
ANNE DE RUSSIE, reine de France, 2.
ANNE STUART, reine d'Angleterre, 267.

ANNE-IWANOWNA, czarine, 325.
ANSAC (M. et Mme d'), 26, 27.
ANSAC (A. d'), dame de Saint-Simon, 27.
ANSELME (le P.), 80.
ANTIN (le duc d'), 100, 101, 128, 194, 201.
APRES (curé d'), 382.
ARAGON (royaume d'), 350, 368.
ARANDA (le marquis d'), 355.
ARBOUZE (Fr. de Vény d'), 25.
ARCO (le duc del), 349.
ARCY (le marquis d'), 92, 166.
ARGENSON (Fr.-El. d'), archevêque de Bordeaux, 396.
ARGENSON (Marc-René, marquis d'), 52, 201.
ARGENSON (Mme d'), 52.
ARGENTON (Mlle de Séry, comtesse d'), 110, 114, 117, 169.
ARMAGNAC (Bernard d'). Voy. Nemours.
ARMAGNAC (Jacques d'), 74, 75.
ARMAGNAC (Louis de Lorraine, comte d'), dit Monsieur le Grand, 98.
ARMAGNAC (Catherine de Villeroy, comtesse d'), 87.
ARMAGNAC (Mlle d'), 97, 98.
ARMAINVILLIERS (terre d'), 61.
ARMENONVILLE (J.-J.-B. Fleuriau d'), 108.
ARPAJON (Catherine d'), comtesse de Roucy, 337, 343.
ARPONDER (André), 375.
ARRAS (ville d'), 5, 14, 24.
ARRIAZA (don François de), 375.
ARSENAL (l'), à Paris, 181.

ARTOIS (Catherine d'). Voy. Bourbon-Carency.
ARTOIS (province d'), 13, 27, 72.
ASTURIES (Louis, prince des), 205, 241.
AUBESPINE (Charlotte de l'). Voy. Saint-Simon (la duchesse de).
AUBIGNÉ (le comte d'), 71.
AUBOURG (dame A.). Voy. Damond.
AUGUSTE Ier, roi de Pologne, 321.
AUMALE (duché d'), 336.
AUMONT (Louis, duc d'), 95, 139, 390.
AUMONT (Louis-Marie, duc d'), 63.
AUMONT (Mad.-F. le Tellier, duchesse d'), 63.
AUMONT (O. de Piennes, duchesse d'), 94.
AUMONT (A. d'), dame de Montmorency-Fosseux, 22.
AUNEUIL (Nicolas de Frémont d'), 336.
AUNOY (J. d') et sa femme, 16.
AUTRICHE, 351, 368.
AUVILLIERS (seigneurie d'), 26.
AUVRAY (Nicolas-Marie), 269, 382.
AUVRAY DE FINVILLE (J.-J.), 382.
AUXERRE (ville d'), 21.
AUXY. Voy. Monceaux.
AVAISE (Mlle d'), 228, 229.
AVAUGOUR (seigneurie d'), 335.
AVERHOUST (J. d') et sa femme, 18.
AVERHOUST (Fr. d'), dame de Saint-Simon, 18, 21.
AVIGNON (ville d'), 238, 318.
AYEN (le comte d'). Voy. Noailles.
AYZIE (baronnie d'), 274, 334, 360, 369, 376, 382.
AZINCOURT (bataille d'), 14.

B

BAILLEUL (Charles de), 60.
BAILLEUL (Louis de), 60.
BAILLEUL (Nicolas de), 60.
BAILLEUL (Nicolas-Louis de), 60.
BAILLEUL (châtellenie de), 14, 23.
BALSAIM (château de), 350, 355.
BAPAUME (ville de), 56.
BAPTISTE (M^e), 370.
BARADAT (François de), 36, 37.
BARBEZIEUX (L.-Fr.-M. le Tellier, marquis de), 85, 406.
BARCELONE (ville de), 351, 368.
BARRENACHEA (don Joachim-Ignace de), 350, 379.
BARROIS (pays de), 335.
BASSOMPIERRE (le maréchal de), 42.
BASTERA (le sieur), 375.
BASTILLE (la), 42, 79, 149, 150, 155.

BAUGÉ (bataille de), 24.
BAUTOT (le marquis de) et sa famille, 392-393.
BAUYN. Voy. Angervilliers.
BAVIÈRE (Maximilien II, électeur de), 140.
BAYENCOURT (Michelle de), dame de Montmorency-Bours, 18.
BAYONNE (ville de), 178, 212, 398.
BÉARN (province de), 212.
BÉATRIX, reine de France, 1.
BEAUCAIRE (ville de), 4.
BEAUMARCHEZ (Eustache de), 4.
BEAUREGARD (terre de), 335.
BEAUSSART (terre de), 334, 344, 360, 369, 376, 383.
BEAUVAIS (Mme de), 73.
BEAUVAISIS (pays de), 12.

BEAUVILLIER (Paul, duc de), 63, 84, 85, 87-90, 101, 104, 106-108, 111, 118, 120, 123-127, 132-137, 145, 147, 148, 187, 188, 195, 196, 337, 342, 343, 346, 347, 352.
BEAUVILLIER (H.-L. Colbert, duchesse de), 84, 85, 203, 205, 206, 337, 342, 343.
BEAUVOIR (Marg. de), dame de Saint-Simon, 2.
BELAIN (seigneurie de), 27.
BELLE (Marg.), dame le Bossu, 23.
BELLECHASSE (rue de), à Paris, 274, 276, 277, 279.
BELLEFONDS (le maréchal de), 40.
BELLE-ISLE (le maréchal de), 404.
BÉNÉVENT (ville de), 297, 298, 302, 320, 323.
BENTIVOGLIO (le cardinal), 298, 310.
BERCY (M. de), intendant des finances, 232.
BERG et JULIERS (pays de), 327.
BERGHES (Jean de) et sa femme, 16.
BERINGHEN (Henri de), 61-65.
BERINGHEN (Jacques-Louis, marquis de), 63.
BERINGHEN (Pierre de), 61-63.
BERINGHEN (Madeleine Bonneau, dame de), 61.
BERINGHEN (M.-E.-F. d'Aumont, marquise de), 62-64.
BERNARD, petit-fils de Charlemagne, roi d'Italie, 1, 11.
BERNARD (M.), 287.
BERNIEULLES (seigneurie de), 22.
BERRY (Charles de France, duc de), 117, 118, 134-143, 147, 169, 171, 335, 342, 346.
BERRY (Marie-Louise-Élisabeth d'Orléans, duchesse de), 120, 154, 171, 175, 223, 226-230, 287.
BERRY (province de), 65, 274, 276.
BERSÉE (seigneurie de), 23, 26.
BERWICK (le maréchal de), 239, 240, 297, 396-397.
BESANÇON (ville de), 16, 177, 336.
BESSE (Alix de), dame de Vendômois, 74.
BÉTHENCOURT (Isabelle de), dame de Ham, 4.
BÉTHENCOURT (seigneurie de), 18.
BÉTHOULAT (André de), seigneur de Fromenteau, 73.
BÉTHUNE (Armand, duc de), 73, 74.
BÉTHUNE (Françoise de), comtesse de la Vauguyon, 73.
BEZONS (Armand Bazin de), archevêque de Bordeaux, 150, 201.
BEZONS (Jacques Bazin, maréchal de), 110-112, 200, 201.
BICHE (de). Voy Cléry (Ant. de).
BICHI (M.), 298, 300.

BIGAN (Marie de), dame de Boffles, 27.
BIGNON (J.-P.), abbé, 387.
BIGNON (Jérôme), 343.
BILLARD (Michel). Voy. Laurières.
BIRON (Armand-Charles de Gontaut marquis, puis duc de), 106, 176-178.
BISCAYE (province de), 354, 368.
BISSY (le cardinal de), 152, 154.
BIZY (château de), 404.
BLAINVILLE (Jean de Warignies, seigneur de), et sa femme, 37, 38.
BLANC (Claude le), 397.
BLANZAC (Charles de la Rochefoucauld de Roye, marquis de), et sa femme, 337, 343.
BLAYE (ville de), 10, 32, 39, 57, 60, 66-68, 71, 75, 79, 83, 109, 124, 128, 130, 131, 207, 212, 222-224, 230-232, 234, 244, 249, 250, 253, 267, 274, 274, 276, 279, 333, 334, 343, 345, 357, 360, 364, 369, 376, 382, 383, 384.
BLÉCOURT (Antoine de) et sa femme, 18.
BLÉCOURT (Fr. de), dame de Saint-Simon, 18.
BLOIS (Mlle de). Voy. Orléans.
BLOIS (ville de), 44, 379.
BOBENAZ (le duc de), 349.
BOBIGNY (seigneurie de), 26.
BOCHART DE CHAMPIGNY (J.-A., abbé), 151.
BOCHART DE SARON (François), évêque de Clermont, 151.
BOFFLES (Jacques, seigneur de), et sa femme, 27.
BOFFLES (Gilberte de), dame de Saint-Simon, 27.
BOGY (seigneurie de), 16.
BOILEAU (le sieur), 394, 395.
BOILLANCOURT (seigneurie de), 5.
BOIS (Antoinette du), dame de Blécourt, 18.
BOISVILLE (les filles de), communauté, 222.
BOISSY (cure de), 382, 383.
BOLINGBROKE (lord), 133, 134, 267.
BON-SECOURS (couvent de), à Paris, 23.
BONNEAU (Madeleine). Voy. Beringhen (Mme de).
BONSY (le cardinal de), 77.
BONTEMPS (Alexandre), 113, 114.
BONTEMPS (Jean-Baptiste), 113, 114.
BORDEAU (Mlle), 221.
BORDEAUX (ville de), 33, 53, 65, 66, 68, 150, 201, 224, 225, 231, 233, 240, 396.
BORDEAUX (Fr.-Él. d'Argenson, archevêque de), 396, 397.
BORDES (Cl.), prieur de Revercourt, 382.
BOSSU (Eustache le) et sa femme, 23.

BOSSU DE COURBEVOIE (Marie le), dame de Saint-Simon, 20, 23.
BOSSUET (J.-B.), 253.
BOUBIERS (seigneurie de), 27.
BOUCHARD (J.) et sa femme, 18.
BOUCHARD (Michelle), dame de Saint-Simon, 18.
BOUDOT (M.), 385, 386.
BOUFFLERS (J. de) et sa femme, 26.
BOUFFLERS (le maréchal-duc de), 87, 88, 121.
BOUILLON (le cardinal de), 77, 334.
BOUILLON (Frédéric-Maurice de la Tour, duc de), 35, 65, 69, 393.
BOUILLON (El.-Cath.-F. de Bergh, duchesse de), 35.
BOUILLON (maison de), 96.
BOURBON (le duc, la duchesse et la maison de), 335, 336, 342.
BOURBON (rue de), à Paris, 271.
BOURBON - BUSSET (bâtards de), 73, 74.
BOURBON-CARENCY (princes et princesses de), 72, 74, 75.
BOURBONNAIS (L. de Bourbon, duc de), 335.
BOURBONNAIS (L.-Fr. de Bourbon, duchesse de), 336.
BOURBONNAIS (pays de), 276.
BOURGES (ville de), 339.
BOURGOGNE (Charles le Téméraire, duc de), 16.
BOURGOGNE (Jean sans Peur, duc de), 15.
BOURGOGNE (Louis de France, duc de), 63, 84, 101, 104-107, 111, 118, 120, 123, 125, 126, 129, 132, 134, 143, 144, 150, 151, 157, 169, 184, 187, 205, 209, 335, 342, 346, 318, 351, 364.
BOURGOGNE (Philippe le Bon, duc de), 15, 16.
BOURGOGNE (Philippe le Hardi, duc de), 12.
BOURGOGNE (Isabelle de Portugal, duchesse de), 16.
BOURGOGNE (V.-Ad. de Savoie, duchesse de), 54, 91, 92, 96, 105, 106, 108, 111, 118-120, 123, 125, 129, 134, 143, 151, 169, 171, 172.
BOURGOGNE (comté et province de), 26, 66, 255, 335, 336, 351, 368.
BOURGOGNE (collège de), 383.
BOURLIE (G. de Guiscard, comte de la), 122.
BOURNONVILLE (le duc de), 349.

BOURNONVILLE (Ph.-Alex., prince de), 212, 213.
BOURNONVILLE (Cath.-Ch.-Th. d'Aure de Gramont, princesse de). Voy. Ruffec (la duchesse de).
BOURS (seigneurie de), 18.
BOUTTEVILLE. Voy. Luxembourg.
BOUVIGNY (Jacq.-Fr. de), 382.
BOUVILLE (André Jubert de), 222.
BOUVINES (bataille de). 2.
BRABANT (duché de), 351, 368.
BRANCAS (L.-Ant., duc de Villars), 249, 287.
BRANCAS (M.-A. de Moras, duchesse de Villars-) 120.
BRANCAS (le marquis de), 400.
BRANDEBOURG (maison de), 309.
BRAQUE (J. de) et sa femme, 14.
BRAY (seigneurie de), 14, 23, 26.
BREDA (ville de), 33.
BRESSE (province de), 335.
BRETAGNE (duché et province de), 24, 72, 255, 336.
BRETAGNE (ducs de), 24, 143.
BRETEUIL (Fr.-V. le Tonnellier, marquis de), 215.
BRETIGNIÈRES (MM.), 394, 395.
BREZÉ (le maréchal de), 54.
BREZOLLES (bourg de), 270, 382.
BRIÇONNET (Mme), 264.
BRIE (province de), 61.
BRISACH (ville de), 70.
BRISSAC (le duc de), 391.
BRISSAC (Ch.-Tim.-L. de Cossé, duc de), 76.
BRISSAC (M.-G.-L. de Saint-Simon, duchesse de), 29, 33, 63, 64, 339.
BROGLIE (le duc de), 262, 403-404.
BROUTAY (B. de Quélen, comte du), et sa femme, 73.
BRULART (Marie), duchesse de Luynes, 199.
BRUYÈRES. Voy. Montigny.
BUDOS (Antoine-Hercule de), 31, 32.
BUDOS (L. de), duchesse de Montmorency, 29, 30.
BUDOS (Diane-Henriette de). Voy. Saint-Simon (la duchesse de).
BUDOS (maison de), 29.
BUREL (Jacques), 383.
BUSSET (Mad. de), marquise de Saint-Maigrin, 73.
BUSSY (Marc de) et sa femme, 27.
BUY (terre de), 276.
BYZANTINE (la), histoire, 128.

C

CAEN (ville de), 30.
CALAIS (ville de), 244.
CALATRAVA (ordre de), 350.
CAMBERONNE (seigneurie de), 26.
CAMBOUT (Mlles du), 59.
CAMBRAY (l'archevêque de). Voy. Fénelon.
CAMBRÉSIS (pays de), 12.
CANARIES (les îles), 351, 368.
CANILLAC (le marquis de), 188.
CANISY (Fr. de Carbonel de), évêque de Limoges, 196-198.
CANJON (J. de), 27.
CANONVILLE (J. de), seigneur de Raffetot, et sa femme, 25.
CANY (le marquis de), 107.
CAPELLE (ville de la), 49.
CAPET (l'abbé), 226.
CAPITOLE (le), à Rome, 321.
CARENCY. Voy. Bourbon.
CARLOS (don), 319.
CARNOT (Mme), 343.
CARS (des). Voy. Escars.
CASTEJAN (don François de), 355, 375.
CASTILLE (royaume de), 350, 368, 373.
CASTRIES (Jos.-Fr. de la Croix, marquis de), et sa femme, 160.
CATALOGNE (province de), 72.
CATELET (ville du), 49.
CATHERINE DE MÉDICIS, reine de France, 180.
CAUSSADE. Voy. Saint-Maigrin.
CAYET (Madeleine), 224, 262.
CERDAGNE (province de), 351.
CHAILLOT (village de), 20.
CHALONS (l'évêque de). Voy. Tavannes.
CHAMILLART (Michel), 85, 89, 90, 101, 106-109, 112, 147, 193, 222, 260, 402, 406-407.
CHAMPAGNE (les comtes de), 255.
CHAMPVALLON (L. de Harlay, marquis de), 336.
CHAMPVALLON (M.-A. de l'Aubespine, marquise de Harlay-), 336, 343.
CHAMPVALLON (terre de), 276, 277.
CHAMPVILLE (le sieur de), 261.
CHANCELIER (le). Voy. Pontchartrain.
CHANCELLERIE (la), à Paris, 126, 127.
CHANTILLY (château de), 28, 30, 32, 65, 247, 400.
CHAPELLE (M. de la), 131, 132.
CHARITÉ (hôpital de la), à Paris, 110.
CHARLEMAGNE, empereur, 1, 3, 6, 10, 12.

CHARLEROY (ville de), 83, 364.
CHARLES IV, roi de France, 4.
CHARLES V, 4, 12.
CHARLES VI, 8, 13-15.
CHARLES VII, 13, 23, 24.
CHARLES VIII, 17, 180.
CHARLES IX, 5, 9, 18, 22, 26, 180, 256.
CHARLES-QUINT, empereur, 18.
CHARLES-EMMANUEL-VICTOR III, duc de Savoie, 47.
CHAROLAIS (le comte de), 409, 410.
CHAROST (Armand de Béthune, duc de), 204, 244.
CHAROST (Louis de Béthune, comte de), 34.
CHAROST (M. Brûlart, marquise de), 199.
CHARTIER (Alain), 24.
CHARTRES (Louis d'Orléans, duc de), 194, 252.
CHARTRES (le duc et la duchesse de). Voyez Orléans.
CHARTRES (l'évêque de). Voy. Godet des Marais.
CHARTRES (le vidame de), 249, 270, 271, 333, 343, 360, 364, 369, 370, 376, 382, 384.
CHASTELET (Laurent du) et sa femme, 27.
CHATEAUNEUF (Alex. Guérin de) et sa femme, 30.
CHATEAUNEUF (Balthasar Phélypeaux, marquis de), 253.
CHATEAUNEUF (Ch. de l'Aubespine, marquis de), 33-35, 53.
CHATEAUROUGE (seigneurie de), 27.
CHATELET (le), à Paris, 243, 250, 334, 341, 359, 363, 366, 369, 385, 386.
CHATILLON (la duchesse de). Voyez Meckelbourg.
CHATILLON-SUR-LOING (ville de), 30, 65.
CHATTON (seigneurie de), 21.
CHAULNES (Ch. d'Ailly, duc de), 84.
CHAULNES (Honoré d'Albert, maréchal de), 38.
CHAULNES (L.-Aug., duc de), 244.
CHAULNES (A. le Féron, duchesse de), 73.
CHAUNY (ville de), 14, 15, 19.
CHAUSEY (îles), 380.
CHAUSSERAYE (Mlle de), 111.
CHAUVELIN (Germ.-L.), 52, 244, 251-254, 350.
CHAUVELIN (Mme), 52.

CHAVIGNY (L. Bouthillier, comte de), 55-59.
CHAVIGNY (D.-Fr. Ier Bouthillier de), évêque de Troyes, 196-200, 203.
CHAVIGNY (D.-Fr. II Bouthillier de), 198, 199.
CHERBOURG (ville de), 380.
CHERCHE-MIDI (rue du), à Paris, 271.
CHÉRIER (Cl.-Fr.), 334, 341, 343.
CHERMÉ (terre de), 334.
CHERY (R. de) et sa femme, 26.
CHESNE (M. Colin du), premier valet de chambre du duc de Bourgogne, 105.
CHÉTARDYE (Jo. de la), 346.
CHEVREUSE (Ch.-Hon. d'Albert, duc de), 11, 85, 88, 102-104, 107, 108, 118, 123, 127, 129, 130, 132-134, 145, 148, 157, 195, 196, 346, 388-390.
CHEVREUSE (M. de Rohan, duchesse de), 33-35, 53, 59.
CHEVREUSE (J.-M. Colbert, duchesse de), 203, 404.
CHIMAY (Ch.-L.-A.-G., prince de), 212, 331.
CHIMAY (Ch. de Saint-Simon, princesse de), 212, 276.
CHINON (château de), 24.
CHOISEUL (Claude, comte de), maréchal de France, 87, 347.
CHOISEUL (Étienne-François, duc de), 385, 390.
CINQ-MARS (H. d'Effiat, marquis de), 58.
CLAIRAMBAULT (Pierre), 235, 236, 387-390.
CLASTRES (vicomté de), 15.
CLÉMENT XI, pape, 100, 101, 152, 153, 292, 294, 295, 299, 301-303, 305, 306, 309.
CLÉRAMBAULT (L.-Fr. Bouthillier, maréchale de), 198.
CLÉRAN (Fr. de), 345.
CLERMONT (Simon de), 12.
CLERMONT DE MONTOISON (Cl. de) et sa femme, 22.
CLERMONT-EN-BEAUVAISIS (Renaud II, comte de), 2.
CLERMONT-EN-BEAUVAISIS (ville de), 23.
CLÉRY (Ant. de), dame de Sandricourt, 22.
CLÉRY D'ESNE (J. de) et sa femme, 22.
CLÈVES (principauté de), 15.
COCHEFILLET (Ch.-Élis. de), duchesse de Montbazon, 337.
CŒUVRES (le marquis de), 19.
COIVREL (seigneurie de), 5, 7, 10, 12-14.
COLBERT (J.-B.), 108.
COLLAN (Robert) et sa femme, 27.

COMBALET. Voy. Aiguillon (la duchesse de).
COMMERCY (seigneurie de), 15.
COMPIÈGNE (ville de), 25, 297.
CONDÉ. Voy. Prince (Monsieur le).
CONDÉ (hôtel de), 54.
CONFLANS (le chevalier de), 176.
CONSTITUTION (affaire de la), 321, 322.
CONTI (Arm. de Bourbon, prince de), 30, 31, 65, 66.
CONTI (L. de Bourbon, prince de), 336, 342.
CONTI (Fr.-L. de Bourbon, prince de), 187, 336, 342.
CONTI (L.-Arm., prince de), 262.
CONTI (A.-M. Martinozzi, princesse de), 32.
CONTI (M.-A. de Bourbon, princesse de), 94, 95, 96, 117, 122, 123, 336.
CONTI (L.-El. de Bourbon-Condé, princesse de), 401.
CONTI-ROQUENCOURT (maison de), 26.
CORBIE (le chancelier de), 14.
CORBIE (ville de), 49-51.
CORDOUE (province de), 351, 368.
CORGNOLO (le), 294.
CORSE (île de), 351, 368.
CORTÈS (las), 153.
COSCIA (le cardinal), 309, 316.
COSME III DE MÉDICIS, grand-duc de Toscane, 335.
COUDRAYE (Allard de la), 383.
COUDUN (Béatrix de), dame de Saint-Simon, 3.
COUDUN (terre de), 12-15.
COUHÉ (bourg de), 397.
COURBEVOIE (seigneurie de), 23.
COURCELLES (château de), 109.
COURSON (U.-G. de Lamoignon de), 223, 225, 232, 233.
COURTENAY (maison de), 9, 16.
COUSTURIER (M. le), 232, 234.
COYPEL (galerie de), 175.
CRÉANCIERS du duc de Saint-Simon (les), 271-274.
CRÉCY (bataille de), 13.
CREIL (ville de), 24.
CRÉQUY (Cl. II de), dit le Sage, et sa femme, 22.
CRÉQUY (J. de), dame de la Trémoïlle, 16.
CRÉQUY (Marg. de), dame de Sandricourt, 22.
CRESPY (Simon, comte de), 2.
CRESPY (Adèle, comtesse de), 2.
CRESSONSAC (Louis de Fay, seigneur de), et sa femme, 27.
CREUILLY (le comte de), 401.
CROISET (L.-Alex.), 337, 343.
CROISSY (abbaye et château de), 13, 203.

TABLE ALPHABÉTIQUE

CROIX (adoration de la), 98, 99.
CROIX (M. de la), dame d'Hauterive, 20.
CROIX (J. des), 74.
CRUSSOL (Louise de). Voy. Portes, Saint-Simon.
CULLEN (M. de), 413.
CUMIA (duc de). Voy. Gualterio.

D

DAGUESSEAU (H.-Fr.), 76, 204.
DAGUESSEAU DE FRESNES (J.-B.-Paulin), 385.
DAMMARTIN (seigneurie de), 18.
DAMOND (Michel) et sa femme, 336, 343, 345.
DAMPIERRE (le chevalier de), 236, 237.
DAMPIERRE (château de), 11, 392, 404.
DAMVILLE (duché de), 336.
DANGEAU (le marquis de), 40, 100, 101.
DANGEAU (la marquise de), 100.
DAUPHIN (le grand). Voy. Monseigneur.
DAUPHIN (Monsieur le), fils de Louis XV, 408.
DAUPHINE (Madame la), M.-A.-Ch.-V. de Bavière, 40, 96.
DAUPHINE (Madame la). Voy. Bourgogne (la duchesse de).
DAUPHINE (Madame la), M.-J. de Saxe, 287.
DAUPHINÉ (province de), 38.
DAUVET (P.) et sa femme, 22.
DELALEU (M⁰), 263, 264, 270-285, 385, 386.
DESMARETZ (Nicolas), 108, 147, 148, 160, 203, 223-229, 231-235, 266, 390-392, 394, 395.
DESPLASSES (M⁰), 249-251.
DEZERT (le sieur du), 267.
DIJON (ville de), 15.
DISIMIEUX (C.-C. de) et sa femme, 30.
DODUN (G.), 245, 246.

DOMBES (principauté de), 336.
DOROTHÉE (la princesse), 287.
DOUAY (ville de), 23.
DOULLENS (ville de), 22, 27.
DOYEN (M⁰), 360, 363, 370, 371, 377.
DRAN (P. le), 385, 386.
DREUX (branche royale de), 9.
DREUX (Thomas), 345, 347.
DREUX (le marquis de), 76, 138.
DUBOIS (le cardinal), 76, 77, 165-167, 173, 204-207, 240, 241, 397-399.
DUC (Monsieur le). Voy. Prince (Monsieur le), Henri-Jules.
DUC (Monsieur le), Louis III de Bourbon-Condé, 31, 40, 99, 117, 118, 141, 142, 182, 187, 194, 200, 204, 207-211, 236, 247, 248, 252, 396, 397.
DUCHESSE (Madame la), Marie-Anne de Bourbon-Conti, 117, 118, 122, 123, 262, 404.
DUHAN (Gérard), 383.
DUPES (journée des), 42, 45, 49.
DUQUESNET (le sieur), 413.
DURAS (J.-H. de Durfort, maréchal-duc de), 336, 337, 342, 343.
DURAS (la duchesse de), 212, 337, 343.
DURFORT (G. de), 343, 345.
DURFORT (Guy de), 336, 342, 343.
DURFORT (Geneviève de), 336.
DURFORT (Marie-Gabrielle de), 343.
DURFORT. Voy. Lorge.
DUTARTRE (M⁰), 379.
DUVAL (N.), 247.

E

ÉCOSSE (royaume d'), 22.
EFFIAT (Antoine, marquis d'), 166, 201.
EGMONT (P.-C., comte d'), et sa femme, 404.
ÉLECTEUR PALATIN (Charles-Philippe), 329.
ÉLÉONOR D'AUTRICHE, reine de France, 21.
ÉLÉONORE, impératrice d'Allemagne, 320.
ÉLEUTHEROPOLIS (l'évêque d'), 313.
ÉLISABETH, reine d'Espagne, 206, 242, 315, 350, 398.
EMPEREURS D'ALLEMAGNE (les), 16, 143, 262, 303, 305-308, 310, 311, 315, 316, 319, 323-325, 327, 403, 404.
EMPURÉ (seigneurie d'), 271, 334, 360, 369, 376, 382.
ENGHIEN (le duc d'), 54. Voy. Prince (Monsieur le).
ENGOUTSEN (baronnie d'), 16.

ÉPERNON (J.-L., duc d'), 46, 66, 181.
ÉPERNON (Marie du Cambout, duchesse d'), 59.
ÉPERNON (duché-pairie d'), 128.
ESCARS (François d'), 72, 75.
ESCARS (Jacques d'). Voy. Vauguyon (la).
ESCARS (Diane d'), comtesse de Saint-Maigrin, 72, 74.
ESCARS (Isabeau de Carency, dame d'), 72, 75.
ESCARS (maison d'), 74.
ESCHES. Voy. Fontaine d'Esches (la) et Lesche.
ESCURIAL (l'), 242.
ESGUENON (J. Picquet d') et sa femme, 27.
ESGUENON (J. d'), dame de Saint-Simon, 27.
ESPAGNE, 34, 41, 47, 49, 50, 53, 65, 67, 73, 83, 109, 114, 115, 116, 133, 134, 171, 177, 205, 212, 224, 238, 244, 249, 250, 274, 285, 296, 305, 306, 308-310, 314, 315, 319, 321, 323, 325, 327, 328, 346, 349-381, 398.
ESPAGNE (rois d'). Voy. Philippe V, Ferdinand VI.
ESPAGNE (reine d'). Voy. Élisabeth.
ESPAGNE (Marie-Anne-Victoire, infante d'). Voy. Infante (l').
ESPOY (le chevalier d'), 248.
ESTAMPES (M. d'), 176.
ESTHUERT (les), 74. Voy. Stuart.
ESTOUILLY (Baudouin de Campremy, seigneur d'), 3, 13, 14, 15.
ESTRADES (le maréchal d'), 166.
ESTRÉES (Fr.-Ann. I*er*, maréchal d'), 19.
ESTRÉES (Louis-Armand, duc d'), 148, 149.
ESTRÉES (Victor-Marie, maréchal d'), 200, 201, 250.
ESTRÉES (Gabrielle d'), dame de Liancourt, 19, 38.
ÉTANG (terre de l'), 109.
EU (comté d'), 139, 336.
EUGÈNE IV, pape, 74.
EUROPE, 43, 190, 205, 211, 256, 291, 298, 308, 314, 324, 325, 351, 400.
ÉVREUX (diocèse d'), 382.

F

FABRI (Madel.), dame Séguier, 51, 52.
FALCONIERI (le cardinal), 309.
FAURE (Antoine), 165.
FAY (Louis de). Voy. Cressonsac.
FÉCAMP (ville de), 334, 343.
FÉNELON (Fr. de Salignac de la Mothe-), 195, 196, 252, 253.
FERDINAND VI, roi d'Espagne, 380, 381.
FÈRE (ville de la), 2.
FÉRON (A. le), duchesse de Chaulnes, 73.
FERRARE (Renée, duchesse de), 17.
FERRARE (ville de), 315, 316, 320.
FERTÉ-ARNAULD (la) ou la FERTÉ-VIDAME, terre, 84, 92, 108, 109, 145, 176, 178, 207, 211, 217, 222, 264, 271, 274, 275, 277, 279, 280, 282, 285, 291, 292, 294-303, 311-313, 318, 320, 331, 332, 334, 339, 343, 360, 369, 382-384, 394, 399, 401, 413.
FERVACQUES (Notre-Dame de), 13.
FEUILLADE (L., duc de la), 402.
FINI (le cardinal), 316.
FINVILLE (Auvray de). Voy. Auvray.
FLANDRE (Arnoul, comte de), et sa femme, 1.
FLANDRES (les), 1, 5, 12, 66, 84, 106, 123 255, 351, 368, 404.
FLAVY-LE-MARTEL (seigneurie de), 14, 15.
FLÈCHE (ville de la), 161.
FLEURY (le cardinal), 208, 209, 210, 211, 217, 248, 251, 252, 253, 327, 398-402.
FLEURY (G.-Fr.-L. Joly de), procureur général, 264, 265, 270, 284, 285, 287, 288, 289.
FLOCQUES (Robert de), sa femme et sa fille, 25.
FLOCQUET (Antoine de Rasse, dit), 25.
FLORENSAC (le marquis de), 29.
FLOTTE, agent du duc d'Orléans, 114.
FONTAINE (L.-L.), 383.
FONTAINE D'ESCHES (Louis de la) et ses deux femmes, 26, 27.
FONTAINE D'ESCHES (Denise de la), dame de Saint-Simon, 27.
FONTAINE-LA-GUYON (seigneurie de), 22.
FONTAINE-MARTEL (le comte et la comtesse de), 92.
FONTAINEBLEAU (ville de), 124, 125, 133, 134, 153, 154, 198, 228, 287, 294.
FONTENAY-EN-BRIE (seigneurie de), 16.
FONTENILLES (M*me* de), 404.
FORCE (J. de Caumont, duc de la), 99.

TABLE ALPHABÉTIQUE

FORNOUE (bataille de), 17.
FOSSEUX (seigneurie de), 22.
FOUCQUET (Nicolas), 70, 292, 293.
FOURMIGNY (bataille de), 24.
FRAGUIER (Cl.), dame d'Ansac, 27.
FRANCE, 116, 128, 129, 133, 134, 152, 160, 178, 179, 181, 190, 238, 255, 256, 260, 292, 333, 334, 336, 337, 345-347, 351, 353, 357, 359, 364, 368, 370, 373, 380, 398.
FRANCE (barons de), 2.
FRANCE (fils de), 22.
FRANCE (prieuré de), à Malte, 327.
FRANÇOIS Ier, roi de France, 17, 21, 25, 72, 162, 256, 259.
FRÉDÉRIC IV, empereur, 16.
FRÉJUS (l'évêque de). Voy. Fleury (le cardinal de).
FRÉMAULT (M. de), dame de la Vacquerie, 25.
FRÉMICOURT (Raoul, seigneur de), et sa femme, 3, 6, 7, 12.
FRÉMONT (Nicolas de), 336, 338, 343. Voy. Auneuil.
FRÉMONT (G. Damond, dame de), 336, 343, 345.
FRÉMONT (Geneviève de). Voy. Lorge (la maréchale de).
FRESNES. Voy. Daguesseau.
FRESNIÈRES (seigneurie de), 27.
FROISSART (Jean), 12.
FROMENTEAU. Voy. Béthoulat.
FRONSAC. Voy. Richelieu.

G

GALDACANO (ville de), 350.
GALICE (pays de), 351, 368.
GALLOT (Adrien de) et sa femme, 22.
GAMACHES (L.-A. de Loménie, marquise de), 32.
GARDE (J.-Fr. Charmolue de la), 223, 225, 226, 228-230.
GAUCOURT (J. de), dame de Wawrin, 15.
GAUZEN (le sieur), 385.
GAVRE (terre de), 12.
GÊNES (ville de), 237, 238, 327.
GENLIS (seigneurie de), 15, 17.
GEORGES II, roi d'Angleterre, 315.
GERBEZ (N. de), 18.
GERMIGNY, (seigneurie de), 15.
GERTRUYDENBERG (conférences de), 194, 265, 267.
GESVRES (Léon Potier, duc de), 87.
GESVRES (le marquis de). Voy. Tresmes.
GIBRALTAR (ville de), 351, 368.
GIRARD (L.), 383.
GIRARDIN (Mme), 386.
GIRONDE (rivière de), 67.
GIROT (André), 383.
GODET DES MARAIS (Paul), évêque de Chartres, 109, 221.
GOGUÉ SAINT-JEAN (René de), 344, 345.
GOMMENECH (seigneurie de), 335, 344.
GONTAUT (la duchesse de), 212.
GORMAZ (le comte de San-Estevan de), 349.
GOUFFIER (A.), dame d'Amerval, 19.
GOURGUE (J.-A. de), 217.
GOURGUE (L.-M.-G. de), marquise de Sandricourt, 23.
GRAINVILLE (Marguerite de), 22.
GRAMBUS (Ch. de), 29.
GRAMMONT (J. de), seigneur de Vachères, et sa femme, 29.
GRAMONT (le maréchal de), 78, 212.
GRAND (M. le). Voy. Armagnac (Louis de Lorraine, comte d').
GRANDVILLE (Joseph Bidé de), 217.
GRANVILLE (ville de), 380.
GRAS DU LUART (M. le), 245.
GRAVELINES (ville de), 62.
GRENADE (ville de), 350, 368.
GRENELLE (plaine de), 188.
GRENELLE (rue de), à Paris, 376.
GRIMBERGUE (L.-Joseph d'Albert, prince de), 404.
GRISONS (Suisses et), 336.
GRONGNET. Voy. Vassé.
GRUMESNIL (seigneurie de), 25, 26.
GRUYN (Pierre), 229.
GUALTERIO (MM.), 100, 101, 290-332.
GUAY (Fr.-Guill.), 382, 383.
GUÉMENÉ (le prince et la princesse de). Voy. Montbazon.
GUÉRIN DE CHATEAUNEUF (Alex.). Voy. Chateauneuf.
GUICHE (A. de Gramont, duc de), 200.
GUICHE (M.-Ch. de Noailles, duchesse de), 193.
GUIERCHEVILLE (Ant. de Pons, marquise de), 38.
GUILLAUME Ier, duc de Normandie, et sa femme, 1.
GUISANCOURT (Marguerite de), dame de Créquy, 22.
GUISCARD (seigneurie de), 122.
GUISE (L.-J. de Lorraine, duc de), 335.

GUISE (A.-M.-J. de Lorraine, comte d'Harcourt, puis de), 148, 149.
GUISE (Elis. d'Orléans, duchesse de), 335, 342.
GUSTAVE LE GRAND, roi de Suède, 319.
GUYENNE (province de), 66-68, 70, 72, 73, 75, 80, 81, 129-131, 149, 255, 271, 346, 360, 369, 376, 382, 383.

H

HABSBOURG OU HAPSBOURG (comté de), 354, 368.
HAINAUT (pays de), 12.
HALATTE (forêt d'), 28, 30.
HALLUIN (Louis d'), 17.
HAM (Eudes II, seigneur de), et sa femme, 3, 4.
HAM (Lancelin de), 3.
HAM (terre et ville de), 2, 3, 15, 18.
HANGEST (Ch. de), évêque-comte de Noyon, 17.
HANGEST (J. de) et sa femme, 15.
HANOVRE (maison de), 309.
HANOVRE (B.-H.-Ph. de Bavière, duchesse de), 238.
HARCOURT (A.-M.-J. de Lorraine, comte d'). Voy. Guise.
HARCOURT (H. de Lorraine, comte d'), 59, 60, 70, 71, 80, 81.
HARCOURT (Henri, maréchal-duc d'), 194, 200, 250.
HARLAY (Achille III de), premier président, 86.
HARLAY (L. de). Voy. Champvallon.
HARLY (seigneurie de), 5.
HATEY (la veuve), 270.
HAUTERIVE (Guillaume d') et sa femme, 20.
HAUTERIVE (Fr. de l'Aubespine, marquis d'), et sa femme, 33-35.
HAUTERIVE (Charlotte de l'Aubespine d'). Voy. Saint-Simon (la duchesse de).
HAUTERIVE (Claire-Eug. d'). Voy. Saint-Simon (la marquise de).
HAVESQUERQUE (P. de), seigneur de Rasse, et sa femme, 14.
HAVESQUERQUE (J. de), dame de Saint-Simon, 14, 23.

HAVRE-DE-GRACE (ville du), 180, 244, 346.
HAYE (ville de la), 266.
HÉDOUVILLE (J., seigneur d'), et sa femme, 22.
HÉDOUVILLE (Louis d'), seigneur de Sandricourt, 16.
HELLECOURT (seigneurie d'), 18.
HELVÉTIUS (Adrien), 406.
HELVÉTIUS (J.-Fr.), 406.
HÉNONVILLE (seigneurie d'), 27.
HENRI Ier, roi de France, 2, 3, 11.
HENRI II, 19, 22, 26, 256.
HENRI III, 26, 62, 72, 256.
HENRI IV, 18, 19, 26, 27, 33, 42, 43, 60, 61, 180, 181, 256, 259.
HERBAULT (M. Phélypeaux d'), 62.
HERBELOT (A. d'), dame de Conti-Roquencourt, 26.
HERBERT Ier, petit-fils de Pépin, 1.
HÉRICOURT (Fr. d'), dame d'Esquenou, 27.
HERMITAGE (terre de l'), 335, 344.
HESDIN (ville de), 26.
HOLLANDE, 33, 34, 265, 266, 319, 325, 406, 407.
HUGUES. CAPET, roi de France, 2.
HUGUES LE GRAND, fils d'Henri Ier, roi de France, et sa femme, 2, 3, 11.
HUMIÈRES (Jean d') et sa femme, 13.
HUMIÈRES (L. de Crevant, maréchal d'), 9.
HUXELLES (L.-Ch. du Blé, marquis d'), 62.
HUXELLES (N. du Blé, marquis d'), maréchal de France, 62, 63, 194, 210, 265, 266, 267.
HUY (ville d'), 364.

I

IMHOF (J.-G. de), 96.
IMPÉRATRICE D'ALLEMAGNE. Voy. Bavière (Éléonore-Madeleine-Thérèse de).
IMPERIALI (le cardinal), 309, 316.
IMPÉRIAUX (les), 49.

INCHY (J. d') et sa femme, 16.
INDES (les), 341, 368.
INFANT (l'), don Luis, 351, 354.
INFANTE (l'), Marie-Anne-Victoire, 205, 206, 241, 351, 356.
INFREVILLE (seigneurie d'), 38.

INNOCENT XIII, pape, 313, 314, 322, 323, 327.
INQUISITION (l'), 322.
INVILLÉ (seigneurie d'), 26-28.
ISABEAU DE BAVIÈRE, reine de France, 13.
ISLE-ADAM (capitainerie de l'), 22.
ITALIE, 17, 21, 23, 25, 102, 168, 169, 238, 298, 301, 305, 308-310, 319, 323, 324, 325.
ITALIE (rois d'). Voy. Bernard, Pépin.
IVRY (bataille d'), 27.

J

JAËN (royaume de), 351, 368.
JANSON (le cardinal de), 99, 100.
JARNAC (bataille de), 26.
JEAN LE BON, roi de France, 4, 12, 13.
JEAN Ier, roi de Portugal, 16.
JÉRUSALEM (ville de), 350, 368.
JÉSUITES (les), 150.
JÉSUS-CHRIST, 253.
JOLY DE FLEURY (M.). Voy. Fleury.
JUDDE (M^e), notaire, 251.
JULIERS (duché de), 327.
JUMIÈGES (abbaye de), 20.

L

LALLAIN (J. de), dame de Havesquerque, 14.
LALLEMAND (le P.), 321.
LALLEMAND (Cl.-Dés.), 383.
LAMBLORE (paroisse de), 383.
LANDRECIES (ville de), 18, 21.
LANGUEDOC (province de), 28, 29, 31, 336.
LANNOY (Baudouin de), 16.
LASSAY (Léon, comte de), 404.
LAURIÈRES (M. Billard, sieur de), 20.
LAUZUN (le duc de), 188.
LAUZUN (la duchesse de), 83, 311, 331.
LAVAL (M. et Mme de), 403, 405.
LAW (Jean), 207.
LEFEBVRE (M.), 227-229.
LENET (Pierre), 65, 66.
LÉON (royaume de), 350, 368.
LÉON X, pape, 25.
LERMA (château de), 241-243.
LESCHE (seigneurie de), 26, 27.
LESDIGUIÈRES (Charles Ier de Blanchefort-Créquy, duc de), 38.
LESSEVILLE (Ant. le Clerc de) et sa femme, 20.
LESSEVILLE (H. de), dame de Saint-Simon, 20.
LEVASSEUR (l'abbé), 344, 345.
LEVIS (Ch.-Eug., marquis, puis duc de), 177.
LIANCOURT (seigneurie de), 19, 62. Voy. Amerval, Estrées, Guiercheville, Plessis (du).
LIBAN (le), 191.
LIGUE (la), 44, 50, 60.
LILLE (ville de), 12, 25, 106, 107, 112.
LILLEBONNE (Mlles de), 94.
LIMOGES (ville de), 196, 198.
LIMOUSIN (pays de), 197.
LINGERIE (rue de la), à Paris, 413.
LIRIA (le duc de), 349.
LISBONNE (ville de), 340.
LOBBE (seigneurie de la), 18.
LOGES (château des), à Saint-Germain, 98.
LOIRE (rivière de), 67, 68.
LONGUEVILLE (H. d'Orléans, duc de), 30, 65, 66.
LONGUEVILLE (A.-G. de Bourbon, duchesse de), 30, 32, 65, 67.
LONGUEVILLE (Élisabeth d'Orléans-), comtesse de Torigny, 38.
LORGE (le maréchal de), 84, 87, 89, 335, 337, 338, 340-342, 344, 345.
LORGE (Guy de Durfort, duc de Quintin et de), 85, 89, 335, 336, 342-345.
LORGE (la maréchale de), 83, 335, 337, 338, 340-342, 344, 345.
LORGE (G.-Th. Chamillart, duchesse de), 89.
LORGE (M.-G. de). Voy. Saint-Simon (la duchesse de).
LORRAINE (Charles de), 249.
LORRAINE (Léopold, duc de), 86.
LORRAINE (Louis de), prince de Pons, 249.
LORRAINE (le chevalier de), 86, 166, 167.
LORRAINE (Él.-Ch. d'Orléans, duchesse de), 86.
LORRAINE (duché de), 70, 83, 148, 335.
LORRAINE (maison de), 32, 97, 98.
LOUIS LE DÉBONNAIRE, empereur, 4.
LOUIS IX, roi de France, 3, 10, 182.

LOUIS XI, 16, 17, 25, 162, 180.
LOUIS XII, 17, 162.
LOUIS XIII, 19, 28, 29, 33, 35-37, 39-62, 67, 70, 81, 83, 113, 114, 121, 127, 162, 181, 182, 186, 207, 256, 333, 357, 358.
LOUIS XIV, 30-33, 37, 40, 52, 53, 59, 62-64, 68-71, 75-78, 80, 81, 83, 85-87, 96-102, 104, 107-112, 115, 117-124, 128, 130-132, 135, 137, 138, 143, 145-147, 149, 150, 152-160, 167, 169-171, 174, 175, 179, 180, 182, 185, 189-193, 195, 197-200, 203-214, 218, 221, 223, 224, 226, 227, 230, 231, 233, 256, 257, 266, 334-337, 342, 343, 345-347, 364, 387-389, 392, 402, 405-407, 409.
LOUIS XV, 75, 132, 133, 158, 183, 184, 195, 201, 203-210, 237, 238, 241, 243-253, 268, 269, 271, 275, 285-289, 291, 347, 348, 350-352, 356-361, 363-367, 369, 373, 375-386, 400, 402, 408-411.
LOUVOIS (le marquis de), 63, 406.
LOUVRE (le), 181, 206, 389.
LOUVRES (seigneurie de), 16.
LUART. Voy. Gras du Luart (M. le).
LUDE (la duchesse du), 51, 52, 97, 105, 121, 227.
LUIS (don). Voy. Infant (l').
LUSSAN (la comtesse de), 117.
LUXEMBOURG (M.-L. d'Albert, duc de), 38, 39.
LUXEMBOURG (le maréchal de), 65, 83, 84, 86.
LUXEMBOURG (Ch.-Fr.-Fr., duc de), 214, 239, 390.
LUXEMBOURG (palais de), 45-48.
LUYNES (Ch. d'Albert, duc de), 38, 76.
LUYNES (Ch.-Phil. d'Albert, duc de), 241.
LUYNES (M. Brûlart, duchesse de), 199.
LYON (ville de), 204.

M

MACHAULT D'ARNOUVILLE (J.-B. de), 289.
MADAME (Charlotte-Élisabeth de Bavière, dite), 52, 93, 94, 96, 120, 163, 165, 178, 198, 226, 335, 342.
MADEMOISELLE (la Grande), 52, 53.
MADEMOISELLE (Él.-Ch. d'Orléans, dite), 342.
MADRID (ville de), 65, 114, 177, 178, 241, 242, 321, 349, 356.
MAGNY (Adam, seigneur de), 5, 9.
MAGNY (Éléonor de), dame de Rouvroy, 5, 9.
MAILLEBOIS (château de), 108.
MAILLY (François de), archevêque de Reims, 152.
MAILLY (J. de) et sa femme, 26.
MAILLY (Louis, comte de), 336, 342.
MAILLY (Robert de) et sa femme, 26.
MAILLY (Antoinette de), dame de Saint-Simon, 26.
MAILLY (Marie de), dame de Rollecourt, 27.
MAINE (le duc du), 118, 130, 131, 146, 153, 160, 186, 188-190, 194, 200, 205, 336, 342, 408.
MAINE (la duchesse du), 130, 336.
MAINE (province du), 21.
MAINTENON (la marquise de), 74, 100, 108, 109, 111, 112, 114, 115, 117-120, 123, 125, 145, 146, 153, 154, 160, 186, 194, 197, 405-407.
MAIRE (le sieur le), 230.
MAISONS (Cl. de Longueil, marquis de), 186-191.
MAISONS (J.-R. de Longueil, marquis de), et sa femme, 187, 189, 191, 212.
MAISONS (R. de Longueil, président de), 81.
MAISONS (Ch. de Varangeville, marquise de), 187.
MAISONS (château de), 186.
MAJORQUE OU MAYORQUE (île de), 351, 368.
MALAUZA (Mme de), 223.
MALINES (ville de), 212.
MALLAVIA (ville de), 350.
MALTE (île de), 326-329, 331, 332.
MANCINI (l'abbé), 72.
MANCINI (Olympe), comtesse de Soissons, 32.
MANS (ville du), 20, 21, 74.
MARAIS (seigneurie du), 22.
MARAIS (le quartier du), à Paris, 63.
MARCHE (Olivier de la), 15, 16.
MARCHE (J. de Bourbon, comtesse de la), 74, 75.
MARCILLAC (le prince de). Voy. Rochefoucauld (François VIII, duc de la).
MARÉCHAUX DE FRANCE (tribunal des), 148, 149.
MARESCHAL (G.), premier chirurgien du Roi, 110, 112, 154, 170.
MARESTS (seigneurie des), 18.

MARICOURT (L. de) et sa femme, 26.
MARIE DE MÉDICIS, reine de France, 42-48, 50, 59, 181, 256.
MARIE-THÉRÈSE, reine de France, 35, 37, 96, 333, 334.
MARIGNY (seigneurie de), 25.
MARLY (château de), 94, 101, 102, 105, 106, 109, 118, 122-125, 131, 143-146, 149, 152, 153, 155, 169, 171, 174, 188, 193, 234.
MARQUAIS (seigneurie du), 16.
MARSOLLIER (le sieur), 413.
MARTINOZZI (A.-M.), princesse de Conti, 32.
MARTREUIL (baronnie de), 271, 334, 360, 369, 382.
MATIGNON (Gilonne de), duchesse de la Rocheguyon, 38.
MAUBEUGE (ville de), 14.
MAULÉVRIER (L.-Éd. Colbert, marquis de), 398.
MAUPEOU (R.-Ch. de), premier président), 408.
MAURE (comté de), 72.
MAUREPAS (le comte de), 246-248, 260-262, 267-270, 284, 285, 287-289, 405.
MAY (J. de), dame de Refuge, 18.
MAYENCE (ville de), 49.
MAYNON (M.), 223.
MAZARIN (le cardinal), 32, 33, 65, 66, 68-70, 72, 181, 256.
MEAUX (l'évêque de). Voy. Bossuet.
MEAUX (ville de), 24.
MECKELBOURG (Él. de Montmorency, duchesse de Châtillon, puis de), 78.
MÉDICIS. Voy. Cosme III, Léon X.
MÉDINA-CŒLI (le duc de), 349.
MEILLERAYE (le maréchal de la), 39, 54, 55.
MEILLERAYE (P.-J. Mazarin, duc de la), 337, 343, 345, 393.
MEILLERAYE (F.-A.-Ch. de Durfort de Duras, duchesse de la), 337.
MEIN (fleuve du), 262, 403.
MESMES (J.-A. de), premier président, 138, 139, 141, 142, 189, 215.
MESNIL (seigneurie du), 5.
MESSY (seigneurie de), 16.
METZ (l'évêque de). Voy. Saint-Simon (Claude de).
METZ (ville de), 21, 209, 403.
MEUDON (château de), 121, 123, 171, 245.
MEULAN (ville de), 27, 37, 41.
MÉZERAY (Fr.-Eudes de), 6, 11.
MILAN (ville de), 351, 368.
MINIMES (religieux), 17.
MIRANDOLE (le duc de la), 349.
MIRAVAL (le marquis de), 355.
MISSISSIPI (compagnie du), 207.
MODÈNE (le prince de), 238.

MODÈNE (Mlle de Valois, princesse de), 237, 238.
MOLÉ (M.), 287.
MOLINA (le P.), 351, 368.
MONACO (les princes de), 9, 390, 391, 401.
MONBLÉRU (seigneurie de), 18, 21.
MONCEAUX D'AUXY (Guy de) et sa femme, 23.
MONCEAUX (Marg. de), dame de Sandricourt, 23.
MONCHY (Mich. de), dame de Rochebaron, 17.
MONCONTOUR (bataille de), 26.
MONS-EN-VIMEU (bataille de), 15, 16.
MONSEIGNEUR (Louis, dit le Grand dauphin et), 95, 99, 108, 115, 117, 121, 123, 171, 172, 335, 342.
MONSIEUR (Gaston, duc d'Orléans, dit), 40, 50, 52, 53, 55, 58, 59, 65, 66.
MONSIEUR (Philippe, duc d'Orléans, dit), 53, 86, 91, 94, 99, 165, 166, 178, 335, 342.
MONSTRELET (Eng. de), 14, 24.
MONT (H. de Gauréaul du), écuyer de Monseigneur, et son fils, 121, 122.
MONTAFIÉ (L. de) et sa femme, 25.
MONTARGIS (ville de), 24.
MONTAUBAN (Ch. de Bautru, princesse de), 139.
MONTAUSIER (Ch. de Sainte-Maure, duc de), 29, 253.
MONTAUSIER (J. d'Angennes, duchesse de), 32, 33.
MONTBAZON (Ch. de Rohan, prince de Guémené, duc de), et sa femme, 337, 342, 343.
MONTDIDIER (ville de), 26.
MONTEREAU (ville de), 24.
MONTESPAN (la marquise de), 95, 129.
MONTHOMER (Ch.-Mich. de) et sa femme, 23.
MONTHOMER (M.-A. de), dame de Sandricourt, 23.
MONTIGNY (J. de Bruyères, dite de), dame de Saint-Simon, 13.
MONTLHÉRY (bataille de), 16.
MONTMORENCY (Anne de), connétable, 256.
MONTMORENCY (Cl. de), seigneur de Fosseux, et sa femme, 22.
MONTMORENCY (Gabriel de), seigneur de Bours, et sa femme, 18.
MONTMORENCY (H. de), connétable, et sa femme, 29, 30.
MONTMORENCY (Henri II, duc de), 29.
MONTMORENCY (Ant. de), dame de Saint-Simon, 18.
MONTMORENCY (Ch.-Marg. de). Voy. Princesse (Madame la).
MONTMORENCY (Geneviève de), dame d'Hédouville, 22.

MONTMORENCY-FOSSEUX (Roland de) et sa femme, 21, 22.
MONTMORENCY-FOSSEUX (Louise de), dame de Saint Simon, 21, 22.
MONTMORENCY-LAVAL (Guy-Cl.-Roland de) et sa femme, 21.
MONTOISON (baronnie de), 22.
MONTPENSIER (Mlle de). Voy. Mademoiselle.
MONTREUIL (ville de), 17.
MONTREVEL (le maréchal de), 130, 131.
MONTSALEZ (le marquis de), 29.

MORÉRI (Louis), 80.
MORTEMART (G. de Rochechouart, marquis de), 113.
MOSCOU (ville de), 308.
MOUCY-LE-CHATEL (baronnie de), 26.
MOULIN (J. du), seigneur de Fontenay-en-Brie, et sa femme, 16.
MOY (Péronne de), dame de Rouvroy, 5, 10.
MURCIE (royaume de), 351, 368.
MURET (seigneurie de), 15.
MUY (le marquis du), 262.

N

NAMUR (ville de), 23, 83, 346, 364.
NANCRÉ (le marquis de), 147.
NANTOUILLET (Cath. de), dame de Précy, 3.
NANTOUILLET (seigneurie de), 25. Voy. Prat (du).
NAPLES (royaume et ville de), 5, 303, 319, 323, 324.
NARVAEZ (Salvador), 355.
NAVAILLES (le maréchal-duc de), 73, 166.
NAVAILLES (la duchesse de), 73.
NAVARRE (royaume de), 4, 11, 212, 350, 357, 364, 368, 380.
NAVARRE (régiment de), 28, 73.
NEERWINDEN (bataille de), 21, 83, 347, 364.
NEMOURS (Bern. d'Armagnac, duc de), 74.
NEMOURS (duché de), 335.
NEVERS (Fr., duc de), 18.
NEVERS (Fr. II, duc de), 22.
NIMES (ville de), 23.

NOAILLES (Adr.-Maurice, duc de), 85, 99, 189, 193, 199-201, 212, 214, 352.
NOAILLES (Anne-Jules, maréchal de), 212.
NOAILLES (L.-Ant. de), cardinal, 146, 151, 161, 195, 200, 201, 298, 299.
NOAILLES (M.-Fr. de Bournonville, duchesse de). 193.
NOGARET (Mme de), 106.
NOINTEL (Louis Béchameil, marquis de), 229.
NOIRMOUTIER (J.-Enim., abbé de), puis cardinal de la Trémoille, 100, 101.
NOLENT (Charles de). Voy. Saint-Contest.
NORMANDIE (province de), 1, 12, 24, 25, 37, 60, 61, 65, 180, 197, 247, 255, 380, 400.
NOYON (évêques-comtes de). Voy. Hangest, Saint-Simon.
NYERT (François de), 112, 113.
NYERT (Pierre de), 113.

O

OINVILLE (P. d') et sa femme, 14.
ORANGE (H.-Fr. de Nassau, prince d'), 35.
ORATOIRE (congrégation de l'), 275, 283.
ORCHIES (châtellenie d'), 14, 23, 26.
ORGEMONT (L. d'), dame de Montmorency-Fosseux, 22.
ORGEREUX (J. de Canjon, dame des), 27.
ORLÉANS (Philippe, duc de Chartres, puis d'), régent. 75, 77, 86, 91-93, 104, 110-112, 114-119, 121, 134, 135-

145, 147, 153-179, 182-198, 200-209, 212, 239-243, 252-255, 335, 342, 348, 354, 395-397, 399 Voy. Monsieur.
ORLÉANS (Mlle de Blois, duchesse de Chartres, puis d'), 91, 92, 111, 112, 117-121, 154, 160, 167, 169-172, 174, 177, 210, 335, 342, 410.
ORLÉANS (Élisabeth, princesse d'). Voy. Guise.
ORLÉANS (Isabelle-Louise, princesse d'), 354.
ORLÉANS (Marg.-L. d'), grande-duchesse de Toscane, 335, 342.

TABLE ALPHABÉTIQUE

ORLÉANS (ordonnance d'), 379.
ORLY (terre d'), 262, 402.
ORRY (Jean et Philibert), 308.
ORVILLÉ (seigneurie d'), 16.
OSSEMER (seigneurie d'), 24.

OSSUNA (le duc d'), 397, 398.
OTTOBONI (le cardinal), 100.
OUILLÉ (seigneurie d'), 26, 28.
OYSY (Mme d'), 93.

P

PALAIS-ROYAL (le), à Paris, 65, 78, 143, 175, 176, 178, 202, 259.
PAPES. Voy. Clément XI, Léon X, Innocent XIII.
PARDIAC (comté de), 74.
PARIS, 20, 23-25, 27, 28, 31-33, 35, 38, 49, 50, 63, 65, 66, 73, 75, 76, 79, 108-111, 113, 121, 134, 158, 169, 176, 180, 182, 186-188, 198, 201, 207, 211, 213, 217, 220, 222, 233, 235, 238, 240, 244, 247, 249-251, 262, 264, 269-274, 276, 277, 284, 290, 295, 298, 303-307, 309, 310, 315-318, 320-324, 326, 328-331, 334, 338-342, 347, 350, 359, 360, 363, 366, 367, 369, 373, 376-381, 383, 385, 387, 391, 398, 399, 402, 403, 406, 407, 413.
PARIS (l'archevêque de). Voy. Noailles (le cardinal de), Vintimille (Ch.-G.-G. de).
PARIS (J.-Ch.), prêtre, 382.
PARLEMENT (le) de Paris, 16, 55, 58, 65, 66, 77, 78, 101, 110, 128, 138, 140, 143, 154-156, 180-182, 184-187, 189, 190, 204, 213-215, 240, 255, 267, 334, 337, 345, 346, 367, 378, 390, 408, 409.
PARME (Sophie-Dorothée de Bavière, duchesse de), 315.
PARME (duché de), 319.
PASQUIER (L.), 383.
PATIÑO (M.), 305, 306.
PAYS-BAS (les), 62, 65.
PECCAIS (gouvernement de), 28.
PELETIER (Claude le), 217, 218.
PELLEVÉ (Gilles de), 22.
PELLISARI (Léon), 22.
PÉPIN, fils de Charlemagne, roi d'Italie, 4.
PERCHE (le), 222.
PERDRIEL (J.) et sa femme, 26.
PÉRONNE (seigneurie et ville de), 1, 25.
PERSE (royaume de), 308, 315.
PÉRUSSE-ESCARS (maison de), 74. Voy. Escars.
PERTUIS (Ch. de), 22.
PHALSBOURG (ville de), 19.
PHÉLYPEAUX. Voy. Herbault, Maurepas, Pontchartrain, la Vrillière.
PHILIPPE Ier, roi de France, 2.
PHILIPPE-AUGUSTE, 2, 7, 11, 13.
PHILIPPE III LE HARDI, 4.

PHILIPPE IV LE BEL, 4, 5.
PHILIPPE V LE LONG, 5.
PHILIPPE VI DE VALOIS, 13.
PHILIPPE V, roi d'Espagne, 115, 134, 160, 205, 206, 242, 260, 298, 346, 347, 349, 350-356, 365, 366, 368-379, 398.
PHILIPSBOURG (ville de), 49.
PICARDIE (province de), 6, 12, 17, 21, 244.
PICO (le cardinal), 316.
PICQUET (J.). Voy. Esquenon.
PIÉMONT (pays de), 25, 319.
PIENNES (Olympe de), duchesse d'Aumont, 94.
PINEY (duché de), 390, 391.
PLESSIER ou PLESSIS-CHOISEL ou SAINT-JUST (terre du), 5, 7, 10, 12-14, 23, 24, 26-28, 30, 31.
PLESSIS (Ch. du), seigneur de Liancourt, 62.
PLESSIS-BIACHE (J. du), 18.
PLOMBIÈRES (eaux de), 404.
POITIERS (ville de), 13, 397.
POITOU (province de), 68.
POLIGNAC (le cardinal de), 303.
POLOGNE (royaume de), 321.
POMMERIT (terre de), 335, 344.
PONCHER (Cl.), dame de Lesseville, 20.
PONS (le prince de). Voy. Lorraine (Louis de).
PONS (Antoinette de), marquise de Guercheville, 38.
PONT-AUDEMER (ville de), 339.
PONT-AVESNE (seigneurie de), 13, 14, 15.
PONT-DE-CÉ (le), 44.
PONT-SAINTE-MAXENCE (ville de), 28, 249, 250, 271, 334, 343, 360, 364, 369, 376, 383.
PONTCHARTRAIN (Louis Phélypeaux, comte de), 51, 52, 88, 95, 101, 109, 110, 115-117, 124-129, 132, 145, 146, 193, 201, 202, 214, 218-222, 388, 391, 392, 393-395.
PONTCHARTRAIN (Jérôme Phélypeaux, comte de), 88-90, 124, 125, 127, 131, 132, 146, 160, 201, 202, 356, 367, 384, 393. Voy. Maurepas. — Son fils, 201, 202.
PONTCHARTRAIN (Chr.-Él. de Roye, comtesse de), 88, 89, 202.

PONTCHARTRAIN (M. de Maupeou, comtesse de), 51, 52, 109, 132, 145, 146.
PONTCHEVRON (terre de), 276.
PONTHIEU (pays de), 13.
PONTOISE (ville de), 24.
POPILLON (N.). Voy. Ansac.
POPOLI (le duc de), 349.
PORT-LOUIS (ville de), 337.
PORTAIL (MM.), 113.
PORTE DU THEIL (J.-Gabr. de la), 350, 379.
PORTES (le marquis de) et sa femme, 29, 30.
PORTES (Mlle de), 30, 31.
PORTES (maison de), 30.
PORTUGAL (Isabelle de). Voy. Bourgogne.
PORTUGAL (royaume de), 292, 319, 321, 323.
POTHOUIN (le sieur), 285.
PRALY (M. de), 392.
PRASLIN (Élisabeth le Charron, maréchale du Plessis-), 120.
PRAT (Géraude du), dame de Saint-Simon, 25.
PRAT DE NANTOUILLET (Antoine du) et sa femme, 25.
PRÉ (abbaye du), au Mans, 21.
PRÉCY (G. de), 3, 6, 7, 12.
PRÉCY (J. de), 24.

PRÉCY (L., seigneur de), et ses deux femmes, 3, 6, 7, 23, 25.
PRÉCY (Ph. de), 3, 6.
PRÉCY-SUR-OISE (terre de), 3, 7.
PRÉSIDENT (le premier). Voy. Mesmes.
PRÉVOST (le sieur), 393.
PRIE (la marquise de), 208, 209.
PRINCE (Monsieur le), Henri II de Bourbon, 30, 44, 53, 54, 66, 181.
PRINCE (Monsieur le), Henri-Jules de Bourbon, 30, 335, 336, 342.
PRINCE (Monsieur le), Louis II de Bourbon, le grand Condé, 30, 31, 41, 53-55, 65-68, 71, 77, 81, 117, 118.
PRINCESSE (Anne de Bavière, dite Madame la), 117, 342.
PRINCESSE (Charlotte-Marguerite de Montmorency, dite Madame la), 30.
PRINCESSE (Claire-Clémence de Maillé-Brezé, dite Madame la), 54, 59, 65-67.
PRIVAS (ville de), 29, 62.
PRUNELÉ (maison de), 21.
PUYLAURENS (A. de l'Age, duc d'Aiguillon-), 40, 41.
PUYLAURENS (M.-Ph. du Cambout de Pontchâteau, duchesse d'Aiguillon-), 41.
PYRÉNÉES (les), 66, 115.

Q

QUELEN (Barth. de). Voy. Broutay (le comte du).
QUERCY (prieuré de), 17.
QUESNOY (terre du), 13.

QUINTIN (le duc de). Voy. Lorge.
QUINTIN-AU-GUÉMENÉ (seigneurie de), 335, 344.

R

RAFFETOT (seigneurie de), 25.
RAIMBAUCOURT (seigneurie de), 14, 23, 26.
RAMBURES (la marquise de) et son fils, 404.
RAMBURES (château de), 404.
RAMILLIES (bataille de), 102.
RANCÉ (A.-J. Bouthillier de), abbé de la Trappe, 84, 252, 253.
RANCY (M^e de), notaire, 363, 373.
RASSE (seigneurie, puis comté de), 14, 15, 23, 25-27, 249, 250, 271, 275-277, 283, 285, 352-354, 359-378, 380-382, 384. Voy. Saint-Simon.

RASTADT (ville de), 143.
RAVENEL (seigneurie de), 18.
REBAIS (seigneurie de), 22.
REFUGE (Guy de) et sa femme, 18.
REFUGE (Madeleine de), dame de Saint-Simon, 18.
REIMS (ville de), 13, 152, 165, 244.
REINE (chevau-légers de la), 73.
RENAUT (N.), 114.
RESSUINTES (paroisse des), 382, 383.
RETZ (P. de Gondy, duc de), 213.
RÉVEILLON (paroisse de), 383.
REVERCOURT (prieuré de), 382.
RHIN (fleuve du), 309, 310, 404.

RHODES (le colosse de), 255.
RIBLEMONT (gouvernement et capitainerie de), 15.
RICHARDIE (N. de la) et sa femme, 21.
RICHELIEU (le cardinal-duc de), 10, 33, 34, 41-51, 53-59, 113, 207, 256.
RICHELIEU (Arm.-J. du Plessis, duc de Fronsac, puis de), 9, 334, 342, 343, 391, 404, 408.
RICHELIEU (Arm.-J. de Vignerod du Plessis, marquis de), 390, 391.
RICHELIEU (Anne-Marguerite d'Acigné, duchesse de), 337, 342, 343.
RICHELIEU (château de), 46.
RICHEMONT (Artus, comte de), 24.
RIPPERDA (le duc de), 305.
ROANNAIS (Artus Gouffier, duc de), 75, 76.
ROBECQUE (N. de Croy, princesse de), 243.
ROCHE (don Claude de la), 349, 350.
ROCHE-SUR-YON (principauté de la), 336.
ROCHEBARON (Gérard de) et sa femme, 17.
ROCHEBARON (Yolande de), dame de Saint-Simon, 17, 21.
ROCHECHOUART-MORTEMART (maison de), 72, 405.
ROCHEFORT (M. d'Aloigny de), marquise de Blanzac, 337, 343.
ROCHEFOUCAULD (François VI, duc de la), 65, 66, 77, 79, 80, 213.
ROCHEFOUCAULD (Fr. VII, prince de Marcillac, duc de la), 80, 84, 98, 129, 207, 214, 215, 390, 393.
ROCHEFOUCAULD-ROYE (la). Voy. Blanzac, Roucy et Roye.
ROCHEGUYON (Fr. de Silly, duc de la), 37, 38, 214, 215, 391, 393.
ROCHEGUYON (Gilonne de Matignon, duchesse de la), 38.
ROCHELLE (ville de la), 18, 37, 218, 219, 275, 334, 357-359, 370, 373.
ROHAN (Arm.-Gaston, cardinal de), 76, 152, 154, 206, 318.
ROHAN (le duc de), 390.
ROHAN (duché de), 72.
ROHAN (maison de), 96.
ROLLECOURT (seigneurie de), 27.
ROME (ville de), 20, 73, 99, 100, 102, 107, 127, 152, 206, 295, 297-299, 302-304, 306-309, 315, 321, 323, 324, 327, 329, 332, 364.
ROMERO (don Antonio), 375.
ROQUE SAINT-CHAMARANT (A. de Peyroneuc de la), 78.
ROQUELAURE (Antoine, maréchal de), 72, 250, 251.
ROQUELAURE (Marie de), dame de Saint-Maigrin, 72.

ROQUEMONT (P. Anthonis, seigneur de), 38.
ROQUENCOURT (seigneurie de), 26.
ROSAY (marquisat de), 336.
ROSSIGNOL (M⁰ Jean), 373.
ROUCY (Fr. de la Rochefoucauld de Roye, comte de), et sa femme, 88, 337, 343.
ROUEN (ville de), 26, 27, 76, 150, 180, 262.
ROUSSART (Gervais) et sa femme, 74.
ROUVEREL (seigneurie de), 26.
ROUVROY (Alphonse de), 4.
ROUVROY (Aubert de), 15, 16.
ROUVROY (Gaucher de Saint-Simon, dit le Borgne de), 5, 8.
ROUVROY (Gilles de), 5.
ROUVROY (Guillaume de), 5.
ROUVROY (Guillaume de), dit le Gallois, 13, 14.
ROUVROY (Guy de) et sa femme, 5, 7-9.
ROUVROY (Jacques de), 14.
ROUVROY (Jarremont ou Jean de) et sa femme, 5-9, 14.
ROUVROY (Mathieu de), dit le Borgne, et sa femme, 3-8, 11-13, 19, 41.
ROUVROY (Mathieu II de). Voy. Saint-Simon.
ROUVROY (Nicolas de), 5.
ROUVROY (Pierre de), 14.
ROUVROY (Renaut de), 4.
ROUVROY (Isabeau de), dame d'Aunoy, 16.
ROUVROY (Jacqueline de), dame d'Inchy, puis de Sombrin, 16.
ROUVROY (J. de), dame de Berghes, 16.
ROUVROY (Marguerite de), dame de Fontenay, 16.
ROUVROY (Marguerite de), dame d'Humières, 13.
ROUVROY (terre de), 6.
ROUVROY (M. et Mᵐᵉ du), 93, 96.
ROUX (N. le), officier du guet, 246.
ROY (le sieur le), 267, 343.
ROYE (Mathieu, seigneur de), 15.
ROYE (Barthélemy de la Rochefoucauld de), 337.
RUBEMPRÉ (seigneurie de), 336.
RUFFEC (Jacques-Louis de Saint-Simon, duc de), 212, 243, 246, 271, 276, 277, 284, 361, 362, 369-376.
RUFFEC (Arm.-Jean de Saint-Simon, marquis de), 176-178, 211, 212, 349-353, 355, 360-363, 365-372, 375-381, 402.
RUFFEC (Cath.-Ch.-Th. d'Aure de Gramont, dame de Bournonville, puis duchesse de), 212, 284, 285.
RUFFEC (M.-J.-L. Bauyn d'Angerviliers, marquise de), 212.

RUFFEC (terre de), 217, 232, 249, 250, 271, 334, 339, 344, 360, 364, 376, 383, 384.
RUFFO (le cardinal), 316.
RUMESNIL (seigneurie de), 26.
RUSSIE, 324.
RYSWYK (paix de), 85.

S

SAINS (Valeran de) et sa femme, 25.
SAINT-AIGNAN (Fr. de Beauvillier, duc de), 84.
SAINT-AIGNAN (F.-H. de Beauvillier, duc de), 140, 244.
SAINT-ANTOINE (porte), à Paris, 66, 72, 73.
SAINT-BERTIN (abbaye de), 13, 15.
SAINT-CLOUD (château de), 66, 91, 92, 110, 117.
SAINT-COME (paroisse de), à Paris, 383.
SAINT-CONTEST (Ch. de Nolent, seigneur de), et sa femme, 26.
SAINT-CORNEILLE (abbaye de), 25.
SAINT-DENIS (abbaye de), 26, 27, 60, 72, 76, 81.
SAINT-DOMINIQUE (rue), à Paris, 244, 249, 250, 360, 369.
SAINT-ESPRIT (ordre du), 11, 28, 29, 32, 33, 37-39, 62, 63, 72, 75, 76, 83, 92, 182, 209, 211, 212, 215, 249-251, 254, 269, 271, 276, 279, 285, 333-336, 346, 347, 364, 369, 376, 383, 384, 387-390.
SAINT-EUSTACHE (église), à Paris, 165.
SAINT-GÉRAN (F.-M.-C. de Warignies, comtesse de), 37.
SAINT-GERMAIN (faubourg), à Paris, 244, 249, 250, 376.
SAINT-GERMAIN-DES-PRÉS (paroisse), à Paris, 271, 360, 369.
SAINT-GERMAIN-EN-LAYE (château et gouvernement de), 37, 81, 98, 150.
SAINT-HÉREM (Fr.-Gasp. de Montmorin, marquis de), 60.
SAINT-HONORÉ (rue), à Paris, 77.
SAINT-ILDEPHONSE (château de), 375.
SAINT-JACQUES (faubourg), à Paris, 37.
SAINT-JEAN-D'ACRE (ville de), 2.
SAINT-LAURENT (N.-Fr. Parisot de), 5, 165, 166, 167.
SAINT-LÉGER (forêt et seigneurie de), 26, 27, 37.
SAINT-LO (ville de), 380.
SAINT-LOUIS (fief de), à la Rochelle, 218, 219, 275, 334, 341, 357-359.
SAINT-LOUIS (ordre de), 271, 285,
333-336, 346, 347, 364, 369, 376, 383, 384.
SAINT-MAIGRIN (J. de Stuert de Caussade, marquis de), son fils et sa bru, 69-73.
SAINT-MAIGRIN (Louis de) et sa femme, 72.
SAINT-MAIGRIN (N. de Quelen, comte de la Vauguyon et du Broutay, marquis de), et sa femme, 73, 74.
SAINT-MAIGRIN (château de), 73.
SAINT-MARTIN-LE-GAILLARD (forteresse de), 24.
SAINT-MARTIN-LE-VIEUX-VERNEUIL (paroisse de), 383.
SAINT-MICHEL (ordre de), 18, 19, 22, 25.
SAINT-NECTAIRE (Henri, marquis de), 210.
SAINT-NICOLAS (porte), à la Rochelle, 219.
SAINT-PÈRE (rue), à Paris, 335.
SAINT-QUENTIN (seigneurie et ville de), 1, 5, 7, 15, 17, 18.
SAINT-ROCH (paroisse), à Paris, 335.
SAINT-SAMSON (seigneurie de), 23.
SAINT-SATUR (abbaye de), 15.
SAINT-SAUVE - DE - MONTREUIL (abbaye de), 17.
SAINT-SÉPULCRE (chevaliers du), 17.
SAINT-SIMON (Eudes Ier de Vermandois, seigneur de), et sa femme, 2, 3, 11.
SAINT-SIMON (Eudes II de Vermandois, seigneur de), dit Farin, 2, 3, 11.
SAINT-SIMON (Ant. de Rouvroy, dit de), 15, 23.
SAINT-SIMON (Ant. de), seigneur de Guinesnil, et sa femme, 26.
SAINT-SIMON (Bernard-Titus, marquis de), 20, 21.
SAINT-SIMON (Ch. de), abbé de Saint-Sauve de Montreuil, 17.
SAINT-SIMON (Ch., marquis de), 27-32, 59, 66, 67, 75, 81.
SAINT-SIMON (Ch. de), seigneur de Monbléru, et sa femme, 18, 21.
SAINT-SIMON (Claude, duc de), 6, 10, 11, 24, 27, 28, 29, 31, 32, 35-42, 46-

60, 62, 66-68, 71, 75, 77-80, 82-85, 87, 93-95, 108, 113, 114, 121, 122, 130, 149, 150, 207, 213, 256, 274, 333, 334, 339, 344, 346, 357, 358, 417.

SAINT-SIMON (Cl., chevalier et bailli de), 20, 306, 309, 327, 329.

SAINT-SIMON (Cl., abbé de), évêque de Metz, 20, 21, 209, 246, 262, 306, 309, 329, 403-405.

SAINT-SIMON (Cl. de), seigneur de Vaux, et sa femme, 19, 20.

SAINT-SIMON (Cl.-Anne, vicomte de), 377.

SAINT-SIMON (Ét. de), seigneur de Saint-Léger, 27, 56.

SAINT-SIMON (Eust.-Titus, marquis de), et sa femme, 20, 336, 376.

SAINT-SIMON (Fr. de) et ses femmes, 17, 18.

SAINT-SIMON (Fr. de), seigneur de Rasse, 26, 27.

SAINT-SIMON (Gaucher de), dit le Borgne de Rouvroy, 5, 8.

SAINT-SIMON (Gaucher de Rouvroy, seigneur de), et ses femmes, 14, 15.

SAINT-SIMON (Gilles de), seigneur de Rasse, et sa femme, 3, 7, 23-25.

SAINT-SIMON (Guillaume de), seigneur de Rasse, et sa femme, 25.

SAINT-SIMON (II., marquis de), 21.

SAINT-SIMON (Isaac, seigneur de), et sa femme, 18, 19.

SAINT-SIMON (Jacques Ier, seigneur de), et sa femme, 3, 12.

SAINT-SIMON (Jacques II, seigneur de), 3, 12.

SAINT-SIMON (Jean Ier de Vermandois, seigneur de), et sa femme, 2, 11, 13.

SAINT-SIMON (Jean de) et sa femme, 21, 22.

SAINT-SIMON (Jean de Rouvroy, dit le Borgne, seigneur de), 13, 14.

SAINT-SIMON (Jean II de Rouvroy, seigneur de), et sa femme, 2, 16, 17.

SAINT-SIMON (J.-Arm. de). Voy. Ruffec (le duc de).

SAINT-SIMON (Louis, seigneur de), et sa femme, 16, 17, 21.

SAINT-SIMON (Louis de), seigneur de Camberonne et de Vaux, et sa femme, 26.

SAINT-SIMON (Louis de), seigneur de Pontavesne, et sa femme, 18.

SAINT-SIMON (Louis Ier de), seigneur de Rasse, et sa femme, 26.

SAINT-SIMON (Louis II de), seigneur de Rasse, et sa femme, 27, 28, 29.

SAINT-SIMON (Louis de), commandeur de Malte, 27.

SAINT-SIMON (Louis de Rouvroy, duc de), 11, 36, 56, 71, 75, 82-163, 168-179, 182, etc.

SAINT-SIMON (L.-Ch., marquis de), 377.

SAINT-SIMON (L.-Gabr., marquis de), 377.

SAINT-SIMON (Mathieu II de Rouvroy, seigneur de), et ses femmes, 3, 9, 10, 13, 14, 23.

SAINT-SIMON (Méry de), seigneur de Précy, et sa femme, 25.

SAINT-SIMON (Nicolas, comte de), et sa femme, 20, 21.

SAINT-SIMON (Philippe de), abbé de Genlis, 17.

SAINT-SIMON (Simon, seigneur de), et sa femme, 2, 3.

SAINT-SIMON (Titus, seigneur de), et ses femmes, 18, 21.

SAINT-SIMON (Agnès d'Estouilly, dame de), 3, 12.

SAINT-SIMON (Avide de Saint-Simon, dame de), 2.

SAINT-SIMON (Catherine de), dame de Saint-Simon, 9, 10.

SAINT-SIMON (Charlotte de l'Aubespine d'Hauterive, duchesse de), 33, 35, 36, 83, 84, 217-220, 232, 274, 333, 334, 339-342, 344.

SAINT-SIMON (Diane-Henriette de Budos, duchesse de), 29, 31-33, 66.

SAINT-SIMON (Louise de Crussol, marquise de Portes, puis de), 31, 32, 246.

SAINT-SIMON (M.-G. de Lorge, duchesse de), 83, 88, 90-92, 97, 101, 105, 109, 110, 119-121, 123, 129, 130, 138-140, 150, 177, 178, 210, 223, 225-230, 233-235, 246, 247, 260-262, 274, 276, 283, 287, 296, 297, 313, 335-315, 382, 383, 393, 399, 413.

SAINT-SIMON (Adèle de), comtesse de Vermandois, de Crépy et de Valois, 3.

SAINT-SIMON (Aimée de), dame de Boufflers, 26.

SAINT-SIMON (Anne de), dame de Bobigny, d'Ansac, de Losche, puis de Saint-Contest, 26.

SAINT-SIMON (Béatrix de), dame de Frémicourt, puis de Précy, 3, 6, 7, 12.

SAINT-SIMON (Charlotte de). Voy. Chimay.

SAINT-SIMON (Élis. de), dame de la Richardie, 21.

SAINT-SIMON (Fr. de), dame de Rollecourt, d'Yvrancheul, puis de Suèvres, 27.

SAINT-SIMON (Isabeau de), dame de Braque, puis de Sorel, 14.

SAINT-SIMON (Jacqueline de), dame de Sains, 25.

SAINT-SIMON (J. de), chanoinesse, 14.

SAINT-SIMON (J. de), dame de Cressonsac, 27.

SAINT-SIMON (Louise de), dame du Chastelet, 27.
SAINT-SIMON (Marie de), dame de Bussy, 27.
SAINT-SIMON (M.-Élis. de), dame de Montmorency-Laval, 21.
SAINT-SIMON (M.-Mad. de), abbesse, 21.
SAINT-SIMON (Péronne de), dame d'Oinville, 14.
SAINT-SIMON (duché-pairie de), 2, 274.
SAINT-SIMON (hôtel de), à Saint-Quentin, 5.
SAINT-SIMON (maison de). Voy. Rouvroy.
SAINT-SIMON (marais de), 271, 334, 344, 360, 369, 376, 382, 383.
SAINT-SIMON (terre de), 10, 12, 13, 15, 17, 19, 40, 275.
SAINT-SIMON-SANDRICOURT (branche de), 17, 21-23, 378.
SAINT-SIMON-VERMANDOIS (Marguerite de), dame de Rouvroy, 5-8, 19, 40, 41.
SAINT-SULPICE (le marquis de), 29.
SAINT-SULPICE (Cl. Ébrard de), duchesse d'Uzès, 29.
SAINT-SULPICE (paroisse), à Paris, 244, 245, 250, 271, 333, 335, 346, 360, 369, 376, 383.
SAINT-VALERY (ville de), 13.
SAINT-VALLIER (le comte et la comtesse de), 99.
SAINT-VICTEUR (paroisse de), 382.
SAINT-VICTOR (abbaye), à Paris, 20.
SAINTE-ALDEGONDE (abbaye de), à Maubeuge, 14.
SAINTE-CHAPELLE (la), à Paris, 140.
SAINTE-CHAPELLE (la), à Vincennes, 151.
SAINTE-MARIE (les filles de), à Paris, 37.
SALZES (Ana Lopez), 356.
SANDRICOURT (L. d'Hédouville, seigneur de), 16.
SANDRICOURT (Jeanne de), dame d'Amilly, 22.
SANDRICOURT (branche de Saint-Simon-), 17, 21, 24-378.
SANDRICOURT (terre de), 17.
SANTA-CRUZ (le marquis de), 319.
SANTA-MARIA (M.), 300.
SARDAIGNE, 300, 302, 314, 327, 368.
SARREBRUCHE (Amé de), 15.
SARREBRUCHE (M. de), dame de Hangest, puis de Rouvroy, 15.
SAVERNE (ville de), 19.
SAVIGNÉ-SUR-BRAY (terre de), 74.
SAVOIE (Louise de), 256.
SAVOIE (duché de), 73.
SAVOIE (ducs de). Voy. Charles-Emmanuel, Victor-Amédée, Bourgogne (la duchesse de).
SAXE-WEIMAR (Bernard, duc de), 54.
SEDAN (principauté et ville de), 25, 35.
SÉGUIER (Pierre), chancelier, et sa femme, 51, 52, 59.
SEINE (rivière de), 24.
SELOINE (seigneurie de), 27.
SENEF (bataille de), 23.
SENLIS (ville de), 18, 23-28, 30, 31, 81, 152, 212, 220, 221, 244, 249, 250, 271, 276, 331, 343, 345, 357, 360, 364, 369, 376, 382-384.
SENNETERRE. Voy. Saint-Nectaire.
SENONCHES (ville de), 382, 394.
SENS (ville et archevêché de), 25, 199.
SÉRAUCOURT (Suzanne de), dame de Monceaux, 23.
SERBELLONI (M.), 327.
SÉVILLE (ville de), 298, 315, 351, 368.
SÈVRES (village de), 121.
SICILE ET DEUX-SICILES (province et royaume de), 303, 319, 327, 350, 368.
SILLY (maison de), 38. Voy. Rocheguyon (la).
SOISSONS (Charles de Bourbon, comte de), 25.
SOISSONS (Eug.-Maurice de Savoie, comte de), et sa femme, 32.
SOISSONS (congrès de), 350.
SOMBRIN (Ph., seigneur de), et sa femme, 16.
SOREL (Aubert de) et sa femme, 11.
SOREL (Florent, seigneur de), et sa femme, 18.
SORRIBA (Pedro Medina), 356.
SOUZY (M. le Peletier de), 218.
SPIRE (ville de), 49.
SPOLÈTE (ville de), 320.
STENAY (ville de), 65.
STOPPANI (M.), 327.
STRASBOURG (ville de), 247, 400.
STUERT. Voy. Saint-Maigrin.
SUÈDE (royaume de), 319.
SUÈRES (J. de) et sa femme, 27.
SUISSES ET GRISONS, 336.
SULLY (Max. de Béthune, premier duc de), 43.
SULLY (M.-H., duc de), 390.
SULLY (hôtel de), 32.
SUSE (le Pas de), 51, 143.

T

TALBOT (J.-Jacq.-Léonard), 383.
TALLARD (le maréchal de), 76, 251.
TALLARD (Ch.-Arm. de Rohan, duchesse de), 139.
TAVANNES (Nicolas de Saulx-), évêque-comte de Châlons, puis archevêque de Rouen, 76, 77.
TELLIER (Charles-Maurice le), archevêque de Reims, 165.
TELLIER (le P. Michel le), 118, 119, 150-154, 161.
TEMPLE (l'échelle du), à Paris, 63.
TESSÉ (le maréchal de), 195.
THEIL (du). Voy. Porte (la).
THIBAULT (N.), 334.
THIÉRACHE (pays de), 15.
THURET (Antoine), 256.
TOISON D'OR (ordre de la), 205, 212, 360, 370.
TOLÈDE (ville de), 212, 351, 368.
TORCY (J.-B. Colbert, marquis de), 100, 147, 160, 200, 203, 263, 265, 266, 387, 390, 405-407.
TORCY (Cath.-Fél. Arnauld, marquise de), 160.
TORIGNY (Ch. de Matignon, comte de), et sa femme, 38.
TOSCANE (duché de), 319. — Voy. Cosme III de Médicis et Orléans (Marg.-L. d').
TOULOUSE (L.-Alexandre de Bourbon, comte de), 73, 153, 188, 194, 200, 201, 336, 342.
TOULOUSE (comtes de), 255.
TOULOUSE (ville de), 29.
TOURNAY (ville de), 73.
TOURNEL (baronnie de), 30.
TOURNON (rue de), à Paris, 45.
TOURVILLE (C. de Cotentin, comte de), 48, 49, 54.
TOURVILLE (le maréchal de), 48.
TOURVILLE (seigneurie de), 38.
TOUS-LES-SAINTS (église de), à Saint-Quentin, 5.
TRAPPE (la), abbaye, 84, 218. Voy. Rancé.
TRAUN (le comte de), 324.
TRÉMOILLE (maison de la), 96.
TRÉMOILLE (Ch.-Belg.-Hollande, duc de la), 84, 214, 215, 390, 393.
TRÉMOILLE (J. de la), seigneur de Bours, et sa femme, 16.
TRÉMOILLE (J. de la), dame de Saint-Simon, 16.
TRESMES (Fr.-J.-B. Potier, duc de), 57, 244. Voy. Gesvres.
TRÉVOUX (le P. du), 170.
TRINITÉ (abbaye de la), à Caen, 36.
TROYES (l'évêque de). Voy. Chavigny.
TRUDAINE (D.-Ch.), 289.
TURCS (les), 306, 315, 324, 325, 327, 329.
TURENNE (le maréchal de), 65.
TURIN (ville de), 102, 310.
TYROL (comté de), 351, 368.

U

UNIGENITUS (bulle), 146, 150, 152-154.
UNIVERSITÉ (rue de l'), à Paris, 274, 276, 277, 279.
URFÉ (M.-Mad.-Agnès de Gontaut, marquise d'), 94, 96.
URSINS (la princesse des), 100, 114, 115, 308.
URSULINES (religieuses), 23.
UTRECHT (paix d'), 194, 267.
UZÈS (Emmanuel de Crussol, duc d'), 29.
UZÈS (Fr. de Crussol, duc d'), 29.
UZÈS (J.-Ch. de Crussol, duc d'), 29, 76, 215, 254, 393.
UZÈS (L. de Crussol, duc d'), 29.

V

VACHÈRES (seigneurie de), 29.
VACQUERIE (J. de la) et sa femme, 25.
VACQUERIE (M. de la), dame de Saint-Simon, 25.
VAL-DE-GRACE (le), à Paris, 59, 205.
VALENCE (royaume de), 351, 368.
VALENTINOIS (duché de), 390.
VALENTINOIS (Ch.-Maurice de Matignon-Grimaldi, comte de), 380, 381.
VALENTINOIS (M.-Christ. de Saint-Simon, comtesse de), 377, 380, 381, 385, 386.
VALETTE (L. de Nogaret, cardinal de la), 49, 54, 55.
VALLON (seigneurie de), 21.
VALLOU (M⁰), prêtre, 382, 383.
VALOIS (duché de), 11, 13, 235.
VALTELINE (pays de), 19.
VARDES (Fr.-René, marquis de), 77-80.
VARIZELLES (comté de), 25.
VASSAL (le P.), 287.
VASSÉ (Madeleine Grongnet de), dame de Monthomer, 23.
VASSOR (le P. Michel le), 42.
VATEL (M⁰), notaire, 363.
VATICAN (le), 324.
VAUCRESSON (château de), 132.
VAUGUYON (Jacques d'Escars, comte de la), 72.
VAUGUYON (le comte de la), 73. Voyez Saint Maigrin.
VAUX (terre de), près Meulan, 18-20, 26, 27, 41.
VENDOME (César, duc de), 19.
VENDOME (Louis de Bourbon, comte de), 74.
VENDOME (Philippe, chevalier de), grand prieur de France, 168
VENDOME (Françoise d'Alençon, duchesse de), 18.
VENDOMOIS (Hamelin de), et sa femme, 74.
VENDOMOIS (J. de), dame de Bourbon-Carency, 74.
VÉNITIENS (les), 324.
VENTADOUR (Ch.-El. de la Motte-Houdancourt, duchesse de), 120, 139, 206.
VERGUIGNEUL (seigneurie de), 25.
VERMANDOIS (les comtes de), 1-9, 93.
VERMANDOIS-SAINT-SIMON (branche de), 7-13, 40, 41. Voy. Saint-Simon.

VERNEUIL-AU-PERCHE (ville de), 24, 222, 394.
VERNEY (Joseph Paris du), 210.
VERRIER (M⁰ le), notaire, 379.
VERRIÈRES (Françoise de), dame d'Averhoust, 18.
VERRIÈRES (baronnie de), 271, 274, 276, 279, 334, 339, 360, 369, 382.
VERSAILLES (château et ville de), 37, 46, 48, 49, 63, 81, 92, 95, 97, 102, 109, 110, 119, 121, 122, 139, 143, 151, 154, 155, 158, 169, 171, 182, 188, 210, 214, 222, 234, 261, 268, 277, 318, 334, 342, 356, 359, 367, 380, 381, 385, 391, 393, 404.
VERSINE (seigneurie de la), 28, 29, 32.
VICTOR-AMÉDÉE, duc de Savoie, 267.
VIENNE (ville de), en Autriche, 307, 315.
VIEUVILLE (le duc de la), 166.
VILLACAMPA (don Pasqual de), 355.
VILLARS (le maréchal de), 200, 207.
VILLARS (J.-Ang. de Varangeville, duchesse de), 237-239.
VILLARS-BRANCAS. Voy. Brancas.
VILLENA (le marquis de), 349.
VILLEROY (Fr. de Neufville, duc de), maréchal de France, 88, 148, 149, 160, 161, 186, 194, 199, 200, 203, 204, 206, 207, 239, 266, 267.
VILLEROY (Marg. de Cossé-Brissac, maréchale de), 88, 148.
VILLEROY (Marg. le Tellier, duchesse de), 88, 111, 112, 117, 172.
VILLERS-COTTERETS (ville de), 110.
VILLESELVE (prieuré de), 15.
VILLIERS (L. de), 25.
VINCENNES (château de), 41, 151, 201, 235.
VINTIMILLE (Ch.-G.-G. de), archevêque de Paris, 321, 333.
VIOLOT (L.-Fr.), prêtre, 382.
VION (M. de), prêtre, 382.
VITREZAY (seigneurie du), 271, 334, 344, 360, 369, 376, 382, 383.
VIVONNE (ville de), 397.
VOLVIRE (Éléonore de), 339.
VOSSEAUX (seigneurie des), 22.
VOYSIN (Dan.-Fr.), chancelier, 146, 160, 186, 200, 203.
VOYSIN (Cath.), dame de Blainville, 38.
VRILLIÈRE (L. Phélypeaux, marquis de la), 149, 160, 161, 194, 200-202, 396.

W

WALPOLE (Horace), 319.
WARIGNIES (J. de). Voy. Blainville, Saint-Géran.
WAWRIN (Robert, seigneur de), et sa femme, 15.

WAWRIN (J. de), dame de Saint-Simon, 15.
WEIMAR. Voy. Saxe-Weimar.
WICQUE. Voy. Havesquerque (J. de).

Y

VAUCOURT (Fr. d'), dame de Mailly, 26.

YVRANCHEUL (seigneurie d'), 27.

PARIS. — IMP. C. MARPON ET E. FLAMMARION, RUE RACINE, 26.

www.ingramcontent.com/pod-product-compliance
Lightning Source LLC
Chambersburg PA
CBHW071059230426
43666CB00009B/1756